传　播　视　野　中　的　近　代　中　国

—— 复旦大学信息与传播研究中心主持 ——

黄旦　周奇 ◎ 主编

报刊与近现代中国城市

BAOKAN YU
JINXIANDAI ZHONGGUO CHENGSHI

中国传媒大学出版社
·北　京·

图书在版编目(CIP)数据

报刊与近现代中国城市 / 黄旦,周奇主编. --北京 : 中国传媒大学出版社，2021.1
(传播视野中的近代中国)
ISBN 978-7-5657-2894-5

Ⅰ. ①媒… Ⅱ. ①黄… ②周… Ⅲ. ①传播媒介－新闻事业史－研究－中国－近代 Ⅳ. ①G219.295

中国版本图书馆 CIP 数据核字(2021)第 016725 号

报刊与近现代中国城市
BAOKAN YU JINXIANDAI ZHONGGUO CHENGSHI

主　　编 黄　旦　周　奇
责任编辑 于水莲
特约编辑 张继媛
封面设计 拓美设计
责任印制 李志鹏

出版发行 中国传媒大学出版社
社　　址 北京市朝阳区定福庄东街 1 号　**邮　　编** 100024
电　　话 86-10-65450528　65450532　**传　　真** 65779405
网　　址 http://cucp.cuc.edu.cn
经　　销 全国新华书店

印　　刷 唐山玺诚印务有限公司
开　　本 787mm×1092mm　1/16
印　　张 16.5
字　　数 351 千字
版　　次 2021 年 1 月第 1 版
印　　次 2021 年 1 月第 1 次印刷

书　　号 ISBN 978-7-5657-2894-5/G·2894　**定　　价** 78.00 元

本社法律顾问:北京李伟斌律师事务所　郭建平

重解报刊之“魅”

——报刊与历史研究

黄 旦

“档案是时间织成的布面上的一个小缺口，是对意外事件的偶然一瞥。但档案的体积又是如此之庞大，置身其中犹如扑入大海，无边无际无所适从”。这让阿莱特·法尔热觉得，阅读档案就好像驻足于一片黑压压没有空地的森林，只有在其中停留太久之后，双眼习惯了黑暗，方能够辨认出树木的轮廓。这真“像走在一条满是裂缝且分叉的小径上，需在寂静和摸索中构思问题。这就像一个在眼前旋转无数次的万花筒：暂停片刻，想象的图案就有了具体的外形，然后再次碎裂成五颜六色的光彩，新的形态也随之出现。这些图案非常短暂，稍微晃动就会产生其他形状。档案中所能找到的意义如同这些图案一样，有力但短暂，随着万花筒的旋转而逐个出现”。[①] 档案所散发之“魅”，令阿莱特·法尔热陶醉其间难舍难离。

那么，报刊可也有其自身之“魅”乎？法尔热倒是将档案与印刷材料做过一点比较。她指出：后者是一种专门针对公众的文本，是用来让公众阅读和理解的；无论曲笔或直书，印刷材料都有自己的意图，最简单、最明显的目的就是被其他人阅读。这与她所接触的司法档案性质完全不同。司法档案中虽然记录着许多人的生活的大致轨迹，但他们从没要求以这种方式被记录下来，[②]更不必说公之于众。用福柯的话来说，这是那些“无名者的生活”。[③] 法尔热因而以为，任何印刷材料，无论多么陌生，都不能与档案相媲美，尤其是那种身临其境之感。[④]

档案与印刷材料是否能相媲美（为什么非得相媲美呢？），这是另一个问题，但她所指出的“无名”与“有名”——印刷材料有意并有指向地让人阅读，从而缺少芸芸众生活色生香的气息和温度，多少说明印刷材料是有不同于档案之“魅”的，甚至与之气质是

① [法]阿莱特·法尔热：《档案之魅》，申华明译，北京：商务印书馆，2020年，第4、2、49、66页。

② [法]阿莱特·法尔热：《档案之魅》，申华明译，北京：商务印书馆，2020年，第3-4页。

③ [法]福柯：《无名者的生活》，李猛译，《社会理论论坛》，1999年总第6期。

④ [法]阿莱特·法尔热：《档案之魅》，申华明译，北京：商务印书馆，2020年，第3页。

相背而行的。“印刷术不是把文件紧锁深藏，而是把它们从箱子里和密室里拿出来复制，让人们都能看到这些文档。”[①]戈公振将“为公众而刊行”，确定为报纸的“原质”之一，[②]不是没有道理的。

报刊与历史研究，大而化之，可分为两类，姑且命为“历史的报刊研究”和“报刊的历史研究”。二者虽然都以报刊为对象，但意图和重点均不同。前者是追寻报刊中的历史踪迹，以澄清、证明、补正、丰富某一历史过程或历史事件。简而言之，是以“报”证史——将报刊作为研究和书写历史的依据或材料，属于“所有研究史学撰著史籍所必须根据之种种资料”[③]之一。后者是要理清报刊自身的历史脉络，展示其演变的过程及其对社会的影响，可谓以“报”为学——一个特定的研究领域和学科，“用历史的眼光，研究关于报纸自身发达之经过，及其对于社会文化之影响之学问也”[④]。

我没有具体查考过以“报”证史起于何时。“凡道光以来一切档案、碑传、文集、笔记、报章、杂志，皆为史料”，其实也只有在这之后，研究史学撰著史籍所根据的种种资料中，才可能有“报刊”的位置，因为从传教士开始的中国现代报刊是在道光之后才慢慢形成气候（虽然认可报刊有资格成为史料还有一个过程）的。陈垣所言极是，史料是“愈近愈繁”。[⑤]

“愈近愈繁”，可见史料是只进不出，纳新而不吐故。“档案、碑传、文集、笔记、报章、杂志，皆为史料”，即是其“愈繁”的过程和呈现的面貌。由此也使另一个道理得以显明：若“档案、碑传、文集、笔记、报章、杂志”一个个遁迹消失，史料也就无从谈起。以此而言，史料是由“档案、碑传、文集、笔记、报章、杂志”所创、所产和所供，也没有什么不妥。它们是各安其位各开其路，这与当今有了数字技术而有大数据和数据挖掘是同一个道理。要是我们认可“档案、碑传、文集、笔记、报章、杂志”均为不同类型的媒介，历史材料就是媒介的无中生有，那么德布雷的这句话是一点也不差的：文化和文明传承，总是通过媒介载体的使用，亦即以技术性能为出发点。[⑥] 因此，“世间没有所谓自然存在之史料，凡一切资料俱必通过史家之觉识与命义始具史料意义与功能”[⑦]的说法，还只是出于史料和史家治史的关系，若以史料构成而言，恐怕还得加上一句：一切资料俱必由处于不同位置和关系中的媒介所开拓。

---

① [美]伊丽莎白·爱森斯坦：《作为变革动因的印刷机：早期近代欧洲的传播与文化变革》，何道宽译，北京：北京大学出版社，2010年，第68页。
② 戈公振：《中国报学史》，北京：生活·读书·新知三联书店，1955年，第6页。
③ 王尔敏：《史学方法》，桂林：广西师范大学出版社，2005年，第122页。
④ 戈公振：《中国报学史》，北京：生活·读书·新知三联书店，1955年，第1页。
⑤ 转引自李剑鸣：《历史学家的修养和技艺》，上海：上海三联书店，2007年，第239页。
⑥ [法]雷吉斯·德布雷：《媒介学引论》，刘文玲译，陈卫星审译，北京：中国传媒大学出版社，2014年，第5页。
⑦ 王尔敏：《史学方法》，桂林：广西师范大学出版社，2005年，第134页。

媒介(档案、碑传、文集、笔记、报章、杂志等)各有所长,打开并通向不同的区间,①因此也就各“魅”其“魅”。档案之“魅”非报刊之“魅”:如果档案可以比拟为一个矩阵,并不表达“唯一”真相,它有时引导人们去发现,有时又让人迷失;②报刊就是李普曼所说的“探照灯”,虽然摇曳不定,但光照所向则确定不移,唯我独断。档案是无数人留下的痕迹,报刊是要让无数人围观它散发出的社会现实痕迹。就其实质,二者不应是真与假或者真实程度之辨,而是各有各的真实。好比“门”和“窗”,都可以透视外界,各自的形态框架决定了其视野所及和能发挥的作用,岂能摆放在真实与否的层面进行较量?任何一种媒介,都有其特定的意图、体制制度、运作方式和性质功能,它们互为纠缠又互为区分,“各种特性的符号链与异常多样的编码模式(生物的,政治的,经济的,等等)相连接,这就发动了种种不同的符号机制和事物状态”③,构成了历史的不同层面。“档案既提供了信息,也提供了使用信息的方式或者使信息具有逻辑性的方式”④,报刊亦是一样。各类史料可以互相参照,但不宜随便统合。以“报”证史的历史报刊之研究,大多忽视了这一点。他们习惯于把报刊内容抽取出来,与其他史料(比如档案)辨别排比,以构成一个特定的“真”,档案和报刊之“魅”也就因此荡然无存。

历史不能说源自文字,但的确是文字,使得历史有了明确记载。汉字的“史”,据称其本意是史官——以文字记事的人,后又申义为文字和历史记载。到了汉代,古代的字书一概名之为“史”。“文字的作用是记事,记录下来的材料”就是“史料”。章学诚于是有言,“盈天地之间,凡涉著作之林,皆是史学”⑤。这既成就了历史,同时也为理解历史和史料,造就了特定的思维定式、辨析逻辑和读解方式。熟既能生巧,也导致熟视无睹,一切好似理所当然,故很少有人意识到,“严格意义上的文字是一种技术,它塑造了现代人的智能活动,给智能活动提供动力”⑥。这为历史及其研究带来的,就是根深蒂固的文字心智。史家以线性的文字思维来认识、读解和评判一切,成了一种布迪厄意义上的“惯习”,或福柯意义上的“规训”。所以海登·怀特就特地提醒,现代的历史学家应该意识到视觉影像的解读是完全不同于书写档案的。⑦

其实,史学家对待视觉图像还是相当谨慎的,它毕竟与文字记事差别太大,其自身之“魅”难以忽视也不能轻易抹除,否则彼得·伯克也不必专写一本《图像证史》。可是

① 马丁·塞尔:《实在的传媒和传媒的实在》,载[德]西皮尔·克莱默尔编著:《传媒、计算机、实在性——真实性表象和新传媒》,孙和平译,北京:中国社会科学出版社,2008年,第215-237页;引见第215页。

② [法]阿莱特·法尔热:《档案之魅》,申华明译,北京:商务印书馆,2020年,第68页。

③ [法]德勒兹、加塔利:《资本主义与精神分裂(卷2):千高原》,姜宇辉译,上海:上海书店出版社,2010年,第7页。

④ [法]阿莱特·法尔热:《档案之魅》,申华明译,北京:商务印书馆,2020年,第58页。

⑤ 许凌云:《读史入门》,北京:中国人民大学出版社,2007年,第3页。

⑥ [美]沃尔特·翁:《口语文化与书面文化:语词的技术化》,何道宽译,北京:北京大学出版社,2008年,第63页。

⑦ [美]海登·怀特:《书写史学与视听史学》,三佳怡译,《电影艺术》,2014年第6期,第116-120页。

报刊不同,本就以“文字”为本,又是一种“记事”,看上去与“档案、碑传、文集、笔记”就是自家兄弟,属于“愈近愈繁”的家族自然添“丁”。这就不会使人去思想它们之间有什么不同,反而是轻车熟路随手拿来。于是报中所载,与档案、文集、碑传所录的毫无二致,在历史的报刊研究中都属于同样性质的基本事实和历史材料。

自然,对于一些具体事实的查证,比如人物、地点、时间、事件、状况等等,这确实有着不可忽视的作用,但正因仅仅关注其“记载”,报刊与历史的关系也就远远得不到展示。拿报纸来说,它是有“报”有“纸”:“报”以印刷为手段,以机构为标志,造就“公共书信”或“公共交谈”①式的传散沟通之范式;“纸”则有格式有面貌,长、短、疏、密,图、题、形、字之间,细细策划处处讲究,更不必说定期出版——报纸所不能或缺的时间因素。依麦克卢汉的说法,正是依仗着这样的时间,报纸才能够把社会塑造成一种整体的和延续的形象。② 当把这一切——“报”和“纸”都撇开,仅是剥离出那点内容,虽然干净,但怎能称得上是报刊研究,且又是什么意义上的报刊研究呢?比如“苏报案”,醉心于《苏报》内容以检点“革命运动”的点点滴滴,也就不会关心章士钊在报纸上所做的手脚,以及报纸与张园演讲、爱国学生等等的互为作用。伊丽莎白·爱森斯坦在关于印刷术的研究中注意到这样一个现象,印刷术本有着诸多的影响,大多数欧洲近代史学者唯一熟悉的基本就是为传播新教思想出力。与关于其他运动的文字记述一样,在宗教改革记述中,印刷术的影响往往被腰斩,仅限于“传播”思想一个功能。一旦宗教改革完结,新教的传播完成,印刷商和出版商也就不再值得注意,历史的聚光灯就集中在后起似乎更加重要的发展动态上了。③ 若不是新教宣传,印刷术也就没有出场的机会,既然如此,仅限于其“传播”思想的“腰斩”式理解,也就不令人奇怪。这种状况是否同样发生在中国历史学家关于报刊与历史的记述中呢?

以此看,王奇生的《新文化运动是如何“运动”起来的》④一文,对于历史的报刊研究就深有启发意义,因为其很好地揭示了现代刊物的特殊之处,即对于社会运动的策划、运作和介入。一旦引入这一变量,报刊内容的理解就不一样,新文化运动的过程和面向马上变得复杂,尽管其本意仍是出于澄清新文化运动的过程及其复杂面向。现代政治运动和大众媒介总是在一定的境遇中互为接近并相互作用⑤(不是相互补充),成为其迥异于传统政治(比如文书政治、清议政治)的重大特征。费夫贺看到的印刷书,

---

① [法]加布里埃尔·塔尔德著,特里·N·克拉克编:《传播与社会影响》,何道宽译,北京:中国人民大学出版社,2005年,第245页。

② [加]马歇尔·麦克卢汉:《理解媒介——论人的延伸》,何道宽译,北京:商务印书馆,2000年,第266-267页。

③ [美]伊丽莎白·爱森斯坦:《作为变革动因的印刷机:早期近代欧洲的传播与文化变革》,何道宽译,北京:北京大学出版社,2010年,第17页。

④ 王奇生:《新文化运动是如何“运动”起来的》,《近代史研究》,2007年第1期,第21-40页。

⑤ [美]托德·吉特林:《新左派运动的媒介镜像》,张锐译,胡正荣校,北京:华夏出版社,2007年,第3页。

不单是技术上的巧妙发明，也是西方文明最有力的推手。[①] "推手"的报刊与其"记载"不能分离，脱离了前者，那些"文字记载"梳理得再仔细，也不可能是"活"的。此种重于运动的因与果，而不是政治运动的经验和实际展开，[②]按照史家自身意图，也能勾勒并验证某些历史事实，但其代价是可能失去历史报刊的实际面貌和由此带来的历史事件的特殊性，见不出"戊戌变法""苏报案""新文化运动"等等各自的"灵韵"，似乎它们是在同一个平面上的"运动"之重复，不同的只是宗旨、规模、目标、过程及其社会政治背景。

书本的本性是桀骜不驯的，[③]这句话恰恰证明了媒介的力量。史料的"愈近愈繁"，并没有使人脱离字书的影响，反而统统摄入字书的光束，远近高低一般同。书写在没有媒介概念的情况下充当了通用的标准性媒介，[④]使得历史研究对于报刊的历史运用和演变的研究，难有新的进展和突破。细究起来，史籍本也是十分讲究区分的，是有"媒介学"的。依我看，目录学便是。书籍编目分类的要义，即是指示、标明书籍的部次流别，以便"即类求书，因书究学"，"辨章学术，考镜源流"。[⑤] 史料是寻找历史之指路碑，[⑥]目录学则就是寻找辨析史料之"指路碑"：注出不同书籍——"媒介"源流，就像今天的媒介理论辨别不同的媒介一样。其差异是前者始终在字书的范围之内，是字书的同异之辨，因为这就是当时媒介的状况及其要求。只是久久熏染于此，习焉不察，致使史家们没能举一反三，跳出此山中，从新的角度想象、理解和分辨"愈近愈繁"的媒介史料和报刊之"魅"，在熟悉的目录学基础上，添加不熟悉的"愈近愈繁"的媒介知识，形成新的一种"目录学"，从而为学史、读史、治史，开出一道新的类似目录学（比如史料媒介学）的入门之径。

另一类的研究，亦即一开始提到的"报刊的历史研究"，则是另一番景象。自改革开放以来，他们一直在为如何显示报刊之"魅"——报刊史的定位及其独有价值而努力。不过其动因与媒介无关，而是来自如何与历史研究，更具体地讲是如何与政治史、革命史研究区别开来。"人们议论最多的是，编写出来的中国新闻事业史缺乏自己的个性和特色，它往往和中国近现代政治史、思想史或者中共党史差不多"[⑦]。

---

① [法]费夫贺、马尔坦：《印刷书的诞生》，李鸿志译，桂林：广西师范大学出版社，2006年，作者序，第3页；具体可参其第八章。

② [美]林·亨特：《法国大革命中的政治、文化和阶级》，汪珍珠译，上海：华东师范大学出版社，2011年，第14页。

③ [美]沃尔特·翁：《口语文化与书面文化：语词的技术化》，何道宽译，北京：北京大学出版社，2008年，第59页。

④ [德]弗里德里希·基特勒：《留声机 电影 打字机》，邢春丽译，上海：复旦大学出版社，2017年，第6页。

⑤ 许凌云：《读史入门》，北京：中国人民大学出版社，2007年，第4页。

⑥ 周谷城语，转引自王尔敏：《史学方法》，桂林：广西师范大学出版社，2005年，第120页。

⑦ 宁树藩：《中国新闻事业史研究方法的若干问题》，载《宁树藩文集》，汕头：汕头大学出版社，2003年，第147-157页；引见第147页。

报刊史混同于革命史和政治史，既是最直观的现象，也是遭受诟病最多的。那么，如何做呢？首先的建议是重新勾画体例，使之有报刊史自身的特点，不完全按照政治斗争来分期。[①] 进而言之，应以新闻事业发展为主线，改变让新闻事业史围绕一个个政治思想斗争和一个个政治任务展开，而是反过来，新闻事业的发展过程是主体，政治思想斗争的发展过程是客体，后者是为了说明前者而存在的，现在是错把政治现象当成了本学科的研究对象。[②]

一个学科居然误认了自己的研究对象，好似婴儿被调包而错换了人生。这样的表述听上去不可思议，倒也清晰昭示出论者们的思路。无论是“报刊史自身的特点”，还是以“新闻事业发展为主线”、为“主体”，都在在表明报刊史研究者们深信，报刊或者新闻事业可以从社会其他方面切割出来，圈出一个以“新闻现象”为界的“地块”，既可以保证其独有的研究对象，又能够确立研究之特色。这就马上牵扯出一个问题：什么是“主体”（自身），怎么来认定？

作为一个哲学概念，主体不是一个自然实体。暂且不谈其词源学意义，仅就由笛卡尔所开启的主体哲学看，主体主要针对人而言。人凭着“我思”而成为认识的主体，意志的主宰，万物的尺度，自我“作为绝对本原，以理论理性的姿态踏上了自我认识之路”。[③] 由于人因群而在，人的自主自为就抽象为共同体的主体性——主张、信念和目标。共同信念是群体的一种内在属性，一个团体就是作为主体的群体，团体信念就是这些作为主体的群体的认知状态。[④] 所以马克思就说，“人是一个特殊的个体，并且正是他的特殊性使他成为一个个体，成为一个现实的、单个的社会存在物，同样，他也是总体，观念的总体，被思考和被感知的社会的自为的主体的存在，正如他在现实中既作为对社会存在的直观和现实享受而存在，又作为人的生命表现的总体而存在一样”。[⑤] 在这个意义上，说新闻业或者报刊有其主体性也是成立的。如果真的能将此把握为“主线”，一一展开其变革和演化的历史面向，报刊史研究及其体例，肯定闪耀出自己的独特色彩，不复是“政治史、党史、思想史”的摹本。

然而，事情似非这么简单。比如哈贝马斯所见的欧洲报刊，就曾有过不同的阶段：以小型手抄行业为组织形式的私人通信系统，以思想传播为主的个人新闻写作阶段，

---

① 方汉奇：《关于新闻史研究的几点体会和建议》，载方汉奇：《报史与报人》，北京：新华出版社，1991 年，第 22-37 页；引见第 23 页。

② 宁树藩：《中国新闻事业史研究方法的若干问题》，载《宁树藩文集》，汕头：汕头大学出版社，2003 年，第 148-149 页；以及宁树藩：《关于改进中国新闻事业史的科研工作加速学科建设问题》，载《宁树藩文集》，汕头：汕头大学出版社，2003 年，第 158-163 页；引见第 160 页。

③ 倪梁康：《自识与反思》，北京：商务印书馆，2002 年，第 11 页。

④ 石辰威：《潜在集体信念》，《浙江大学学报》（人文社会科学版），2020 年第 5 期，第 71-79 页；引见第 73-74 页。

⑤ 马克思：《1844 年哲学经济学手稿》，中共中央马克思、恩格斯、列宁、斯大林著作编译局译，2000 年，第 84 页。

以及19世纪30年代从“传播信念的报刊业向商业报刊业的转变”[①]。美国的报刊在18世纪前期，“不是政治工具，也不是新闻采集机构”，早期的报纸从来不主动采集新闻，只是刊登收集到的任何东西，作为一门生意来做。直到19世纪中期，办报都“不是一种独立性的工作，而是在政治世界里的一条前进道路”。[②] 梁启超所称的“一人之报、一党之报、一国之报”和“世界之报”，虽不乏渲染和夸张，但的确道出了报刊的复杂性。想想19世纪晚期上海的情形：传教士刊物、《申报》、《上海新报》、《时务报》等等，就见其一斑。这也就意味着，报刊（新闻事业）并无一个纯粹的唯一的“新闻现象”之“主体”（自身）。进一步说，报刊（新闻事业）是不是主体，是什么样的主体，来自研究者的体认，来自研究的角度、问题，来自历史现象与研究者与之的体验性契合，与之所设定的标准、预想某物或某方面的意义等等息息相关，并非一个客观的事实性存在。这就是利科所说的，是一个叙事认同的问题，是要讲述那个作为“谁”的活动。这个“谁”，不仅仅指研究者的理解和把握，也是依赖叙事方式来塑造的。研究者既是其理解者，也是其创造者和解说者。[③] 由于历史书写的问题、兴趣和确定的意义不同，所判定和型塑的主体就自然不同。比如报刊的历史可以从不同的视角来展开：作为技术的历史、经济的历史、社会或文化的历史、传递新闻的历史。詹姆斯·凯瑞甚至说，报刊自身就是人类意识的一种表达。无论我们将之视为一种制度，一套关于表达的法律特权，还是技术构成的主体，它首先都是一种精神气质和想象力的表达。[④] 借此我们就可以说，报刊是技术的主体、经济的主体、社会和文化的主体，也可以是新闻报道的主体乃至于意识表达的主体。历史并不知道自己是主体，也不清楚自己有着什么意义，只有历史的书写者知道可能性。历史学作为一门学科，它本质上就是理论性的。[⑤] 可是做报刊史研究的学者中，明白这一点的似乎很少，好像历史研究不是戴着特定的“眼镜”，循着预想的逻辑，做着“披沙拣金”的工作，而是凭空一扫，便是“满城尽带黄金甲”。

理论思考上的困境，迷恋而执着于“新闻情结”，将其绝对化为所有报刊的本然，也就难以在研究上打开局面，转而只能在具体事例中做辨析打比方：“我们的研究主体是新闻现象而不是政治现象。如果是在政治现象对新闻现象起着支配作用的情况下，其考察的着力点是政治现象对新闻现象的制约关系，也就是政治如何影响报纸观念、办报思想、宣传策略等等。如果新闻现象和政治现象是相统一的，便要从新闻现象的历史联系中提炼出新闻的研究课题，就像《民报》和《新民丛报》的论战，既是政治现象又

---

① [德]哈贝马斯：《公共领域的结构转型》，曹卫东、王晓珏、刘北城、宋伟杰译，上海：学林出版社，1999年，第220-221页。

② [美]迈克尔·舒德森：《好公民：美国公共生活史》，郑一卉译，北京：北京大学出版社，2014年，第29、101页。

③ 狄尔泰：《精神科学中历史世界的建构》，安延明译，北京：中国人民大学出版社，2010年，第81、184-185页。

④ James W. Carey, The Problem of Journalism History, *Journalism History*, 1974,1(1).

⑤ [英]西蒙·冈恩：《历史学与文化理论》，韩炯译，北京：北京大学出版社，2012年，第23页。

是新闻现象，就不是去评判其政治主张，而是研究'论战'和'党报'出现的关系，探讨双方的宣传形式，以及'论战'对于新闻文体改革的推动"。[①] 这种"一案一策"式的经验谈，虽然充满着研究者苦心探索之印迹，毕竟是实用层面的个人体验和判断，不是一种标准也不可能形成通则，更无法放大到什么"主线"或"主体"。即就其针对的政治报刊而论，政治和报刊本就一体：报刊是政治的报刊，政治是报刊的政治，二者不存主从关系，也不能人为断开，否则就什么都不是。如果一定要做比较，其对象也是非政治报刊，而不是什么"政治现象"与"新闻现象"。

可见，历史报刊的研究是"愈近愈繁"，多多益善；报刊的历史研究则要"削繁就简"，试图返回到一个纯净的"新闻现象"或"新闻事业"之原点，从而勾画出其闭环式运动：产生、发展及其内在规律，展示报刊之"魅"。之所以命名为"新闻事业史"（或者"新闻史"），应该也是出于此种想法。报刊要报道新闻，或者要研究以报道新闻为己任的报刊，与将"新闻"（什么新闻？是机械复制时代的新闻还是前报刊的口语新闻？）作为整个报刊历史的质的规定性，完全不是一回事。更不必说戈公振式的"刊登新闻、揭载评论"之报纸，本身就是历史的，是报刊历史特定时期的产物，并不代表所有，更不能覆盖或贯通所有报刊或者媒介。所谓的"中国新闻事业通史"，始终难以把广播、电视、通讯社等等统为一体，就足以说明其中的问题。于是只能围着所谓的"政治现象"和"新闻现象"打着转转，百般纠结又裹步难前："在新闻史研究中，我们绕不开政治思想的影响"。"曾苦苦思索，却找不到出路。几经考究，深感以新闻特性分期，实难做到，还是依据政治斗争形势分期为妥"，因为新闻史本身与政治思想斗争史之间的关系特别紧密，而"新闻史本体结构复杂多元，联系松散"，带不动总体的变化。最后不得不妥协，在"无可奈何的情况下，在政治形势的空间找一个落脚点"，不过"所安下的还是新闻事业自己的家"，其证据就是汇全国之力的《中国新闻事业通史》，"虽是以政治斗争形势分期，可这种分期只表现于各章的题名，至于表现具体内容的节、目，写的都是新闻活动，并未因分期而导致与政治史混同"。[②] 分期是历史书写的基础，历史展开过程的逻辑，不同分期就是不同的历史，这是常识，现在竟可以与史实两张皮。暂且不论是否混同，也暂且不论寄居在别人的屋檐下是否可以安下自己的"家"，其中所透露的一个信息是确定无疑的，这种探索基本不成功。

新闻史结构复杂多元不是错误，错误在于要清除这些多元和复杂，归并一起塞入一件紧身衣中，无功而返自是必然。报刊历史的研究者，因未能深刻把握报刊，亦就不能把握报刊史。报刊是三位一体：它是一种物质，是符号信息的载体，同时又是一种传

---

① 宁树藩：《关于改进中国新闻事业史的科研工作加速学科建设问题》，载《宁树藩文集》，汕头：汕头大学出版社，2003 年，第 160-161 页。

② 郭丽华、宁树藩：《树立"本体意识"、探索新闻特性、加强新闻史学科建设——与著名新闻史学家、复旦大学博士生导师宁树藩先生一席谈》，《新闻大学》，2007 年第 4 期。

播运作的方式。报刊史研究者仅仅关注“信息”，将报刊“内容”等同于报刊，“报”化约为“纸”，此是一误。在这前提下，报刊史研究者又一厢情愿地认定内容即“新闻”(包括观念和技巧)，并力图以此划界，自成一体，这既忽视了报刊的多样性与“报刊新闻”或“新闻报刊”的特殊性，又不能将“新闻现象”与“政治现象”切割清楚，于是只有再三强调报刊不是政治，但无法因此证明报刊是什么，此误二也。最后，而且更为致命的是，从内容着手，注定了把如何书写报刊史，当成了如何区分研究对象和还原对象，从未想到报刊应是报刊史书写的视角，是讲述“主体”——那个作为“谁”的活动时所抱有的特定站点。报刊史是研究报刊在历史进程中，是如何以自己的方式，在不同情境下卷入社会，在影响、改变社会的同时也改变自己，而不是拘泥于那张纸上刊载了什么和如何刊载。总而言之，报刊史研究者感觉到的病症或许没有错，渴望突出报刊之“魅”的心情和努力也十分可敬，可是开出的药方完全错了，因为他们始终没有搞清“报刊”是什么而且在什么地方。

伊格尔斯曾以“重新定向”四个字，来概括20世纪历史学的变化，原因是“自从19世纪初期国际上就开始作为一种专业规范在运用着的那种历史研究方式，已经是既不符合20世纪下半叶的社会政治状况，也不符合现代科学的要求了”。[①] 当今中国的报刊与历史研究，无论是历史的报刊研究还是报刊的历史研究，恐怕也需要“重新定向”，因为20世纪后期至今的“媒介”现实，已经并将继续给以往作为一种专业规范在运用着的那种报刊与历史的研究方式，带来重大的冲击，迫使我们不得不重新理解和看待一百多年前产生的新媒介——现代报刊，不得不重新领会历史书写的报刊之“魅”。

正是出于这样的缘由，遂有了“传播视野下的中国研究”学术研讨会。此会的想法以及首先发起，来自周奇先生。他是历史学出身，又到复旦大学新闻学院做过博士后，对两边的情况均有了解，属于能看到“堡垒”薄弱处的“内部人”。同时他所供职有年的《学术月刊》杂志社，在国内卓有影响，聚结着广泛的学术人脉，这也有利于选择和邀请与会者。首届的会议时间是2012年，由《学术月刊》杂志社和上海市对外文化交流协会共同举办，我的任务是邀请部分新闻传播学界的学者参加。隔了一年，自2014年第二届开始，改为由复旦大学信息与传播研究中心和《学术月刊》杂志社联合举办并持续至今，一年一次没有停顿，一转眼已经是八届。其具体如下：

2014年9月，第二届传播视野下的中国研究论坛(2014)，地点：上海，承办者：复旦大学信息与传播研究中心；

2015年7月，第三届传播视野下的中国研究论坛(2015)：传播变革与近代中国，地点：沈阳，承办者：辽宁大学新闻与传播学院；

2016年11月，第四届传播视野下的中国研究论坛(2016)：媒介、交往与近代化中

---

① [美]格奥尔格·伊格尔斯：《二十世纪的历史学：从科学的客观性到后现代的挑战》，何兆武译，济南：山东大学出版社，2006年，第1页。

国，地点：广州，承办者：暨南大学新闻与传播学院；

2017 年 8 月，第五届传播视野下的中国研究论坛（2017）：近代中国的传媒、文本与社会变迁，地点：西安，承办者：西北大学新闻传播学院；

2018 年 10 月，第六届传播视野下的中国研究论坛（2018）：媒介再思：传播技术与社会变迁，地点：武汉，承办者：华中科技大学新闻与传播学院；

2019 年 8 月，第七届传播视野下的中国研究论坛（2019）：史料、史观与路径：媒介变革与近代中国，地点：南京，承办者：南京师范大学新闻与传播学院；

2020 年 12 月，第八届传播视野下的中国研究论坛（2020）：媒介变迁与知识生产，地点：广州，承办者：华南理工大学新闻与传播学院。

关于这个会议的开法，当时与周奇是有基本共识的：第一，会议规模不宜大，大概在 20 多人。第二，与会者必须递交完整论文。第三，要有比较充分的讨论时间，不能是走马灯似的“我方唱罢你登台”。第四，要跨学科，首先是历史学者和报刊史学者的互为切磋，然后能慢慢扩展到其他学科。以“传播视野下的中国研究”为会名，也正是想为学科的多样化留有充足的空间。第五，每年会议讨论要有重点，而且有新意（从以上所列的每年主题变化中就可以见出这一点）。就总体观之，除了学科的多样化未能完全做到之外，其他的基本上都是落实了的。无论如何，以“传播”的名义能将不同学科的学者召集一起，就是一个了不起的开创。会议主题的设想，则更是蕴含着举办者对于学术前沿的理解及其引领之意，故而显得不同一般。也正因如此，这个会在新闻传播学界赢得了不错的名声，其所具有的学术品格和展现出来的严谨会风，是有一定口碑的。

现在展现在大家面前的，就是从第二届到第七届会议论文中有所选择的成果，①大致上可以反映出会议的面貌和质量。显然，论文集中的文章并非篇篇都属上乘，而且有所参差也是难免，不过作者们的创新努力是明显可见的。无论是其关注的论题，切入的视角，乃至于研究和书写的路数，均不乏使人有面目一新之感。需要说明的是，论文集的编纂主要来自周奇之功，他以一个学术刊物编辑的眼光，以及本职工作所养成的细心和耐心，以文章质量为重，同时也综合考虑其他因素（比如尽量呈现地域和作者的多元），精挑细选，形成了现有这样的五卷；其间还要分别与作者联系，要考虑每一卷的主题以及文章主题的集中，完成了巨大的工作量。在此，对周奇的辛勤劳动和对报刊与历史研究的不懈推动，表示深深的谢意。自然，同样也非常感谢各位论文的作者为此所做出的贡献。

会议时间久了，就容易落入既有的套路。因此，八届会议之后，如何能够在现有基础上有进一步的推进，这既包括组织思路、主旨，也包括会议质量的提高和会议方式的

---

① 第一届会议的论文在开完之后即结集为《传播视野与中国研究》，由上海人民出版社于 2014 年出版；第八届会议的时间是 2020 年，其论文还来不及收入。

变化，已是我们面临而且必须要解决的一个问题。之前曾经和周奇有所讨论，初步也有了一些想法，不过还未有一个定案。在这个意义上说，这套论文集的出版，是总结以往，更是为开拓未来。我们愿意以此为契机，百尺竿头更进一步，也非常期待各位旧友新朋的批评、建议和支持，只有同心合力，锲而不舍，方有报刊与历史研究的新天地、新景象。

目　录

城市地理与报刊思想

报刊与中国城市社会

“奇闻异事，罔不毕录”：上海“城”的移动*

——初期《申报》研究之二

黄　旦

（浙江大学传媒与国际文化学院）

摘要：立足于媒介与城市的互为构成，考察初期《申报》“耳目所周”所指向的上海，研究发现：与其自身创办背景、性质、目的、对象及报纸人员构成相关，《申报》所经验的上海，是以“各国通商”以后的“上海”为基本视角，以“租界上海”统领所有，并由此聚焦于两个方面：第一，《申报》把上海的城市性确定为“贸易之场”“中华一大码头”，从而消解了其原有的政治和文化意义，“上海”变为一个单向度的商业性城市。第二，以“出奇异便工力眩耀人之耳目”的“愈矜奇”，为上海城市文化定下基调，以展示其采用西方文明所带来的日新月异。《申报》通过“奇闻异事，罔不必录”的运作，宣告了上海老城厢的衰落和上海黄浦滩的崛起，在悄无声息中“移动”了“上海”，上海被重新“上海化”，铸刻下新的上海文化和记忆，而且它所创建的“媒介地方”也成为此后上海的记忆。由此，从媒介与地方相互运作的角度来说，上海是一个开放的概念，需要对目前上海及其记忆以及媒介所起的作用，有一个重新质疑和反思。

关键词：申报；上海；奇闻异事；媒介地方

缘　起

在面世的第一天，《申报》就广而告之夸下海口：“凡国家之政治风俗之变迁，中外交涉之要务，商贾贸易之利弊，与夫一切可惊可愕可喜之事，足以新人听闻者，靡不毕载。”[①]半月后，报纸再刊一告白，对自己的表现做了充分甚至是绝对肯定：“本馆新报

* 本文原载于《学术月刊》2017年第10期，有修改。

① 《本馆告白》，《申报》1872年4月30日。

印行已及半月之久，凡有奇闻要事耳目所周者，罔不必录”。[①]

“罔不必录”，猛一听必以为报纸上新闻是琳琅满目，稍微打量一下却发现，初期《申报》上的新闻，每一期最多不过三到四条而已。言过其实或有哗众取宠之意，但“耳目所周者，罔不必录”几字，倒也用得巧，曲折透露其内在用心。众所周知，没有人或者哪个媒介能把握世界全貌。鲁曼的看法是，作为大众媒介建构“实在”之基本理论前提的“世界”，“不是一个对象，只能是现象学意义下的界域”，因为世界是根本无法达及的。[②] 这同样可延用于城市，它的许多构成部分，经常是隐而不显甚至被忽略的，看到的部分，不过是依托于特定移动和关系而展现的[③]的界域。本雅明为此提供了经验例证：在不同的地方和不同时间，故事家、收藏家、考古学家、游手好闲者、儿童、拾垃圾者、集邮者、统计学家、侦探、面包师和赌徒，都是以不同方式认识城市的，他们看到的是不同的城市。[④] 因此，不存在一个静候着被认识、被报道的城市，是“媒介授予事件、人物、团体、讨论、争论和故事以可见性”[⑤]。城市是与传播交往——这道波动的“火光”相伴随的，其“空间及其轮廓存在的范围只是在火光能够达到的地方”，“火光不能达及的地方也就是城市中缺乏活力的地方”，除此而外，任何所谓的“骨架”“架构”或“构架”等都不会给城市带来一个真正的“形式”。[⑥] “光”与“城”相映，意味着报与城相间。一方面，报纸是城市的构成部分，从中牵线拖网般拉曳出新闻和信息；另一方面，城市又是在报纸的组织化、程序化操作中得以编织和呈现，是编辑部把城市演说为一个公共空间的处所[⑦]，成为众人分享和触摸的经验性存在。“自新闻纸出，而世之览者亦皆不出户庭而知天下矣”。[⑧] 可见，“耳目所周者，罔不必录”的关键在于前者，是“耳目所周者”限定了“罔不必录”之“必”。

“耳目所周”，显然带意向性。按现象学之说，意向性就是“人与世界之间的密不可分的关联”，是指“人类对准现实的指向性”。“当人类体验某物时，人类不得不指向构成其世界的实体。”[⑨]在这个意义上，“耳目所周”与“罔不必录”，就好比是唐·伊德所

---

① 《本馆告白》，《申报》1872 年 5 月 15 日。

② 尼克拉斯·鲁曼：《大众媒体的实在》，胡育祥、陈逸淳译，鲁贵显审定，台北：左岸文化出版社，2006 年，第 30 页。

③ 朵琳·玛西、约翰·艾伦、史提夫·派尔主编：《城市世界》，台湾编译馆主译，王志弘译，台北：台湾编译馆与群学出版公司，2009 年，第 66 页。

④ 迈克尔·基思：《瓦尔特·本雅明：都市研究与城市生活的叙事》，陈永国译，载汪民安、陈永国、马海良主编：《城市文化读本》，北京：北京大学出版社，2008 年，第 59-76 页，引见第 68 页。

⑤ Dayan D, Conquering visibility, Conferring visibility: Visibility seekers & media performance, *International Journal of Communication*, 7, 2013, Feature, pp.137-153. 引见 p.146。

⑥ 简·雅各布斯：《美国大城市的生与死》，金衡山译，上海：译林出版社，2006 年，第 345-346 页。

⑦ Rodgers S, The Architectures of Media Power: Editing, the Newsroom, and Urban Public Space, *Space And Culture*, 2014, Vol.17, No.1, pp.69-84. 按鲁曼的说法，这是一种“运作性建构”，见尼克拉斯·鲁曼：《大众媒体的实在》，第 29-30 页。

⑧ 《本馆告白》，《申报》1872 年 4 月 30 日。

⑨ 彼得·保罗·维贝克：《将技术道德化》，闫宏秀、杨庆峰译，上海：上海交通大学出版社，2016 年，第 69 页。

称的“领航员”与“大海”的关系[①]，是其所处位置与周围条件的契合性实践。《申报》的“耳目所周”，是在同“申”的各种条件的呼唱共应中，指向它“罔不毕录”的“奇闻异事”之“申”，从而“让我们通向那个由于与我们相关而伸向我们的东西”，“让我们进入与我们相关或传唤我们的东西”，[②]好比“航海图以特殊的方式‘指向’了它所代表的东西”[③]。正是依着这样的思路，本文不打算在惯常新闻学意义上，诸如甘斯的选择[④]、塔奇曼的“框架”[⑤]中来讨论《申报》，比如“什么在决定新闻”，因为此种考察是以主客观二元为基础，重点在于衡量现实与报道的距离，追究的是反映与被反映、建构与被建构的规则及其正确性。同样，大众传播学借查验新闻文本以证明其效果的做法，也不符本文的旨趣，因为这是以主客体二元为基础，把新闻、讯息与受众的关系，看成一种刺激—反应或解读理解之效应。本文意图立足于“申”之报与报之“曰”的相互构成，从《申报》“耳目所周”之“录”，来考察它是如何释放出“上海”的“可见性”，从而形成了一个《申报》—上海[⑥]。在我看来，与其说《申报》开创了一个报纸作为“城市指南”的传统，[⑦]不如说《申报》在“指南城市”，它是在“指南城市”中成为“城市指南”，恰好比“在吟唱中歌才开始成其为歌”[⑧]一样。借此，《申报》的“耳目所周者”为何？这道“光”射向并形成一个什么“上海”？“申”与“报”是如何交织，它意味着什么，就成为本文试图要解决的具体问题。

一、“码头热，华洋杂，新闻集，申报出”[⑨]

第一天的《申报》，是用这样一条——也是当天唯一一条新闻，来与读者面对面的：

西人于廿二至念（廿）四日，连日驰马角胜负。……或二三骑，或连辔而行，风驰电疾，石走沙飞，各向前驱，不为后殿。……，游人来往，士女如云，则大有溱洧间风景：或蓝舆笥轿得得远来，或油壁小车辚辚乍过，或徙倚于楼上

① 唐·伊德：《技术与生活世界：从伊甸园到尘世》，韩连庆译，北京：北京大学出版社，2012年，第10页。

② 海德格尔：《在通向语言的途中》，孙周兴译，北京：商务印书馆，1997年，第164页。

③ 唐·伊德：《技术与生活世界：从伊甸园到尘世》，第86-87页。

④ 赫伯特·甘斯：《什么在决定新闻》，石琳、李红涛译，北京：北京大学出版社，2009年。

⑤ 盖伊·塔奇曼：《做新闻》，麻争旗、刘笑盈、徐扬译，北京：华夏出版社，2008年，尤其见其第一章。

⑥ 这个说法是仿照了布罗代尔“经济—世界”。布罗代尔的意思是，经济是一个世界而不是世界中的经济。也就是说，世界不是一个具体存在的实体并在其中构建了经济，是经济关系决定世界界限（引见伊曼纽尔·华勒斯坦：《知识的不确定性》，王昺等译，郝名玮校，济南：山东大学出版社，2006年，第53页）。我觉得将这用来说明媒介和城市的关系，同样合适。

⑦ 李欧梵、罗岗：《视觉文化·历史记忆·中国经验》，载李欧梵、季进：《现代性的中国面孔》，北京：人民日报出版社，2012年，第241-267页；引见第261页。

⑧ 海德格尔：《在通向语言的途中》，第149页。

⑨ 《申报馆赋》，《申报》1873年2月15日。

> 或隐约于帘中，莫不注目凝神，观兹奇景。而蹀躞街头者，上自大夫下及负贩，男女杂沓，踵接肩摩，更不知其凡几矣。……诚海内之巨观，古今所仅有者也。[①]

在第二号上，主笔蒋芷湘又施展出自己"南国词人，西泠才子"[②]之手段，为这场西人的"驰马角胜"，配上一首《观西人斗驰马歌》，既作为三天赛马结束的告知，同时也与第一号上的新闻互为呼应，形成了一个完整的新闻故事陈述，其开首四句云：

> 春郊暖囊杨丝风，玉鞭挥霍来花骢；西人结束竞新异，锦靴绣袄纷青红。[③]

据本雅明说，"陈述"一词的拉丁文词源，就是指东跑西颠的动作，是来回忙碌。用一个具象描摹，陈述就相当于依托一个讲台，"有人正面对缄默不语的对方(情偶)在温情脉脉地喃喃自语"。[④] 这，倒也合《申报》的自我想象，"一登于新闻纸内，则千里如同面谈"。[⑤] 那么，《申报》随着"驰马角胜"而"东跑西颠"，打算"温情脉脉地"诉说什么呢？

就画面看，西人在策马疾奔，游人是来往如织，三教九流，"蹀躞街头"；西人是"各向前驱，不为后殿"，观者则"莫不注目凝神，观兹奇景"；马声车声，轿去人来，杨丝飘拂，青红纷呈；"春郊暖囊"融化进一片"锦靴绣袄"之中，虽是西人"风驰电疾"，偏又有"溱洧间风景"。此种西人跑马，华人争看；不中不西，又中又西；新奇繁华，闹而不乱[⑥]，"诚海内之巨观，古今所仅有者"，正展示出《申报》"耳目所周"之"上海"的独特气象。

与之前后的报刊不同[⑦]，《申报》有着明确的地方意识。第一天的《本馆告白》就直言，"向见香港唐字新闻体例甚善，今仿其意设申报于上洋"。六天后，又做申明："本馆先设上海，故曰《申报》"。[⑧] 这既是对报纸地方属性的说明，更是对自己归属的认同。"申"与"报"的混杂交织，贯穿"报"生产"申"的全过程，确定了"耳目所周"的界域，"所

---

① 《驰马角胜》，《申报》1872年4月30日。

② 篆香老人赠：《小吉庵主人序本馆附启》，《申报》1873年12月25日。

③ 《观西人斗驰马歌》，《申报》1872年5月2日。

④ 罗兰·巴特：《一个解构主义的文本》，汪耀进、武佩荣译，上海：上海人民出版社，1997年，第2页。

⑤ 《论各国新报之设》，《申报》1872年8月18日。

⑥ 不过以《上海新报》的报道，那天也是"乐极悲来"，一辆乘坐外国水手的四轮大马车，赛马结束回来时在半途翻车，导致一水手脚骨折，另一水手头部受伤流血。(《看跑马之外国水手受伤》，壬申年三月廿七日/1872年5月4日)《申报》对此只字不提。

⑦ 就性质而言，《上海新报》与《申报》最为类似，但前者并不刻意强调自己的地方属性，而是突出对于商贾贸易信息流通的普遍意义，尤其对于上海这样的五方杂处。(可参其几乎每期都出现的《本馆谨启》)。

⑧ 《申江新报缘起》，《申报》1872年5月6日。

重者应在申江各新闻"[1]。"码头热,华洋杂,新闻集,申报出",虽不无戏谑之意,倒也说到了点上。

从"码头热,华洋杂"中孕育而出的《申报》,毫不隐晦承认,报纸是"码头"上的一分子,是为"码头"而起:"若本报之开馆,余愿直言不讳",惟"谋业所开者耳"。"今特与中国士大夫缙绅先生约,愿各无惜小费而惠大益于天下,以冀集思广益。"[2]它同样毫不隐晦,在"华洋杂"中,其所谋对象是"华"而不是"洋","供华人之耳目者"。[3] 报纸口口声声是要雅俗共赏,"上而学士大夫,下及农工商贾,皆能通晓"[4],但其心目中,显见是有一基本图谱的。创刊甫始定下的条例,公开征求"短什长篇""名言谠论"以及"招贴、告白、货物、船只、经纪、行情等"[5],可见主要是面向所谓的"博览鸿儒通时硕彦"[6],具体而分,则包含仕宦、士人、商贾和行旅者[7]。《申报》后来自己概括版面编排:"首列议论,中述琐细,后刊京钞,尾缀拍卖行情"[8],应该就是按这样的图谱而来。在增设《民报》时,报馆特地说明,该报"原非为文人雅士起见,只为妇孺佣工,粗涉文理者设也"[9],或许可以反证,《申报》原有的读者定位主要是"文人雅士"。所以,费南山认为《申报》的体裁及内容,是一种"仿故事"的报道方式,是传统文人读者的标记,均以笼络士大夫和文人为目标[10],是不无道理的。

或许是与此相关,原先上海滩上"西人口述,华人笔受"[11]的报刊操作范式被颠覆,《申报》由西人投资,华人主持[12]。报纸的第一批华人主笔(蒋芷湘、钱昕伯、何桂笙之类),大多为"没有功名",也不具"多高社会地位"的饱学之士,属于中国"文化边缘性人物";由于寓居沪上,或"在西方文化的熏染下,或在西人文化机构里工作,或在价值上

---

① 《主客问答》,《申报》1875年1月28日。

② 《申江新报缘起》,《申报》1872年5月6日。

③ 《论西字新报屡驳申报事》,《申报》1872年12月13日。

④ 《本馆告白》,《申报》1872年4月30日

⑤ 《本馆条例》,《申报》1872年4月30日。

⑥ 《本馆告白》,《申报》1872年5月14日。

⑦ 《论杭州停卖申报之故》,《申报》1872年5月1日。

⑧ 《与申报馆论申报格式鄙见》,《申报》1875年3月13日。

⑨ 《劝看民报》,《申报》1876年5月19日。又:创办五年之后,报纸自称"销数已将及万","阅者则草茅之士,闾阎之人居多",而"市肆最多"。(《论本报销数》,《申报》1877年2月10日)

⑩ Natascha Vittinghoff:《遁窟废民:香港报业先锋——王韬》,载林启彦、黄文江主编:《王韬与近代世界》,香港:香港教育图书公司,2000年,第313-336页;引见第328-329页。

⑪ 王韬:《瀛壖杂志》,沈恒春、杨其民标点,上海:上海古籍出版社,1989年,第44页。

⑫ 所以,有研究者认为《申报》就是中国报纸。参 Barbara Mittler, *A newspaper for China? Power, Identity, and Change in Shanghai's News Media, 1872-1912*. Harvard University Asia Center, 2004. Goodman B, Improvisations on a Semicolonial Theme, or, How to Read a Celebration of Transnational Urban Community, *The Journal of Asian Studies*, Vol.59, No.4, November 2000, pp.889-926.

趋向于认同西方文化”,[1]就酿成了梁元生先生所称的“双视野人”,“他们可以‘看得见’两个不同的‘视阀’或‘视野’——两个不同的文化、不同的世界”,并感受到它们之间的张力。[2] 这不仅使得他们离不开谋生之地的洋场,在精神气质上又难以完全融入,与传统中国的文化道德始终难分难舍。王韬或许就是一个证明,一方面他在墨海书馆佣工,潇洒享受着上海的现代;另一方面,在沪上居住多年,仍对上海充满鄙视:“沪之西人未来之前,其礼已亡”,“沪虽偏隅,久为藏垢纳污之所”。[3] 且不管这种表白的真真假假,表白本身就有意义,多少见出他还是不能缺少这样的精神托柱,哪怕是在口头上。

《申报》毕竟是西人的产业,馆地在公共租界,并受工部局管辖。据说美查在开办之前,曾就报纸的法律基础和保障,征询过京城的英国外交机构,得到的回复是,如果是作为一种商业性质的企业,可以受到条约的法律保护,这与创办者的“谋业所开”是一致的。所以,开张不久的《申报》,因为杨月楼案的评述,意想不到地溢出了“谋业”的边缘,激起粤人强烈不满,导致地方宗派之争,还引起上海县署的插手,出面要求英人惩罚报纸。这番作为就不被英国使馆所接受,被认为违背了商业性质,不受条约保护,美查因此承受了巨大的压力。[4]

由此可见,“申”与“报”及其实践,是在一个复杂和矛盾的关系中进行的:首先,报纸的华人主笔日常浸染于租界上海,对于西方文化及其价值,不能说是全部接受,至少心底是不完全抵触的,否则也不可能在西人开办的文化企业讨饭吃。其次,为了让华人理解并购买“新报”,中国人熟悉的“谏木谤鼓”或者“子产不毁乡校”一类古训,成为报纸的自我声称并在实践中亦有所体现。可这,未必有利于以“谋业所开”之宗旨,畸轻畸重,顾此失彼。其三,报纸处在租界,在工部局管理规制之下,它又不隶属于租界当局,相反,无论是在口头上还是实际作为上,不时要考虑华人的口味,从销售报纸的角度,这又与“谋业”意图相合。恰如有研究者所说的,《申报》以为,有半数以上中国人是喜欢并相信故事的,由此,美查愿意接受“虚构”的文字在其报道事实的报纸上出现,

---

① 熊月之:《上海租界与文化融合》,载马长林主编:《租界里的上海》,上海:上海社会科学院出版社,2003 年,第 41-54 页;引见第 51 页。比如蒋芷湘对于西方的东西就不陌生,据考在《申报》上还发表过与此相关的文字。(参韩南:《谈第一部汉译小说》,叶隽译,《文学评论》2001 年第 3 期)。

② 梁元生:《清末上海的文化张力与“双视野人”》,载梁元生:《晚清上海——一个城市的历史记忆》,桂林:广西师范大学出版社,2010 年,第 71-92 页;引见第 71 页。

③ 王韬:《瀛壖杂志》,第 9 页。

④ Natascha Vittinghoff, Readers, Publishers and Officials in the Contest for A Public Voice and the Rise of A Modern Press in Late Qing China(1860-1880), *Toung Pao*, Second Series, Vol. 87, Fasc. 4/5 (2001), pp. 393-455.

甚至鼓励像读书一样去读报纸，[1]初期《申报》基本上是一张文学性的商业报纸。其四，“谋业”逻辑中的报纸，自然以旁观者面貌出场最宜，偏是操笔的传统士人，“文以载道”“匹夫有责”之类根深蒂固难以驱除，喜欢表现甚至干预，常常以第一人称出面言说。韩南先生在讨论《昕夕闲谈》的中文翻译时，有一个观点很有启发，他说中译体现出两个与中国传统小说相关的特征：第一是增加细节描写来扩大场景和将简略叙述改变成场景；第二是通过一个人物的视角而不是非人格的视角来观察一个场景。[2]《申报》主笔在“奇闻异事，罔不必录”中充满着大量类似的创造性，在前面提到的《驰马角胜》中就多有展露，最后还以评论为结：“惟华人观者过众，几于无处容身。倘有人能于隙地，编以蓬茨，成一平台，俾观者居其上而少取其值，则既可以从中获利，而亦无拥挤之患矣，岂不甚善，惜乎无由计及此者耳。”[3]最后，报纸栖身租界，自是避开了中国官府的直接干涉，但鞭长莫及仍是有“鞭”在手[4]，更不必说他们所代表的中国（政治的也是文化的），与操笔华人们未必就没有血脉相通之处。就初期报纸的实际作为及其呈现的面貌看，却是处处表露出在精神道德上连而不断互通款曲。

上述种种的牵扯，落实到具体运作之中，《申报》所“罔不必录”的“上海”可谓微妙而混杂。首先，如何安顿上海与国家的关系，报纸似乎未有定章，实际上是随意放任。以初期两个月约 60 篇“论说”为例，其中约三分之一，直接以上海的事件为议题；还有三分之一弱，比如《江堤论》《团练议》《商贾论》《治河说》《开矿议》《奢俭论》等等，则完

---

① Barbara Mittler, *A newspaper for China? Power, Identity, and Change in Shanghai's News Media, 1872-1912*, 2004, p.100.以此看，中国新闻史研究将《申报》此种现象称之为不尊重新闻特性，混淆文学和新闻的界限，将新闻写作引入邪路云云（见方汉奇主编：《中国新闻事业通史》（卷 1），北京：中国人民大学出版社，1992 年，第 410-413 页），就不免有将办报看成是一种模式且以今律古之嫌。

② 韩南：《谈第一部汉译小说》，《文学评论》2001 年第 3 期。

③ 《上海新报》（壬申年三月廿七日）也有同一天“赛马”的新闻，名为《赛马清单》，可资比较：念三日跑马天气较前一日颇佳，观者既多，马亦精神倍增。十二点钟起，第一次得胜者，荔枝色马名根罗格朗，得上海银杯一具，值银七十五两。第二次得胜者点子马，名果罗掠特，即念三日第三次得胜之马，得银若干。第三次得胜者灰色马，名格朗戈登，得银盆一个。第四次得胜者，荔枝色马，名师骨碌，即念二日二四两次得胜之马，日耳曼人送大银杯一个。第五次得胜者，亦荔枝色马，名立底必里，得银杯一个。第六次得胜者，黑马，名珠里幼思，得花旗银杯。第七次得胜者，灰色马，名西奔独立，得七里银杯。第八次得胜者，黄马，名直力麻斯，得银若干。念四日，天色更佳，中西人来观者加两倍，华人如堵墙角，胜者衣服华丽，经日光照耀，格外鲜明。人借马力，马仗人威，兴高采烈。第一次得胜者，黄马，名版碧落，受银若干。第二次获胜者，点子马名果罗掠特，即念二日三次获胜与念三日二次得胜之马，受沈道台所赠银杯。第三回获胜者黑马，名珠里幼思，即念三日六回获胜之马，受银杯一个，值银一百两。第四回获胜者黄马名卢必能，赢上海各行买办银杯一个，值银二百两。第五回获胜者，灰色马，名罕地格拉夫，赢银杯一个，值银一百两。第六回获胜者，仍系黑马珠里幼思，赢银若干两。第七回首列之马名普鲁拜勒，受银一百两。

④ 在 1882 年 11 月 22 日的《北华捷报》上，刊有一封来自上海华人的信，其中这样说到，中国的民众相信，道台对于他们有很大的权力，好像他们就住在衙门的隔壁。转引自 Natascha Vittinghoff, Readers, Publishers and Officials in the Contest for A Public Voice and the Rise of A Modern Press in Late Qing China (1860-1880), 2001, p.438。

全是心怀国家[①]。有意思的是，牵涉上海的部分，国家几乎是不存在的，而面向国家的，眼睛似乎也都飘过上海，除了少数几篇（如《商贾论》《奢俭论》《海面缉盗论》等）好像有立足上海外望国家的痕迹。此种上海与国家分立，或许体现了《申报》对于上海的某种理解。依此看，"所重者应在申江各新闻"，并断然拒绝将京报置于报首[②]，也就不只是一个内容选择问题。其次，与此相应，报纸所体验的华洋之上海，同样是暧昧不清，颇有点"剪不断，理还乱"。一方面，"码头热，华洋杂"的上海，像"驰马角胜"一般，总是充满乐趣和生气；另一方面，"华洋杂"所带来的"华夷"之"界"，又情不自禁被带入国家层面的中西关系视角，租界洋人的蛮狠、唯利是尚的风气、奢靡铺张的生活，常就成中国政治、道德和文化的对立面。最后，由于面向"博览鸿儒通时硕彦"，报纸理解的上海生活空间，犹如夹层面包，分别是洋行、买办和老板穿梭往来的世界，是知识精英你唱我和之地，在他们的阴影之中，夹杂着伙计、雇工、学徒、妓女以及下层普通民众的出没。"首列议论（还应包括竹枝词），中述琐细，后刊京钞，尾缀拍卖行情"，实为此种理解的写照。"议论""京钞"和"拍卖"就是冲着"商"和"文"的，中述的"琐细"，是为那些下层细民之辈所设的——他们几乎每天进出于报上的"会审公谳"之中。总之，上海事务与国家事务的各行其道，上海文化和中国传统的若即若离，商人和文人的社会构成，是《申报》"耳目所周"的对焦之处。

然而，好比"双视野人"的"双视"，是上海开埠所引致的切割一样，上述《申报》的种种具体焦点和画面，也源于一个共同的背景，否则这一切就不可能发生，即便发生了也无意义可言。若以唐·伊德的诠释现象学区分，知觉可分为微观——实际的看、听乃至身体感知所获得的具体景象与宏观——文化诠释的情境的[③]话，无论《申报》具体运作的上海面目如何展开，都来自同一个宏观知觉，亦即他们在将看到的东西看作什么方面，是高度一致的。我想说的是，像《驰马角胜》中的那种"码头热，华洋杂"，始终是报纸所理解和坚持的"上海"，并由此确定了其"耳目所周"之射线。且看《申报》"伸向"我们并让我们得以通达的"上海"：

窃思上海一邑，实为中华一大名区。盖自中西各国通商以来，几于无物不至无美不臻。何也？盖由水陆交会地理便易也。尝考其地势，其北，则有天津山东牛庄治府为北货之薮；其南，则有广潮漳厦台建汀温为南货之渊；其西，则通湖广江浙之富；其东，则尽横滨长崎之利。洵乎，为货物辚集商贾辐

---

① 以至于有研究者将其第一个月的论说全纳入国家范畴，甚至认为对洋务运动起了推波助澜的作用。见徐载平、徐瑞芳：《清末四十年申报史料》，北京：新华出版社，1988年，第10-13页。

② 《主客问答》，《申报》1875年1月28日。

③ 唐·伊德：《技术与生活世界：从伊甸园到尘世》，第32、45页；具体阐释主要见第四章。

臻之区矣！[①]

相隔不几天，几乎完全一样的“上海”再一次出现：

窃惟上海一隅民居甚伙，自各口通商以来，西人之至中国者，咸以上海为善地，而中国各省府州厅县之大商富贾及华膴之子弟，莫不络绎而来。近者，凡中国之见所未见闻，所未闻者，惟洋□□一区，几于无微不至，无美不臻。[②]

显而易见，《申报》完全是以“地势”进入“上海”，犹如描画地图一般，标出周边景观，以此衬托出“上海一邑”“水路交会”的便易——地理意义上的一个天然所在。但在它着力标识的地形水貌之后，散发出的是内含的文化意义，或者说是上海的特殊性，亦即“中华一大名区”，中西瞩望之“善地”。“命名是赋予空间意义，使之成为地方的方式之一”[③]，《申报》以“名区”“善地”之“神”，凝聚起上海风水之形，以使焕发出独特光彩。“凡中国之见所未见闻，所未闻者”，“几于无物不至，无美不臻”，此种绝无仅有的口气，与《驰马角胜》中的“海内之巨观，古今所仅有者”一样，是用一种“裁决式”话语施行力量[④]制造出“既成事实”[⑤]，显示“上海”的独领风骚。

其实，就地利而言，“上海一邑”，本就是“善地”，它“兼有长江干流沿岸城市和东南沿海城市的双重角色，其地理位置之优越在国内港口城市是无与伦比的”[⑥]。“上海早在开埠以前已有‘东南都会’‘江海通津’之称”。它“不仅是沿海贸易的港口，而且是长江航线上的重要商港”。“鸦片战争前上海附近大小市镇已达150余个，上海县城人烟稠密，商业兴隆，俨然一副商业城市的景象。”[⑦]正是因此，“上海老早就是个国际贸易市场，番舶沓至”，还有一条专门的“洋行街”。“市场是以县城区位为中心，商船从黄浦江里泻进来，东门外就成了码头的焦点。大东门、小东门，可就热闹得了不得了。”[⑧]1843年进入上海城的一位英国植物学家和旅行家，对之就有深刻印象：城内的街道一般狭窄，但商品繁盛，夺人眼目的是丝绸和刺绣，还有棉花、棉织品、瓷器、各种漂亮的

---

① 《拟建铁路引》，《申报》1872年5月2日。

② 《拟建水池议》，《申报》1872年5月10日。

③ Tim Cresswell：《地方：记忆、想象与认同》，徐苔玲、王志弘译，台北：群学出版有限公司，2006年，第17页。

④ J.L.奥斯汀著，J.O.厄姆森、玛丽娜·斯比萨编：《如何以言行事》，杨玉成、赵京超译，北京：商务印书馆，2013年，第139页。

⑤ Dayan D, Conquering visibility, Conferring visibility: Visibility seekers & media performance, 7, 2013, Feature, p.148.

⑥ 罗苏文：《近代长江沿岸城市市政建设拓展的背景》，载张仲礼、熊月之、沈祖炜主编：《中国近代城市发展与社会经济》，上海：上海社会科学院出版社，1999年，第52-69页；引见第57页。

⑦ 沈祖炜：《近代沿江城市的商业好埠际贸易》，载张仲礼、熊月之、沈祖炜主编：《中国近代城市发展与社会经济》，第14-28页；引见第14-15页。

⑧ 胡道静：《两门掌旧》，《胡道静文集·上海历史研究》，上海：上海人民出版社，2011年，第691-693页。

用毛皮镶边的现成衣服，还有长竹烟筒、图画、铜器和许多古玩店都出售的竹雕装饰品、旧瓷片等。[①] 按照斯波义信的统计，鸦片战争前在上海城内城隍庙附近大约有 30 个会馆和公所的中心会馆，以此为中心形成了繁乱的工商业者及工人的街市，其 27 万人口中大约八成都是外来人口。[②] 不仅如此，在《申报》创办后十年，据海关报告，“总地来说，商业的发展方向大体上仍同过去一样”，而“外国进口物资的分配渠道和上海为了再出口而进口的土产的征集路线，它们大都仍保持多年来的原状——本省和邻省的河道”。[③]

可《申报》偏就用了一个特定的时间节点——“中西各国通商”或“各口通商以来”，与这些日常认知断开，并且由此入手，顺势将上海引向“名区”：“在未通商以前，轮舶未行，货之往来，江汉粤闽登莱锦盖者，近则半月，远则月余，方能得达。至风涛飘忽时，则又不能自主，而花木鱼鸟珍果之类，遂无以致远。轮舶则万里之程，十日可达，挹彼注此，毫无阻碍。”“未通商以前，各子口未立，国家关税所入，虽不加绌，而粤海江海等关，沙船福船之放洋者颇少，放洋既少，纳钞定不奢，而每岁税银之上户部者，无以抵内地各关隘。今则轮舟舢板络绎海面，每日报关册进出，各口货单，至不可以计数。物土所产，固有以通其宜者耶。”[④]由此导致的结果，就是“华洋杂”，商人“莫不络绎而来”，不仅“名声大著”，并且呈现出前所未有的“繁华”[⑤]。不过同样是因这个“轮舶”，上海原有的运输大受折损，“自通商之后，夹板船兴而沙卫等船减色矣，火输船行而沙卫等船更失业矣”。[⑥] 周边城市亦被累及难以幸免，以江苏为例，一直因拥有运河这一贯通南北的大动脉，加上全省水道之密“甲于全国”，所以“城市增加，人口繁盛”。但“自鸦片战争后，西方的轮船侵入中国，交通线立刻发生变化，以海运与江运为主，运河顿失其重要。加上运河本身的缺点，自黄河改道以后，淮河淤塞，时生水患，运河更难济用，因之江北、淮北的城市，失其商业命脉，难以发展，纷呈衰落之像。”[⑦]《申报》的“耳目所周”，却是不触及这些，所谓的“其西，则通湖广、江浙之富”，也完全是以上海为中心的延展，而且使之附着于上海获得了其重要性。如果说空间是在时间中搭建起关系，时间也就标刻出空间的意义并规定了其秩序，上海因此与周边以及全球有了广泛联结，同时也在这样的联结中，与周边加以间隔，使上海有别于甚至雄踞于它们之上。空间

---

① 沈祖安：《百年上海城》，上海：学林出版社，1999 年，第 336 页。

② 斯波义信：《中国都市史》，布和译，北京：北京大学出版社，2013 年，第 162 页。

③ 《海关报告(1882—1891)》，载徐雪筠等译编，张仲礼校订：《上海近代社会经济发展概况(1892—1931)——〈海关十年报告〉译编》，上海：上海社会科学院出版社，1985 年，第 3 页。

④ 《商贾论》，《申报》1872 年 5 月 11 日。

⑤ 在初期《申报》文章中，以“繁华”两字形容上海的很多，甚至还有《论上海繁华》(1874 年 2 月 14 日)一篇言论。一本研究上海的著作，也是直接以“繁华”为书名(叶文心：《上海繁华：都会经济伦理与近代中国》，台北：时报文化出版企业股份有限公司，2010 年)

⑥ 《论上海今昔事》，《申报》1874 年 2 月 12 日。

⑦ 王树槐：《清末民初江苏省城市的发展》，《“中央研究院”近代史研究所集刊》第 8 期，1979 年，第 65-97 页；引见第 96-97 页。

"为地方提供了脉络，却从特殊地方来引申其意义"，[①]上海就在与其周边地域既相联又区隔中，闪现出无处比拟的特殊面貌——"中华一大名区"。

然而，即使是顺着《申报》所谓的"各口通商以来"时间节点，据说在开埠——"各国通商"十来年后，上海仍是一片"滨江茅屋，芦苇为邻，商市萧条，烟户零落"之景色，"沪市固未见进步也"。[②] 直到1852年以后，上海贸易开始超过广州，名列全国榜首。[③] 迅速发生变化则是在1860年代[④]，开埠初年只有"十一所新建的房屋"，"二十三家商行"，"四十来艘"外国进港船只的外滩，到那时每年的"外国船已有四百艘之多，每年已有价值八百万磅的茶叶和六万包的丝从上海装运到外国去。这时的上海已有外国商行七十家，飘扬在上海上空的已有八国的国旗，侨民已有八百多人"。[⑤] 这种突然发达，其中最为主要的原因是"人灾"——太平天国之乱。咸丰年间，太平军逼近上海，慌急之中，租界成了避祸求生之所。国内，主要是江南一带"富贵贫贱相率偕来"，不仅资金人力源源而入，华人涌入导致租界的房产大兴，"此为上海市面兴盛之第一步。"所以姚公鹤不无感慨地说："以上海襟江带海，复经外人之竭力经营，工商发达，输运便利，其足以吸收全国之商业固已。然无吾国数次之内乱，其效果亦决不至是。"因此，"将上海市面之兴隆"，"多归美于英人商业眼光之透辟"，是不合适的。[⑥] "如果运用指标数据来观察公馆、公所丛生及其分化情况，上海的发展是循序渐进的，近代上海的发展不完全归因于租界。"[⑦]

这一切，于《申报》的上海视野之中，同样不占重要地位。[⑧] 当《申报》以不无夸耀和自豪的口吻，赋予"上海一邑，实为中华一大名区"，或"自各口通商以来"，各方"咸以上海为善地"时，地理边界是模糊的，指向却是十分清楚。边界模糊，是因为其以"上海"或者"上海一邑"为指代，似乎可以涵盖上海全域；指向清晰，乃其实际所向，不包括过去的上海，主要就是1860年以后市面迅速兴盛的上海，是开埠后成为全国乃至全球现代贸易网络中心节点的上海[⑨]；也不包含华界的上海，它是以其创办之时的"租界上海"为现实存在和交往场地。这是一种"将同期的差异"并入"时间序列"，从而达到以时间驯化空间：一方面是一种隔离，以时间来拉开南边的上海城与北边的租界上海距

---

① Relph E, *Place and Placelessness*. 转引自 Tim Cresswell:《地方:记忆、想象与认同》,第37页。

② 姚公鹤:《上海闲话》,吴德铎标点,上海:上海古籍出版社,1989年,第26页。

③ 熊月之:《异质文化交织下的上海都市生活》,上海:上海辞书出版社,2008年,第20页。

④ 按斯波义信,1860年代也是整个中国旧都市制度及其现实出现显著变化的时期(见《中国都市史》,第72页)。

⑤ 霍塞:《出卖上海滩》,越裔译,上海:上海书店出版社,2000年,第36页。

⑥ 姚公鹤:《上海闲话》,第26-27页。

⑦ 斯波义信:《中国都市史》,160页。

⑧ 偶尔有提到,比如《拟请禁止野鸡设立夫头议》一文说,"自东南屡遭兵燹各处凋残之后,盛莫盛于申江,富莫富于夷场"。《申报》1872年5月21日。

⑨ 《申报》将自己也纳入全球信息网络,在1872年7月10日的《新报之多》中说,法国有一博闻之人,统计了全世界报纸"共计有一万二千五百处,每日所发大约不下一千二百万纸",但"不知此间申报已算在内否耶?"

离，甚至远得看不清；另一方面，又以时间生产一种连接，通过黄浦江使上海与周边地域相会并凌驾于其上。时间对空间的融合修订了空间的差异[①]，人为制造出异质性，并重新组织和界定了《申报》的上海。“中华一大名区”一说，也使得“中华”与这“一大名区”的意涵及其关系，均发生不同的变动。[②]

当然，《申报》不是将华界上海及其周边隐去，而是在其“耳目所周”的频率中，华界上海与周边城市的存在，是依托于租界上海的动力，由租界上海所导出。由此想到在开埠后不久，一位外国人所目睹的上海：“城里边还是一切如旧，城门到了傍晚依旧按时关闭，夜里边各街道上依旧有更夫打更，乡下人每天依旧挑着他们的物产到城里来兜卖，并向那些挂着‘真不二价’牌子的店铺买他们日常所需的物品”；“在城外那片泥滩上，则一个雏形的租界已经渐渐地成形了”。[③] 一边是“一切如旧”，一边是“逐渐地成形了”，尽管前者是“城”，后者还是“那片泥滩上”的“雏形租界”，可“城”不仅是在“泥滩”的照映下出现，同时正是在“泥滩”的“逐渐成形”中，“城”显得“一切如旧”，无丝毫变动。在这个意义上说，上海“城”是因为“滩”才被带到我们的面前，上海城变成了上海滩的“他者”：“沪北风光尽足夸，门开新北更繁华；出城便判华夷界，一抹平沙大道斜。”[④]一抹平沙大道，隔出了“华夷”两界，判定了“新北”之新，直达“更繁华”的“沪北风光”——尽管就其实际面积，不到上海县当时所辖的 44 个市镇的四分之一。[⑤]

任何一种叙事，“无论它看起来是如何‘完整’，都是建立在一组本应包括在文本中却被遗漏的基础之上的；实在的事件是如此想象的事件同样是如此”[⑥]。《申报》为“上海”所提供的这样一个进门的“入口”，“既像是复原或重新构造的‘图像’，又像是‘航行工具’和导航的程序”，决定了对上海作为一个“存在（的理解的）遥控的预先理解”。[⑦]当报纸如此这般“为地方和位置设置空间，把它们开放出来”时，也就“同时使一切事物释放到地方和位置中去”[⑧]，排列出“奇闻异事”的基本次序——商业的上海和新奇的上海。

---

① 多琳·马西：《保卫空间》，王爱松译，南京：江苏教育出版社，2013 年，第 94-95 页。此处关于时间与空间的关系理解，马西的观点对我多有启发，见该书第六章。当然，我不同意说这只是一种话语的胜利，而是发生实际效果的。

② 这一点受教于香港浸会大学范广欣教授，谨致谢意。

③ 霍塞：《出卖上海滩》，第 11 页。

④ 海上逐臭夫：《沪北竹枝词》，《申报》1872 年 5 月 18 日。

⑤ 这个数字是从陈伯熙的《上海境内之市镇》中统计而来，参陈伯熙编著：《上海轶事大观》，上海：上海书店出版社，2000 年，第 10-11 页。需要说明，聚焦于开埠以后沪北的天翻地覆，并非只是《申报》独家之所为，恐怕也是一种时尚。比如葛元煦在《沪游杂记》就说，“思此邦自互市以来，繁华景象日盛一日”，因此，他的上海介绍“独备”租界而不涉及华界。不过他同时说明，这本书是为往来上海的游客准备的，“宦商往来”喜欢“寄迹”于那里，并不是故意要把华界略去。《申报》则不同，它用“上海”这样一个全称来囊括一切，以“租界上海”标示出地方意义。

⑥ 海登·怀特：《形式的内容：叙事话语与历史再现》，董立河译，北京：文津出版社，2005 年，第 14 页。

⑦ 贝尔纳·斯蒂格勒：《技术与时间 1.爱比米修斯的过失》，裴程译，南京：译林出版社，2012 年，第 276 页。

⑧ 海德格尔：《在通向语言的途中》，第 181 页。

二、“春申江上波涛浊，中外商民相角逐”[1]

据称，1860年代的上海，“实在已经握着中国全部商业之一半了”：每年从上海出口的有生丝一千三百六十万两、茶叶一千四百五十万两、棉花四百万两，其余的物品约五百万两——共约三千七百万两左右；从上海输入的则为织品一千三百二十万两，其中半数是毛织品，半数是棉织品，其余的货品三千五百万两，当中包括从中国别处地方运到上海来转运外洋的茶叶和别的货品，和鸦片烟土一千六百四十万两。[2]依此看，所谓的“货物骈集商贾辐辏之区”，正是要将这种“产品和服务所在位置的符号”，作为上海“场所(place)的意象”。[3] 后来有人总结道：“十余年前之《申报》及《新闻报》皆用有光纸，其篇幅适合商业柜台之大，商人就柜台展阅甚为便利，即此一端，可见当时新闻家之知识专注重于商界，凡政治上、社会上之事不甚措意，故此两报之销行及广告以商家为多，其历史之关系盖已久矣。”[4]

“政治”“社会”之事，《申报》是否都是“不甚措意”，还可再议，但“专注重于商界”应该是大致不差。一展开《申报》，“专注重于商界”的气息几乎扑面而来。扫一眼《申报》上的告白，几乎全是设在“上洋”的洋行店家，它们卖“洋货”：“钟表洋琴红绿绒”，“外国食物一应俱全”；[5]或销“外国杂货”，包括“各式信壳外国书籍本色大纸”；[6]叫卖“各色花呢、听醣风琴、元羽緞，花旗曰塔狗炼香水、花旗牛奶等物”；或是“奇巧新货”：“大小呢绒、红绿哔叽、原漂洋布”等等，加上香喷喷的洋肥皂，“新到上等黄色洋夷皂出售，其名曰立物破而字号”。[7] 还有“东洋店”：“专办东洋名窑瓷器一切希奇细巧盆碗茶盏大小花瓶精工漆器”。[8] 至于“新到串戏钟、鸟叫钟、新样闹钟”，“春戏洋琴、鸟音洋琴、打钟鼓、吹笛、八音琴”，“时样手枪、风雨寒暑表、各色金银表、雷火震、千里镜”以及“洋酒、美味糖果点心、假洋珠奇巧玩物”，也是一应俱全。[9]

一眼即可看出，初期《申报》上的告白，在地位上远胜于新闻。不少所谓的新闻，发生地点是笼统的，时间是模糊的，虚实更是难辨，来自外地的更是如此。告白则不同，比如其创刊号，告白中首先是前一天的货物行情和进口各船信息，然后是第二天“早开火船”的信息。这充分体现了《申报》自己说的，在新闻纸的诸种作用中，告白“一端为

---

① 琴罔居士：《申江行》，《申报》1872年8月3日。
② 霍塞：《出卖上海滩》，第55页。
③ 约翰·厄里：《消费空间》，江千绮译，台北：书林出版社，2013年，第43页。
④ 陈伯熙编著：《上海轶事大观》，第268页。
⑤ 《卖洋货》，《申报》1872年5月2日。
⑥ 《卖外国杂货》，《申报》1872年5月7日。
⑦ 《奇巧新货》《卖洋肥皂》，《申报》1872年5月8日。
⑧ 《东洋店》，《申报》1872年5月2日。
⑨ 《新到钟表洋琴要货等物》，《申报》1872年6月21日。

尤急”。“尤急”,一方面这是报纸生存的土壤和养料:“窃思上海富庶甲天下,凡银号当铺茶栈丝业及各大宝号,又闽粤秦晋吴楚瓯越诸大宝号,虽间有取闻,仍未逐日赐顾,是于本馆销售未广,即经费难敷。”[①]另一方面,“各大宝号”的遍存,恰又展现出“货物辦集商贾辐辏之区”“告白”的之重要性:“上海为货物众多之所,往来贸易之场,苟能使某货某价,尽得之耳闻目见之中,则不独新闻之为用,其于贸易一道,尤为当今之切务,所一日不可无者也”。[②]《申报》是面对着伸向自己的“上海”,置身于“往来贸易之场”之中,谋划并展开“告白”。

创刊之后二十多天,报纸版面上出现货物信息和行情[③],重点是茶叶、湖丝、洋布,几乎隔天就有,主要涉及地点为福建、汉口、天津,甚至也有连及法国的。[④] 三个多月后,隔周发布前一周货物行情的通报,已经成为惯例[⑤],有的甚至是作为重头放在论说之后。[⑥] 通览《申报》上的这些行情信息,就有一个深刻印象,它们并非只是价格,而是给商家发出的告知,以了解货物销售情形便于及时调整。比如:“昨日,四川轮船由天津返申述知,该处洋布各货,均不甚鲜色。皆因由申装去者不少,故仍然平平也。闻烟台各布货,比天津似乎易消得,能如此则各货不至见松耳。”“昨日,气拉渡轮船由汉口到申带来信云,各洋行所沽出之洋货不少,因办茶需银故也。惟斜文布看有起色,其外各货价平平耳。”[⑦]“昨日,山西恰便二轮船由天津旋沪,带到该处信云:八四中原及七磅轻布,仍然疲滞,俱无受主。其余粗布漂布洋标等货,均皆呆手,是以在申之津客均不举手耳。”[⑧]从此类信息中,在在可见报纸的姿态与操作。首先,非常重视时效,它们都是“昨日”,就当时报馆情况而言,做到这样是很不容易的,相信也是竭力而为。其次,报纸试图在货物贸易流通中,及时扮演调节枢纽的角色。最后,《申报》主要利用来往各地的轮船获取信息,据王韬说,当时西人“每月有火轮邮舶二,自中土往来,克期而至,虽甚风雨不爽时日。必携其国之日报、信札,按名给派”[⑨]。《申报》与这些船只应该都有着密切联系。进出口航船的信息,本也就是报纸告白的重要部分。[⑩]

报为船刊载信息,船为报提供行情,《申报》与告白、行情信息是互为介质,在“货物众多之所”穿梭接连,开拓信息流转之空间,编织着“往来贸易”之网。自第五号开始,

---

① 《本馆告白》,《申报》1872 年 5 月 16 日。
② 《招刊告白引》,《申报》1872 年 5 月 7 日。
③ 据我所查,开始于 1872 年 5 月 22 日,那一天共登有三则:《法国论湖丝市情》《湖丝信息》《汉口天津新茶洋布市情》。
④ 《法国论湖丝行情》,《申报》1872 年 5 月 22 日。
⑤ 自 1872 年 8 月 5 日的《上一礼拜洋布市情总论》开始,按周概述过去一周货物行情成为常态。
⑥ 如《上海两礼拜内洋布行情并售出布数》,《申报》1872 年 7 月 3 日。
⑦ 《洋货信息》,《申报》1872 年 5 月 25 日。
⑧ 《天津洋布信息》,《申报》1872 年 5 月 27 日
⑨ 王韬:《瀛壖杂志》,第 121 页。
⑩ 依此看,初期《申报》对轮船大加推崇,不是没有道理的。见《轮船论》,《申报》1872 年 5 月 30 日。

报纸的发行与轮船的开行同步,"无轮船开不发,余每晨发一张,风雨不改"。[①] 轮船不是往返于天津、烟台、汉口,就是来去宁波、长崎、新加坡;信局所向,要么专寄杭、嘉、湖、苏、松、太等地,要么专寄镇江、九江、扬州、南京、汉口等处;中国香港、美国、英国,也是定期而发。《申报》实成为航路和水路信息的汇集中心,成为媒介的媒介。这还不是像麦克卢汉所说的,旧的媒介成为新媒介的内容,而是不同媒介的并置组合互为延伸。《申报》初期的信息获取、报纸发卖,是"由信局带往京都及各省销售"[②]:"本馆申报今注明在各路远处发售地名:镇江大闸外天主街口运河边、南京评事街万寿宫隔壁、扬州左卫街中、九江西门外、仙镇菜市场、汉口董家巷中市、苏州阊门外渡僧桥。如贵客在各路,欲买者须至上洋数处问全昌顺信局便知,每张十文。宁波水街口、杭州珠宝巷嘉兴塘卫镇。门上问协兴信局可也,每张拾文"。同时也依托于商号货栈:出报仅十多期,在上海就建立了包括"广永昌广货店、周元成洋货店、悦隆号"等十七家各种商店的售报网,并还"欲在城内及大小南门等处,亦欲设立代售之店。如有愿做此生理者,至本馆面议可也"。[③] 贸易网络、运输网络、商品售卖网络与信息网络,是互为交集,互为依赖,互为延伸,同时也改变了商行发卖商品的习惯。代利洋行就通过报纸这样告知客户:"本行于七月十一日起,凡有拍卖货物一切之事均登申报,不另行分送小帖,凡贵客欲拍者请阅申报告白可也。"[④]

关键是,此种报纸、信局、航船、商店的交织,依托的正是东南西北"水陆交会地理便易"之"地势","货物辫集商贾辐辏之区"之实际交往:"凡寓沪友人有在各码头市镇开设店号者,请来本馆面议,以期各路通流,共沾利益"。[⑤] 不仅如此,要是稍微转换眼光,关注一下新闻,可以发现其来源和发生地分布,星星点点,大致也是散落在此种贸易、航船往来辐射的经纬之上,广东、香港、宁波、汉口等尤为重点。据统计,《申报》创办当年,仅转载于香港《循环日报》的新闻和论说就有四十四条之多[⑥]。这一方面固然有《申报》采编力量不足,唯有借用"香港唐字新闻体例"之力的原因;另一方面,自然也是在运作地方,以新闻和信息为光标,以沪为中心,串联起港、粤,证明了"香港的作用是华南与东南亚关系的中介点,然而上海是内陆与沿海以及东亚港口的中介点"[⑦]。"水陆交会""货物辫集商贾辐辏",既是上海向全球的展开,也是周边乃至全球向上海的聚集。李星沅所谓的"小广东",以及第一批开设在黄埔滩边的外国商行大都是以前

① 《申报》1872年5月7日。
② 《本馆条例》,《申报》1872年4月30日。
③ 《本馆告白》,《申报》1872年5月9日。
④ 《申报》1872年8月14日。
⑤ 《本馆告白》,《申报》1872年5月29日。
⑥ 这资料是史洪智博士帮助收集,詹佳茹博士为我统计的,于此特致谢忱。
⑦ 滨下武志:《口岸网络与香港、上海腹地比较》,载张仲礼、熊月之、沈祖炜主编:《中国近代城市发展与社会经济》,第310-316页;引见第315页。

开设在广州的商行[①]等等，多多少少可以表明这一点。《申报》给人们展开的是上海已经并继续向四面八方盘根错节布线张网：商人商船、书信信局、水路陆路，以至北货之薮、南货之渊、西地之富、东地之利，全都因此而关连而此呼彼应，商贸网络直如黄浦江水，来回涌动奔腾不息。如果“书籍的传播网络至少从最开始是倾向于沿着成熟的贸易网络发展”，是欧洲城市的一种基本状况，[②]那么，《申报》则是在与贸易网络的同时展开中，与贸易网络互为载体，或许这正是“本馆之设立申报也，原所以备纪中外之事，通达中外之情者”[③]之意吧。

当然也不止于此。《申报》的“通达中外之情”，还深入到商界之中，从而使报纸成为商之“界”：买者卖者、货栈洋行、金融保险、批发拍卖、税收海关等在报纸中不时进进出出，你来我往，七嘴八舌，相争相议，随聚随散，颇似各类商人定期或不定期之聚会。《申报》还总是抓住机遇，不时与商界眉来眼去，互为推进。在 1872 年 5 月 30 日的报纸上，出现了一条《电气告白》的大幅广告，以鼓吹电报“万里之遥，片刻周知”之奇效，实为推销“电报新书”，即将原来的“外国号头改作中国码号”，以便中国人翻译电文。随之在下一期，亦即 6 月 1 日的报纸上，就有《论西人电信保险拍卖诸事》的论说，其中电报一项，其基调几乎就是前日“电气告白”的翻版，在述说完了“传信之速，无有踰于此线”种种优处之后，告知读者“今制有电报书，均改用中国文法，较之外国字样，更为妥便”，“既无漏泄之弊，又无延搁之虞，外国行之久有成效，更望中国仿其法而试行之，则中外皆享其利矣”。这还算是比较隐晦的，有的就是公开为告白张目：“今日万隆洋行告白内言，外国新到一类布，非棉非丝非葛所织，可以制造帷幔，价极公道。夫既非棉丝等项，则必别有希奇之物所织而成，岂如水蚕丝火浣布之类欤！西人诚可谓能用心于制物矣。”[④]同样，同年 5 月 25 日报载：“昨日一点钟时，上海机器局第五号轮船造成，船壳落水。是日，观者除上海道宪、右营条将及文武各官外，中外士民如云盖数万人云。船身长三百余尺，阔四十余尺，深亦四十余尺，方在岸上恍如峰嶂屹立，及其落水不啻山崩，实中国之巨观也，其详细俟后再述。”[⑤]果然没几天，报纸上就有了详述，一篇《轮船论》赫然在目：“舟楫之利，至轮船为已极矣！”问题是“中国既已设局自造轮船，何为只造缉捕兵船，曷不筹款多造，无论大小，总求敷用。宜于海者，造若干号；宜于江者，造若干号；宜于河者，造若干号，则百货不忧其不通，万商不患其不至。”直至该文的最后，才道出这一番叙说的目的，希望上海道宪能够允准“西洋各商会议”打算制造轮船，在苏州河航行之计划。[⑥] 创办当年的 6 月 19 日，报纸告知“吴淞河工完竣”，

---

① 霍塞：《出卖上海滩》，第 13 页。
② 彼得·伯克：《知识社会史》（上卷），陈志宏、王琬旎译，杭州：浙江大学出版社，2016 年，第 82 页。
③ 《论西字新报屡驳申报事》，《申报》1872 年 12 月 13 日。
④ 《西国新到异样布匹》，《申报》1872 年 8 月 28 日。
⑤ 《上海机器局第五号轮船落水》，《申报》1872 年 5 月 25 日。
⑥ 《轮船论》，《申报》1872 年 5 月 30 日。

第二天报纸上即有人吁请，可与西人联手继续延伸疏浚，并改采用挖泥之船——这一“西法”来进行。7月12日，报上又刊出《拟购用机器轮船开浚吴淞海口议》之论说，同样以吴淞河工为起因，具体介绍了“西国开河机器之船”的用途、价格、效率，并与中国原有人工做了比较，机器船“价廉用倍”，并建议中西和衷共济，同举此事，若实在不行，就“各国商人自行抽厘，凑成三万金购一机器轮船，以成此举”。① 法国银行的贷款，也成了报纸不遗余力推动之事。1872年7月25日首现《法国银行贷银事》，显然是为当期告白栏中的《法银行告白》做引头。26日则有《华商至法兰西银行入股签名》，29日又是言论《论西国贷银事》，8月3日则以截止之期已到，原定股份已满，“而愿买进股份者极多”的《法国银行贷银事》结束。凡此种种，环环相扣，倒不必去深究报纸是否有卖版面做托之嫌，我更愿意看成是，报纸将自身直接置于贸易场中，不断跟踪最新变化，“备记中外之事”，并根据自己的认识、判断与商界合作，穿针引线，“以通之外之情”。

报纸呱呱坠地仅过满月，上海滩出现一桩华洋商人洋布贸易纠纷。《申报》首先从英文报纸上转登了英领事法庭对该案的判决，随之发表言论，从而引发各方关注和讨论，《字林西报》和《上海新报》也卷入，贸易纠纷遂又成为媒介事件。该案件的原被告，分别是晋源钱庄和惇信洋行。因所验样布与实际所发之货有异，买家晋源亏本，索赔不得，遂将卖家惇信告上了法庭。最终因货单上有取货当面验明，过三日不得再有异议之字样，英领事法庭遂以此为据，断晋源败诉。此事一经披露，后续连片回应。除当事者外，宁波、苏州的洋布经销商，以及行业公会均纷纷出场，对这场洋布交易诉讼结果表示异议，认为这将使经营洋布的华商在以后的贸易中无法保证自己的正当利益，行业公会最后要求上海道台出面向领事法庭干涉。② 就这个个案的经过及其判决看，领事法庭的依据是惇信洋行发货单上的文字说明，就现代贸易而言，这可以说就是一种契约（虽然理解有歧义，甚至有文字陷阱）。但是，华商予以反击的，却是“信义”二字，认为按照栈单所要求的按包查验根本不可能，甚至是一种刁难（也是实情），“岂其独不信华商如斯也？”“华商与洋人交易往还已非一时，总以信义为主，否则岂能联络久远”。因此，唯有互相“恪守信义”③，即华商相信洋货会按样品出货，洋行也应该相信华商不会无故退货以谋己利，方能保证双方贸易顺利。更让人吃惊的是，依照洋货公会会议所说，类似惇信洋行这样的栈单，不是刚刚发现而是已有“四五年”之久，直到晋

---

① 《吴淞河工完竣》《译通闻馆论开苏州河》《拟购用机器轮船开浚吴淞海口议》，分别载《申报》1872年6月19日、20日和7月12日。

② 关于该案，《申报》上共发了9篇东西，除了1872年6月8日《译英臬司案件》外，还有《洋货信义通商论》（6月12日）、《附友人来书》（宁波经手客）（6月14日）、《苏申杂闻》（洋货公所十三日会议）（6月15日）、《苏州洋货经手客来书》（6月17日）、《洋货公所会议日期》（6月20日）、《附录洋货公所会议》（6月25日）、《论洋货栈单事》（6月29日）、《本馆辩诬》（7月1日）。

③ 《附录洋货公所会议》，《申报》1872年6月25日。

源事发才公开要求取消这样的条款。这也意味着，之前的交易华商可能就是凭着所谓的“信义”与洋商此类规则周旋。既然如此，这个华商洋布行业组织最终恳求上海道台来干预而自己无力出面与洋人交涉[①]，怕也是不得已。

这个随手拈来的案子算不上什么大事，类似的贸易纠纷在当时的上海或许不少见，但就《申报》关于此一案例的处理，透露出颇多可以回味的东西。首先，报纸成为上海社会组织和调节的场所。英国领事法庭、中国人的钱庄和外国的洋行、行业公会，乃至于尚未公开出场的中国道台，悉数在报纸上出现。这是一种以报纸为基点的“可见性”。这里的“可见性”，我取自约翰・汤普森，但所用之意与之又有所不同。汤普森认为自印刷文字出现，就改变了原有面对面传播必须共处一个场所的范式，带来了“可见性的转型”(The Transformation of Visibility)。他将此种可见性的转型，命名为“没有地方的公共性”(public without place)[②]。汤普森没有对“地方”概念化，他看上去就是从常识层面将地方理解为一个物理实体的“固着地”，比如一个咖啡馆、一个会场。他实际想表达的是由于大众媒介的出场，“可见性”无须面对面对话那样的身体在场。不过，身体不在场的“可见”，并不能直接等同于地方的消失，而是“可见”和观看方式的变化，恰如汤氏自己看到的，是一种“视觉的定向”(directionality of vision)，[③]而不是“地方”的悬空没有着落。相反，因为它使“直接的具体的联系变成了心理上的远距离参与”[④]，在消除了人类学、社会学意义上的“地方”结构的同时，创造出印刷文化意义上的“媒介空间”——“此时此在”之同时参与。其次，如果说工业化之后城市中心取代了国家，承担起监督各个场所的生产、消费和交换的职能，从而使得“城市中的事物得到具体反映的，并不是生产，也不是消费，而且也不是交换这些事物本身，而是在充满权力的结点性语境的生产或消费或交换的集体监管、监督以及预期的控制”[⑤]，那么，在上海“一市三治”这个特殊环境里，报纸在生产出这样一个权力结点性语境的同时，也使自己成为这样的一个监管、监督和控制的结点：把所有的参与者拉进了关系之中并使之互为辩白，借此讨论和重新确定规则。都市报刊成为“组织协调，使社区精英结成联盟”的重要力量。[⑥] 其三，若暂且以阿格纽的划分，地方具有“区位”——所在的确切位置，“场所”——形成关系的物理空间，以及“地方感”——主观和情感上的依附，[⑦]

---

① “禀求道宪大人俯察下情，并恳会同英臬司饬知各洋商所用栈单仍照四五年前旧式章程，所有近来逢有新添中国字样，尽行裁汰。”见《附录洋货公所会议》，《申报》1872 年 6 月 25 日。

② Thompson J B, *The Media and Modernity*: *A Social Theory of The Media*, CA: Stanford University Press, 1995, pp.119-134.

③ Thompson J B, *The Media and Modernity*: *A Social Theory of The Media*, 1995, p.130.

④ 埃德加・莫兰：《时代精神》，陈一壮译，北京：北京大学出版社，2011 年，第 63 页。

⑤ 爱德华・W・苏贾：《后现代地理学——重申批判社会理论中的空间》，王文斌译，北京：商务印书馆，2004 年，第 350-351 页。

⑥ 哈维・莫勒奇：《作为增长机器的城市：地点的政治经济学》，载雷月梅译，汪民安、陈永国、马海良主编：《城市文化读本》，北京：北京大学出版社，2008 年，第 52-53 页。

⑦ 转引自 Tim Cresswell：《地方：记忆、想象与认同》，第 14 页。

那么，这个洋布纠纷的组织者——《申报》的出场姿态和立足点，就更值得我们关注。区位和场所不难捕捉，租界上海是报纸立足的位置，报纸是其关系的场所，关键是它的地方感。就这个案例来看，《申报》始终以“商界”的公共利益为依据，认同并加以突出的是以西式现代贸易规则为基础的“码头”贸易。它是以同情华商的方式，来讨论、改变并确立华洋共处的新秩序。就像它自己公开辩白的，它并不一定支持华商，但过三日不得再有异议，究竟指的是已经出栈之货还是包括尚未出栈的？合同文本必须清晰，才使将来不再有类似的后顾之忧。①

当《申报》“专注于商界”，并赋之上海以“中华一大码头”的价值和意义时，上海变成了单向度的“地方”。“中国最早的城市的特征，乃是作为政治权力的工具和象征。”②因而中国传统城市，在其空间结构安排上，常常是两个中心区域：一是以政治文化为重的官绅区，另一个则是工商区域，后者的位置取决于与交通要道之间的关系。③上海的政文中心是在上海城内，工商重心是城墙的东边，即大东门和小东门贴近黄浦江一带。1832 年乘阿美士德号抵达黄浦江，并为后来开埠做了开路先锋的胡夏米、郭实腊等一伙人，就是在上海县城东门外上岸并进入县城去拜见地方官员的。④ 三年后，即 1835 年岁末，时为江苏巡抚的林则徐是如此进入上海：早上饭罢，先由胡巷口过渡，至南岸阅衣周塘工程。……又行至江湾，距宝山三十里，毛令在此备茶点，……又行十里屈家桥，则上海所辖，松江炳守及上海温令并教佐等官俱来迎。又十余里过新闸，闸有三孔。又行十余里入上海大东门，至敬业书院住。⑤ 不难见出，上述的这些线路均是沿政治和文化中心而趋行，是一个与《申报》完全不同的上海。《申报》的上海，几乎完全抹去了这一面，好像根本就不存在，甚至上海原本所有的“花园大城市”⑥的自然风貌，也一并消失。“货物骈集商贾辐辏”的“贸易之场”，就代表了上海的所有。唯有当出现商业贸易纠纷迫不得已时，上海的晚清政府作为商界的陪衬，才从城里被召唤到洋场。政治、文化象征的“上海”，只能依附在“商界”——“中华一大码头”这张皮上。

---

① 《本馆辩诬》，《申报》1872 年 7 月 1 日。

② 张光直：《关于中国初期“城市”这个概念》，载张光直：《中国青铜时代》，北京：生活·读书·新知三联书店，2013 年，第 28-42 页；引见第 32 页。

③ 斯波义信：《中国都市史》，第 98 页。

④ 熊月之：《异质文化交织下的上海都市生活》，第 11 页。

⑤ 林则徐：《乙未日记》，陈左高辑：《晚清二十五种日记辑录》，载王汝润、陈左高等：《清代日记汇抄》，上海：上海人民出版社，1982 年；引见第 204-205 页。

⑥ 利玛窦在其中国札记中就记有“城市周围是一片平坦的高地，看起来与其说是农村，不如说是一座城市大花园城市，塔和农村小屋、农田一望无际”。（利玛窦、金尼阁：《利玛窦中国札记》，何高济、王遵仲、李申译，桂林：广西师范大学出版社，2001 年，第 420 页）此外，1843 年到上海的福钧也对此赞不绝口：“作为一个农业国，上海的平原是我在中国看到的最富庶的地方，或许世界上任何同样大小的地区都不能与之比拟。它是一个美丽的大花园。”（郑祖安：《百年上海城》，上海：学林出版社，1999 年，第 337 页）

三、“西洋贾舶日纷驰，瀛壖闻见愈矜奇”[①]

依王韬的说法，“洋泾浜为西人通商总集，其间巨桥峻关，华楼彩辂，天魔睹艳，海马扬尘，琪花弄妍，翠鸟啼暮，以及假手制造工具，悦耳药曼之音，淫思巧构，靡物不奇。”[②]转换成《申报》上的一个说法，就是“名都大邑者，必能出奇异便工力眩耀人之耳目者”。[③] 所谓的“无物不至无美不臻”，所谓的“中国之见所未见闻，所未闻者”，以及“几于无微不至，无美不臻”云云，透露出的正是此种“瀛壖闻见愈矜奇”的神奇与自豪。

初期《申报》的“出奇异便工力”之“愈矜奇”，首先就是上海“公用事业与市政面貌”的建设。此类论题在头一个月的报纸中大约占了三分之一，里面既有关于市政设施，也包括市政的管理，诸如《拟建铁路引》、《造铁路告白》(第二号)、《拟易大桥为公桥议》(第三号)、《电信机缘起》、《工部聚议》(第六号)(关于工部局上一年所余之钱的使用，里面就牵涉造义桥或义渡、铁路和黄埔滩填建扩大)、《议设吸水公司》、《辩易公桥论》(第七号)、《拟建水池议》(第八号)、《江堤说》(第九号)、《博物院》(第十八号)、《论西人电信拍卖保险等事》(第二十八号)等等，全是与此直接或间接相关。

“在沦为殖民地的一些地区，在殖民地式的管理或影响下，筑路往往是殖民地有组织活动的第一项活动。上海也不例外。”开埠三年后，即 1846 年就成立了一个“码头道路委员会”，专门负责规划建筑和道路。[④] 正是这个机构，自 1853 年上海发生小刀会起义之后第二年，其性质开始转变，成为一个自治政府机构——工部局，其职权除了原来的道路、码头等事项，还要保障生命财产的安全。[⑤] 公用事业与市政状况，牵涉居住者的切身利益、日常生活、社会秩序乃至卫生健康，但在《申报》看来，这更是与“名区”或“善地”的名声相联，关系到上海的“中西通商”，是一个商业性“名区”或“善地”的重要标志。犹如一篇关于“填高黄浦海滩”文章所论及的，“盖以上海为中西聚集之所，滩上行人往来如织”，若任“历年潮水冲激”之淤泥渐高，“今触目皆污秽泥土，大非美观”。更重要的是，“夫上海之地商贾聚集，为中华之第一大码头，船舶往来货物充积，生意之盛年胜一年。为今之计，凡有所举动，必当先有益于贸易之事，至于兴土木之工，以供人之游目骋怀，皆其后也”。[⑥] 在这个意义上，公共设施与上海作为中华一大码头，实为一体。报纸关于建铁路或者建水池之类的讨论，首先从“上海一邑”说起，原因怕在

---

① 《续沪上西人竹枝词》，《申报》1872 年 5 月 30 日。

② 王韬：《瀛壖杂志》，第 110 页。

③ 《议建铁路引》，《申报》1872 年 5 月 2 日。

④ 毕可思：《管理上海：维持通商口岸的治安》，李雪云译，张新校对，马长林主编：《租界里的上海》，上海：上海社会科学院出版社，2003 年，第 271-292 页。

⑤ 马长林、黎霞、石磊等：《上海公共租界城市管理研究》，上海：中西书局，2011 年，第 1、6 页。

⑥ 《黄浦填高辨》，《申报》1872 年 7 月 22 日。

于此。试想，“名区”和“善地”是因了其“无物不至无美不臻”而确立，那么，“拟建铁路”和“拟建水池”，就是此种“无物不美无美不臻”的不断进步、锦上添花，更显示着“上海一邑”的交通和生活便利，预示着未来更加美好的景象。“物质性是使城市空间体验变得有意义的过程的积极参与者。这种意义通过物质实践活动而被激活和商定”。[①] 如此一来，市政——铁路、水池一类，与之前的煤气灯、电报以及后来的电灯、电话一样，既属西方的新奇美臻之物，亦为一种新生活之必需。因而在其口吻上，总是不乏肯定、欣羡和鼓舞：“自煤气灯设，而民始信有不夜之天矣！惟沪上地处海渎，洪涛万顷，凡潮汛之朝夜往来，远近数十里间居民所食之水，每多泥沙而未能清洁，望洋兴叹”，如今偏有“西人议用吸水之法，于数十里外取清水，将挹彼而注之，此诚善举焉”。[②] 建铁路一举“可避拨船风潮之虞，可免小车尘雨之污，既快且捷，直欲使一蹴而至此”[③]。

如众所知，上海租界对于公用事业的建设，是领风气之先的，有的甚至与发达的欧洲几乎同步，至少就其着手考虑和筹划而言，比如在1875年就已经建成中国第一个自来水厂。世界上第一辆有轨电车问世在1881年5月，当年7月的上海英商怡和洋行，就向租界当局提议在租界内兴建有轨电车，并被法公董局所采纳并开始进行研究。[④] 也正是由此，《申报》的“市政”——关于公用事业的建设和讨论，自然就带有了启蒙“新”知的意味——改变中国人的视野和认知，与之前的传教士刊物(《六合丛谈》《遐迩贯珍》等)发生了勾连，更与其之后的《点石斋画报》，“以描画世界奇迹的方式达到传递新知识和启蒙的目的”[⑤]有了一脉相承之处。在这样的脉络中，“愈矜奇”，不仅代表着一种文明和先进，也是衡量一国之经济发展状况及其实力的标志，而这，也无疑正是报纸要着力推动的：“西洋诸国，皆专心于制造而注意于营谋。制造之精，莫巧于机器而可夺天工；营谋之善，莫美于流通，而必须人力。此西洋诸国之所以日见殷富强壮也”，“电报”“保险”和“拍卖”，就是此类深得“奇技异能”之法而又便于用者。[⑥] 所以，有了轮船，“则百货不忧其不通，万商不患其不至”，于国家大事更是有利无弊：方便赈灾、转运贸易货物，促进各地人员流通，等等，[⑦]何乐而不为！信局之设，“不徒能代寄音信而已，又可附寄货物，满奁盈箱；兑会银钱，积千累万。虽千里亦若面谈，而万件均同手授，且为时亦不至十分延迟”。其无论于公于私，均“甚为稳妥，计时甚为捷速”。[⑧] 电报，在“西国都郡县镇业已装遍，四通八达经纬纵横无处不到。凡遇至要之事，用电线

---

① 艾伦·莱瑟姆、德里克·麦考马克、金·麦克纳马拉、唐纳德·麦克尼尔：《城市地理学核心概念》，邵文实译，南京：江苏教育出版社，2013年，第51页。

② 《拟建水池议》，《申报》1872年5月10日。

③ 《拟建铁路引》，《申报》1872年5月2日。

④ 上海市公用事业管理局编：《上海公用事业(1840—1986)》，上海：上海人民出版社，1991年，第110、331页。

⑤ 李欧梵：《上海摩登》，毛尖译，北京：北京大学出版社，2001年，第77页。

⑥ 《论西人电信保险拍卖诸事》，《申报》1872年6月1日。

⑦ 《轮船论》，《申报》1872年5月30日。

⑧ 《信局论》，《申报》1872年6月7日。

通报，虽万里之遥，片刻周知，所以有裕国便民之宏用。至于行商坐贾，更不可少”[①]。即便如建立“博物院”一类，也是为“广见闻，备器械，精格致，斗智巧起见，而非仅侈瑰奇新异之观，玩弄供设之宝而已”。[②] 甚至连转载自香港报纸的，也大多着眼于此类“炫耀人之耳目者”，比如“扬声筒、风秤、制冷房”，英国新造一炮，发射之快，天下绝无仅有，或者创设电报之人击士者去世。[③]

“出奇异便工力”，更是推动“名都大邑”发展的强大动力。当年的英国，能够在短期内得以“勃兴”，其秘密就在于此：1807 年通“煤气灯”，1881 年造出“火轮船”，1816 年有了“矿灯”，使此后矿工下井无安全之虞。1801 年实行人口造册；又花巨资凿洞建桥，使火车“疾过逾鹰隼，风雨无阻”，电气铁线越海底而至“比利时、法兰西”，“远近皆不能限”，还有“广新闻纸以布大公于民”的大举措。遍数了这些软硬建设，报纸坦诚相告，“英国勃兴之大略，已具于此，是以详论国事者所当知也”。[④] 以此来看，《申报》特地将日本驻美大使与美国总统的会见一事，见诸版面，恐怕背后就有深意。听听美国总统对日本大使的训导：“敝国近日于新美政事业已讲求无数，但欲致富强，必先增广贸易，暨用机器以收织造之益，立电报以速音信之通，劝民出洋贸易雇工，使见闻日广，且得学别国勤敏，以为易俗移风之助。更立日报，使吏治整饬，民冤得伸”。[⑤] 日本果然奋起直追，“所建火轮铁路已成，试之迅捷异常”，“不独贸易场中殊形便利，即书札之传递，消息之通流，其利益有不可胜言者，中国奈何置而弗为哉？”[⑥]或许《申报》正是借此敲山震虎，鞭策上海不断汲取西洋技术，继续推新创奇。在机器制造局所造轮船下水之后，报纸载一长篇小记，细数船的方方面面，最后勉力夸奖：“夫制造局之设于今将十年矣。督理局务者，能以所事为事，召匠必择其善，购物必求其精，故能月异而岁不同。其所造之轮船，亦能日新而日盛。充斯量也，其制造之法，不几可日进于泰西诸国矣。”[⑦]可见正是向西人学习才有今天成果。所以，“倘使中国能效欧州诸国之所为，仿其新法，习其各业”，不信中国不进于强盛，“为世上最有权自主之国者”。[⑧]

如果“现代不仅是理性的时代，它也是惊异的时代、非凡的时代”，因此是“从现代性的震惊开始”的话，[⑨]那么，《申报》的这些“愈矜奇”，并非如西方一般，由惊异激发起好奇和对未知的征服和探索，而是跟随“仿其新法”，最终“进于泰西诸国”。《申报》的“愈矜奇”，是闻所未闻之“新”，不是新旧断裂之“惊”；是争色斗艳之“异”，不是探究创

---

① 《电气告白》，《申报》1872 年 5 月 30 日。
② 《论东洋博物院事》，《申报》1872 年 6 月 13 日。
③ 《附录香港新报》，《申报》1872 年 5 月 24、16 日。
④ 《英国勃兴大略》，《申报》1872 年 5 月 13 日。
⑤ 《日本使臣至花旗见国君》，《申报》1872 年 5 月 6 日。
⑥ 《日本近事》，《申报》1872 年 8 月 8 日。
⑦ 《上海机器局第五号轮船小记》，《申报》1872 年 7 月 4 日。
⑧ 《译西字新闻纸论中国规模》，《申报》1872 年 7 月 6 日。
⑨ 哈维·弗格森：《现象学社会学》，刘聪慧、郭之天、张琦译，北京：北京大学出版社，2010 年，第 18 页。

造之“奇”；是“中华一大名区”的炫耀，也是上海文化之景观.此也正应了那个断言，“从下水道系统到发电厂，基础设施在城市的功能发挥和情感知觉之中都扮演着重要的角色”。[①]

“功能发挥”和“情感知觉”，除了附着于具体技术设施，同样表现在市政建设过程所体现出来的程序、规则和制度。以“苏州河上大桥”华人过桥收费讨论为例，就起因看，主要是关于过桥费征收华洋是否平等一视同仁，但两造的你来我往却扯牵出一大堆背后的各种因素，包括该桥来历、经费来源及现状管理之类，从而处处让人感到租界上海公开而有章法：“顷闻数日前，华人各公所已遣人至工部局，向其理论”，而且“工部局曾经议过，欲措资桥主买作公桥”，只因船主不允遂作罢。更应引起我们注意的是《申报》之居间作用，它在《辩易公桥论》一文以类似“编后”（本馆谨启）的形式，直接质疑其中的事实及其观点。如果这尚且还是为华人说话的一种姿态，那么这最后的声称，“本馆凡便民生，补国计者，无不详考审论，非敢专执成见，亦非游移罔据”，[②]清楚表明报馆组织并参与这种讨论本身——“详考审论”，就是“便民生.补国计”的重要方式。查看工部局董事会关于这道桥的讨论记录即可发现，其前后持续了好几年，内中关系错综复杂，既牵涉中西权力归属、桥的合同契约；也牵涉原有桥主的经济利益，甚至不排除乘机敲杠。此外，买桥或建新桥的经费预算及其来源，包活董事会内部意见的不一，都使得该事件纷纭难定。[③] 由此也让我们看出，《申报》所组织的讨论，其实是十分化约了的，好似非黑即白，一清二楚。当然，报纸不可能也做不到将所有内部的外部的讨论一一罗列，突出一点不及其余，以激发读者兴趣，是报纸特性所决定的。但正因为如此，我们从中大略体会出报纸本身的立场和目的：一方面是显示为华人说话，博得好感；另一方面，是以此吸引读者共同关注上海市政的建设和管理。“广新闻纸以布大公于民”，本就是西洋政治社会制度的一个构成部分。“凡朝廷之立一政也，此处之新闻纸或言其无益，彼处之新闻纸或言其有损，朝廷卽行更改，必待各处新闻纸言其尽善尽美而后为。至于行事制器，无不皆然，所以有一举动必歷数十年之久，必经十数人之智，及其成功则莫能与敌。”故新报“上下可以相通，远近可以相达，相勉相戒以辅成国家政事也”。[④]《申报》在《论西人电信保险拍卖诸事”》一文中，最后有这样一句话：西人之“乐为奇计异能之事，是以日新而日盛”，是与其制度创造和保障分不开的，“观乎此，……岂仅夸奇计异能而已哉？”[⑤]这恐怕正道出了其内在的部分动机。由此，关

---

① 艾伦·莱瑟姆、德里克·麦考马克、金·麦克纳马拉、唐纳德·麦克尼尔：《城市地理学核心概念》，第 63 页。

② 《拟易大桥为公桥议》《辩易公桥论》，《申报》1872 年 5 月 4 日、5 月 9 日。

③ 仅在 1872 年一年，工部局董事会就苏州河桥讨论过八次（分别是 6 月 10 日、25 日；7 月 1 日、15 日；8 月 8 日、14 日；9 月 2 日、23 日），见《工部局董事会会议录》（第五册），上海：上海古籍出版社，2001 年，第 551、554-555、556、560、568、569、575、577 页。

④ 《论各国新报之设》，《申报》1873 年 8 月 18 日。

⑤ 《论西人电信保险拍卖诸事》，《申报》1872 年 6 月 1 日。

于市政建设和公共管理的讨论，是报纸的一种即兴式公开表演，报纸通过这种表演，将读者群体的注意力纳入自己的管理之中[①]。或许正是受到这样的召唤，传统士人们追随着这些讨论，在报纸上展现传统“清议”的风尚。譬如，当时租界马车伤人，几以成为一大顽疾，“行人走路须加意，仔细中央跑马车”。[②] 就有人在《申报》上倡议：“今立一法，拟告工部局将各洋行自置马车之人夫，一一编列号数，各给腰牌。其中国人之自开车马行者，由新衙门编列号数，各给腰牌。”牌上一面是“该夫籍贯年貌”及其保人，另一面为“慎重人命”之类的警示。“此法一立，庶几易于稽查，且使之所敬畏，不致狂纵害人，民命攸关，中外一体，曷不筹议及之”。[③] 当工部局制定了措施，将管理大小车轿以及往来行人行走之章程在报纸上登列后[④]，又有人觉得不够尽美，自告奋勇提出，“兹更请于立法之外，增置一器吹之作响，以警行人”。“如马车上不备此器者，依夜不燃灯例，罚洋五元”。“想亦西人所乐从耳”。[⑤] 这些建议者，不仅都是煞有介事，而且“立法”成为其习惯用语。1875 年一位名叫朗格(H.Lang)的美国基督长老传教士就在其考察报告中说：“上海是一个模范居住地。也就是说，它是西方文明的一个前哨，与 3 亿多循规蹈矩的、半开化的异教民族交界相处。在这个居住地里，法律、财政、商务、教育及科学等问题——得到解决并展示给他们，如同生活的艺术在现实中的应用一样。”[⑥]若果真如此，《申报》的作用似不可低估，尤其是对于华人的影响。值得注意的是，晚清上海官府在报纸中的出场，亦多是与此类公共事务和管理相关：或是疏浚河道，或是禁毒、禁赌，或是禁止女堂倌。这个统治“半开化异教民族”的政府机构，也学会并且习惯了使用除告示、榜文之外的另一种新式媒介来公开通报事务。正是在此时，《申报》显露出与华界，尤其是在精神情感上与中国政治、文化和道德的相通。“夫新报之设，原为劝善惩恶，易俗移风起见”[⑦]，“方今上海道宪，好善恶恶，欲禁花鼓戏女堂倌，其所以正人心端风化者，固宜中外诸人所乐从遵行者也”[⑧]。感官享受的惊奇斗艳与道德批判相混合，构成初期《申报》的一个特征。当然，前者即“愈矜奇”是占据主导的，后者的抨击由前者所带出，就好比晚清上海道宪的出面，通常都是与租界有关一样。

地方“不单是指世间事物的特性，还是我们选择思考地方的方式的面向——决定

---

① Dayan D, Conquering visibility, Conferring visibility: Visibility seekers & media performance, 7, 2013, Feature, p.146.

② 沪上闲鸥：《洋泾竹枝词》，《申报》1872 年 7 月 19 日。

③ 《论马车伤人》，《申报》1872 年 6 月 24 日。

④ 《工部局告示》，《申报》1872 年 6 月 26 日。

⑤ 《拟增置马车响器一事》，《申报》1872 年 7 月 3 日。

⑥ 朗格：《社会视野中的上海——来自朗格的报告》，高俊译，载熊月之主编：《上海史国际论丛》第 1 辑，北京：生活·读书·新知三联书店，2014 年，第 225-259 页；引见第 252 页。

⑦ 江阴薛成章：《谨答十九日申报辨惑说》，《申报》1872 年 5 月 28 日。

⑧ 《拟购用机器轮船开浚吴淞海口议》，《申报》1872 年 7 月 12 日。

强调什么，决意贬抑什么”，所以，地方就是一种认识世界的方式[①]。由此可以相信，当《申报》对这些“奇闻异事”源源不断“罔不必录”时，这些“愈矜奇”因“炫耀人之耳目”，便在不知不觉中侵入日常生活，不仅构成上海地方的一大特色，更重要的是塑造了关于“美好生活”的一种新理念。竹枝词——这在《申报》创办半月[②]即现身版面的文人之作，便生动地展示出这一点。且看上海的街景：“前后单轮脚踏车，如飞行走爱平沙”[③]“西域移来不夜城，自来火较月光明”[④]“当街高矗自鸣钟，十二声敲度远风”；上海的通信便利：“举头铁索路行空，电气能收夺化工；从此不愁鱼雁少，音书万里一时通”[⑤]；消防队员的矫健：“杵急钟楼报祝融，赤衣光夺满场红；腾空百道飞泉泻，机器新成灭火龙”[⑥]；拍卖之声的高扬：“门首缘知彩帜飏，手持珍物叫当场；何人快应如干价，但听高台一拍忙”[⑦]；有洋枪队的威武，“洋枪小队试春操，绣袄金镶气象骄；引得儿童齐躲避，吹笳鸣鼓马萧萧”；还有租界的管理：“双马轮车夹小车，终朝驴辘起尘沙；却劳工部经营好，洒扫街前十万家”[⑧]；雪茄的喷云吐雾：“卷就名烟吕宋夸，自称香味胜兰花；咀含不用携筒往，为有余芬到齿牙”[⑨]；啤酒之泛沫飘香：“啤酒百壶斟不厌，鳞鳞五色泛玻璃”[⑩]。甚至连西人“每届七日则为礼拜休息之期，一月则四”[⑪]的做法，也成为充满“炫耀”的上海一大景观，从此是“第一关心逢礼拜，家家车马候临门；娘姨寻客司空惯，不向书场向戏园”[⑫]。

在报纸上发表竹枝词，应该是《申报》独创[⑬]。竹枝词是理解“报”和“申”交往互渗的一个极好所在，需要引起我们极大注意。首先，报纸上的竹枝词出于文人之手，正是《申报》所要牢牢抓住的对象之一，从中既可以见出报纸与他们的关系，也能对文人间的互动有所体现。其次，竹枝词由民歌转化而来，但与一般传统诗歌的唱和（比如蒋芷湘在报纸上组织的“消寒雅集”[⑭]）不同，后者大多是因情而发，前者却是以咏物状貌而兴，大多直接来自现实感受，因而更能展现生存和生活状况。其三，竹枝词虽然属于文学创作，其中还不乏夸张和调侃，但当其在报纸上不断露面，并且文友们你来我往，在

---

① Tim Cresswell：《地方：记忆、想象与认同》，第 21-22 页。
② 《申报》是在 1872 年 5 月 18 日第一次出现《沪北竹枝词》。
③ 慈湖小隐：《续沪北竹枝词》，《申报》1872 年 7 月 9 日。
④ 鸳湖隐名氏：《洋场竹枝词》，《申报》1872 年 7 月 12 日。
⑤ 《续沪上西人竹枝词》，《申报》1872 年 5 月 30 日。
⑥ 《沪北西人竹枝词》，《申报》1872 年 5 月 29 日
⑦ 《续沪上西人竹枝词》，《申报》1872 年 5 月 21 日。
⑧ 《续沪江竹枝词二十首》，《申报》1872 年 9 月 28 日。
⑨ 《续沪上西人竹枝词》，《申报》1872 年 5 月 30 日。
⑩ 《沪北西人竹枝词》，《申报》1872 年 5 月 29 日
⑪ 《论西国七日各人休息事》，《申报》1872 年 6 月 13 日。
⑫ 鸳湖隐名氏：《洋场竹枝词》，《申报》1872 年 7 月 12 日。
⑬ 后来为了竞争，《上海新报》也有所模仿，但无论是质量还是数量，都远逊于《申报》。
⑭ 具体可参邵志择：《申报第一任主笔蒋芷湘考略》，《新闻与传播研究》2008 年第 5 期，第 55-61 页。

一定程度上就足以说明，上海的新奇已经成为他们的共同经历和经验，并由此构成理解上海的基本视角。由于这些文人在社会地位上，又是距离一般民众最近的，他们的心声，在一定程度上代表了当时租界上海华人居住者的普遍体验[①]。最后，但可能更重要的是，报纸上竹枝词翻来覆去出现，又被不同空间中的读者们广泛接触和吟读，就为他们理解和感知上海，提供知识和经验资源，甚至成了一个理所当然的“上海”。

报纸创办近十年后，“愈矜奇”是上海的常态了：“履道坦然，街灯灿烂，居户秩然，旅客纷然”，“创造码头，以便运载；创造地火，以便行人；车样翻新，轮蹄征逐，无一不一便民为心，以招徕为事。电线通报遐迩，音书捷于邮传”。“近来又有自来水之制，其日新月异，正无已时”。上海不复是以前那个“市肆即在于东南城厢内外”的上海，“人之称誉上海者，意味海外各地，惟数法国巴黎斯为第一，今上海之地，不啻海外之巴黎斯”。[②] 清廷官员恽毓鼎，1882 年农历六月初二日早晨抵达上海，当天除了买书，还去照相，照完乘马车到静安寺，“饱看芳菲”。第二天本约好是“诸君同出看电气灯”，却“以病卧不能行，甚闷”。[③] 恽毓鼎可能没有想到，两个月之后的上海就将出现电灯，再不是他要看的煤气灯了。[④] 难怪文人们总是忍不住将舞文弄墨的兴趣，转向了“客来海上见闻多，风景欧洲问若何；聊撰小诗编异俗，墨池幽怪伏蛟鼍”。[⑤] 陆士谔的一部小说，以《新上海》为名，对上海的各种“新”，尽肆挖苦讽刺之能，一开篇对准的就是报纸主笔，其他诸如保险、拍卖、出品会、新学堂、巡捕、留学生等等尽数在内。书中首次来到上海的青浦人梅伯，对种种新式名目下的坑蒙拐骗，均是闻所未闻匪夷所思。然而，如换个角度来看，对“新”的批判恰恰说明“新”已经融入上海的方方面面，与青浦已是天差地别。不必说青浦，南市也早被甩到了边缘。《申报》中唱咏南市的竹枝词，就与前面关于沪北或者西人的不同，基本还是集中于楼台亭阁和风俗人情。“露香园址未荒芜，九曲桥边似画图；一矗湖心亭屹立，居然风景赛西湖。”“瑶池仙味胜醇醪，异品争推水蜜桃；闻说黄泥墙更好，小红圈子认鹅毛。”“西城月老最称灵，牵合红丝到水萍；注定姻缘休错过，纷纷儿女问签经。”绝无沪北那种新奇斗艳之风，甚至连文字似也古雅沉静了许多。作者公开吐露：“曾向洋泾唱竹枝，须知南北自分歧；笔端消尽繁华气，

---

① 在 1872 年 8 月 12 日和 9 月 4 日的《申报》上，分别刊有《洋场咏物诗》和《洋场咏物词四阙调寄沁园春》各一首，其所咏之物均同是地火、轮船、电线和马车，此种类似，不能视之为偶然。

② 《论上海今昔情形》，《申报》1881 年 12 月 10 日。1886 年的《纽约时报》，用大篇幅介绍欧美人在上海的生活，其中所突出的也正是这些方面：“城市的主要市区用电照明，而郊区道路上使用汽灯，上海有一个组织良好的消防部门，配备了救火机。街道以碎石铺成，显得井然有序”。“这里有很好的下水道，有清洁的供水系统和完善的照明系统”，“居民们可以在路况极好的街道上舒适地行走”，“我们对一个城市还能有什么更多的要求呢？”(引自熊月之：《异质文化交织下的上海都市生活》，2008 年，第 296 页。)

③ 《恽毓鼎澄斋日记》(1)，史晓风整理，杭州：浙江古籍出版社，2004 年，第 6 页。

④ 上海通电灯始于 1882 年 9 月 1 日(上海市公用事业管理局编：《上海公用事业(1840—1986)》，第 32 页)，恽毓鼎在上海是同一年的农历六月，待了一周左右。

⑤ 《沪北西人竹枝词》，《申报》1872 年 5 月 29 日。

重谱申江一曲词。”[①]“笔端消尽繁华气”，恰从另一面证明，沪北与沪南，实就是两个世界。

如果“美好生活”需要养育的话，它是基于“驯化”——以新的规制为保障。“上洋各租界之内，街道整齐，廊檐洁净，一切秽物亵衣，无许暴露；尘土垃杂，无许堆积。偶有遗弃秽杂等物，责成长夫巡视收拾，所以过其旁者，不必为掩鼻之趋，已自得举足之便。甚至街面偶有缺陷泥泞之处，即登时督石工为之修理。炎天常有燥土飞尘之患，则□时设水车为之浇洒；虑积水之淹浸也，则遍处有水沟以流其恶；虑积秽之熏蒸也，则清晨纵粪担以出其垢。”[②]清洁干净的背后，是严厉的管理条规。租界上海之“炫耀耳目者”，进入并侵入人们生活的过程，也就是福柯式的“规训”过程，“使住居租界者，皆能体西人之意，而更加意焉”。[③] 夜间不能随便外出，否则便有盗贼之嫌；担夫脚夫在租界地面挑担运物时，不许发出喊叫之声，“如敢故违，定提议罚”；[④]行路街头，不可袒胸露背；小摊小贩不准街头游走，凡有所见，立遭巡捕追赶乃至木棍痛击，“人则鼠窜而去，物即狼藉于途”[⑤]。最苦的是乞丐，巡捕对之是“驱打凌虐，无所不至，逃避稍迟，棍棒交下”，“乞人之受伤而致毙者”是难以数计。[⑥] 更需注意的是，租界当局对华洋是区别对待的。胡翔翰《上海小志》记载，“凡马车之驰于道中，乘车者为西人，始可超前行之车而过之。若为华人，所乘故不能超西人之车，否则拘罚不贷”[⑦]。有学者研究为证：在 1863—1900 年期间，公共租界成人华人居民的拘捕比例从最低的 3.23%至最高的 29.43%之间，而且主要是男性华人，在 1895 年最高达到 58%。与国际间对比，“公共租界的‘犯罪行为’在统计上确实看来已经在一个显著不同的尺度上。它给人的第一印象是工部局警察部门明显是与犯罪的男性华人斗争。也可以这样推断，与香港固定的殖民主义相比，上海公共租界的统治者对华人居民和旅居者更加严厉。问题的关键不在于城市化，而在于实行外国统治及行为规范，维持上海的秩序，使中国融入世界与利于国际贸易”[⑧]。出于这样的正当性，严苛和歧视就是“愈矜奇”必须付出的代价。

当《申报》总是为市政的“租界模式”[⑨]唱响赞歌，并为“上海之地，不啻海外之巴黎斯”而欢欣鼓舞时，另一个分为南市与闸北[⑩]的上海市政，则时时被催逼着向租界上海

---

① 《沪南竹枝词》，《申报》1872 年 7 月 8 日。
② 《租界街道洁清说》，《申报》1872 年 7 月 20 日
③ 《租界街道洁清说》，《申报》1872 年 7 月 20 日
④ 《大法国工部局禁挑夫叫喊告示》，《申报》1872 年 7 月 23 日。
⑤ 黄浦江头冷眼人：《论洋泾浜小本经纪宜体恤事》，《申报》1873 年 2 月 4 日。
⑥ 古吴最乐老人：《洋场求食论》，《申报》1872 年 9 月 4 日。
⑦ 转引自马长林、黎霞、石磊等：《上海公共租界城市管理研究》，第 208 页。
⑧ 毕克思：《管理上海：维持通商口岸的治安》，李雪云译，张新校，载马长林主编：《租界里的上海》，第 271-292 页；引见第 281-283 页。
⑨ 罗苏文：《近代长江沿岸城市市政建设拓展的背景》，载张仲礼、熊月之、沈祖炜主编：《中国近代城市发展与社会经济》，第 52-69 页。
⑩ 姚公鹤：《上海闲话》，第 51 页。

看齐，如果不是受到鄙夷的话："工部局之清理街衢者，正工部局之加意闾阎也。试往城中比验，则臭秽之气泥泞之途，正不知相去几何矣。"[①]同时共存的上海，也因此变成了处在不同时间端点的"今日之上海"与"昔日之上海"。"今之上海"，获得美国总统格兰特、英皇孙儿等外国政要贵人的"大加称许""赞不绝口""流连数日""殊觉惬心"。相反，与之空间相连的"昔之上海"，"城内亦有清道之捐，而道路之硗确泞滑，几于不堪涉足，以视洋场之坦平者，相去何如？城中亦有粪除之役，而秽积污浊，直将掩鼻而过，以视洋场之洁净者，又何如?"之所以有此"桑田变为沧海，沧海复变为桑田"的今昔两重风貌，原因无他，全在于"上海洋场之地有工部局经理修治，整顿道路以时修，秽积以时去，加以逻捕梭巡，宵小不敢肆志"，从而"地方宁阑，气象光昌"，也就难怪"富商大贾皆置产创业于"今之"繁盛之上海"，而"不乐言归于"昔之"荒陋之上海"了。[②]

在《申报》创办二十多年之后，上海县在报纸上发布了《沪南新筑马路善后章程》24款，其中第一款就是车辆捐照，余如夜间行车点灯、马路不许策马疾驰、店铺招牌必须高悬，且至少须离地七尺等，几乎都来自"北市"做法。继而，上海马路工程善后总局又在报纸上颁布"简明罚款章程"，宣布"马路既经告成"，"应即妥定善后章程。设捕弹压，雇夫清道，燃点电灯，凡一切便民之事，均系仿照租借章程，次第妥为举办"。[③] 租界成为主导上海规范的权威，引领上海的先进，真可谓地覆天翻，"览物怡情殊不恶，海乡今已罢谈兵"[④]。

结语：媒介地方——"地皮万丈原无尽，填取申江一片云"[⑤]

《申报》是地方报纸，"《申报》-上海"，是报纸（媒介）地方。地方报纸，是指报纸所在的地理处所；报纸（媒介）地方，则是基于媒介特性汇聚各种因素所创生的地方意义，二者互为交集，但不是重叠更不是重构。在《申报》-上海中我们可以看到，媒介地方是一个通达上海的"汇集场所"，人们时聚时散，实践着"感同身受之体验"。这恰恰反映出人在地方的存在状况。因为人对地方的了解及其在地方中生存，本就离不开媒介。"即便是一个人所居住的，被认为此时此刻存在其中的地方，个人对于地方的了解，直接感知也只是很少的部分，也要依赖于其他中介方式，好像一直存在于地方之中。这些中介方式包括家乡的报纸、地方电台和电视节目、墙壁画，以及无数的关于当地情况

① 《租界街道清洁说》，《申报》1872年7月20日。
② 《论上海今昔之情形》，《申报》1881年12月10日。
③ 《沪南新筑马路善后章程》，《申报》1898年1月20日；《马路罚款》，《申报》1898年2月1日。
④ 《沪城感事诗》，《申报》1872年7月23日。
⑤ 《沪北西人竹枝词》，《申报》1872年5月29日。

和事务的面对面交谈。同时，地方在媒介表征记录和主题的影响下不断重构。”[①]由此想到玛西所理解的“地方”，那是个“会遇之地”，它不是圈在固定边界中的物理场所，而是相互连结的“社会关系与理解的网络”，“是由在特定地点会遇并交织在一起的社会关系之特殊组合构成的”。[②] “地皮万丈原无尽，填取申江一片云”，“《申报》-上海”也就是这样的“特殊组合”，在“奇闻异事，罔不必录”中现身。

如前所见，“奇闻异事，罔不毕录”，是《申报》运作“地方”的方略。如果叙事总是“拥有一个中心主题；一个严格意义上的地理中心和一个严格意义上的社会中心；在时间上还有一个严格意义上的开端”[③]，那么，《申报》对于“上海”的运作，是以“中外通商”为时间开端，以“商业贸易”为中心主题，以黄浦江地势为“地理中心”，以“租界管理及其面貌”为社会中心，从而勾勒出一个由北朝东、面向全球的“上海”。其具体手法，就是将“新奇完美”（“无物不至无美不臻”，“无微不至无美不臻”）作为“维系观者”的上海“景观”，同时也使之与其他分离；[④]以商业贸易之便利（为货物骈集商贾辐辏之区矣），作为延展和汇聚上海与外界关系之枢纽，呈现“名区”和“善地”的天然优势。

当然，“奇闻异事，罔不毕录”毕竟由“上洋”所生发。换言之，媒介也是由地方所运作的。“地方天生就是媒介，因为它们集合、包含、省略并且重新汇合集体记忆的材料”。因此，地方不是一个被地界（诸如建筑物的墙壁、围绕公园的街道）所规定的地域，而是具有自己的“纹理”——“包含生活——日常的、平庸的生活和非同凡响的事件、每日行走路线的交集”，以及各种“意味深长的交换，这些交换建构并承认生活的编织特征。这种编织被体验为一个地方的潜在可能：使得某些传播是可能的，同时提示不喜欢其他的传播。由此，传播—联结以有条不紊的方式从一个地方到另一个地方发生变化，关系到它们所嵌入的广阔结构的差异（比如特定的符号和/或者制度的规则和资源），恰如编织物的不同部分有着不同种类和颜色的丝线以及所具有的不同纹路”。地方不只是包含传播，它还要把传播的线头编织成片段。[⑤] 因此之故，《申报》对于“上海”的运作，不能不在上海——华界、租界、上海城、洋泾浜的各种线路之中，也不能不被嵌入各种各样的关系之中，甚至无法脱离与日常流俗的缠绕。“《申报》-上海”就是“申”之报与“报”之申共融“浞纺”之结晶。

中国的“城”，总是与城墙连在一起。城墙就是中国都市的媒介，它标示出城市的所在，划出城市的疆域，界定城市和周围的关系，赋予城市的政治和文化意义。“城”不仅因具有防御作用而成为保护民众的设施，还以儒教文化和科举文化为盾牌促使社会

---

① Adams P C & Jansson A, Communication Geography: A Bridge Between Disciplines, *Communication Theory*, 22, 2012, pp.299-318. 引见 pp.306-307。

② 转引自 Tim Cresswell:《地方：记忆、想象与认同》，第 113-114 页。

③ 海登·怀特:《形式的内容：叙事话语与历史再现》，第 22 页。

④ 居伊·德波:《景象的社会》，肖伟胜译，载《文化研究》，第 3 辑，天津：天津社会科学出版社，2002 年，第 58-66 页；引见第 65 页。

⑤ Adams P C & Jansson A, Communication Geography: A Bridge Between Disciplines, 22, 2012, pp.308-309.

团结，进而越来越明确地发挥其作为统治基石的作用。[①] 然而，当《申报》宣称设在“上洋”并又从“上洋”编织出“上海”时，以“城”为媒介的“上海”城，不知不觉就倾向了以《申报》为媒介的“上海滩”。“奇闻异事，罔不毕录”，就这样移动并改变了“上海”的空间方位。

维利里奥说，当“由物理维度构成的古代分类和分割消失导致了几何参照点的缺失”时，就需要一个“与过去的测量体系没有任何共同基础的”评估手段。[②] 上海“城”的移动，既预示原有“参照点”的消失，也提供了一种新的评估尺度，宣告具有中国政治和文化基石意味的“上海城”，让位于“货物骈集商贾辐辏之区”的“上海”。《申报》以每日的“博采奇闻，万象维新，词成珠玉”[③]，“不断地、更加精确地重新发现自己的种种假定”[④]，指认和浮现“名区”与“善地”的上海面貌，变成了“重复的经验”，在“日复一日的接触过程中，我们的地方感觉深入肌肤而难以抹灭”。借由报纸，每日所从事的例行活动、习惯和规律性移动，其结果是“节点及其链结之网，铭印于我们的感知系统内，影响了我们的身体预感”[⑤]。这恰证明了这样一个道理：认同和相互关系是一起构造出来的[⑥]；都市报纸与城市认同的观念总是历史地扭结在一起[⑦]。

有人说，“上海二字，系包括全邑而言，凡在邑境范围之内者均应称为上海，无待言也。乃流俗所指之上海，仅南至洋泾浜、北至苏州河、东起黄埔滩、西迄泥城桥，专属英租界之一隅，名为上海。故在虹口或南市之人赴英租界者，每曰‘到上海去’。此区区一段地竟代表全邑之名，相沿既久，习不为怪。此种名词以中下社会为尤甚，实不知始于何时。又有称为上洋者，与前说同属不经，然积非成是，虽通人亦所不免。一经道破，未有不哑然失笑者也”[⑧]。然而，到了 1910 年，恐怕就不能“哑然失笑了”。还是《申报》所载，江督张人骏建议“将上海县城一律拆去，改修马路，筑建房屋，组织各项商业，辟一竞争场地，与外国各租界对峙”，外务部认为此设想“诚属良善”，准备派人到上海查勘商议云云。[⑨] 民国二年，城门拆塌；三年冬，路成。四年夏，电车开驶。“昔日之巍巍崇垣”，遂为荡荡之大道。[⑩] “昔日之上海”与“今日之上海”，终于连接为一个整体。没有证据说这些变化就是《申报》独力所致，但有一点很明显，“积非成是，虽通人

---

① 斯波义信：《中国都市史》，第 46；217 页。

② 转引自斯科特·麦奎尔：《媒体城市：媒体、建筑与都市空间》，南京：江苏教育出版社，2013 年，第 29 页。

③ 《采访新闻启》，《申报》1872 年 5 月 28 日。

④ 居伊·德波：《景象的社会》，第 65 页。

⑤ 转引自彼得·艾迪：《移动》，徐苔玲、王志弘译，新北：群学出版有限公司，2013 年，第 99-100 页。

⑥ 多琳·马西：《保卫空间》，第 14 页。

⑦ Boyles J L, Building on audience, bonding a city: digital news production as a field of care, *Media*, *Culture*, *and society*, 2016, pp.1-15. 引见 p.3。

⑧ 陈伯熙编著：《上海轶事大观》，第 19 页。

⑨ 《外部将调查上海推广租界事》，《申报》1910 年 6 月 28 日。

⑩ 陈伯熙编著：《上海轶事大观》，第 9-10 页。

亦所不免”，以及“组织各项商业，辟一竞争场地”，说明“上海”的移动完全沿着《申报》的“奇闻异事，罔不必录”之指向，其形态和特征是早已被之界定了的。

《申报》-上海既是媒介与地方共同运作之结果，是一个以媒介为介质的交往及其经验性存在，那就意味着，本就没有一个“原初”的上海，上海是一个开放的层累的上海。所有的“上海”，都离不了媒介的作用，都来自不同“填取”的“申江一片云”。既然如此，鲁曼的这一个观点就很值得重视，他说：“人们不会在当时实现的全部讯息中，而是在由此所制造出来的记忆中，发现大众媒体的全社会功能。对于全社会系统而言，记忆就在于人们可以在每个沟通中将对实在的特定主张预设为已知，而不必特地将这些主张引入沟通并说明这些主张的理由。”“也就是说，大众媒体作为媒介，并不是因为它将讯息从知者传递到无知者那里。大众媒体之所以是媒介，是因为它准备了背景知识并持续提供背景知识，人们可以在沟通中把这些背景知识当成出发点。”[①]这倒与德布雷的看法契合，他说作为历史范畴的“传承”，“是以技术性能为出发点（即通过媒介载体的使用）。一方面，将这里和那里连接起来，形成网络（也就是社会）；另一方面，将以前和现在的连接起来，形成延续性（也就是说文化的延续性）”。因此，研究传承的媒介学家，“所关注的是书写记录程序，以及所使用的工具和材料”，而不是符号学家那样，“以书写的所指符号或者能指符号的意义”为重点。为此他呼吁，“将象征物质化”，“重新找回以前人类的生活轨迹”。[②] 这一方面提醒我们，“城市无法以单一地理及唯一历史来思考”[③]，另一方面也逼使我们不得不质询，今天的上海及其记忆与媒介是何种关系？对于上海及其历史的考察，除了我们习以为常的文献材料内容意义之解读，是否也需要将眼光转向媒介或者“媒介圈”[④]呢？

---

① 尼克拉斯·鲁曼：《大众媒体的实在》，第138-139页。

② 雷吉斯·德布雷：《媒介学引论》，刘文玲译，陈卫星审译，北京：中国传媒大学出版社，2014年，第5、27页。

③ 史提夫·派尔：《序言》，载朵琳·玛西、约翰·艾伦、史提夫·派尔主编：《城市世界》。

④ “媒介圈”是一个概括性的词语，它指的是具有时间和空间特性的传承和运输的技术社会领域。雷吉斯·德布雷：《媒介学引论》，第31页。

名流消费与民国机制*

——以陆小曼、徐志摩与1920年代末上海小报为例

陈建华

（复旦大学古籍所）

摘要：1920年代末上海小报风起云涌，以有关社会名流的新闻与文学交杂的叙事满足大众的情感与文化消费。陆小曼与徐志摩因参与了云裳时装公司与演剧等活动而成为《上海画报》与小报“四金刚”的追踪对象。在对他们的隐私刺探甚至造谣生事中，涉及小报之间在商业策略与文化品级方面的差异，其中蕴含着社会各阶层、社团和人际之间利益制约的游戏规则、伦理价值和文化政治。在一定程度上，小报起到了增强社会透明度与大众认知的作用，同时在市民社会与国家权力之间发挥调适功能。

关键词：陆小曼；徐志摩；上海小报；名流消费；民国机制；

一、前言

在1920年代末的上海，小报十分繁盛，据祝均宙统计，1926年7月北伐战争开始至1932年“一·二八”淞沪战争爆发止，上海共出版各类小报715种。[①] 近来愈多的研究显示了小报与民国社会和文化的重要关系。[②]有些地方其重要性更甚于大报。1928年5月，出任中国公学校长不久的胡适在日记中写道：“上海的报纸都死了。被

---

* 本文原载于《文艺理论研究》2016年第5期，有修改。

① 祝均宙：《综论近现代上海小报历史沿革空间中戏剧戏曲小报发展脉络及特点》，收入《“小报文化与中国城市性”工作坊会议论文集》（台北：“中央研究院”近代史研究所，2010年），第2页。

② 近年来上海小说受到学者关注，出版著作有李楠：《晚清、民国时期上海小报研究》（北京：人民文学出版社，2005年）；孟兆臣：《中国近代小报史》（北京：社会科学文献出版社，2005年）；洪煜：《近代上海小报与市民文化研究，1897—1937》（上海：上海书店出版社，2007年）；蔡登山：《繁华落尽 ：洋场才子与小报文人》（台北：秀威信息科技股份有限公司，2011年）；连玲玲主编：《万象小报——近代中国城市的文化》（台北：“中央研究院”近代史研究所，2013年）。

革命政府压死了。只有几个小报，偶然还说说老实话”。[1]他再三提到《晶报》，即“小报”之一。林语堂在《为蚊报辩》一文中指出：“大报失言论之责，故小报应运而生”，小报“说心坎里的话，由是而乱臣贼子惧”。用“春秋笔法”的典故，话就说得严重了。小报如蚊，声音虽小，“若成群结队，其音亦可观，亦可使大人先生睡不成眠也”[2]。胡、林有感而发，对于大报、小报的关系颇富启发。小报不可能取代大报，却以挑战垄断的姿态另辟言路，如1919年创刊的《晶报》，标志着小报的崛起，凡为大报“不敢登”“不便登”“不屑登”的文字，它都来者不拒。挖墙脚要有空子可钻，这也反映了大报与社会需求之间的脱节，小报应运而生，三日一刊，小型四版，形式上短小精悍，且讲求趣味，图文并茂，雅俗共赏，[3]遂为市民大众喜闻乐见，新的叙事空间由是迅速延展，而都市心态得以滋养和形塑。

关于徐志摩与陆小曼的爱情传奇，我们耳熟能详。1926年10月两人在北京成婚之后移居上海，即成为公众人物，尤其是一些小报，如素有“四金刚”之称的《晶报》《金刚钻》《福尔摩斯》和《罗宾汉》，另有《上海画报》等，对他们的一言一行争相报道。本文对这些小报的徐、陆叙事做考察，着重讨论它们以社会“名流”为中心的消费策略，涉及小报之间在价值体系、传播功能与文化品级方面的差异，蕴含着各阶层、社团和人际之间利益制约的游戏规则、伦理价值和文化政治。而在新闻体或文学性叙事中，小报常通过“辞格”(trope)手法来描绘人物与编织图像化情节，在明譬暗喻的修辞与脸谱化的叙事模式中，在造成耸动效应的同时渗透道德评判，这也是小报所含的“情感结构”特征及其与都市心态相扣联的关键所在。

二、《晶报》“名人表”与在地视域

1922年3月30日《晶报》刊出“上海最近一百名人表”，表例列出六条。第一、二条曰：“本表所列诸名人，破除阶级，不分男女，不论职业年龄，但以现在上海有名者为限”，“现任之官僚，现役之军人，已嫁之妓女，虽显弗录”。此表署名为“娇波谨纂”，谁是作者难以确认。据例言中第五条，如果有人自觉为名仁而未列入表中的，“尽可开具事略，投函晶报，经记者审查合格，容汇刊续表，以彰盛名”。第六条曰：“晶报中人除外，以免标榜之嫌”。因此这个名人表应当出自《晶报》同人，可说是代表了报社的观点。此一百人林林总总，这里不拟细做分析，如对于“吃素人”“隔壁姐姐及其介弟”“特别照会”之类，笔者尚难以辨认。如“杨麻子”下注解曰“凡吃花酒者皆识之”，说明表中

① 胡适著，曹伯言整理：《胡适日记全编：1928—1930》，合肥：安徽教育出版社，2001年，第110-113页。

② 林语堂：《为蚊报辩》，载于1932年《社会日报纪念专刊》，转引自祝均宙：《综论近现代上海小报历史沿革空间中戏剧戏曲小报发展脉络及特点》，收入《“小报文化与中国城市性”工作坊会议论文集》，第31页。

③ 包天笑：《钏影楼回忆录》，上海：上海三联书店，2014年，第419页。

“名人”不一定人人皆知。粗看之，李平书、虞洽卿、包达三、聂云台、简照南等属工商界，康有为、郑孝胥属遗老，唐拾义、丁福保属医界，麻皮金荣（即黄金荣）乃帮会大佬，宋汉章、劳敬修属金融界，沈信卿、黄炎培属教育界，陈独秀、胡适之、戴季陶属思想界，王正廷属外交界，张一鹏属法律界，老林黛玉、惜春老四、珍珠花属妓界，王美玉、黑姑娘属演艺界，汪优游、麒麟童、张文艳属戏剧界，任矜苹、郑正秋属电影界，史量才、王钝根属报界，吴昌硕、郑曼陀属美术界，周瘦鹃、徐半梅、天台山农等属文坛，当然这些人有的是跨界的。

这里仅举部分“名人”，虽然作者没说明入选标准，却包括各界人士，在地的和在世的。两年后又“重修”了一次，[①]说原来的《表例》不变，被排除的包括亡故的老林黛玉、离开上海的胡适、已嫁人的珍珠花和张文艳。新补的有报界的严独鹤和邵力子、电影界的王汉伦和童星但二春、思想界的章太炎、黑道的张啸林、戏剧界的洪深等。重修名人表引起讨论，有的认为新补的米希得博士属于外国人，不宜列入，有的建议应当补入女文豪吕碧城、工商界的王一亭和礼拜六派文人暨创建家庭工业社的天虚我生等。[②]值得注意的是，妓女惜春老四被除名，理由是“时代落伍者”，在前一个表例里没有提及这样的标准。

总之这确是《晶报》制作的一座名人堂，含某种市民色彩的“社会”视域，比例上占多的是工商实业界，思想、教育界必不可少，而文人和演艺界大多是传媒的宠儿，也是这一社会的权力机制的必要构件。有意思的是“现任之官僚，现役之军人”排除在外，更凸现了市民社会的主体性。包天笑说小报的内容“当然以趣味为中心，第一是不谈政治，所谓国家大事，概不与闻”[③]，事实上《晶报》上不乏有关北洋当局军政要人的新闻，却是被冷嘲热讽的。另外凡列为名人的不见得都是道德楷模，达不必贤，如《晶报》就揭露胡适吃花酒、讽刺外国医生为康有为打“返老还童”的激素针药等。通过这个名人表，《晶报》在承认和打造名人，也是小报在施展其特有的传播力量，是提升其话语权的一种手段。所谓“名人”，作者和读者似心知肚明，其实这些人广为人知，主要是媒体传播的结果，如这个名人表之后附录的“已死未久之上海名人表”里，有阎瑞生和莲英的名字。阎因为谋杀了妓女王莲英而被枪毙，新闻报道轰动一时，又被搬上舞台，拍成电影，这两人虽死，却不妨碍在公众记忆里仍然是“名人”。

这份名人表不仅蕴含了《晶报》的社会视野，也是一种文化姿态，如例言声称的“破除阶级，不分男女，不论职业年龄”，显示了该报自觉作为现代公共舆论建制而实践某种社会公正的导向。这方面《晶报》较其他小报更为高调，其居“四金刚”之首，不仅因

---

① 娇波重纂：《重修上海一百名人表》，《晶报》1924 年 9 月 30 日，第 3 版。

② 见娇渡：《对于上海一百名人表之讨论》，《晶报》1924 年 10 月 6 日，第 3 版；天爵：《上海名人表备选》，《晶报》1924 年 10 月 9 日，第 3 版；一笑：《百名人表修正之商榷》，《晶报》1924 年 10 月 18 日，第 2 版。

③ 包天笑：《钏影楼回忆录》，第 417 页。

为资格老及其“脚编辑”余大雄善于拉稿，还因为它拥有较为丰厚的文化资本。郑逸梅开列了《晶报》的“特约”撰稿人的名单，当然包括为名人表所排除的《晶报》同人，近五十位文人画师“当时都是颇有声誉的，阵容是很强的”。① 其中除张丹斧、袁寒云为该报主笔外，包天笑与王蕴章早在清末就分别创办了《小说时报》与《小说月报》，为上海都市文学与文化的先驱。王钝根创刊的《礼拜六》周刊风靡一时而影响深远。严独鹤、周瘦鹃分别主持《新闻报》和《申报》的文艺副刊，另如毕倚虹、徐卓呆、张春帆、何海鸣、马二先生、胡寄尘、李涵秋、江红蕉、姚民哀等自民初即从事大众文化产业。在1920年代都市文学杂志再度勃兴，王钝根的《礼拜六》、包天笑的《星期》、周瘦鹃的《半月》和《紫罗兰》、严独鹤的《红杂志》和《红玫瑰》、李涵秋的《快活》、江红蕉的《家庭》、胡寄尘的《小说世界》、毕倚虹的《上海画报》等一时并起，或前后相踵，展示了千姿百态的文学与文化风景，而这些作家为各杂志供稿，十分活跃。在这种情势下，小报不啻另辟空间，似为他们的文学剩余精力提供了挥发之处。

在文学史上这些作家是向来被贴上“旧派”或“鸳鸯蝴蝶派”的标签的，不过他们自己也不加以否认。尽管新文学运动正在长足进展，《晶报》与其他小报均以文言为主，且不采用新式标点，不无抵制之意。或许因为小报要求精悍，文言的使用更得到强化，同时也朝通俗灵便的方向发展。对这些作家笔者有过论述，其中不少出自南社，他们占据着民初印刷传媒之要津，文化身份较为鲜明，在思想上渊源于清末的“国粹”思潮，政治上拥护共和宪政，在袁世凯称帝、张勋复辟等政治危机中他们转向文化生产实业，以出版与写作为专业，一面顺从大众欲望，一面从事社会改良与大众启蒙。如这份名人表的“破除阶级，不分男女”所蕴含的，尽管国是纷乱，时局动荡，但对于共和宪政并未失去信心，仍在坚持某种民主、平权的信念。

这也是我们观察《晶报》等小报的一个表征，如其勇于揭露黄金荣纳妾、康有为和胡适的隐私，在满足大众窥私欲与促销报纸之时，实即起了监督“名人”的作用。“监督”或是这类小报的最主要的社会功能，其涵盖面更为深广。在半殖民地上海经济秩序与社会结构处于相对自由与稳定发展的条件下，小报运作于这一秩序与结构之中，同时在维护这秩序与结构，而在相互激烈竞争之中监督功能呈现更为尖锐的形式。即使对于如日中天的蒋介石，从这类小报可见他的婚姻秘辛的披露，虽然是有分寸的，而经常有关大报、大出版社的内部人事变动及交易运作的报道，所触及的往往属于秩序与结构中机制性问题。在这方面《晶报》盯住大报，《金刚钻》《罗宾汉》和《福尔摩斯》则盯住《晶报》，哪怕细如指出某大报使用铅字尺寸不当等，层层监督诉诸公众舆论，渗透着知识、社会公平和道德的理性评判基准，也含有各类资本，从经济、象征到文化资本的等阶差异，从而形成小报系统的复杂权力结构。

① 郑逸梅：《小型报中的四金刚》，收入《郑逸梅选集》，哈尔滨：黑龙江人民出版社，1991年，第1卷，第941页。

1920年代小报基本上属“旧派”地盘，共同分享新旧兼备的文化方针。论者指出清末的“国粹”思想并非意味着抱残守缺，而旨在立足于本土文化融会世界现代文明，造成自身传统的内在转换。1920年代中由旧派文人主宰的文学杂志、副刊及小报仍然贯穿着这样的国粹精神，而传统与现代之间的冲突、协商与融合处处皆是。最明显的莫过于文言与白话并用，文言负载着中国的历史文化，从秦瓦汉玉、唐诗宋词到文人与名花美人的风流余韵。如果说守旧是一种集体无意识，那么与维新是一个铜板的两面，色谱中也有浓淡深浅，难能一概而论，如丁悚的《中西医生之比较观》一图，画一西医出诊坐汽车，一中医坐轿子，题曰：“谁迟谁疾，望尘莫及；医人且然，何况医国”。[①]这与新文化论调没什么两样，然而也有人把“国粹”等同于“国货”，显出强烈的民族情绪，其实也是小报的在地文化政治的一种表现。

处于话语的商战中，旧派作者必须与读者、商业机制合谋。他们卖文为生，不像五四诸公们另有教育或文化资本，而小报的生命取决于合谋的方式，即文化生产能否产生富于潜力和活力的社会意义。因此很大程度上小报是推动都市现代化的部件，是情感和文化的润滑剂。在丁悚《中国女子之今昔观》的系列插画中，有一幅是一个穿高跟鞋的时髦女子，在大街上昂首阔步，和从前哭哭啼啼的女子形成强烈对照。[②]在这里现存秩序被合法化，谁也不愿回到过去。旧派一般都是建制派，即使将新事物妖魔化，也常是针对物欲横流之类的现象，企图以某些传统价值对现代性起制衡作用，或对现代国民起规训作用。某种意义上“五四”新文化大约是属于青年的，激情澎湃，一往无前，而旧派追求稳定，具有老成的性格，这和中产阶级的都市愿景是一致的。

在性别问题上，小报的新旧杂陈不免吊诡，毕竟办报撰稿的多为男性。一方面支持女性的公共性，另一方面则大力推动贤妻良母的“小家庭”议程，在女性内外不同角色的区别上含有某种双重道德标准。上述名人表中有十余位女性，其中“爱夫爱夫”指FF女士，大名鼎鼎的交际明星殷明珠。她被《半月》杂志形容为“剪发易西装，为解放女子”，[③]能驾汽车、游泳、骑马，与异性自由交往，一副好莱坞女明星做派。就在名人表发布之前两个月，由殷明珠主演的《海誓》一片在夏令配克影戏院上映，轰动一时。《晶报》把她列为名人，乃打造时尚之举。另外名人表收入老林黛玉等妓女，也是肯定女性走向社会的表示。旧派乐于为妓女做广告，不仅与她们惺惺相惜，也体现了自由贸易的商业法则。名人表中“已嫁之妓女，遂显弗录”的表述耐人寻味，即女既已从良，就不能随便抛头露面，似乎也不再具消费价值了。

---

① 丁悚：《中西医生之比较观》，《晶报》1919年3月30日，第2版。

② 丁悚：《中国女子之今昔观（五）》，《晶报》1919年4月9日，第3版。

③ 参陈建华：《殷明珠与1920年代初好莱坞明星文化》，收入《从革命到共和——清末至民国文学、电影与文化》，桂林：广西师范大学出版社，2009年，第296页。

三、《上海画报》中的徐志摩与陆小曼

陆小曼与徐志摩一见倾心，各自离婚再婚，在北京已闹得沸沸扬扬。小曼本来就是交际界明星，自然成为媒体焦点。1926 年 10 月、11 月《北洋画报》先后在头版刊出她的照片，标题为"徐志摩先生之新夫人，交际大家陆小曼女士"。一为侧面头像，发际一朵大花，似烟花绽放；另一为半身像，倚窗回首，一脸稚气。几乎同时《上海画报》上刊出寄自北京的《徐志摩再婚记》一文，说"鼎鼎大名自命诗圣的徐志摩先生"和"也是鼎鼎大名声震京津的陆小曼女士"如何各自经历了婚姻破裂，最后说："从此徐先生无妻而有妻，陆女士离夫却有夫。真是一时佳话，多么可喜。"[①]此文打情骂俏，介绍了两人在京中的名气。稍后又有从京中寄来《陆小曼婚史又一页》，说"徐陆订婚，大受任公教训，早已传遍京沪"，即指梁启超给两人主持婚礼时的训斥，又说做过财务部司长的赵椿年，与他太太一向喜欢陆小曼，认她为干女儿。赵参加了徐陆的婚礼，回家却给夫人臭骂了一通，她说"王赓也是小曼自己看中的，现在另婚徐姓，似此不顾羞耻，何喜可贺！"[②]遂声称与小曼断交。小报这些嚼舌绘声绘色，颇能烘托气氛，也可见两人所受的社会压力，尤其是女性，而此文聚焦于陆小曼，对她是有点杀伤力的。

创始于 1925 年 5 月的《上海画报》引领了 20 年代的"画报潮"，主编毕倚虹，后由钱芥尘接手，格式模仿《晶报》，三日刊，每刊四版，版面几乎大一倍，社会视域较为开阔开放。如称胡适为"文学叛徒"，称刘海粟为"艺术叛徒"，对这两位的持续追捧，不无选择地对新思潮表示善意，如创刊号上刊出刘海粟的美术学校里学生们对着女模特儿写生的照片，在当时属大胆之举，此后不断刊出女性模特儿或裸体照片，模糊了美术与商业的边界。同时不时展示袁寒云的书法条幅，常是为妓女写的，以示其文采风流，不愧是袁世凯的二公子。由是新旧兼备，造成奇异的拼贴。每期由"怪才"张丹翁做一首歪诗，与摄影记者黄梅生专以"捧角"为务，通常对女性，从大家闺秀、演艺明星、社会名媛到妓女，可谓一视同仁。她们的照片在每期头版上，是画报的一大景观，也是民初"共和"观念的流风余绪。该报的最大特色是追踪当地各界名人，三教九流，无所不包，诸如舞女、伶人、影星、画家、妓女、黑道大佬、运动健将等，包括街头测字的，或如胡适送亲友去美国留学等。这些也在周瘦鹃几乎每期的专稿中得到反映，他像一个文化记者，跑遍上海的角角落落，搜罗文化新闻。这份画报展示了"大革命"前后上海万花筒般的都市景观以及"海派"文化新潮，甚有看头。

徐志摩与陆小曼开始在《上海画报》上亮相。1926 年 11 月 15 日有周瘦鹃《花间雅宴记》一文，记述了日本画家桥本关雪访沪，某名流设宴款待。周氏刚就座，就听到

---

① 金人：《徐志摩再婚记》，《上海画报》第 165 期（1926 年 10 月 21 日），第 2 版。

② 潜龙：《陆小曼婚史又一页》，《上海画报》第 191 期（1927 年 1 月 10 日），第 2 版。

有陌生女子叫他，颇觉窘愕，原来是“江小鹣恶作剧，一纸花符，遂破我十年之戒矣”。一般的诗酒文宴有召妓的节目，沪上的放达风流可见一斑。文章写道：“中座一美少年，与一丽人并坐，似夫也妇者，则新诗人徐志摩与其新夫人陆小曼女士也。”席间有刘海粟、余大雄、江红蕉、潘天寿等人。该文配有桥本即兴为徐陆画的两小幅头像速写。陆小曼正式登场，是在半年之后。1927 年 6 月 6 日《上海画报》“二周年纪念号”上刊出其大幅照片，题为“陆小曼女士（徐志摩君之夫人）”。她两手托腮，面带微笑，发际簪一朵花，一派名媛风范，清秀典雅而不失妩媚。这位来自“北方”的“名媛领袖”，给久餍浮华的洋场吹来清新之风。

然而《上海画报》对她的捧场迅速升温，一个多月之后她的头像又上头版，标题为“北方交际界名媛领袖陆小曼女士”，介绍她：“芳姿秀美，执都门交际界名媛牛耳。擅长中西文学，兼善京剧昆曲，清歌一曲，令人神往。”①实际上这一期是“妇女慰劳会游艺会特刊”，预告将在中央大戏院开游艺会，海上名媛将登台表演节目，慰问北伐“前敌将士”。其时蒋介石在南京建立了新政府，此“上海妇女慰劳前敌兵士会”由亲蒋的高官郭泰祺、白崇禧、何应钦、伍朝枢等人的夫人们倡议组织，加入此会的皆为沪上贵夫人与大家闺秀，对此南京总司令部表示嘉奖。《上海画报》不失时机地为之制作“特刊”，记者黄梅生做深度报道，且好不容易拍到这些夫人的照片，在特刊上一一曝光。这反映了上海拥蒋的情况，对画报来说也属一种政治投资，它在这方面是有传统的，当画报开办时，恰逢“五卅”事件，于是大事报道，销量激增。

在此特刊上陆小曼出足风头，另一位唐瑛女士在上海交际界素有“南斗星”之称，也是妇女慰劳会的主干，其照片却被刊在第四版。张丹翁专为特刊作《斗婵娟》一词：“金陵定下新都了，江南江北重造。前锋努力各青年，信战功非小。演名剧后防慰劳，登场尽是倾城貌。民众具同志，问眼福何人不饱，唱万声好。请看淑女名媛，倩妆眉样，云裳新月谁妙？休嗟影子瞥惊鸿，全写梅生照。有几许千金玩票，故应值得刊专号。这一日道林纸，买贵上海，一家画报。”张氏一改平日犬儒作风，为新政权歌功颂德起来，当然也是为了画报的利益。

由此可见陆小曼来上海之后，积极参与公共活动，迅速融入上层社会，其社交手腕甚是了得。8 月 3 日画报又出“妇女慰劳前敌兵士会特刊”，头版又见陆小曼照片，称她为“妇女慰劳会剧艺主干”。同日还刊出《思凡》和江小鹣合演《汾河湾》的照片。画报大约发现了一个难得的“新女性”典范：既有冲决罗网、追求个人幸福的勇气，又醉心于传统文艺，虚心好学。她演《玉堂春》，学程艳秋（即程砚秋）唱腔，学书学画都有板有眼。上海滩的时髦名媛淑女不在少数，但画报以“风流儒雅”来形容陆小曼，或如另一

① 《上海画报》第 253 期（1927 年 7 月 15 日），第 1 版。

份鸳蝴小报《联益之友》称她为"擅来才艺兼新旧，艳绝头衔交际花"[①]，确非一般交际明星所能比肩。事实上《上海画报》刻意把陆打造成公众偶像，两三年里她的相片见诸头版达十多次，固是非同寻常，不过那些画报上的照片，与一般标准头像不同，都具情调与个性，富于艺术气息。就在8月3日这期的特刊上，陆的照片一反其清秀形象，身穿皮毛大衣，珠光宝气，胸前掩一扇面，宛似王尔德名剧《少奶奶的扇子》中的主人公。1926年刘别谦的同名电影上映，次年洪深把此剧本改编成话剧，连续在上海演出，成为热门话题。妇女慰劳会在中央大戏院确实演出《少奶奶的扇子》，女主角由唐瑛担任，所以这一照片是否有意别苗头不得而知，它又刊于9月《良友》画报的封面，这番洋气打扮似不只是善翻花样而已。

徐、陆的结合惊世骇俗，带有新文化的冲决性，看上去上海对两人够开放，终究有所紧张。《上海画报》一再刊出陆小曼的书法、诗词，以"旗装"或"戏装"现身，称她"风流儒雅"，似有意给她披上传统文化的绣袍，无形中在消解她的新文化成分，但陆不是那么易于规驯的。1928年4月31日有她的《请看小兰芬的三天好戏》一篇短文，极力推奖京剧演员小兰芬，就女子演戏提出"女子职业是当代一个大问题"，批评过去对于伶人的成见，所谓"唱戏应分是一种极正当的职业，女子中不少有剧艺天才的人"，且主张戏中旦角应当由女子来演，称道："今年上海各大舞台居然能做到男女合演，已然是一种进步。同时女子唱戏的本领，也实在是一天强似一天了。……我敢预言在五十年以后，我们再也看不见梅兰芳、程艳秋一等人，旦角天然是应得女性担任，这是没有疑义的。"此文以流利白话写就，那种女性本位的立场、当仁不让的口气，透露出她的骨子里还是很"五四"的。

来到上海，陆小曼如鱼得水，而徐志摩如脱渊之鱼。难怪他要往北平跑，据说陆花销大，他不得不去兼课，或说另有人让他牵肠挂肚，不过从地缘差异来说，徐的"诗圣"向受北平的校园文化灌溉，而上海小报对"名人"有兴趣，仍有消费价值，常把他拿来取笑，如《罗宾汉》上《徐志摩错认高百岁》一文对徐的近视眼加以挖苦，所谓"徐志摩长于才，而短于视"[②]，是否有弦外之音就见仁见智了。张丹翁的《戏咏诗人徐志摩先生鼻》一诗中有"守宅充门钥，登床代帐钩；准开新月好，并不触霉头"[③]等句，把他的鼻子比作门上锁、帐上钩，戏谑打趣中涉及闺房私密，不脱小报窥秘特性。"新月"当与徐志摩、闻一多等人创办新月书店有关，"准开"意谓登记时未遇到麻烦，示祝贺之意。别看张丹翁是个小报人，什么事都不放过，说他是怪人，实在是精怪。

徐、陆在上海，传统的性别关系好像颠倒了过来。陆演《玉堂春》，徐也串解差一

① 陆小曼之照，《联益之友》第115期(1929年6月1日)，第1版。此为旬刊，图文并重，为郑逸梅、赵眠云主编，具苏州星社同人性质。

② 《徐志摩错认高百岁》，《罗宾汉》1927年9月19日，第2版。

③ 丹翁：《戏咏诗人徐志摩先生鼻》(其一)，《上海画报》1928年1月6日，第2版。

角，一则报道这么描写："滑稽突稊，全场鼓掌，当堂开枷后，徐仍侍立，院子不能忍，乃令下去，徐鞠躬退，台步亦有诗人风焉"。[①] 徐不会演戏，因为小曼而登台，台上显得木讷，但上海人大约是喜欢这样做丈夫的。在公众目光里，徐志摩成了夫人的陪衬，而陆小曼也无意扮演一个传统妇女的角色，就在同一期有一幅她的书法作品，是写了送给黄梅生的："古涧一枝梅，免被园林锁。路远山深不怕寒，似共春相躲。幽思有谁知？托契都难可。独自风流独自香，明月来寻我。"小曼借用宋代朱敦儒的诗表现其强烈的个性，然而这不免令人纳闷：既和徐志摩爱得死去活来，且新婚一年多，这里说"幽思有谁知？托契都难可"，却看不到徐的影子。如后来发生的事所证实的，小曼这首诗并非无病呻吟，确是两人情感危机的征兆。

四、云裳公司与小报档次

1927 年 8 月 7 日云裳公司开幕，被传为沪上盛事。《申报》头版刊出其开张广告曰：

要穿最漂亮的衣服
到云裳去
要想最有意识的衣服
到云裳去
要想最精美的打扮
到云裳去
要个性最分明的式样
到云裳去

云裳是上海唯一的妇女服装公司，特聘艺术图案刷染缝韧名师，承办社交喜事跳舞家常旅行剧艺电影种种新异服装、鞋帽等件及一切装饰品，定价公道，出品快捷，特设试衣室、化妆室，美丽舒适，得未曾有。定于今日开幕，敬请参观。

此广告措辞具精英色彩，一派开创时尚潮流的气概，用徐志摩式的白话，"到云裳去"如口号一般，套用了田汉的"到民间去"的表述。"云裳"两字采用篆书字体，文字下方似标志的图案，一朵祥云托起一朵莲花，整个设计极富创意，非同凡响。公司坐落在卡德路南京路口（今上海电视台附近），与邵洵美的"金屋书店"遥遥相对。云裳公司由

---

① 吕弓：《慰劳会之趣见闻》，《上海画报》1927 年 8 月 9 日，第 2 版。

留法画家江小鹣担任美术设计，和徐志摩、陆小曼、张禹九、宋春舫等都属发起人，资金方面以集股方式，如周瘦鹃被推为董事，胡适担任艺术顾问，应当说都是认了股的。

北伐前后的上海，随着国共政党政治的分合起落，知识界空前躁动，激遽地分化重组，鲁迅等"左倾"人士，具有国际主义背景，试图从外面牵制国民党，或颠覆现存秩序；徐志摩、胡适等创办《新月》杂志则从建制立场批评国民党党治。在北伐革命反帝反封建的鼓舞下，欧美、日本的现代主义文艺思潮与苏联式的无产阶级文学一时并起，争胜斗强。此时上海的消费文化也呈现一派繁华景象。1926 年第三大百货店新新公司、专售妇女用品的绮华公司相继开业，就妇女时装而言，新潮迭出。在这样的脉络中来看云裳公司及徐、陆所扮演的角色，对于新旧文人的合流意味深长。

8 月 12 日《上海画报》对云裳的开幕做了整版报道，称徐、陆为"云裳公司发起人"，除两人合影外，还有多幅照片。据《杨贵妃来沪记》一文介绍，云裳洋名为"阿透利挨杨贵妃"(Atelier Yangkweifei)。"阿透利挨"指公司的艺术制作室。该文说明云裳公司"以后进行的方法：(一)采取世界最流行的装束，参以中国习惯；(二)材料尽量采用国货，以外货为辅助品；(三)定价力求低廉，以期普及"。比方说，展示品有一件蓝士布的西式衣，颈项围了白网，在下面做着一只秋叶式小袋，袋里放着一方小绢巾。而这件衣服，标价十元。[①]另在周瘦鹃《云裳碎锦录》一文中也说道："云裳之新计划：云裳所制衣，不止舞衣与参与一切宴会音乐会等之装束，今后更将致力于家常服用之衣，旗衫短衫与长短半臂等，无不俱备"。这些是今后的计划，要刻意表明"云裳的宗旨在'新'，不在'费'"[②]，已虑及一般市民消费能力的问题，实际上这一点——下文要讲到，正成为小报争论的焦点。然而从开幕几天的顾客来看，都是有头有脸的，包括电影明星、名妓、张啸林夫人、杜月笙夫人等阔太太，三天里做了两千多块钱的生意，不包括定制在内，因此云裳毕竟是个高档时装店。有趣的是，同时《北洋画报》也报道了公司的开幕并刊出两人合照，并说上海各报刊登的照片"皆不真切，徐夫人尤不酷肖"，仿佛在自诩其印刷的精良。

《上海画报》对云裳公司的推毂不遗余力，不时刊出身着云裳设计的服装的明星照片，陆小曼、唐瑛子自不消说，如四大名旦中的尚小云、名妓雅秋五娘等。张丹翁尽其捧角之能事，如《捧云裳》一诗："上有天堂，下有苏杭，苏杭中心，是曰申江。/第一美术，却在谁方？到云裳去，去到云裳。/第一美人，又在谁行？不曰唐陆，即曰陆唐。/载吾画报，炯炯有光，清真绝调，衣染莺'黄'"。[③] 所谓"载吾画报，炯炯有光"，云裳为画报提供了绝佳的素材，也意味着品位的提升，尽管张丹翁心心在念的不外乎吸引读

① 行云、成言：《杨贵妃来沪记》，《上海画报》1927 年 8 月 12 日，第 3 版。
② 瘦鹃：《云裳碎锦记》，《上海画报》1927 年 8 月 15 日，第 3 版。
③ 丹翁：《捧云裳》，《上海画报》1927 年 8 月 15 日。

者眼球的“美人”，又如《审美》：“天下之美人，见说江南萃，江南之美人，独数云裳最。”[①]从都市文化的视角看，自民初以来鸳蝴派“消闲”文学便在努力打造中产阶级的都市梦，而云裳公司的出现，如徐志摩、陆小曼等人的新文化的介入，使这一中产阶级消费文化走向成熟的形态。把杨贵妃作为云裳的洋名不仅蕴含着上海亦中亦西的洋泾浜文化特征，尤其在1920年代末，更是大众文化的消费指符，如梅兰芳的《太真外传》、但杜宇的电影《杨贵妃》等，皆风靡一时，或如杨贵妃“出浴”之类的图像早已流播于各种印刷传媒，更具情色想象。的确，云裳给都市文化带来新的契机，将创意、审美与商机熔于一炉。如《上海画报》上“汽车展览会中之云裳公司之新装表演”的照片所示[②]，或可视作今日大陆“车模”的原型，却不失优雅范儿；或如《上海漫画》创刊于1928年初，主编叶浅予显然受到云裳的启发，为之作了许多具广告性质的服装设计图，在该画报上刊出。

我们来看其他小报的情况。在《晶报》上林屋山人作了好几首以“云裳”为题的词，如“云裳织造都良，生出异彩奇光；上为文明之导，下为美术之倡”[③]。此溢美之语也可视作《晶报》对云裳的基本态度，与《上海画报》口径一致。事实上，在1927年8月3日刊出小报告一则，谓云裳本打算在七巧日开幕，但因为唐瑛等人忙于慰劳会演出，不得不推迟。还抖料说：“公司之请客帖，均托陈小蝶在家庭工业社喷香水，亦需时间”。开幕前一日有江红蕉《江小鹣与银儿》一文，题目香艳，其实说“三兄”江小鹣平时喜欢养猫画猫，所钟爱的“银儿”是个小白猫，又说到如“比为云裳新装公司经营衣饰，别出心裁”等语，不无广告之意。《晶报》对云裳开幕的报道，刊出两帧照片，《云裳中之大大银儿》一文颇有趣，因为江小鹣连日忙于公司开张，无暇顾及银儿，白猫不幸死了。而“大大”则集中在徐、陆身上，说此为英文darling之谐音，乃两人在闺房的昵称。下一期中有《大大大大》一文，继续把此昵称调侃了一番。《晶报》虽然不像《上海画报》那么大张旗鼓，对于云裳持乐观其成的态度。

然而其他几个小报则截然不同。在8、9两个月中《金刚钻》《福尔摩斯》和《罗宾汉》对云裳轮番围攻。《福尔摩斯》首先发难，在云裳开幕第三日，刊登了赵子龙《所望于云裳公司者》一文：

> 目下中国，民生凋敝，遍地萑符，衣食时虞不继者，触目皆是。有识之士，莫不中心惴惴，惟恐生计之不能维持。沪上繁华，为全国冠，赖洋人之保障，咸视为桃源乐土，穷奢极欲，绝不知生活之艰难。往往一衣之费，动辄数十百金，争奇斗艳，见者目眩。一般缝衣匠日夜推敲，犹虞不合时新，于是乃有留

---

① 丹翁：《审美》，《上海画报》1927年9月9日。
② 见《上海画报》第292期（1927年11月12日），第2版。
③ 林屋山人：《三迭云裳》，《晶报》1927年8月21日，第3版。

> 欧硕彦，艺术名家，应时世之要求，逞画龙之能手，联大家之闺秀，合资经商，云裳公司，遂告成立。预料今后十里洋场中，妇女服装之奢华，更当日进无疆矣。记者生性顽固，对于此种美举(?)，始终认为提倡奢侈之怪异，所惜人微言轻，无力出而禁止，不得已作退一步想，深望云裳公司诸大老板，能稍顾国情，略循公意，竭力采用国货衣料，毋专推销东洋货，则或可藉诸大艺术家之提携，挽回少许利权，是记者所厚望也。①

此文指责云裳公司助长奢侈之风，在民生艰难之时，此风不可长。但是作者自觉无能使云裳公司不办下去，于是退一步要求使用“国货”，且所谓“竭力”“毋专推销”等语，说明这要求还是较为节制的。应注意文中的“国情”“公意”需联系到当时的上海正受北伐的鼓舞而爱国情绪高涨，报纸上日逐以“打倒帝国主义”作为标语，国民党也许诺要收回民族利权。就在云裳见世之时，国民党党部与上海商团联合举办“国货大会”，因此《福尔摩斯》对云裳的指责并非空穴来风。两天后《罗宾汉》刊出千龕《为云裳公司进一言》一文，显然是跟进之作。在预言云裳将占据妇女服装界的龙头地位之后，从“国际风俗”着眼，“故深望该公司，于服装之式样，及所绘之花色，务求雅观舒适华美合宜，勿过事奇诡，风化一层尤宜注意及之，并望尽力从倡国货，为各界之先声”。这是针对“奢侈”的另一种提法，与《福尔摩斯》一样，也要求使用“国货”。最后说：“所谓穿衣问题，亦三民主义中民生主义之重要问题，若该公司而能使穿衣问题先行解决，则实具伟大之功绩矣”。② 搬出“三民主义”，更显得政治正确，但所谓先要讲解决“穿衣问题”，则在对云裳公司的责问中含有为谁服务的问题。

对于这一点《福尔摩斯》即有响应，数日后发表俭德《提倡奢侈与男女服装》一文，所谓“国货，今日人人所提倡也；奢侈，今日人人所反对也”，表明其“爱国”立场。文章说在男女服装所用衣料方面，社会上皆用舶来货，如男子喜欢用人造丝织品为衣料，中国的丝织品的销售一落千丈。说到女子“爱国布一种，实挽回利权之一，然穿爱国布者，除少数女学生外，多贫民阶级中人。有钱之家，亦如男子之穿哔叽人造丝织品也。至所谓交际之花，电影明星，则所穿皆不中不西，灿烂眩目，几无一非极贵之舶来衣料，一衣之费，几数十百金，此又提倡奢侈之风者已”。在1920年代末的思想舞台上，“左倾”思潮也相当流行，与起初联俄容共的北伐革命不无瓜葛，还好此文以民族主义为主导，与“阶级”斗争擦边而过。作者呼吁：“当此之时，凡有爱国心者，宜如何设法矫正，俾不流于奢靡淫恶，挽回利权之万一”。然而最后掉转枪口：“若推波助澜，质料惟尚新奇，式样专求诡异，布衣一袭，贵胜绸衣，而复号于众曰，是某艺术家之最新图案也，是

① 赵子龙：《所望于云裳公司者》，《福尔摩斯》1927年8月9日，第1版。

② 千龕：《为云裳公司进一言》，《罗宾汉》1927年8月11日，第1版。

交际之花之自出心裁也，是直推销外货，提倡奢侈而已，于爱国乎何有？”[1]原来这篇文章的根本打击目标还是云裳公司。

“艺术家”和“交际花”，当然非江小鹣、徐志摩、陆小曼、唐瑛莫属。“于爱国乎何有？”他们被指控为不爱国，倒过来说得极端点，就是“卖国”。正如《金刚钻》报一直在刊登的一条口号“中国人吸外国香烟的就是卖国贼”，就表达了这个逻辑。《金刚钻》也加入反云裳的合唱，在《艺术界之五毒》中，说某人十年前是个在新剧社里的小混混，后来自费出洋学习绘画，回来之后“居然以美术家自命，近忽发财心切，纠合交际之名某女士等，开一裁衣店，专为妇女规划妖艳新奇之装束，美其名曰新妆公司”。明眼人一看就知这篇文章讲的是江小鹣。所谓“艺术界之五毒”指艺术界中五种败类，江小鹣属于其中一类。此文不仅以“起底”来羞辱江，更指后面的“交际”名流，这个“裁衣店”即已被炒得轰轰烈烈的云裳公司，所以文章最后说：“海上妇女，本极奢靡，一衫一履，往往靡巨金不惜，自有新妆公司出，而街上妇女奢靡之风，特十百倍于曩日矣”。[2] 这就在重复《福尔摩斯》和《罗宾汉》的论调了。

咬住云裳公司不放的是《福尔摩斯》和《罗宾汉》，它们互相呼应，此起彼伏，如《休矣艺术家》和《提倡奢侈之背景》两文[3]，都把云裳公司安上提倡“奢侈”的罪名，共同指斥主其事的乃无“心肝”者、“社会罪人”。两者侧重点不一样，好像都在维护社会的稳定秩序，却表现出某种旧文化立场。前文讽刺江小鹣从海外归来“窃以美术家之幌子，借重交际花之招牌”，而提倡服装美只能使奢靡不正之风愈演愈烈，最后为江表示惋惜：“何事不可为，而必欲为一成衣匠之艺术家乎？请抚心自问，有功于社会乎，抑有罪于社会乎？苟此美术家而稍具心肝者，则当如何以自处也”。这里对“成衣匠”，包括对“交际花”的鄙视，反映出传统士大夫思想。后面一文说，离婚现象跟“女子浸染奢侈”有关，“女子之服装日新月异，一袭之代价，动辄百数十金”，男子负担不起，只能自动要求离异。奢侈的结果是拆散鸳鸯、败毁家庭，更有甚者造成种种社会惨剧，“苟以提倡奢侈为事，且助同其鼓吹者，不知具何心肝，诚社会之罪人也”。其实此文也等于将奢侈、离婚都怪罪于女子，都是因为她们喜欢打扮。

其实这些小报不老谈“爱国”大道理，通常抓住具故事性的细节，运用种种含沙射影、借题发挥等手法，甚至不乏奇谈怪论地来表示反对的姿态。如《罗宾汉报告》说云裳公司开幕日借隔壁空屋布置茶点招待客人，不料为新屋主人得知，将所有椅桌封锁，并向云裳交涉，要代付一月房租，云裳不得不与之沟通。在对云裳开幕的一片叫好声里，这豆腐干见方的“报告”当然有点煞风景。或如《瞥见》：“法国公园中，瞥见一少女，

① 俭德：《提倡奢侈与男女服装》，《福尔摩斯》1927 年 8 月 16 日，第 1 版。

② 禹鼎：《艺术界之五毒》，《金刚钻》1927 年 8 月 30 日。

③ 绿衣：《休矣艺术家》，《罗宾汉》1927 年 8 月 14 日；虎伯：《提倡奢侈之背景》，《福尔摩斯》1927 年 9 月 11 日，第 1 版。

短衣窄袖，作唐瑛装。一少妇，长裙革履，作小曼装。一人高鼻，如诗人志摩；一人垢面，如画家小鹣。见者皆不识伊谁，后详细调查，即唐瑛、小曼、志摩、小鹣，所穿之服装，乃云裳公司新绣品也”。[1] 寥寥数语如惊鸿一瞥，和读者一起窥见名流的影踪，而文章署名为“靡丽”，即含评判之意。

粗看之下，对于云裳公司小报中间形成两个系统。《上海画报》和《晶报》属于补台派，而《福尔摩斯》《罗宾汉》和《金刚钻》是拆台的。其实不仅在云裳问题上，互相角斗的阵势早已形成。《金刚钻》报创刊于1923年10月18日，发起者陆澹盦、施济群等人曾被《晶报》骂过，因而要办报出口气，和《晶报》打笔战就有了自己的地盘，取名为“金刚钻”，意谓“以钻刻晶”，比水晶更尖利。这还是属表面的，再深一层说，小报多如牛毛，同处于竞争场域，各有各的圈子，受到资本、人脉、经营策略、文化方针等方面的条件限制。像《晶报》资格老，人脉广，实力厚，如袁寒云、张丹翁、包天笑、周瘦鹃等大款也是《上海画报》和《申报自由谈》的主要作者，自然对于云裳公司的态度是一致的。换言之，他们占据小报传媒的主流，对社会现状及“名流”有更多的认同感。相对来说像《金刚钻》《福尔摩斯》和《罗宾汉》处于下风，圈子不同，况是后起的，要抢地盘、抢读者，不得不走偏锋、出奇招，对抗和挑战也常常是有效的竞争策略。

《福尔摩斯》创刊于1926年7月3日，主持者吴微雨、胡雄飞、姚吉光等几乎全是新面孔，颇有当初《晶报》的大胆作风，“什么都要揭发，以致纠纷交涉，对簿公堂，那是常有的事。被涉及的人往往控告该报，致屡被罚款。可以每发生一次交涉，或者吃一次官司，他们都把它公诸报端，希望获得社会人士的公允评判”[2]。《罗宾汉》创刊于1926年12月8日，主编周世勋与朱瘦菊在电影界属元老辈，该报主要刊登演艺圈的新闻。在经营策略上《罗宾汉》明确与《福尔摩斯》结盟，1927年元旦刊出《小报的派别》一文，说《晶报》因为牌子老，一般小报多效法之，不过现在的《晶报》“沉闷已极，多敷衍空文”，而最受社会欢迎的是讲求实事求是的《福尔摩斯》，由是自命为“福尔摩斯派”[3]。的确在攻击云裳公司方面可见它对《福尔摩斯》亦步亦趋的样态。

1927年9月9日《晶报》刊出包天笑《到云裳去》一文，说他错过云裳公司的开幕典礼，那天偶然经过该公司，进去参观了一番，并对楼上楼下各个部门一一加以介绍。江小鹣对他说，公司业务不错，但资金周转不灵，考虑扩大股份，但是“雅不欲大资本家入股，大资本家长袖善舞，彼一举手，甚愿我辈同志者，共集腋以成裘也”。于是包氏议论说：

试思上海繁华之区，一二成衣之匠，略有新思想，即不难致富，其实此为

---

① 靡丽：《瞥见》，《福尔摩斯》1927年9月11日，第2版。

② 《郑逸梅选集》，第1卷，第945页。

③ 农花：《小报的派别》，《罗宾汉》1927年1月1日，第1版。

> 不学之徒耳。今集多数之审美家艺术家，以创此业，安可与之相挈乎？且衣本章身之具，人同爱美之心，明乎社会心理学者，知非可以强事阻遏。今以云裳公司为提倡奢侈者，是昧于时势之言。依我之所谓侈者，则异乎是。裹嫫母以金珠，披无盐以罗绮，始谓之侈。轻裾丽眼，不属于美人者，又将谁属耶？我非袒云裳，中国而日进于文明之域，宜有此组织也。[①]

此文举重若轻，却力敌万钧，针对《福尔摩斯》等攻击之词略加辩驳，意谓女子要漂亮乃基本人权，多数审美家、艺术家从事生活美化，是文明进步的表征，那些"奢侈"的指责乃"昧于时势之言"，正体现出包氏历史进化的立场。此文寥寥数语，句句在理，却不剑拔弩张。且江小鹣关于拒绝大资本家的一番话，也是针对云裳的高档消费的说法，指出在资金运转困难的情况下，公司坚持小本经营，似更值得同情。包氏此文写得老到，无怪乎把张丹翁看得手舞足蹈，即作《六朝神髓》一诗："《到云裳去》标题在，钏影写得妙盖代。左看右看看不败，眼下书家谁与赛？除非一人钱老芥，文章洛诵并可爱。对此真美欲下拜，我几搁笔无可卖。"[②]这么称赞也是一种帮衬，其实可说是集体表态，都代表了对于云裳的"补台派"的态度。

此后《福尔摩斯》和《罗宾汉》虽对云裳还有些议论，已无关紧要。然而关于云裳公司的资金困难，不幸而言中。《福尔摩斯》首先刺探到消息，1928 年 2 月 11 日刊出《云裳公司押得四千元》一文，说该公司开始集资 10 000 元，到年终结算，本金全数亏损。为了继续营业，以公司做抵押，借得 4000 元，如果半年之后不能盈利，就关门大吉。文章说云裳的服装"一衣之值，有贵至百数十金，极尽奢华之能事，而所制新妆，心裁别出，为一般新女子出风头计，固不能不加以赞赏也"，虽然不失该报原来的立场，基本属于客观报道，对于云裳的窘况也说不上幸灾乐祸，其口气有赞有弹，略带反讽。从各方围绕云裳公司的褒贬表述及整个过程来看，其中有着某种公共与理性在起调适作用。

---

① 钏影：《到云裳去》，《晶报》1927 年 9 月 9 日，第 3 版。

② 丹翁：《六朝神髓》，《晶报》1927 年 9 月 12 日，第 3 版。

“圣诞老人”在近代中国的流行及其商业化利用*

——以上海为中心的考察

邵志择

（浙江大学传媒与国际文化学院）

摘要：Santa Claus 是 19 世纪中后期以后西方圣诞节最重要的标志性形象，当圣诞节在民国时期的中国逐渐流行的时候，他被译为“圣诞老人”，其形象频现于报章杂志，同时也被广泛地用作商业促销。本文意在追寻这位节日使者在近代中国的足迹，看他是如何被中国人接受并加以利用的，由此也可从一个侧面了解圣诞节在近代中国的流行情况。

关键词：圣诞老人；圣诞节；《申报》；广告

一

近代中国人最早记述圣诞节的无疑是出使官员。张德彝于同治七年（1868）随使英国时，在伦敦亲历了维多利亚时代典型的耶稣诞节，在他的日记中有较为详细的记载。[1] 后来到英国任使节的郭嵩焘、曾纪泽都在日记中把 Christmas 叫作耶稣生日或耶稣诞辰，但是他们都没有提到英国传统的节日人物“圣诞老爹”。[2] 刘锡鸿在德国任内时，曾应邀参加了一个 Christmas Eve（他音译为“克莱斯麦司衣符”）晚会，并详细描

---

* 本文原载于《史林》2016 年第 2 期，有修改。

① 参见张德彝：《稿本航海述奇汇编》（第一册），北京：北京图书馆出版社，1997 年，第 687-689 页。

② Father Christmas，也叫 Old Father Christmas 或 Old Christmas，为与 Santa Claus 区分开来，本文用此译名。英国的圣诞老爹形象最早出现在 17 世纪，最初作为聚会和游戏的人格化形象，与礼物和孩子没有关系。圣诞老爹第一次出现在《伦敦新闻画报》（*Illustrated London News*）中是在 1844 年，在这幅画中，他的形象是留着胡子，头戴装饰着瓶子和玻璃的冬青页冠，一手拿着巨大的圣诞布丁，另一只手掌上有三个孩子，其中一个擎杯，圣诞老爹则做痛饮状。见 Neil Armstrong，*Christmas in nineteenth-century England*，Manchester University Press，2010，p.40.

述了他在晚会上亲见的一位“老人”。[①] 他所看到的“老人”并不是 Santa Claus,应是德国的 Christkindlein(也称 Kris Kringle),一个类似于 Santa Claus 前身圣·尼古拉斯的人物。[②] 因为当时(1877)美国人所称的 Santa Claus 还没有对欧洲造成影响。[③] 十年之后,张荫桓在美国任公使的时候,第一次提到了现在人们所熟知的圣诞老人,他将其音译为“山特呵罗士”,在他的眼里,这是一个给小孩子分玩具的“货郎”。[④]

众所周知,圣诞老人的原型是圣·尼古拉斯,他的形象由荷兰移民带到美国,在美国被改造成圣诞老人,再传播至全世界。圣诞老人形象的形成与摩尔(Clement Clarke Moore)的《圣·尼古拉斯来访》(*A Visit From St.Nicholas*,1822)这首诗有很大的关系,在他的诗中 St.Nicholas 和 Santa Claus 互用,他笔下的这个人物个子不高,如小精灵般,穿着皮衣而不是主教长袍,他在 12 月 24 日晚到达,而不是在圣·尼古拉斯日(12 月 5 日)。有些画家根据摩尔的描述创作出圣诞老人的像。罗伯特·威尔(Robert Weir)画中的圣诞老人身材矮小,头戴圆锥形的绒线长帽,没有胡子,身穿短大衣,脚上是长筒靴,所背的礼物袋也很小(见图 1)。[⑤] 1843 年,谢尔曼和史密斯(Sherman and Smith)所刻画的形象出现在《纽约市杂志》(*New York City magazine*)上,画面中的圣诞老人坐在火炉旁,把礼物塞进孩子们的袜子中,他的个子也很小,穿着皮衣,头戴帽子,帽子上有一个主教的标志,抽着荷兰雪茄,表情和蔼(但并不愉快)。[⑥] 漫画家托马斯·纳斯特(Thomas Nast)从 1863 年到 1886 年为《哈珀周刊》(*Harper's Weekly*)所画的圣诞老人最受人喜欢,流行也最广。

---

① 其文曰:“……席散,有扮老人自内出者,须发蓬蓬,被采衣,肩囊,手执树枝,向众宣言曰:‘今夕之会,其来匪今。比户幼孩,莫不欣欢,庆我辈蒙天庥之赐,嬉游鼓腹,无异儿童,愿各开怀,娱此良夜。’宣毕,探手囊中,出筹码若象棋子者,人各畀一,皆书以数。旋入内,环案而立。案头罗列诸物,亦以数揭之。视其所分之数,与所揭之数相符,则贻以其物。有得箫管者,有得篮盒者,有得佩帨者,有得香者,有得果饵者,种种不能尽名。”刘锡鸿:《英轺私记》,朱纯校点,长沙:湖南人民出版社,1981 年,第 210 页。

② 这个老人在圣诞夜给人们带来礼物,他在美国的德国移民中很受孩子们欢迎,与荷兰人的圣·尼古拉斯差不多。参见 James H.Barnett, *The American Christmas: A Study in National Culture*, Arno Press,1976,p.11.

③ 即使与美国关系紧密的英国,也要到 19 世纪后期才接受 Santa Claus。可参见 James H.Barnett,*The American Christmas: A Study in National Culture*,p.143.

④ 张荫桓:《三洲日记》,载《张荫桓日记》,上海:上海书店出版社,2004 年,第 239 页。

⑤ Penne L.Restad, *Christmas in America:A History*, Oxford University Press,1995,p.144.图片来源:http://www.smithsonianmag.com/arts-culture/A-Mischevious-St-Nick-from-the-American-Art-Museum.html.

⑥ James H.Barnett, *The American Christmas: A Study in National Culture*,pp.27-28.

图 1

图 2

他笔下的圣诞老人体型肥大，穿着皮衣，有一部白胡须，是一个快乐的老人（见图2，《哈珀周刊》，1881 年 1 月 1 日）。[①] 到 19 世纪末，纳斯特笔下的圣诞老人形象就成了现代圣诞老人的标准像。这个形象深得孩子们的喜爱。1881 年圣诞节时，《哈珀周刊》就曾刊出一幅一个小女孩亲密地搂着圣诞老人脖子的图画（见图 3，《哈珀周刊》，1881 年 12 月 24 日）。在另外一幅画中，圣诞老人为一群参加聚会的孩子分发礼物，孩子们的脸上洋溢着幸福的微笑（见图 4，《哈珀周刊》，1883 年 1 月 20 日）。

图 3

图 4

① James H.Barnett, *The American Christmas: A Study in National Culture*, pp.28-29.图片由本文作者摄自原刊（威斯康星大学图书馆藏）。本文所有图片除注明之外均由作者翻拍。

有人认为美国的圣诞节是1880年代被“重新发明”(reinvented)出来的,这主要是指商业化对圣诞节的影响。1880年以后,随着美国工业化和城市化的加快,商业消费价值得到高度的认可,美国庆祝圣诞节的现代形式就是在这种文化中出现并形成的。[①] 与此同时,父母给孩子们的礼物越来越多、越来越贵,这使得圣诞老人的形象发生了变化。原来圣·尼古拉斯惩罚坏孩子的一面消失了,圣诞老人趋向于奖励而不是惩罚,圣诞老人给所有孩子带去礼物,不管他们在一年中的表现如何。圣诞老人的身材也发生了变化,他变得更高大,身体变得更柔软,完全不同于19世纪初那个小精灵般的形象,也不同于欧洲那个高高瘦瘦的圣·尼古拉斯。[②]

当然,19世纪中后期的中国人对美国的这个圣诞老人并不熟悉,即使是旅居中国的外国人对他也不甚了了。直到1877年左右,还有许多外侨在问“谁是Santa Claus?”《北华捷报》为此从《韦伯斯特词典》中找来了相关的解释,介绍了圣·尼古拉斯的来历,并解释他就是荷兰人所称的Santa Claus(或Klaus),特别强调了他给孩子们送礼物的特征。[③] 此后数年,圣诞老人才出现在外侨社区,比如宁波的外侨在1887年圣诞节举行了庆祝晚会,有一个圣诞老人到场给孩子们发放礼物。[④] 由于英国的侨民居多,出现在圣诞节活动上的往往还有英国的圣诞老爹。1889年,参加牛庄外侨圣诞晚会的就是圣诞老爹,他从北京到香港,然后来到牛庄,还将到中国各地去给其他小朋友们送礼物。[⑤] 1907年,宁波外侨的圣诞晚会上给孩子们礼物的也是圣诞老爹。[⑥] 英国的这个圣诞老爹大约在19世纪后期被美国式的圣诞老人形象取代,但是英国人有时仍用原来的称呼,所以我们不太清楚《北华捷报》后来所提及的圣诞老爹究竟是指哪一个。

1905年圣诞节前,在上海出版的英文杂志*The Eastern Sketch*发行了它的圣诞号,封面的主色调是红色和黄色,画面是圣诞老爹和中国龙(Chinese Dragon)手挽手走向外滩的场景。据《北华捷报》的介绍,第一页还有一幅画,是一个简称为“L”的“头发非常黄的少女”(A very yellow-haired maiden)向“我们”祝贺圣诞快乐。[⑦] 如果这个“L”是中国女孩,那就和中国龙一起构成了与圣诞节及圣诞老爹之间非常亲密的关系。我们并不了解编者的意图究竟是什么,也许仅仅是编者希望圣诞节得到中国人的认可,以消除文化上的隔阂。但是也不能排除在当时的上海,中国人已经在一定程度

---

① William B.Waits, *The Modern Christmas in America: A Cultural History of Gift Giving*, New York University Press, 1993, pp.1-2.

② William B.Waits, *The Modern Christmas in America: A Cultural History of Gift Giving*, New York University Press, 1993, p127.

③ Clippings, *The North-China Herald*, 1878.1.10.

④ Ningpo, *The North-China Herald*, 1888.1.6.

⑤ Father Christmas in the north(by a Newchwang juvenile), *The North-China Herald*, 1890.1.31.

⑥ Christmas at Ningpo, *The North-China Herald*, 1908.1.3.

⑦ *The North-China Herald*, 1905.12.22.

上参与了这个来自西方的节日。[1]

当然，外桥社区里的圣诞老人或圣诞老爹以及少数驻外使节笔下的“老人”或“货郎”，都不大可能对一般的中国人造成多大的影响。只有当圣诞节真正进入中国社会，越来越多的中国人参与圣诞庆祝活动时，圣诞老人才会进入人们的视野，他的形象才会得到广泛的描述并被利用。

二

教会学校和教会机构早在清末就已经开圣诞同乐会，但是在这些活动中似乎没有圣诞老人的身影。[2] 从民国初年开始，教会组织的圣诞活动越来越热闹，虽然这一时期尚未见圣诞老人的身影，但是中国人对圣诞节已经非常熟悉了。[3] 由于这些活动大多以娱乐的方式进行，美国式的圣诞老人不久就开始登场。以我所查阅的情况来看，上海的圣诞活动中第一次出现圣诞老人是在 1917 年青年会夜校所开的冬季同乐会上。这个同乐会的主旨是体会“耶稣圣诞为世界最快乐之日”，所有演出结束后，“由圣诞老人与卓校长分赠各科教员礼物多种”。[4] 两年之后，《申报》刊出了一篇介绍圣诞老人的短文：

> 日月跳丸，圣诞节又瞬息而至。西人对于是日甚为珍贵，其前一夜俨若吾国之除夕焉。一般小儿女缘窗闲语，群希望所谓圣诞老人者从烟囱中赐以心中所欲之物。及至翌晨，每于枕畔得无数珍品，皆素所喜者，盖孩之父母为之，欲令其子女生欢欣也。顾圣诞老人之历史，类俱莫能言之。按老人名

---

① 清末小说《十尾龟》就借小说中的人物之口说过：“上海的市面都是外国人做起的，各处的玩要就不能不顺着外国风俗。这里热闹的日子，一月里就是礼拜六、礼拜日两天，一年里就是外国清明、外国冬至、外国元旦和春秋两回大跑马。一切时髦的衣裳，新奇的装束，阔绰的首饰，都是从这里行出的。漂亮的人物，标致的妇女，也都在这里聚的。”(清)陆士谔：《十尾龟》，北京：中国文史出版社，2003 年，第 10 页。《申报》也曾在报道中说过：“初十日为中国冬至，马车络绎前赴张园者不知凡几。昨日为西国冬至，马车络绎前赴张园者又不知凡几。中国人真不肯辜负良辰佳节哉！”东吴：“通俗谈”(栏目)，《申报》1909 年 12 月 26 日，第 3 版。

② 圣约翰大学在书院时代每年都庆祝圣诞节，1899 年的圣诞晚会表演了被认为是近代第一部“新剧”的《官场丑史》，但是记载中没有提到圣诞老人。见熊月之、周武主编：《圣约翰大学史》，上海：上海人民出版社，2006 年，第 292 页。庚子事变当年，中国青年会在上海举行了一场圣诞晚会，参加者绝大多数是中国人，演出多种娱乐项目，也没有圣诞老人出场。见 The German and Chinese Y. M. C. A's Christmas celebrations, *The North-China Herald*, 1901.1.2.九江的教会学校在 1904 年也有非常热闹的圣诞庆祝会，新闻中也没有提到圣诞老人。见 Christmas at Kiukiang, *The North-China Herald*, 1905.1.13.

③ 关于这方面的情况，可参见《青年会演说预告》，《申报》1913 年 12 月 24 日，第 10 版；《慕尔堂欢祝大会记》，《申报》1913 年 12 月 26 日，第 10 版；《尚贤堂之特别欣赏会》，《申报》1914 年 12 月 26 日，第 10 版；《耶稣降生之纪念》，《申报》1915 年 12 月 23 日，第 10 版；《尚贤堂之中外女士会》，《申报》1915 年 12 月 28 日，第 10 版；《麦伦书院协助孤儿院》，《申报》1915 年 12 月 31 日，第 10 版；《麦伦书院之同乐会》，《申报》1916 年 12 月 23 日，第 11 版。

④ 《申报》1917 年 12 月 25 日，第 10 版。

> Santa Claus，为美国之浑称，生于耶稣纪元三百年，为玛那(Myra)、那亚(Lyoiu)、小亚细亚(AsiaMinor)等地之著名主教，于希腊教会中尤极显著。其庆祝节，在十二月六日举行，至其所以如此阐扬者，乃出于一故事。渠尝馈金于人，其事至今人多乐道之：有一人甚贫苦，家中三女貌均丽，但乏资为奁费，不得已而欲令彼等为娼，操卖笑之生涯。圣诞老人夜过其地，三赠以金，其家赖以保全。后人知其事，多于其节前一日置食物于儿童之鞋内，谓为老人所赆。后辗转推延，移至二十四日之夜，与圣诞节相近云。[①]

从这篇文章中可知，中国人所称的圣诞老人是来自美国的 Santa Claus，而不是英国的 Father Christmas，显示了美国文化对中国的影响力。这不难理解，因为在当时的中国大城市里，美国教会学校和教会机构势力最大，他们大多重视社会革新，尤其注重新思想、新观念的引入。[②] 美国人的新教活动也使得美国生活方式和社会制度在中国的影响逐渐扩大，青年学生普遍倾向于走美国化的道路。[③] 从《申报》的圣诞庆祝活动报道中也可以看到，这些美国人办的教会学校和教会机构比较注重以娱乐的方式庆祝圣诞节，“同乐会”之名经常可见。到 20 世纪 20 年代初，体现快乐精神的圣诞老人也就常见于这些场合。1920 年圣诞节，上海的新教教堂如山东路天安堂、蓬路真神堂、海宁路沪北浸会堂的圣诞庆祝会，都有圣诞老人与大家欢聚一堂。正如上海青年会的干事吉尔达所言：“圣诞老翁每逢耶稣诞日下临一次，由来已久，吾人送往迎来之际，觉此翁欢乐之容年复增加，往昔只临泰西各地，近乃欣然与中华人士相接。其所得之待遇，日形隆盛而新奇，良友见增，每叙必欢，此翁之乐可知。翁虽年事日增，而其皤白之须，桃红之颊，宽博而朱色之服未尝或变，且童性未除，其来也故避大门而不入，反穿烟囱以下临，若此戏弄泰西人士者，已不知若干年矣。近又东渡与中邦人民共相欢叙于圣诞之日，此翁何不惮劳也若是。闻其尤喜者为孩童云。”[④]如果吉尔达的观察不错的话，圣诞老人进入中国大约在“五四”新文化运动前后，其称呼既有这篇文章里所用的“圣诞老翁”和“圣诞老人”，也有“圣诞叟”[⑤]，以及“圣诞老”和“散克特老师”[⑥]，他们都是美国人所称的 Santa Claus。[⑦] 当然也有其他几个叫法，如“圣诞老公公”“耶诞

---

① 君豪：《圣诞老人谭》，《申报》1919 年 12 月 24 日，第 14 版。

② Ke-CheYip, *Religion, Nationalism, and Chinese Students: the anti-Christian Movement of 1922-1927*, Center for East Asian Studies, Western Washington University, 1980, pp.16-18.

③ 陶飞亚：《共产国际代表与中国非基督教运动》，《近代史研究》2003 年第 5 期，第 123-124 页，130-132 页。

④ 上海青年会吉尔达先生(J.H.Goldart)原著：《今年上海之耶稣圣诞节》，《申报》1920 年 12 月 19 日星期增刊·圣诞号，第 2 版。

⑤ 诚静怡博士：《耶稣圣诞——解放·表彰·世界的福音》，《申报》1920 年 12 月 19 日耶稣圣诞增刊·圣诞号，第 3 版。

⑥ 罗运炎：《基督圣诞精神》，《申报》1922 年 12 月 11 日耶稣圣诞增刊，第 1 版。

⑦ 这些中文称呼在文章中都附注有英文 Santa Claus。

老人”“北极老人”等，但是最常见的还是“圣诞老人”。商务印书馆1936年出版的《国语辞典》收入了“圣诞”和“圣诞老人”两个词，辞典对前者的解释是“称佛、菩萨、孔子、耶稣等人之诞生日。”对后者则谓：“欧俗相传爱护儿童之老翁，每当耶稣诞节之前降临，故称。”[①]可见“圣诞老人”这一称呼到20世纪30年代已经是Santa Claus的正式中文译名，这一称呼沿用至今。

圣诞老人在中国是一个受人欢迎的送礼者的形象，这与他在西方国家的角色是一样的。《申报》“自由谈”主编周瘦鹃曾参加上海晏摩氏女校的圣诞同乐会，描述了圣诞老人在活动中的表现：

> ……俄而圣诞老人负巨裹蹒□而出，饰者姚启明女士，女中曼倩也，一言一动有突梯滑稽之致。继出裹中物，呼诸师长名而分赠之。每授一物，必佐以雅谑，群为解颐。赠礼物讫，则有校役荷巨筐，中有小裹累累，仍由圣诞老人分贻于生，如是倾数巨筐。予亦得一裹，视之，果饵也，归以贻小鹃，食之甚甘，乃深感圣诞老人之厚意焉。[②]

这一晚的经历，使得周瘦鹃在随后的几天里心坎中有一种说不出的愉快，一切人世俗虑不知不觉地淡忘了，一连三天都不能忘怀。[③]

头戴长帽、一把大胡子、身材矮胖、笑眯眯的圣诞老人形象也被画图绘影印于报端。1920年的“申报星期增刊·圣诞号”就以圣诞老人的形象作为刊头画（见图5）；同年的“申报自由谈圣诞特刊”也用圣诞老人背负大礼包的形象作为刊头（见图6）；1922年的“申报耶稣圣诞增刊”刊头右首也是圣诞老人形象（见图7），这个形象和1920年“自由谈”刊头形象成了此后《申报》广告中所有圣诞老人形象的模板。

图5

图6

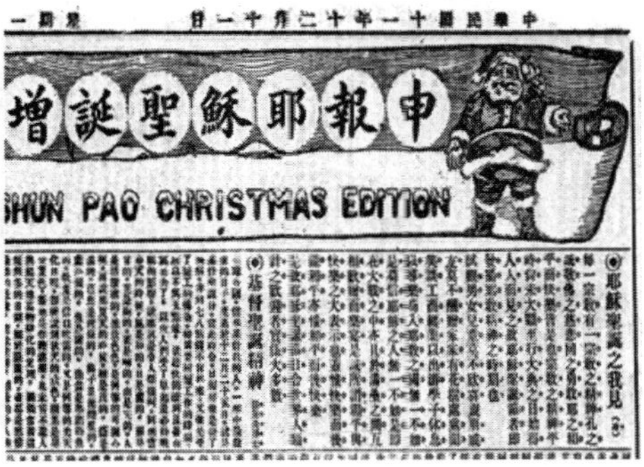

图7

① 中华大辞典编纂处编：《国语辞典》，北京：商务印书馆，1936年（1948年重印），第3186页。

② 周瘦鹃：《纪颂圣同乐之会》，《申报》1923年12月25日，第8版。

③ 周瘦鹃：《随便说说》，《申报》1923年12月27日，第8版。

圣诞老人和蔼可亲,中国人对他充满了好感,有人把他想象成缔结良缘的月老[①],也有人把他视为解决中国诸多问题的施恩者,他给中国社会各色人等送上的圣诞礼物上分别写着:“裁兵筑路,勿杀同胞”(军人),“发表民意,勿偏党派”(政客),“牺牲名利,提倡教育”(教育家),“振兴实业”(实业家),“捐助公立学校,栽培贫寒子弟”(富翁),“提倡推销国货”(商贾),“发扬祖国文化,提倡美术教育”(文学家)。[②] 自称反对帝国主义的革命同志,也不自觉地借用他的形象来宣传孙中山开创的共和制度。1928 年圣诞节,在《申报》“自由谈”的一篇短小说里,作者虚构了一个“圣诞老人和中国民众欢叙大会”,现场的民众和小朋友满心希望圣诞老人能给他们带来礼物。圣诞老人确实带来了礼物:

> 可爱的小朋友,不要喧哗,你们看,这是三民花、革命果,是专诚给你们的。这三民花永远这样的鲜丽,不会萎谢;这革命果永远这样的碧绿,不会腐烂。你们带回去,时常的看着玩着,那么将来的三民花就会普遍,革命果就会长存!

只见圣诞老人把手一扬,现场的小朋友都是左手三民花,右手革命果了。革命化的圣诞老人充满着革命乐观主义精神,他继续给现场的一般知识幼稚的人(文盲阶级)、一般青年、一般妇女和农工阶级分发各种“精神礼物”:智慧囊、努力片、奋斗球、胜利旗。当所有礼物分发完毕,现场一片欢腾,圣诞老人和华丽的礼堂一瞬间都消失无影,只见空中飘扬着鲜明的国徽。[③] 在这篇寓言式的小说里,圣诞老人来到中国仿佛就是为了见证中国由专制而共和、由共和而军阀专横、由军阀专横而国民革命军起,最后进入一个“自由平等”的统一时期,这个时期就如圣诞老人所代表的欢乐的圣诞节一样,受到了中国民众的热烈欢迎。

三

1926 年圣诞节时,作家陈学昭因圣诞节临近而想念《京报副刊》的孙伏园、魏建功等友人,上海热闹的圣诞气氛与她寂寞的心情恰成对比:

> 这几天,半殖民地似的上海,各公司,各店家,红红绿绿,无处不在赶这“外国冬至”的热闹!我走过大马路,在先施、永安两处的玻璃框真闪得我眼

---

① 无愁:《圣诞老人缔姻记》,《申报》1920 年 12 月 25 日,第 14 版。

② 毅华:《圣诞节之大礼物》,《申报》1922 年 12 月 25 日“自由谈”耶稣圣诞增刊,第 1 版。

③ 柯定庵:《圣诞》,《申报》1928 年 12 月 25 日,第 18 版。

> 花了，那个红袍红帽子的圣诞老公公迷花眼笑的在对着每一个行人，然而哪里会消去我心里的寂寞！①

从陈学昭的这段描写来看，20世纪20年代中叶的上海，圣诞节已经在社会生活中无处不在了，商业场所的热闹正是它的表征。到20年代末30年代初，圣诞节在某些上海人眼中已然“令节”②，也就是基本上脱离了宗教意味的社会性节庆，它已经成为与中国人间接地、直接地都有关系的欢乐日子，而上海由于处于欧美资本主义的范围，“已完全直接地发生了密切的关系”，这表现在圣诞节前热闹的商业气氛上：为了促销而大搞减价活动，橱窗里装饰着圣诞老人，圣诞商品的广告到处可见，花店门口的圣诞树一丛丛像森林，圣诞之夜的跳舞场尤其热闹，人们陶醉在这纸碎金迷的不夜之城。③当圣诞节来临之际，“喜悦的微笑，浮现在每一个时髦上海人的脸上，谁都计划着怎样度过这可爱的狂欢之夜！”在圣诞夜参与享乐的各色人等也包括小学教员、工友、种田的阿大等等，总之，圣诞夜的上海街头充满了节日气氛：

> 南京路上的细雨蒙蒙，正像圣诞老人赐给人们无限幸福的甘露仙水，南京路上寒风微拂，正是叫狂欢的人们以整齐而有秩序的开始，三大公司的电炬通明，圣诞节礼物堆积如山，外国货的糖果、玩具、贺年片、圣诞树、葡萄酒……布置之精巧美艳，在在予人们一个陶醉的暗示。④

有人描写了先施公司圣诞节商品的布置，从中可见20世纪30年代初商场内的节日布置：“在那些‘X’mas Candies’、‘X’mas Candles’、‘X’mas Crackers’、‘X’mas Stocking’、‘Decoration, X’mas Tress’、‘A Merry X’mas’等满写着外国字的横匾和红色圣诞彩纸下面，(从)满搁着金丝银丝的外国酒的花篮的中间过去，乘电梯上了五楼。”五楼是“儿童乐园”，入口处有一个“圣诞老人”张开双手欢迎小朋友。乐园里面是各种玩具，还有迷你火车轨道，各个角落都有一个主题区，“动物园”旁边是“圣诞之夜”：“这一幕‘圣诞之夜’，古典派的建筑，渲染着抒情诗的白雪，点缀着狂欢节的人们，这是一幅含有诗意的写实画。”⑤

就上海全市范围而言，一到圣诞日，外国机关放假，中国人也因云南起义纪念日放

---

① 学昭：《圣诞节的回忆》，《北新》(周刊)第20期(1927年1月1日)，第48-49页。

② 开煦：《圣诞前之一夕》，《申报》1929年12月28日，第17版。在这篇文章中，作者写道：“上海习尚，颇向欧西，举凡三公司各大商店皆于窗棂中装饰圣诞老人，以及各种冬节各种礼物。当然，圣诞节之在沪上亦为一令节。是夕各跳舞场之彻夜欢娱，尤多足纪者。”

③ 木：《圣诞节在上海》，《申报》1934年1月1日本埠增刊，第2版。

④ 家豹：《圣诞前后X’mas Eve》，《上海周报》第1卷第6期(1933年)。

⑤ 逸子：《圣诞节的前夜》，《新人周刊》第1卷第15期(1934年)。

假，所以到处都洋溢着欢乐的气氛：一般人都拍电报庆贺节日；舞厅在圣诞夜和圣诞日都是通宵营业；游戏场、电影院、大剧院等处游者拥挤不堪，餐馆生意兴隆；商店利用圣诞老人招徕顾客，大减价的诱惑使得营业额倍增。① 西侨除了在家里过节之外大多也到教堂参加弥撒，而华人则流连于影戏院、跳舞厅、酒吧间和商场、饭店，真可谓"舞榭笙歌通宵不辍"。②

从这些描写来看，商业化的圣诞节中都有圣诞老人的身影。可以说，圣诞老人在中国的都市里，也如他在美国一样，成了圣诞节日趋商业化的标志，扮演了商品促销员的角色。③

20 世纪 20 年代以后，上海商店橱窗的圣诞促销陈列已经与西方相差无几，圣诞老人是不可少的一景。"沿街的一家玩具店的橱窗里，将棉絮装成了一片白雪世界，雪里站着几个红帽白发笑容可掬的圣诞老人，旁边陈列着不少的袜袋，一个个都装满了糖果玩具。"④上海各大商店大都如此，尤其是南京路、四川路和霞飞路上的商店和百货公司，圣诞老人和雪景、玩具、礼物都是装饰橱窗必备的。⑤ 正如一位作者所描写的那样："日历上的数字刚踏进十二月，百货公司、糖果铺子的橱窗里已经发现了白发红袍的圣诞老人的足迹，那棉花摆设的背景又是多么洁净，再加上'幸福袋'中的名贵礼品。"⑥1989 年圣诞节时，有一位在 30 年代供职于上海一家广告公司的韩先生还清晰地记得当年忙碌地布置商店橱窗圣诞广告的情景，圣诞老人是最重要的装饰。⑦

圣诞老人何时出现在商店橱窗不得而知，在《申报》广告中出现则有报可稽。以我所阅，1919 年 12 月 21 日惠罗公司的冬节玩具广告第一次用了圣诞老人形象⑧，在这则广告的上方，圣诞老人坐在驯鹿拉着的车子上，显然是在运送礼物的途中（见图 8）。1920 年和 1922 年《申报》圣诞增刊刊头采用了圣诞老人形象之后，他的形象便越来越多地被商家利用。1922 年圣诞节，上海冠生园就在广告中使用了经典的圣诞老人形

---

① 《耶诞声中庆祝电报多——舞场通宵达旦舞客激增》，《申报》1934 年 12 月 26 日，第 12 版。

② 《雨丝风片中——西侨欢祝耶节——满街圣诞节景舞场狂欢达旦教堂钟声大鸣西侨群趋瞻礼》，《申报》1935 年 12 月 26 日，第 10 版；《银花火树——西侨圣诞欢腾——满街圣诞节景歌舞达旦教堂钟声齐鸣群趋瞻礼》，《申报》1936 年 12 月 26 日，第 11 版。

③ 圣诞老人在 1900 年以后演变为一个城市化的形象，他被称为"街头或百货公司圣诞老人"（street-corner or department-store Santa Claus），百货公司、零售店或慈善组织、社会团体利用他与孩子们打交道，其最重要的功能是促销商品。可参见 William B.Waits, *The Modern Christmas in America: A Cultural History of Gift Giving*, pp.130-131.

④ 瑟瑟：《圣诞节・店门以外》，《国闻周报》第 2 卷第 49 期（1925 年 12 月 20 日），第 30 页。

⑤ 可参见木：《圣诞节在上海》，《申报》1934 年 1 月 1 日本埠增刊，第 2 版；《耶诞声中庆祝电报多——舞场通宵达旦舞客激增》，《申报》1934 年 12 月 26 日，第 12 版；《西侨圣诞腾欢》，《申报》1936 年 12 月 26 日，第 11 版；慈云：《贺年片》，《申报》1938 年 11 月 23 日，第 13 版；韦格：《孤岛耶诞浮雕》，《申报》1941 年 12 月 25 日，第 4 版。

⑥ 韦亚君：《耶诞之夜》，《申报》1940 年 12 月 25 日，第 7 版。

⑦ 韩尚义：《圣诞老人的印象》，《新民晚报》1989 年 12 月 24 日，第 6 版。

⑧ 《申报》1919 年 12 月 21 日星期增刊，第 7 版。

象：圣诞老人身背大礼物袋，一手伸出给一个孩子分发礼物（见图 9）。[①] 广告中的图像虽然很小，但是形象表达准确。同一日所载的一则汽车广告中的圣诞老人形象更为清晰：圣诞老人背着大袋子，手中拿着一个汽车模型，白胡须拄到胸口，满脸笑容（见图 10）。[②] 汽车这种奢侈品即使在当时的西方国家也绝不是圣诞节必备的物品，借圣诞节之名推销（广告词曰："曷不购一韦列司那托汽车点缀今年圣诞令节"），也可见上海圣诞节气氛之浓烈。

图 8

图 9

图 10

至于原本属于圣诞节礼物的儿童玩具等物，自然更应该利用圣诞老人。中德商店在 1923 年的一则广告中解释了"冬至礼品须购玩具馈送亲友儿童之原因"："耶稣圣诞俗称外国冬至，此日之前一夜，为父母者例须以购办之玩具，盛诸袜袋中，悬在子女床前。待其次日醒起时自能发见，意盖谓此种玩具，系圣诞老翁所畀之礼品。此习虽谓拘礼，但亦兴发儿童好奇心之一法，藉此可使子女发生坚韧之信仰心，于社会、于国家胥有裨益。近年我国人士，取此习者亦日见增多。"[③]该店在同年圣诞前的另一则广告中一连用了六个"快"字催促大家购买玩具，敦促者就是一个笑眯眯的圣诞老人（见图 11）。[④] 20 世纪 30 年代的一则儿童营养品广告，假称圣诞老人因为注儿童健康，所以对分送的糖果也注意营养："闻今年只采用'家乐钙'巧克力糖一种，因'家乐钙'虽和普通巧克力糖一样，但含有钙质及维他命丁，乃发育期儿童最需要之营养素，非但不如一

① 《申报》1922 年 12 月 23 日，第 2 版。
② 《申报》1922 年 12 月 23 日汽车增刊，第 3 版。
③ 《申报》1923 年 12 月 3 日，第 18 版。
④ 《申报》1923 年 12 月 22 日，第 18 版。

般糖果之损害牙齿，且有坚强齿骨促进发育之功，为圣诞及新年馈赠儿童佳品。”①也许是圣诞老人深入人心之故，1926 年圣诞节前，德国戏剧研究社在一则演出广告中的署名竟然是“圣诞老人启”。②

20 世纪 20 年代末以后，圣诞老人在广告中出现得越来越多，刺绣、纺织品、鞋帽、药品、牙膏牙刷、书籍、文具、酒、香烟等商品也都纷纷借圣诞老人之名促销。上海虎标永安堂在一则广告中不仅使用了圣诞老人像，同时用了看起来不合逻辑的话：“圣诞老人：西方故事，谓圣诞之夜，有一老人分送糖果玩具与诸儿。国人习惯，谓无论新起久患之病症，均以虎标主治内外百病，功效如神。”③前后两段话完全不搭，真是硬拉圣诞老人来做广告。可能是圣诞老人影响太大了，著名的“艾罗补脑汁”也开始用圣诞老人背袋形象来宣传自己。④ 有一种“老人牌”白葡萄干，大概因为是“老人”的缘故，也与圣诞老人扯上了关系。广告中，圣诞老人被一群孩子围着，而包装盒上“老人牌”三个字下面也是圣诞老人形象，且与广告中的形象一模一样（见图 12）。⑤ 我们不知道包装盒上的圣诞老人是否是注册过的商标形象，后来确有一种产品通过律师公告正式使用“圣诞牌”商标，而商标形象就是一个圣诞老人（见图 13）。⑥

图 11

图 12

图 13

烟草公司财大气粗，他们的广告一般占据较大的版面，有时甚至买下整个头版，如 1930 年 12 月 21 日（见图 14）和 12 月 24 日（见图 15），1931 年 12 月 20 日（见图 16），在这些大幅的广告中，圣诞老人是香烟的使者。有时候，圣诞老人竟然和孩子一起出

① 《申报》1936 年 12 月 21 日，第 7 版。
② 《申报》1926 年 12 月 19 日本埠增刊，第 10 版。
③ 《申报》1929 年 12 月第 25 日，第 15 版。
④ 《申报》1936 年 12 月 20 日，第 12 版。
⑤ 《申报》1929 年 12 月 21 日，第 10 版。
⑥ 《申报》1940 年 12 月 24 日，第 7 版。这则广告称“扬滋荣律师代表大陆织造厂声明使用‘圣诞牌’‘开惠牌’商标公告”。

现在香烟广告中[①]，甚至有圣诞老人抽烟这样不堪的形象(见图 17)。[②]

图 14

图 15

图 16

图 17

---

① 《申报》1934 年 12 月 24 日，第 11 版。在这则南洋兄弟烟草公司的广告中，圣诞老人与三个孩子在一起，圣诞老人一手拿烟罐，一手举着一盒烟，广告词是“请吸白金龙香烟”。

② 《申报》1940 年 12 月 25 日，第 2 版。

大部分广告使用的圣诞老人形象都是白须红帽的胖老头，如果是半身或全身，一般还都会背着鼓鼓囊囊的礼物袋，如图 18 里的圣诞老人形象就是标准的美国式样圣诞老人。[①] 偶尔也有为了适合自己的产品而改变圣诞老人装扮的情况，比如正泰信记橡胶厂出品的“回力牌”鞋子，因为英文名是 WARRIOR，所以广告中的圣诞老人就被改造成军人模样，当然是一个如美军大兵那样的武装的圣诞老人(见图 19)。[②]

图 18

图 19

有一位作者这样写道：“每年的岁尾时候，就会使人不期而然的想起耶诞节来。的确，单以上海来说，不论在沿马路各大商店的橱窗里，或者在报章上的各处地方，都可以看到一个红衣白须的老人，背了个装得满满的包裹，驾着一辆鹿橇，这就是人们最喜欢的‘耶诞老人’呀！”[③]这个总结是符合事实的。

圣诞老人在中国被商业化利用的方式与美国、英国等西方国家没有太大的差别，“受利益驱动的经济贸易导致的大规模生产，人们很容易发现圣诞老人是很好的促销工具，因为他使物质财富、美好愿望和慷慨得以人格化。因此，商店可以很好地利用他在圣诞季促销商品。”[④]美国的报纸圣诞广告季节虽然比中国要长许多，但是广告最多

---

① 《申报》1935 年 12 月 23 日，第 8 版。

② 《申报》1947 年 12 月 24 日，第 4 版。

③ 殷红：《耶诞节的衣食住行》，《申报》1939 年 12 月 25 日，第 3 版。

④ James H.Barnett, *The American Christmas: A Study in National Culture*, Arno Press, 1976, p.44.

也是在12月份，广告中使用的圣诞标志多为圣诞老人和他的驯鹿雪橇，这与《申报》一样。[①] 在美国，几乎各种商品都与圣诞节联系起来[②]，至少从《申报》的广告来看，中国也是如此。从简单的对比中可见，20世纪20年代以后上海的圣诞商业氛围在许多方面与同时期美国的情况类似，虽然在程度上不一定能相比。反过来说，圣诞老人形象在中国的传播也与欧美一样离不开商业利用，尤其是报纸、商店以及跳舞场等消费场所的圣诞老人形象很容易对市民的视觉造成冲击，由此形成中国人心目中对圣诞节的印象，圣诞老人也因此成为圣诞节最重要的元素。

四

中国人最早把耶稣诞节叫作"外国冬至"，虽有"冬至"之名，这个称呼体现的其实是文化上的隔膜。上海开埠初期的外国人每到他们的圣诞佳节时，也深深地体会到被异域文化包围的疏离感，《北华捷报》创刊以后几乎每年都会以相当的篇幅报道圣诞节，早期的主题就是表达这种疏离感以及由此产生的对家乡节日的习俗的深深眷念。[③] 旅居上海的西方人也知道他们的圣诞节与冬至的关系[④]，但是他们并没有主动在文化上与中国的冬至联系起来，也许是他们并不了解中国的冬至节，也许出自"我们—他们"的文化差异感而有意保持节日的纯洁性。租界中的外国人以英国人最多，从《北华捷报》的文章来看，他们特别强调英国以家庭为中心的圣诞节习俗，圣诞晚宴是他们最重要的过节方式，男人们像在英国一样去乡间打猎和郊游[⑤]，也在圣诞节期间举行传统的Paper Hunts这种体育活动[⑥]，中国人称之为"令节跑纸"。他们忙于装饰教堂，忙于购物，忙于写祝福语，忙于包裹神秘的礼物，以便让圣诞老人分送给孩子

---

① 当然，由于美国人过圣诞节以家庭为主，广告使用的圣诞元素还有圣诞树、冬青树、槲寄生、绿树枝、蜡烛、铃铛、星星等，这些在《申报》的广告中很少见，因为中国人过圣诞节很少会用到这些东西。

② James H.Barnett, *The American Christmas: A Study in National Culture*, Arno Press, 1976, pp.85-86.

③ 该报在创刊后的第一个圣诞节就在《致读者》一文中表达了这种感受。参见 To Our Readers, *The North-China Herald*, 1850.12.28。

④ 在《北华捷报》的一篇文章中，作者追溯了圣诞节的由来，其中特别提到冬至以及古罗马冬节的庆贺习俗。见 Christmas, *The North-China Herald*, 1870.12.28。

⑤ Christmas, *The North-China Herald*, 1870.12.28。在20世纪60年代中期以后的上海，英国侨民家庭还不是很多，以家庭为中心的圣诞节习俗还不是很普遍，单身汉除了接受邀请参加聚会之外，有的躲在自己的住处阅读旧信以怀念美好的过去，或者去乡下打猎度假，也有少数人开始为中国的穷人做一些慈善活动。总之，过节的方式较为自由。见 Christmas, *The North-China Herald*, 1867.12.31; Christmas, *The North-China Herald*, 1868.12.28。

⑥ "跑纸"不知起于何时，至少在1860年代中期上海的外侨就在圣诞节时举行此项运动。见 Summary of the Week, *The North-China Herald*, 1866.12.22。1876年圣诞前后举行了四次"跑纸"活动，其中圣诞日这次吸引了最多的参加者。见 The Drag and Paper Hunts, *The North-China Herald*, 1876.12.28。"跑纸"活动是租界外国人的保留项目，每年都举行，圣诞节最为隆重，这种活动直到20世纪20年代中期仍很热闹。见 The Christmas and Boxing Day Hunts, *The North-China Herald*, 1926.12.31。

们。[①] 从《北华捷报》的新闻和文章来看,20 世纪初以前上海和其他中国口岸的圣诞节没有中国人参与的记录,从《申报》的新闻中也看不到圣诞老爹或圣诞老人与中国人有任何瓜葛。

这种情况到清末民初有了改观,如前文所述,民国初年以后圣诞节渐入华人社会,外国人在节日文化上的疏离感大概也渐渐消除了。20 世纪 20 年代,圣诞节在上海已初步成为一个世俗的节日,上海虹口市场每到圣诞节时生意都特别兴旺,几乎所有的圣诞食品和用品都可以在这里买到,唯一例外的是英国圣诞节传统中要用的野猪头(Boar's Head),不过,英国人换用乳猪头来代替。[②] 虹口市场的清晨,各种语言嘈杂一片,喧闹得犹如远东的巴比塔,看起来生活在上海的各族人都已经接受了圣诞佳节,大家都在为过节而忙碌。[③] 在西方人看来,中国人过的圣诞节不可能有完全的宗教意义,他们只是与外侨一样感到过节的快乐。所以,圣诞节随着圣诞树和它的彩灯、礼物以及圣诞老人在中国流行,中国的青年人甚至老年人都大吃其火鸡和布朗布丁,在这一方面,山姆大叔和中国人、约翰牛一样。《北华捷报》认为这样不分国别和种族共享圣诞欢乐也是一件好事情,因为当人们在享受共同的快乐时,不大可能互相憎恶,这就像人们在同一张桌子上吃饭喝酒时,一般也不大会互相猜忌。[④]

当圣诞节和圣诞老人在上海逐渐流行的时候,有一位名叫罗德尼・吉尔伯特的人在《北华捷报》上发表了一篇关于圣诞节的长文,力图把西方的圣诞节与中国的"冬节"联系在一起。罗德尼・吉尔伯特指出,中国的灶神(Kitchen God)与德国人的"家神"(the Household Gods)很像,而圣诞老人实际上也是家庭火种的人格化神(a personification of the household fire),与中国的灶神相似,体现的是一种"火的崇拜"(fire worship):"圣诞老人是我们祖先的火炉之神(the Hearth God),他们向他讲述各种琐事、表达各种愿望,把站在火炉近旁的小木偶的帽子涂上红色——圣诞老人至今仍戴着。中国的灶神也喜欢靠近火的位置,中国人相信他听得见家里所说的一切,因此要在新年来到之际用饧糖堵住他的嘴,不要让他报告家里不好的事情。"[⑤]罗德尼・吉尔伯想要证明的是,在古代,东西方的节日都有相似之处,只是后来由于基督教文明的转化,两者的节日文化产生了差距,以至于中国人把圣诞节叫作"外国冬至",其实,圣诞节与中国的冬(至)节有着共同的源头,都与火、太阳有关。

---

① Christmas,*The North-China Herald*,1880.12.30.

② XMAS Festivities,*The North-China Herald* (the women's page),1921.12.31.

③ A Specialized Aspect of Christmas, *The North-China Herald*,1926.12.31.在这篇报道中,我们可以看到各种圣诞商品及其价格。

④ Chinese and Christmas,*The North-China Herald*,1926.1.2.

⑤ Rodney Gilbert, Whence Came Christmas? —A Festival Observed by East and West Alike: The Derivation of Its Attendant Observers,*The North-China Herald*,1925.12.12.作者还把中国的端午龙舟节(Dragon boat festival)与印欧传统的仲夏节(Midsummer Holiday)联系起来,中秋节在他看来也与西方的秋收节(Surviving Harvest Festival)相似。

有趣的是，中国人在接受了圣诞节与圣诞老人之后，也自然地想到了中国传统中的灶神。在 20 世纪 30 年代圣诞节在上海成为狂欢节之时，有人专就圣诞老人和灶神做了对比，认为这两位老人一"来"一"去"，体现了两种文化的差异：

> 倘若我国废除阴历，改用阳历，维持灶君菩萨的地位，同时又学外国人的样，在圣诞节也同圣诞老人亲善一下，那么他们两位老头儿，一去一来，狭小的烟囱里，不会碰头，挤得大家走不过，圣诞老人的临时公馆，不用开旅馆租公寓，就住在灶头上的灶君府上便了。这样叫做"中西合璧"，最摩登的办法。孩子们听了道："灶君菩萨，不及圣诞老人讨人喜欢。"我道："这由于灶君住在人家灶头上，时间太长，不出一个铜板的房钱，所以大家憎厌他。圣诞老人很识相，住一天就走，还要带糖果来，故而人人欢迎。①

圣诞老人和灶神在"摩登"时代相遇在中国的大城市里，多少有些尴尬。圣诞老人是受人欢迎的"来者"，灶神是大家憎恶的"去者"，一来一去的形象体现了都市文化的变迁。灶神代表的是中国旧历年文化，是中国落后传统的象征，显然与中国的现代化格格不入的，早就应该在封建帝王退位的时候退位了。②

相反，圣诞老人显然是代表西方文化的"摩登"人物，他和圣诞节代表的是西化的都市现代文明，来到中国并影响中国似乎是必然的，就如前引《北华捷报》1850 年所刊的那篇文章里所说的那样，总有一天，在中国这个国家"使用西方的物品，复制西方的文明，感受到西方的影响"。商品和文明确实是手牵手体现着西方的影响力。民国时期的学者吴承仕早就说过，圣诞节之所以在中国流行，是帝国主义侵略导致中国社会滋生出部分力量，"用这基础而发生'圣诞商品'的需要，用这需要而到处见到各色各样的广告。于是形成了我们心中的'圣诞节'。"③说到底，商业化是促使圣诞节在中国流行的根本原因，圣诞老人之流行也因为他是一个礼物使者（gift giver），是圣诞商品的促销员，是一个喜欢孩子也得到孩子们喜爱的和蔼可亲的老爷爷，这样的人物在中国的节日中从来没有过。所以，当圣诞节以商业化的形式重新在当代中国流行起来以

---

① 歪嘴：《圣诞老人与灶君菩萨：一队打拉酥》，《艺海周刊》1939 年第 11 期，第 7 页。

② 1912 年清帝宣布退位的那一天，《申报》也刊登了一篇戏拟的《灶君退位记》，其中有一段是他的"退位诏书"："朕以衰年诞膺大灶，利人民之迷信，逞酒肉之酣嬉，黄羊白术，可伶邀福之心；黄纸朱弓，尽是蹈空之语。方今民国崛兴，朕躬倒灶，在天既无言职，在地难享祀典，惟有勉顺舆情，引辞宝位。"后面还有如逊清皇室那样的"优待条件"。见钝根：《灶君退位记》，《申报》1912 年 2 月 12 日，第 8 版。

③ 吴承仕：《"圣诞节"——半殖民地国家的宗教意识》，载《吴承仕文录》，北京：北京师范大学出版社，1984 年，第 201-202 页。

后，有人以羡恨交加的心情试图从本土节日传统中挖掘资源来抵消圣诞老人影响①，但是，作为节日形象，圣诞老人仍然远超中国的那些节日人物。② 可以说，圣诞老人是近代以来西方文化在中国最成功的形象建构案例，虽然这种建构并不是外国人有意为之，而是中国人自己出于商业、娱乐等需要的主动迎合。

---

① 比如，有人提议用灶王爷来抗衡圣诞老人，也有人建议用财神来对抗，甚至有机构虚构了一个“中华福爷爷”来叫板圣诞老人。参见王蔚、倪红梅、刘畅：《何不让灶王爷与圣诞老人比比武？——他们都是“与民同乐”形象，圣诞节越来越本土化，而灶王爷却显得冷清》，《新华每日电讯》2004 年 12 月 25 日，第 2 版；谢哲：《财神爷 VS 圣诞老人》，《羊城晚报》“创意春节”主题报道，2010 年 2 月 11 日，B14 版；《当“中华福爷爷”遇上“圣诞老人”》，《光明日报》2012 年 12 月 27 日，第 15 版。

② 据广州市青少年宫的一项调查，圣诞老人受欢迎程度是 52%，高居第一。另外，65%的学生认为中国人应该过圣诞节，72%的学生希望圣诞节放假。参见谢苗枫、王健：《最想得到的是红包最中意圣诞老人》，《南方日报》2009 年 1 月 22 日，A10 版。据说，重庆一幼儿园曾在中国经典文化课上挂出孔子图像，问孩子们这是谁，孩子们异口同声说是“圣诞老人”。参见贺怀湘：《小孩不知孔子竟称圣诞老人》，《重庆晚报》2008 年 3 月 7 日，第 11 版。

近代上海医药广告中的借名造假现象探析*

张仲民
（复旦大学历史系）

摘要：近代上海报刊的医药广告中刊载诸多有名有姓的达官显贵、社会名流、文人学者之保证书、所赠匾额、所写序跋歌赋等，很多这类文字还附有原文笔迹、签名和真人照片。事实上，这类文献往往是借名造假，并不意味着真正出自具名者之手，也不意味着广告中所述故事实有其事、所涉及人物实有其人。这种广告手法广为近代上海的药商和医生所采用，本文对此现象进行了分析，并试图展现这种借名造假背后的近代上海医药广告文化之建构情形。

关键词：近代上海；医药广告；借名造假

就近代中国的医药广告研究来说，由黄克武教授的导夫先路之作开始[①]，后续不少学者对此都有所探讨[②]。既有研究比较侧重于对医药广告内容的阐发，以及对医药广告出现和发展背后的经济动因、社会变革、医疗观念等方面的考察，还有学者关注广告制作的语言，及其跨国和跨语际的情况，为包括笔者在内的后来者提供了不少方便

---

* 本文原载于《江淮文史》2019年第1期，有修改。

① 黄克武：《从申报医药广告看民初上海的医疗文化与社会生活》，《“中央研究院”近代史研究所集刊》第17期下（1988年12月），第141-194页。

② 祝平一：《塑身美容、广告与台湾九〇年代的身体文化》，收入卢建荣主编：《文化与权力——台湾新文化史》，台北：麦田出版社，2001年，第259-296页；张哲嘉：《〈妇女杂志〉中的药品广告图像》，收入罗维前（Vivienne Lo）、王淑民编：《形象中医：中医历史图像研究》，北京：人民卫生出版社，2007年，第111-116页；黄克武：《广告与跨国文化翻译：20世纪初期〈申报〉医药广告的再思考》，收入王宏志主编：《翻译史研究》，上海：复旦大学出版社，2012年，第130-154页；Wendy Siuyi Wong, “Establishing the Modern Advertising Languages: Patent Medicine Newspaper Advertisements in Hong Kong, 1945-1969”, *Journal of Design History*, 13: 3 (2000), pp. 213-226; Barbara Mittler, “Imagined Communities Divided: Reading Visual Regimes in Shanghai's Newspaper Advertising (1860s-1910s)”, Christian Henriot and Wen-hsin Yeh (eds.): *Visualising China, 1845-1965: Moving and Still images in Historical Narratives* (Leiden, Boston: Brill, 2013), pp. 270-377；谢薇：《清末民国初期の上海における日本の医薬会社の宣伝広告》，《或问》2014年6月号，第61-76页。其余的论著还有很多，不一一列举。

与启发。但由于材料的局限和关注的侧重点不同，这些研究对于近代中国报刊上，尤其是晚清报刊上刊登的医药广告出炉情况、广告的读者和药品的消费者的具体回应情形，以及时人对于医药广告的看法等层面的问题，包括医药广告的社会影响等，重视度则有所不足。①

故此，本文就以近代上海医药广告的借名造假现象为中心进行探讨，着重考察当时医药广告中的署名匾额与消费者的谢函是如何被生产出来的，即药商与医生是如何在广告中借名造假“制造”出康复的病人，又是如何借重名人之名打广告的。借此，希望能对之前的研究有所补充、修正。

不过需要提醒的是，近代一些华商药房制造的成药也多借欧美或日本之名，“狡黠之辈往往借名外洋药水及戒烟丸散之类”②。像清末几个著名的假药燕窝糖精（冒称暹罗制造）、艾罗补脑汁（冒称美国艾罗医生）、亚支奶（冒称日本产品）、人造自来血（冒称来自英国）等皆是如此，而且这种现象在近代上海所在多有，正如时人在小说中的讽刺：“现在世界，明明中国人自制的药，他却偏要去借重东洋、西洋的名儿哩。”③限于篇幅，这里就不再关注它们，而是重点关注医药广告中刊载诸多有名有姓的达官显贵、社会名流、文人学者之保证书、所赠匾额等文类的借名造假现象，并试图展现这种借名造假背后的近代上海医疗文化。

一、制造保证书

就近代上海的药商而言，不管是中国药商，或是外国在华药商，他们推销药品的最重要办法，就是广告宣传，实时人所谓的“告白生业”，“请看那一家报馆，没有药房的告白。那家药房的告白，不一条一条说得天花乱坠。据说生意好不好，全在告白上”④。也像姚公鹤所言：“医药之销场，全在广告之传播。”⑤大药房尤其如此，“卖假药，欺骗中国病家，利润极厚，非登巨幅广告不可。”⑥因之，药商的最大支出就是报刊广告费，“废物”在连载小说《商界鬼蜮记》中说及“戚氏兄弟”（暗指席裕麒、席文光堂兄弟）用两百元发明戒烟药“震旦丸”（暗指亚支奶戒烟药）时，就有对其成本和广告费比例的简单说明：

---

① 对这些问题较为详细的讨论，可参看拙文《晚清上海药商的广告造假现象探析》，《“中央研究院”近代史研究所集刊》2014年9月号。本文即是在此基础上的拓展。

② 《杭谚》，《申报》1892年6月24日。

③ 遯庐：《医林外史》（系连载小说，但笔者只看到两期），《医学新报》第1期（宣统三年五月二十日），第71页。

④ 父近：《尊屁篇》，《竞业旬报》第31期（戊申年十月朔日），第5页。

⑤ 姚公鹤：《上海闲话》，上海：上海古籍出版社，1989年，第136页。

⑥ 包天笑，《钏影楼回忆录》（上册），太原：山西教育出版社、山西古籍出版社，1999年，第544页。

> 二百块如何不够，如今我们做起的时候，先做一千盒，五十块钱做洋铁盒，印仿单，二十五块钱做丸药，二十五块钱做应酬费，再有一百来钱，登广告，如此做法，包你发财。[①]

包天笑后来在小说《上海春秋》中也有对“补脑液”(暗指艾罗补脑汁)成本及广告费较为详细的描述：

> 还有什么补脑液更要骗到有职业的人，说是你这脑子用得太费了，非吃一点药补补它不可。人家听得他说得好听，也就整打来买了。总之，那种补品要是售十块钱的，他的本钱不过是一块钱，一块钱里头七角钱是广告费，二角钱是装潢费和一切开销，药品只好算一角钱，所以十块钱的药只好算一角钱的药本。[②]

时人陆士谔甚至夸张地说：“这药房不比别样生意，除了告白费之外，竟没有什么开销的。”[③]透过以上描述，我们可知上海药商的药品成本和广告支出的大致情况。

为了让这些低成本、难说效果的药品有更好的销路，并在同其他药商的竞争中胜出，长袖善舞的上海药商就必须大做广告，挖空心思写好药品的广告词。职是之故，当时很多药商都专门聘请混迹于上海十里洋场的文人，为其撰写花样百出的广告文字，一如时人之揭露：

> 告白愈奇怪，引得人看，生意愈多。如平平常常的说几句，生意一定不行的。从前不过出个招牌罢了，现在大家比量起来，就有个争竞了。有了争竞，自然就有进步了。看他的各种告白，实是五花写门，有味得狠呢，或画或写。画的或人类，或鸟兽，或植物，或矿产；写的或篆或隶，或真或行，或草或狂草，真是无体不备。大概务必把这一家的药，说得天上有、地下无，不是英国、法国造的，就是美国、德国来的，地方愈远愈好，人名愈生愈好，才不好查根呢。[④]

同时，为了突出广告效果，上海药商还需要让这些文人费尽心机，炮制各种各样的鸣谢函件即所谓病人的保证书，尤其是由名人具名的保证书，在报刊上连篇累牍地刊

---

① 废物：《商界鬼蜮记》(系连载小说)，《中外日报》1907年10月21日。

② 包天笑：《上海春秋》，桂林：漓江出版社，1987年，第236-237页。

③ 陆士谔著，章全标点：《新上海》，上海：上海古籍出版社，1997年，第76页。

④ 父近：《尊屁篇》，《竞业旬报》第31期，第5页。

登，借此向读者展示药品及其广告已有的真实效果、社会影响和受到的欢迎与赞美，从而达到吸引顾客、推销药品的目的。

戊申十月十六日 禮拜一 時報

各埠来函汇登

图 1 《时报》1908 年 11 月 9 日

为进一步增加保证书的可靠性和逼真度，一些药房也花招频出。像五洲大药房在广告中声称报刊上登载的各方谢函，“均将原来信封存记，以便查阅”，借此表明来函实有其物，并非凭空编造。[①] 发卖亚支奶戒烟药的席裕麒则以退为进，聪明地宣称来自各地赞扬亚支奶的保证书太多，“若尽登诸报章，则不惟报费不赀，且反恐近于招揽”，“且谢函之揄扬究不敌劝戒之切实。自今以望，诸君勿以报章告白为宗旨，要以已戒者良言为目的”。[②]

这样的广告方式，甚至也影响了包括韦廉士、兜安氏、东亚公司书药局等在沪的外商药房，各中外药商纷纷开始采取类似的广告策略。进而一些药商还大量发布有病人的照片和署名的保证书，借此强化药品的疗效及权威性，像韦廉士、兜安氏、东亚公司书药局这些外商药房，他们在销售自己的主打药品韦廉士红色补丸、兜安氏秘制保肾丸、中将汤时，都非常频繁地采取了这种做法。

① 《异口同声》，《神州日报》1908 年 12 月 8 日；等等。
② 《广告文明》，《时报》1909 年 9 月 22 日；等等。

图 2 《时报》1910 年 6 月 30 日

二、借名造假

药商的这些广告造假手段固然高明，但其鬼蜮伎俩仍不时会被人识破。如有时论就指出，最讲究登广告的中国商家就是各大药房，这些“药房所登广告，今日某地来函，明日某官鸣谢，花样翻新，无奇不有。而决其要，无非捏造以惑人，售伪以欺世也”。①在当时这些熟悉内幕的人看来，这些名目繁多的保证书函无非出自药商蓄意的托名造假，完全不该相信。如《中外日报》上一则对药商广告谢函的评论：

> 药肆登报，其初不过列名色价目而已；稍扩充，不过自说药之灵验而已；已而托为服药得愈之人登报扬名者；已而又托为他人规病者之辞，成病者悔过之辞，而中插入一句云幸服某店药得愈者。此等诡谲伎俩，凡住上海者，皆能知之，他方人则咸不尽知矣！②

如此欺诈，难怪有时人会自省说，商人做广告虽然应该“竭力招摇”，但其“法尤宜

① 《欧美商家扩充商业之卓见》，《华商联合报》第 18 期（宣统元年九月三十日），“海内外纪闻”，第 8 页。

② 《告白生业》，《中外日报》1899 年 7 月 12、13 日。该文应该出自丁福保之手，被稍许修订后收入丁福保：《医话丛存》（1910）。丁书被收入沈洪瑞、梁秀清编：《中国历代名医医话大观》（下册），太原：山西科学技术出版社，1996 年，引文在第 1535 页。

正大，人见之而不嫌恶”，不能学习上海药商卑劣的广告手法，“勿袭沪上售药臭态”。①

言及于此，或许读者会质疑，近代中国报刊的药品广告中刊录的诸多有名有姓的达官显贵之保证书、所赠匾额等，都是造的假吗？这些药商胆敢如此造假吗？再进一步，读者可能还会质疑，一些社会名流为某药品或某药商、某医生撰写的感谢函件或揄扬文字也都不可信吗？尤其是那些附有原文笔迹、签名和真人照片的广告。

的确，据现有材料可知，至少某些达官显贵赠给一些药房的匾额确系伪造。如根据孙镜湖（名瑞，字镜湖）的竞争对手詹同德堂的揭发，孙镜湖的京都同德堂药房悬挂的曾国藩、左宗棠所赠匾额，明显是伪造的：

> 曾左二公之匾，虽极愚之辈，见之无不识该堂所伪造。且二公已薨于位多年，该堂开设不满二载，堂堂侯相，断不轻易赏赐一匾于人，况如此卑污之辈乎？且二匾长不满二尺，粗俗不堪，岂侯相所赏耶？②

同样，根据《新闻报》上刊登的京都同德堂广告，除了曾国藩、左宗棠所赠匾额为伪造外，署名“阮元赠题”的“扁卢再世”明显也是伪造的，因为阮元早在1849年即已去世，1890年前后才成立的该药房，断无可能得到“孙瑞孙老夫子雅鉴”的赠匾。③

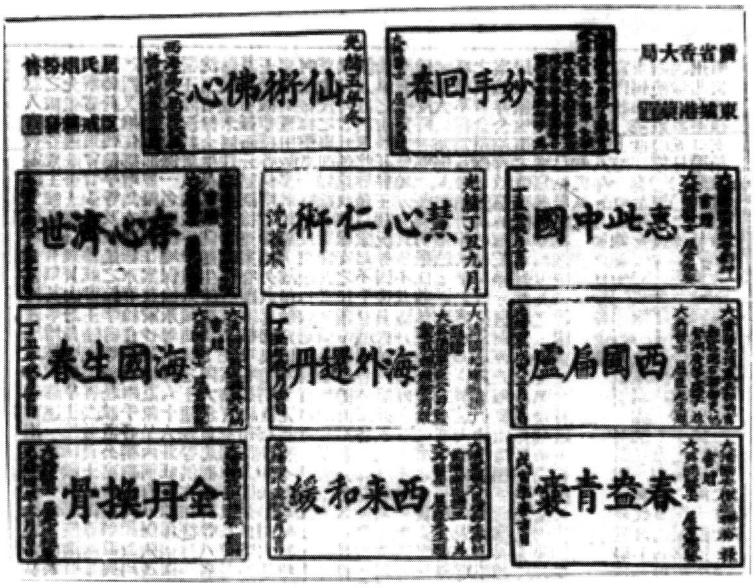

图3 《字林沪报》1882年8月11日

① 孙淦函，《汪康年师友书札》（第2册），上海：上海古籍出版社，1986年，第1464页。
② 参看《詹诚德堂声明》，《申报》1892年2月12日；等等。
③ 参看《天下闻名京都同德堂大药局》，《新闻报》1894年11月21日；等等。

实际上，孙镜湖在开办京都同德堂之前，曾冒北京同仁堂之名在上海开办了“京都同仁堂”，后因北京同仁堂派人来沪调查，孙镜湖才不得已改为“京都同德堂”。在“京都同仁堂”开办之初，孙镜湖就在《申报》上登起了连续两天的广告，并抬出了已经去世的左宗棠（1812—1885）的名号，以所谓“京都同仁堂鉴，左宗棠赠”的匾“仙术佛心”作为广告抬头。[①] 但仔细查考，孙镜湖的此左宗棠赠匾明显存在问题，1885 年已经去世的左宗棠怎么可能会给 1890 年才开药房的孙镜湖赠匾？再根据爱如生数据库搜索结果和笔者浏览过的《字林沪报》，我们应该可以推断出孙镜湖此广告系改编抄袭自之前屈臣氏药房在《申报》等报纸上所做的“屈臣氏惠济全书”广告，以及在《字林沪报》上的“屈臣氏药房”广告。相较起来，孙镜湖的广告非常简单，而屈臣氏的广告内容则有较为详细的左宗棠赠匾说明：“‘仙术佛心’，光绪五年冬，西海高人屈臣氏属，恪靖侯左宗棠题。”[②]除去冒用这些人的名义，孙镜湖还伪造过多个当时已经去世的达官或学者的署名匾额，如曾纪泽、潘祖荫、黄彭年、莫友芝等。[③]

但据此不能就说广告中所有达官显贵的保证书、牌匾皆是伪造。汪康年即是一个间接的例子。像虞洽卿等人鉴于 1902 年上海“时疫流行、死亡枕藉”的状况，发起集资活动，“聘请时症名医设立”具有慈善性质的保安施医局，为一些患者治疗，该局不仅门诊收费低廉，还可以对穷人减收：“每日十二点钟以前，施送门诊，仅取号金廿八文。二点后出诊，医金随送舆费，英界二角，法美界四角，贫病减收。”[④]广告中还言及稍早汪康年所患的“喉并发症”，曾让上海名医束手无策，最后就是由此次敦请的名医之一石门人费晓春先前因事过沪时治愈的。汪康年的《中外日报》馆之所以愿意义务分送保安施医局的诊治细章，汪康年自己也没有否认被治愈一事，也许都可以说明该广告中所述事实为可信。[⑤] 再像俞樾曾经为孙镜湖的京都同德堂赠送署名匾额“存心救世”，[⑥]后又为孙镜湖发明的燕窝糖精以消费者身份写作表彰文字[⑦]，这应该也非出自孙镜湖的存心作伪，而应是实有其事，应系孙请俞樾的代言之作。[⑧] 又如瑞澂为中法药房赠

---

① 《申报》1890 年 1 月 30、31 日。

② 《申报》1883 年 8 月 12 日。参看《字林沪报》1882 年 8 月 11 日。

③ 《上海五福街口京都同德堂药房》，《申报》1895 年 5 月 22 日。

④ 《保安施医局敦请名医》，《中外日报》，1902 年 8 月 1 日。此处的号金算是比较便宜的，根据当时一些医生的广告可知，一般所谓名西医的号金与出诊费大概为一到二元和三到四元，普通中医生则比较便宜，只有数文到几角。有关情况还可参看李健祥：《清末民初的物价与医疗》，《中医药杂志》第 24 卷第 1 期，第 125-126 页。

⑤ 参看林盼：《清末新式媒体与关系网络——〈中外日报〉（1898—1908）研究》，复旦大学历史系博士学位论文，2013 年。

⑥ 《上海五福街口京都同德堂药房》，《申报》1895 年 5 月 22 日。

⑦ 《惠函照登》，《申报》1901 年 2 月 27 日。

⑧ 汪康年主持的《刍言报》上曾经发表过一则尖刻的评论，批评俞樾人品极差，喜欢攀附权贵，既势利又善于作伪。刘声木也基本认可这样的观点。参看《论俞樾》《俞樾自述诗注》，收入刘声木：《苌楚斋随笔续笔三笔四笔五笔》（上册），北京：中华书局，1998 年，第 380-381、633-634 页。

送的署名匾额应该也非出自黄楚九的伪造，其应该是黄楚九依靠关系收买得来。[①] 正如李宝嘉(伯元)《官场现形记》中透露出来的讯息，即可表明此类达官显贵的匾额部分确实属于药商通过各种关系乞求得来的：因开办“贫弱戒烟善会”(暗指孙镜湖开办的富强戒烟善会)所发售的戒烟药被人怀疑含有吗啡，遭受调查，“胡镜孙”想找有过旧交的“本省藩台”求助，“前头开办善会的时候，托人求他写过一块匾……”[②]《医界镜》中说到贝祖荫想开设医馆时，也曾托旧时熟识之官员推荐他的医术：

> 欲以行医为生涯，恰好在京所结识的京官，也有放外省，到江苏来做的，祖荫便写信进京，托在京认识的官员致信与各处显要，推荐他的医道……[③]

稍后，小说中又说贝祖荫善“学问虽浅，人极灵敏”，“不到二三年生意也就好看了”，他又善于利用官员为之鼓吹，“况且祖荫前在京城里，结识那一班官场，到江苏来者不少，也替他揄扬”[④]。以上这些小说中的表述虽然不能全信，但无疑也提醒我们，那些达官显贵所赐的匾额、所出具的保证书，应该并非全部伪造。

进言之，该种广告手法由来已久，很早就为上海的医生或药商所采用。像屈臣氏药房的药品“戒洋烟精粉”广告，就曾在《字林沪报》等报上连续刊出大幅广告，宣示李鸿章、左宗棠、刘坤一、沈葆桢等高官具名赠送的匾额，并撰《志略》介绍有关药房的情况。[⑤] 后来，该药房亦曾登过个别“来自”消费者的谢函。[⑥] 而连载小说《商界鬼蜮记》中针对“香海”的“华佛药房”(暗指黄楚九的中法药房)开业情况时的一些描述，亦能为读者补充一些关于达官显贵所送匾额的背景知识：

> 上面又钉着无数匾额，什么“曾饮上池”，什么“有如良相”……在下也记不清这许多，总无非是某省将军所赠，某处督抚所送，这也是医生吹牛皮的习惯，药房摆架子的老套，在香海既不以为奇，又不以为耻。所以看的人，当时也并不注意。[⑦]

由此处叙述可知，宣示达官贵人或真或假的匾额，扯虎皮做大旗，迎合时人的官本

---

① 《斡旋造化》，《申报》1911年8月27日。

② 李宝嘉：《官场现形记》(上册)，北京：人民文学出版社，1963年，第347页。

③ 儒林医隐：《医界镜》，《私家秘藏小说百部》，呼和浩特：远方出版社、内蒙古大学出版社，2001年，第76卷，第46页。

④ 儒林医隐：《医界镜》，《私家秘藏小说百部》，第76卷，第48-49页。

⑤ 《广东省城香港大药局屈臣氏戒烟精粉发售》，《字林沪报》1882年8月11日；《屈臣氏戒烟精粉志略》，《申报》1882年2月4日；《屈臣氏大药房》，《新闻报》1895年1月6日；等等。

⑥ 《廿年断瘾售》，《字林沪报》1883年7月2日；等等。

⑦ 废物：《商界鬼蜮记》，《中外日报》1907年10月24日。

位意识，为一众药商惯用的虚张声势手段，其效果等同于“借名造假”，上海人对此早已习以为常，并不会大惊小怪。但这种架势确实能吓唬到人，李宝嘉的《官场现形记》对此就有所描述。小说中写到一个身为“候补道”的纨绔子弟“刘大侉子”接了上司三个月戒烟的命令，不得不去找在“梅花碑”开“丸药铺”的“胡镜孙”（即暗讽孙镜湖），到后即被其达官贵人署名的匾额给唬住：

轿子未到梅花碑，总以为这爿丸药铺连着戒烟善会，不晓得有多大。及至下轿一看，原来这药铺只有小小一间门面，旁边挂着一扇戒烟会的招牌，就算是善会了。但是药铺门里门外，足足挂着二三十块匾额：什么“功同良相”，什么“扁鹊复生”，什么“妙手回春”，什么“是乃仁术”，匾上的字句，一时也记不清楚。旁边落的款，不是某中堂，就是某督、抚，都是些阔人。刘大侉子看了，心上着实钦敬。[①]

由此看出，“胡镜孙”摆设这些所谓达官贵人的匾额，的确能迷惑一部分见识短浅者。

对于这种借名造假现象，陆士谔在《新上海》中有较为详细的揭露，借“李梅伯”“雨香”和“在药房里骗碗子饭吃”的“钱梦花”三人对话，陆士谔道出药房造假的奥妙：

梅伯道：“然则梦翁担任的是什么？”梦花道：“兄弟专管告白一门的。”梅伯诧道：“药房又不是报馆，难道也有收告白一职么？”梦花道：“并不是收告白，乃是撰告白。凡本药房登载各报上的告白稿子，统由兄弟一个人撰述的。”梅伯道：“那是撰了一个告白，总要登到许多时候呢，不是月月有的事。”梦花道：“倒也忙得很，日日没得空儿呢。”梅伯道：“难道日日有告白的吗？一日登一种药，一年要有三百六十种了。我翻读一张报，也没有一百种药名儿呢。难道一个药名儿的告白，要撰到十多天吗？”梦花道：“光是几个药名儿时，也不容专请人撰述了。最吃重的，就是各处的鸣谢函件。那些函件必须日日换花样，并且口气也须各个不同。工、商、士、庶，各尽其妙，稍一雷同，就要给人家瞧出破绽来了。”梅伯道：“鸣谢的函件，不是买药的人，为服药有效才写来的吗？怎么说是撰的呢？”梦花笑道：“这种药要人家服了有效，是恐怕就等一辈子，也等不到一个呢。”梅伯道：“原来这种鸣谢证书，都是伪造的，你不说穿，我们哪里会知道。”雨香道：“上海的药房，差不多与江湖卖药的人一般手段，说真方卖假药，都是骗钱的勾当。他们的生意，都靠着这几句的告白，所以编撰告白的，都是几个好笔仗呢。就如梦翁先生，现担任着三家药房

① 李宝嘉：《官场现形记》（上册），北京：人民文学出版社，1963年，第328-329页。

的告白，每家每月三十元修金，一个月也有近百金进益呢。”①

之后，陆士谔在第四十六回借“一帆”“清臣”之口，又对药品广告中刊出的来自四面八方的所谓感谢信及致函人的照片等之造假情形进行了揭露：

“药房的告白，都是专请文人撰述的，我也知道的了。只是近来愈出愈奇，感谢人的照片，感谢信的封套，都刊了铜版，登在报上。别的都好假造，那照片是须眉毕现，并且某姓某名，注得明明白白，封套上又有邮政局地址、时日图章，这东西不知他们怎么样弄来的？”清臣道：“照片、信封都是真的，不过照片并不是登报这人的姓名，信封并不是寄给他们的。譬如你的照片，他不问情由，替你登了出来，却写上了我的姓名。你瞧见了，必以为天下竟有与我同面目的人，再不会想到就是自己的照片。我见了也只道天下自有同姓名的人，一瞧面目不同，也就不去问他了。那邮政信封，却自向收字纸人买来的，上边图章，有广东寄到上海的，有奉天寄到上海的。好在他只要这几个图章，用剪子轻轻地剪下，把薄浆糊糊裱好了，开过一个信面，叫照相馆一照，再刊上了铜版，那个知道他是假的？”一帆道：“应得赚几个钱，心思也想绝了。”②

以上两段引文虽长，但对于上海药商广告借名造假情况的描写却足够详细，还暂无材料能出其右者，所以这里不惮烦琐全文移录，以便读者举一反三。

由上述揭露可知，正是因为诸多保证书广告都是出自个别专人之手，笔法、语气、文风无形中就会留下许多破绽。恰如《时报》上关于药房广告的一则评论所言：

上海某某药房（或暗指五洲大药房？——引者注）自造之药，五花八门、千奇百怪，报纸中所登告白、杂记、外埠之谢函，为本药房保证书者，皆称其神妙无双，功高造化。然文字一道，尤须精益求精，始足眩人耳目，况以平淡之药，而得神奇之誉，措词更宜审慎。吾谓该药房主人宜捐集公款，设一告白讲习所，广延旧学名家入所研究，务使所登之函，毕肖所登人之口吻，一若寔有其人、实有其事，且附设镌刻专修科，学镌图章。凡所登之谢函，谓由某学堂、某衙署来者，必将其地址、姓名刻就篆文，印盖函末，斯愈足坚人之信，而销路亦愈广矣！③

上述这则讽刺文显示：此类药商广告中的保证书，在当时已经引起人们怀疑，认为

① 陆士谔：《新上海》，第76页。
② 陆士谔：《新上海》，第214页。
③ 我梦：《药房告白讲习所》，《时报》1911年7月23日。

它们实为药商雇人撰写，希图伪装成“寔有其人、实有其事”，只是写手文字功夫不够，“毕肖所登人之口吻”而已，所以评论者挖苦药房的广告作伪术，需要借“告白传习所”改进提高。稍早，也曾有竞争对手“普惠药行”多次发布广告，讽刺五洲大药房的人造自来血广告中的保证书，造假手段拙劣，劝消费者不要上当购药：“试观其各种伪证书，笔法口气同其仿单、告白，均是一路笔法，尽出于一人之手稿也。”①

近代上海医药广告中最明显的夸诈表现，即这种借名造假现象，此种手段不只药商采用，医生亦广泛采用。《中外日报》上的评论《告白生业》一文，就比较详细地记录了上海某医生借名造假之经过及其效果：

> 去岁某家宦有患痼疾者，曾登告白募能治者谢银千元，即有一妄人自媒能医。后宦家不信所开方，不敢服。而此人辗转托人商诸宦家，代宦家登一告白，言蒙某医治愈，即赠千金云云。此等诡谋实向来所未有，于是远近颇有求治者。②

可以看出，类似的鸣谢广告多为医生自己雇人伪造，以作为自己博取声名的手段。晚清《游戏报》上也有揭露这种情况的报道：

> 华亭周某隐其名，粗习医理，初次来申，侨寓城西某小弄中。昨为悬壶之第一日，预嘱所匿友制就匾额一方，题曰“功同和缓”，鼓乐送至其家，于是贺客盈门，来求医者亦踵相接也。③

这种情况恰如《时报》上一则评论所言：滑头医生到上海开门诊，“悬牌后无人上门，挽亲友介绍登诸报上，大书某某家学渊源，素精岐黄，行道以来，活人数万。真真大话可笑！”④上海医生如此欺骗病家，加之多数人医术又不佳，无怪乎时人已经称上海的中医为“滑头医士”、西医为“滑头西医”了。⑤

医生采取此类广告手段，在当时的中国似乎比较普遍，如晚清成都的医生也采取这种手法，“或央亲友送匾额以誉之，或自己假托病家登报表扬”⑥。西医范守渊对民国时期上海开业医生也有相似揭露：

> 要做现社会的良医，必须先要出名，先要做成功“名医”，要做名声显赫的

---

① 《请看自相矛盾》，《新闻报》1909年4月14日；《真正糊闹》，《新闻报》1909年5月8日；等等。
② 《告白生业》，《中外日报》1899年7月13日。
③ 《和缓鸣冤》，《游戏报》1897年8月14日。
④ 《百可录·滑头医生》，《时报》1911年4月15日。
⑤ 老上海：《绘图滑头世界》（上册），上海：改良小说社印行，光绪三十四年七月初版，第26-27页。
⑥ 傅崇矩编著：《成都通览》，成都：天地出版社，2014年重印本，第79页。

> “名医”，又必须先要做一番吹牛的宣传工作，把自己的名声，向社会群众去夸大宣传：于是请这个闻人名士介绍，请那位委员官长推荐。诊疗室当真是门庭冷落，病人寥寥无几时，也去做个某某医生诊务忙碌，每日诊察几十百号的新闻，登在报上，表示自己的纷忙。①

然而，设若不按此行事，只依靠自家医术本领，便很难成为所谓名医、红医，“不肯迁就民众，不能揣摩病人心理”，“不去结交几位名人伟人，不会运用种种妙法，吹嘘宣传，当然得不到名人伟人的推荐介绍，社会上也永没有你名字的印象存在，你便自然老不会出名，做成名医、红医了。人家见了你，也当然目为平凡的庸医，请你看病，还会放心得下嘛？”②何以如此？按照范守渊的分析，这是因为民众总是很盲目，“以为某某名人介绍过推荐过的医生，总是大医生，不会多差的，看他说得诊务这样纷忙，总是红医生，某某大人物，给他治好了，向他登报道谢，总是了不得的好医生了……”③另外一个上海开业医生亦言：“此以名人之介绍，博社会之信仰，为现今流行之最佳之广告法，其效果颇显著”，“夫病家选医之动机，大都闻他人患重症危病，经某医所治愈，因之起信仰心而求治于该医，盖欲收同样之效果也。一般医士深悉病家此种心理，乃有鸣谢之广告法以吸收患者，甚见效。鸣谢广告由病者出面启事，刊于流行之新闻日报中”。④但这样的广告作伪手法让人司空见惯后，其欺骗效果不但大打折扣——“至今已稍失却其效力矣”，还臭名昭著，引起有识者对整体医生广告的批评：“社会人士每以医士之广告为不道德之行为，非难排斥，不遗余力。”⑤

较之医生，上海药商的造假手段也许要更胜一筹。如席裕麒在亚支奶广告中采取的移花接木把戏，就非常高明，他打出曾任日本内阁总理大臣且在中国颇有声望的大隈重信的名字，以大偎赞扬清末社会的进步为话题，借此引出来自日本的药商发明的亚支奶戒烟药之灵验。⑥ 上海药商故意将这类名人言行嫁接于自己商品广告中的做法，后来是所在多有。如蒋介石领导北伐成功，即将与宋美龄结婚的消息传开后，即有某发卖春药“生殖灵”的药商三德洋行便将此作为商机，声称要印刷200万张蒋介石照片免费送人，同时在广告中发布宋美龄照片，借机炒作自家药品“生殖灵”。⑦ 还曾有

---

① 范守渊：《名誉与良医》，《范氏医论集》，第383-384页。

② 范守渊：《名誉与良医》，《范氏医论集》，第385-386页。

③ 范守渊：《名誉与良医》，《范氏医论集》，第384-385页。雷祥麟教授认为这种情况正是在于“医生的文化权威尚未完全建立所致”，“社会大众对医生的信任仍常是建立在他们对其他人的信任之上，如达官贵人或社会名流。”参看雷祥麟：《负责任的医生与有信仰的病人——中西医论争与医病关系在民国时期的转变》，《新史学》第14卷第1期(2003年3月)，第147页。

④ 胡安邦：《国医开业术》，上海：胡氏医室，1933年，第54页。

⑤ 胡安邦：《国医开业术》，第50页。

⑥ 《大隈赠言》，《申报》1907年5月7日。

⑦ 《蒋介石先生新婚喜闻》，《申报》1927年10月23日。

图 4 《申报》1907 年 5 月 7 日

报道记载了上海春药商人在广告中利用当时政界名人李济深的名字卖春药的类似故事。该报道说桂系军阀李济琛(即李济深)同蒋介石政争失败后,在幽居南京汤山时曾对记者发表谈话说:“昔人云,有子万事足,无官一身轻,余今日竟得尝此中好滋味矣!”该文居然被药商用作“卖药广告”,广告题曰“幽居汤山之李济琛氏”:

> (广告)文之前段录李氏短文,续其后曰:上书遂寥寥数行,蓄意简略,然使伯道读之,不免引为憾事。足证子嗣之继绝,实为人生祸福相关。所幸方今科学昌明,出奇制胜,巧夺天工。德国医学界为应时世之要求,绞尽脑汁,始发明一种受孕圣药,名曰“伉俪僆”……[1]

---

① 留青:《李济琛做春药广告》,《秦风周报》1936 年第 2 卷第 29 期,第 25 页,该文来自上海图书馆晚清、民国时期期刊全文数据库。该广告原文见《幽居汤山之李济深氏》,《申报》1929 年 4 月 6 日。

其他行业的上海商人也不甘落后，他们同样利用过马占山、宋哲元、蔡廷锴等当红名人的声望来做广告。[①] 凡此，俱可管窥上海商人广告手法之奇妙，如该报道最后所言，“诚可谓匪夷所思”！

不过，有时药商或医生胡乱刊登借名保证书，也会出现弄巧成拙的情况。如上海三马路的鍊云大药房（即鍊云堂）在报刊上不断发布补肾壮阳类药品的广告与保证书[②]，但因其保证书“作伪不工，有其人无其事”，完全经不住查考，让有经验的读者很容易发觉其破绽，相比其他药房类似的“捏登广告”行为——虚构顾客购服药品的疗效，“无其事兼不必求实其人”，就很难为人发觉，而且，借名“捏登广告”也绝非“鍊云堂独有之特色也”。[③] 类似情况亦见之于普惠药房（即前引普惠药行）和五洲大药房关于补血药的广告竞争。像发卖“自来补血药”的普惠药房，曾在《时事报》上刊登一则可能有其人（也可能无其人）无其事、署名“宁垣吕聘怀”的保证书广告，称五洲大药房的人造自来血为假药，被他在上海买来让太太服用后，“腹痛不止，旋即小产，继以血崩”，广告提醒该药对服用者身体危害严重，警告消费者慎服人造自来血，不要相信其广告。[④] 五洲大药房也立即发布了《宁垣吕聘怀辩诬告白》，声称原“宁垣吕聘怀”的广告是借名捏造，真正的“吕聘怀”从未到过上海，其妻子亦并未怀孕和服用过人造自来血。[⑤] 再如民国时期曾有某药商（暗讽发卖百龄机的药商黄楚九）擅自将一老翁照片、名字刊于报端广告中，以作为其新出的所谓长生不老药有效力之证明，反被该翁发现而诉诸公堂，结果药商败诉。[⑥] 还有某戒烟医院将某不吸烟者的照片刊登于报章广告，说成是该医院治愈的戒烟者，结果被照片中人发现反诉该医院“伤害名誉”，造假者不得不道歉。[⑦] 韦廉士药房也曾经伪造过黑龙江双城一医生张国华具名的保证书，并借用其照片为韦廉士红色补丸登广告，结果为张氏本人揭发；其实对韦廉士药房来说，此种伪造消费者谢函的做法是经常性的行为。[⑧] 这类借名造假、以假打假、真假难辨的药商广

---

① 参看左上：《硝烟下的广告：以抗战初期的〈申报〉广告为中心》，复旦大学历史系硕士论文，2013年。其实，类似的广告手法，19世纪的美国药商也经常采用。参看 James Harvey Young, *The Toadstool Millionaires: A Social History of Patent Medicines in America Before Federal Regulation* (Princeton: Princeton University Press, 1961), Chapter 11.

② 《金刚百炼丸》，《时报》1909年2月24日；《金刚百炼丸真是道教遗授，固精有此奇能，唯推独尊之秘宝》，《时报》1909年3月5日；《鍊云大药房监制补肾生精壮阳种子寒谷春生酒》，《神州日报》1909年3月11日；《立愈遗精金刚百炼丸》，《神州日报》1909年7月7日；等等。

③ 《上海之评论》，《神州日报》1909年8月21日。

④ 《留意详查》，《新闻报》1909年5月14日；等等。

⑤ 《公道》，《新闻报》1909年5月14日；等等。

⑥ 参看二栞：《医药广告的道德问题》，《康健世界》第5期（1936），第329页。该文来自上海图书馆晚清、民国时期期刊全文数据库。

⑦ 参看《戒烟声中怪事：刊登照片指为绝瘾》，《康健世界》第3期（1936），第205页。该文来自上海图书馆晚清、民国时期期刊全文数据库。

⑧ 参看《韦廉士红色补丸证明书之黑幕》，《医学周刊集》第4卷，丙寅医学社编辑，1931年2月，第302页。

告，在当时还有很多，它们骗不了同行，却骗了很多不明就里的消费者上钩，毕竟真正被人揭发从而诡谋曝光的只是极少数。

三、进阶讨论

当然，我们不能排除确实会有某些不明真相的人受到医生或药商私下灌输的影响或广告标榜的迷惑，为其出具保证书或作文推荐或赠送匾额。像两广总督周馥赠送匾额给中法大药房的情况，可能就是如此。[①] 另外一方面，我们也不能完全排除某些普通消费者在服药、求医后，感觉有某些效果或得到治愈，遂写信给药商或医生表达自己的谢意和对药品作用、医治效果的满意。雷祥麟教授即曾以民初长沙病人为教会开办的湘雅医院刊登广告致谢的例证，指出这些保证书之类文献不完全是“医家的宣传品”。[②] 时人对此情况的存在亦不否认，但认为并不常见，“有时有真服这药鸣谢的保证书”。[③] 著名反中医人士余岩亦持同样态度，只是认为这些致谢信函一般不可靠：“联合都市缙绅以介绍之者，昔或有之，今皆以运动得之矣；使治愈者登报鸣谢，昔或有之，今皆以运动捏造为之矣！”[④]

之所以存在余岩所谓“昔或有之”情况，除了个别读者存心作弄的游戏之作外[⑤]，多半是因为一些消费者本身没有病，只是想象自己虚弱有病，需要进补，需要吃药，“病”愈后遂自愿写信给医生或药商表达谢意，“病人既有信仰此药力之心理，遂一服而即觉病除，反谓其药性之神奇。究竟揆诸实事，所患者非病，乃人体生理上应有之现象，所服者非药，不过残羹恶酒，而卖药者，则从中获利，此不可以不察也”[⑥]。还有人认为像本无疗效和滋补作用的燕窝糖精能在晚清社会畅销，其原因在于药商抓住了消费者的心理与“病根”：“阔人本没有什么病，无非平日油腻吃得太多，心中闷，火气上升，稍微不舒服，就觉得不得了，萝卜清火润肺，冰糖甜蜜可口，也能降火去油，阔人吃了，顿觉舒服，就是实效，也就是销路，什么燕窝，一点也没有，不过价太便宜，他们一定不相信，贵价钱反而好卖……”[⑦]前引分析正表明心理暗示也能达到一定的疗效，一些

---

① 《赐匾志感》，《时报》1907年6月23日。

② 参看雷祥麟：《负责任的医生与有信仰的病人——中西医论争与医病关系在民国时期的转变》，《新史学》第14卷第1期（2003年3月），第85页。

③ 《滑头药品》，《卫生报》第13期（1928），第103页。该文来自上海图书馆晚清、民国时期期刊全文数据库。

④ 余岩：《贬新医・广告》，收入祖述宪编：《余云岫中医研究与批判》，合肥：安徽大学出版社，2006年，第372页。

⑤ 如根据民国时期的一则资料可知，曾有人搞恶作剧送某医生一匾额“功同良将”，挖苦该医生医术不精、杀人无数，却被该医生当真大肆庆祝，结果被人说破。《名医匾额》，《兴华》1936年第33卷第9期，第21页。该文来自上海图书馆晚清、民国时期期刊全文数据库。

⑥ 参看勋：《广告药之内容》，《协医通俗月刊》第4卷第7期（1927），第5页。该文来自上海图书馆晚清、民国时期期刊全文数据库。

⑦ 参看《三个半滑头之半个》（无署名），《民声》第3卷第1期（1947），第8-9页。该文来自上海图书馆晚清、民国时期期刊全文数据库。

病人能够痊愈并非因为服药所致，乃是人体自然的恢复能力或本来就无恙所致，然而在药商或医生的广告宣传里，这却被说成是病人服药后的疗效。其实，如时人指出的那样，写保证书"吃报纸上所登广告药品的人"，"这人若不服他的药，他的病恐怕还要好的快些"。① 结果"非惟无补于病，而且往往反致加剧也"②。亦像另一个民国学者的分析：

> 广告中的证明书不全是假的，有的是作证者本人亲手所写的，而且他们深信他们所写的都是实话。这类人约可分为两种：一种是神经过敏的，本来没有病，因为受了广告的暗示，就以为自己有了某病，解铃还须系铃人，使他得病的广告正好有治他这种病的药。吃了这不管事的药，却治了他的疑心病，这完全是心理作用。第二种人是久病的乐观派，得的是无药可医的慢性病，忽然新见到一样说能治此病的药，这可怜的病者一经服用，心里舒畅了许多，就自以为是病势见轻了，其实是毫无起色。自然只这两种人不能包括一切作证的，但广告中的证明书是不值一钱的，则毫无疑义。③

转而言之，有人愿意具名刊登保证书，还有借此出风头的考虑。如时人的分析："卖药的商人"，"更不惜以巨大的广告费，来掀动人的闻听了。像什么感谢灵药的启事，还印上一张感谢者的玉照，这不但是吃药，而且还可以在报纸上小小的出一回风头，这便是'名'的效用。不过，像这种炫世盗名的，凡是比较爱惜一点身份的人，是不屑为的"。④

饶是如此，这些情况的存在并不足以否定近代上海医药广告中绝大多数保证书"借名"造假的真相。正像一篇时论所言：

> 有些卖假药的药房，往往做成"子虚""乌有"的某处、某人底道谢来函，说些非常灵验的肉麻的话，再用本店底口气，附加几句认明招牌，庶不致误的话，作为招徕的广告。这种鬼蜮伎俩，明眼人固然很容易觑破，就是一时被佢瞒过的，总也觉得出那些肉麻话，读起来有点教人胸中作恶的。⑤

这类借他人之名"为其登报宣传，作虚伪之证明书"的现象，在晚清民初的上海报刊上，"在在皆是，欺人欺己，莫此为甚"⑥。因此，有人批评道："夫报章杂志，乃言论机

---

① 《滑头药品》，《卫生报》第13期，第103页。
② 宓锡磐：《论中国流行之外洋射利药品》，《广济医报》第3卷第2期（1917年11月），第8页。
③ 猷先：《秘制药之证明书》，《医学周刊集》第2卷，丙寅医学社编辑，1929年1月，第264页。
④ 陈蝶生：《药广告》，《三六九画报》第18卷第10期（1942年12月3日），第11页。
⑤ 汉胄：《药房广告式的时评》，《民国日报》1921年3月18日。
⑥ 参看勋：《广告药之内容》，《协医通俗月刊》第4卷第7期，第5-6页。

关，一言片语，都关重要，岂可自贬声价，为药商宣传秘制药与专卖药，以博得些微之利？”[①]医界人士庞京周亦检讨说：“国内之新闻界，号称启发民智，应负此责。讵各报文字，非特不能维持科学医之信誉，更多为旧学邪说张目，言之痛心！”[②]西医范守渊更是痛斥报界堕落的危害：“可痛心的，是中国的新闻界，大都昧着良心，替伪医、伪药做宣传，国民经济的牺牲，民众健康的损失，当然不在他们的心中了。”[③]

匪独仅限于医药广告中，这类借名造假的欺诈行为在近代上海还是一种广泛存在的现象。如由清末《时事报》上的一则评论可知，由很多达官贵人、社会名流署名的所谓商业广告、电文、启事、活动等，参与署名的很多人其实皆不知情，也没有真正介入，只是名字被人利用而已：

> 吾国人有一通弊，每好借用他人之名号，大约名愈重者，则借用之时愈多。发电也，具公呈也，登广告也，张甲、李乙随意填写，往往不知会本人。间有事后始知会者，则已为格外周到者矣！

更有意思的是，许多被借名的人竟然全不知情，即使事后知道，也多不以为意，不会自行纠正，但“误人”视听的社会效果已经造成：

> 而被人借用姓名之人，或竟始终不之知；间有知者，则或视为无关轻重，置之不问；或以其于情面有碍，忍而不问。然外人不知情形，以信彼此之故，深信其具名之事业，是虽无害人之心，而究有误人之事。[④]

李鸿章被家乡商人借名造假的事情就是一个很好的例证。据刘声木的说法：在甲午之前李鸿章“声势最盛”时，安徽开设当铺钱庄的富人，“多伪托其名”，“开肆之日，即以文华殿大学士、太子太傅、一等肃毅伯、直隶总督等官衔糊灯笼，置于门首，见者莫知真伪”。而当有人将此事告诉李鸿章时，李“一笑置之”。[⑤] 沪上名人马相伯的遭遇则是另一例。马被同乡商人尹寿人（克昌）在开办信义银行的招股启事中列为总董而不

① 钟惠兰：《秘制药与专卖药》，《医学周刊集》第3卷，丙寅医学社编辑，1930年4月，第191页；参看陆梅僧：《广告》，上海：商务印书馆，1947年，第5-6、194-195页。

② 庞京周：《新医学与新闻界》，《同济医学季刊》第1卷第1期（1931年3月31日），第1页。

③ 范守渊：《报纸与虚伪广告》，收入《范氏医论集》，上海：九九医学社印行，1947年7月，第193页。

④ 《借名之贻累》，《时事报》1911年4月18日。

⑤ 刘声木：《李鸿章之盛衰情形》，收入刘声木：《苌楚斋随笔续笔三笔四笔五笔》（上册），第556-557页。

自知，1911 年初，马相伯遂受信义银行破产连累而被储户拘押吃了官司。[①] 反之，像张元济就比较警惕和爱惜羽毛，当发现自己被尹寿人"借名"在报纸广告中列为镇江造纸公司创办董事，立即登报更正，与之公开划清界限，防止名声被尹利用："鄙人亦概未与闻，特此声明。"[②]类似情况不少人都遭遇过，像稍早时上海著名商人曾少卿名字也曾被人在广告中借用列为公司董事，曾少卿马上登报声明，表示自己全不知情："凡列名登报，必先咨会，断无贸然列名之理。今登报者并未关白，遽列贱名，贱名不足重，特恐淆人听闻，特此声叙。"[③]可惜在当时的监管条件下，这样明目张胆的借名造假一般很少被人进行针对性揭发或追究责任。

借名造假以谋利的行为不但在清末民初的商界非常普遍，而且也延续到政界与学界。像当时名人杨杏佛也被人借名造假，有人曾刻其私章，伪造其名片，借其名四处募捐。[④] 一些小报为吸引读者眼球，则在某些名人去世之时伪造另外一些名人的挽联刊登，章太炎就曾被借名登过挽联，为此不得不登报辩白。[⑤] 名人广告的真假虚实由此可见一斑！

退而言之，即便对于那些实有其人的名人广告，尤其是由名人具名的医疗保证书广告来说，这些谀文虽非借名造假，但却是药商串通特定的一些人作伪蓄意欺骗读者与顾客的结果，与医生或药商的借名造假，无实质差别。[⑥] 结合相关文献详细查考，我们轻易就能证明这些人尤其是一些社会名流的保证书，确实是由药商或医生伙同文人合作炮制出来的谎言，完全不足采信。[⑦]

然而，一些研究者在使用此类报刊医药广告、面对此种广告文化时，不从知其所以然角度解构广告，竟纷纷相信这些医药广告中的保证书所言为真，药品功用确如保证书中所言的那么神奇；甚至还有不少学者用广告中的读者来函来说明广告商品的消费者反应情况；诸如此类的取径，实在有些过犹不及。因为在现实生活中，这些研究者都未必会相信自己身边广告中的宣传，未必相信广告中的消费者反应属实，可是在对过去报刊广告的研究或使用中，他们因利乘便居然采信广告中的表述，相信消费者对广告中的表达会照单全收，全然无视医药广告中的借名造假问题，这样的做法就太过简单化和想当然了。

---

① 不过戴季陶曾写评论认为马相伯没有被尹寿人"借名"，信义银行的创办他又参与，身享"总董之名"，信义票据有其印戳，"信义银行先生实创之，信义之倒闭，先生能免其咎耶？欠户之拘先生，不得已也"。因为"信义之票据既有先生盖章签字，则先生无论何时皆不能脱责"。"今信义事败，而乃不闻不问，若无其事然？"戴天仇：《马相伯（一）》（原见《天铎报》1911 年 4 月 18 日）、《马相伯（二）》（原见《天铎报》1911 年 4 月 21 日），收入桑兵等编：《戴季陶辛亥文集》（上册），香港：香港中文大学出版社，1991 年，第 689、696 页。

② 《张菊生启事》，《舆论时事报》1909 年 7 月 22 日。

③ 《曾少卿声明》，《时报》1905 年 10 月 18 日；等等。

④ 《杨杏佛启事》，《申报》1928 年 8 月 27 日；等等。

⑤ 参看汤志钧编：《章太炎年谱长编》（增订本）（下册），北京：中华书局，2013 年，第 845-846 页。

⑥ 参看猷先：《秘制药之证明书》，《医学周刊集》第 2 卷，第 265 页；猷先：《鸣谢、介绍、宣传》，《医学周刊集》第 3 卷，"照妖镜"，第 207 页。

⑦ 可参看拙文《近代上海的名人医药广告——以文人谀药为中心》，《学术月刊》2015 年 7 月号。

报刊与城市社会事件

媒介、事件与认同构建：美童公学筹款运动与上海美侨社区的形成*

何方昱
（上海社会科学院历史研究所）

摘要：近代上海创办的英文报刊不仅是欧美侨民理解中国和联系母国的重要媒介，而且还担纲了欧美侨民构建国家认同和凝聚社区意识的关键角色。上海美国侨民从第一次世界大战前英法侨民的“附庸”到战后具有自我意识的独立社区的形成，《密勒氏评论报》《大陆报》《北华捷报》等报刊借助其喉舌作用，以美童公学两次筹款运动为中心，争相呼吁，社会动员，帮助美童公学筹措款项购置土地，1923年建成适宜的永久性新校舍，进而提高在华美侨儿童的教育水准。而于1930年代美童公学遭遇经济困境之际，报刊再次成为有力推手，而初具规模的美侨社区则伸出援助之手，助其渡过难关。媒介围绕筹款运动进行的舆论动员，令身在异邦的美国人重构了国家认同，上海美侨社区作为一个完整的社区形态也因此形成。

关键词：美童公学；筹款运动；《密勒氏评论报》；《大陆报》；国家认同

异邦中的美国人的国家认同和社区意识的形成问题，是20世纪美国外交史上一个重要却又常被忽视或无视的领域。①有鉴于此，本文试图以藏于耶鲁大学神学院图书馆的美童公学档案、藏于斯坦福大学胡佛研究所的鲍引登（Charles L. Boynton）档案以及《密勒氏评论报》《大陆报》等近代上海英文报刊文献为基础，详考20世纪二三十年代美童公学扩建与两次筹款运动，尝试从传播学的微观视角探讨《密勒氏评论报》等报刊在上海美侨社区形成的历史过程中扮演的角色和发挥的作用，进而透视身在异

* 本文原载于《学术月刊》2015年第8期，有修改。

① 现仅见两篇博士论文有涉及，参见 James Layton Huskey, “Americans in Shanghai: Community Formation and Response to Revolution, 1919-1928”, Ph.D. Dissertation, the University of North Carolina at Chapel Hill, 1985.中文译本为何振模：《上海的美国人：社区形成与对革命的反映（1919—1928）》，张笑川、张生、唐艳香译，上海：上海辞书出版社，2014年；Hebert Day Lamson, “The American Community in Shanghai”, Ph.D. Dissertation, Harvard University, 1935.

邦的美国人国家认同的困境和构建路径。①

一、媒介呼吁与扩建动议

“一战”之前，因为居住在中国港口城市的美国人还不太多，一些在沪美国人寻找工作时，有意隐瞒自己的国籍。他们认同西方尤其是英国的文化传统，与上海其他外国人维系着简单的友情，开展着松散的合作。得益于外国飞地提供的亲近环境，上海美国人并没有立即在城市中建立一个独立的民族社区。他们更愿意徘徊在上海外国人社区生活的边缘，作为个体被英国人和法国人的俱乐部认可并接纳。②然而到了20世纪20年代左右，美国人的“社区意识”明显提高。③

其早期的一项努力就源于上海美童公学的筹建。1912年9月17日，在四川北路171a、172a号租借的两幢房子里，美童公学正式开学。为了方便学生就学，此前的8月1日《教务杂志》专门刊发了题为《为传教士孩子开办的上海学校》短讯，呼吁“那些希望将孩子送往这所学校的家长，请尽快登记，以便早做准备，避免最后时刻的拥挤”④。这是美侨在上海为美国儿童建立的第一所正式学校。当时在华传教士的子女或者在家里接受家庭教育，或者被送回美国本土接受正规的学校教育，但要饱受与家人分离的痛苦。为了解决这一难题，在华的传教士差会联合创办了这所学校。美童公学创办不久，《教务杂志》即刊文指出：“这所学校已经缓解了一些传教士家庭的焦虑，因为孩子的教育环境大为改善，他们有可能在中国待更长的时间；若非如此，他们的孩子将被送回美国国内，而一家人亦无法团聚。我们希望美童公学持久地创办下去，这些孩子将持久地感受到来自差会的全心全意的慷慨。”⑤

关于建校地址，上海传教士子女学校联合委员会一致赞同选址虹口的四川北路，因为当时有许多美国侨民居住在这里。但在建立之初，因受到各方面条件的制约，与法租界及公共租界内的其他国际学校相比，美童公学的办学条件、规模都颇为受限。1914年10月，

---

① 关于美童公学的相关研究参见 Phoebe White Wentworth, Angie Mills, *Fair is the Name*: *The Story of the Shanghai American School*, *1912-1950*, Los Angeles: Shanghai American School Association, 1997; Angie Mills, *A Story of the Shanghai American School*, *1912-2008*, Chicago, ILL · Shanghai, China: Shanghai American School Association, 2008。本书为美童公学校友完成，利用了大量美童公学的校内出版物和年鉴等资料，侧重于介绍美童公学的校园生活。中文世界的主要研究有钱宗灏、林维航：《上海的美侨社团及其建筑》，收入张复合主编：《中国近代建筑研究与保护（四）：2004年中国近代建筑史研讨会论文集》，北京：清华大学出版社，2004年；熊月之、徐涛、张生：《上海的美国文化地图》，上海：上海文艺出版社，2010年。

② James Layton Huskey, “Americans in Shanghai”, pp.1-2.

③ “Growth of the American Community at Shanghai”, *The China Weekly Review*, Vol. 35, No. 11(February 13, 1926), pp.297-298.

④ “The Shanghai School for the Children of Missionaries”, *The Chinese Recorder*, Vol. 43, No. 8 (August 1, 1912), p.501.

⑤ “Shanghai American School”, *The Chinese Recorder*, Nov. 1, 1912, p.2.

在海外事工大会召开之际，联合事工董事会提出一项诉求，希望将美童公学的用地扩大到30亩（5英亩），同时估算，购置这样的土地需要45 000美元，新建校舍及更新设施需要64 250美元。[①] 然而，因在短时期内难以筹措到这笔资金，这项诉求并未立即付诸实施。

问题是，移居上海的美国人日益增多，美童公学人满为患，需要更大的空间来接纳前来求学的孩子。学校董事会开始优先考虑，要为不断增长的学生提供更多更好更便利的设施。作为权宜之计，董事会首先在四川北路、狄斯威路（现溧阳路）、窦乐安路（现多伦路）上租借了更多的校舍，然其不足显而易见："教室不够明亮，地下室不仅潮湿而且不卫生；三楼的卧室阴冷拥挤；校园狭小，无法开展游戏和体育活动。音乐会只能借用中国浸礼会女子学校的场地；戏剧演出及毕业典礼则在工部局剧院举行。"[②] 1916年初，学校仍然位居租借来的六幢房子里，大多数体育活动只能在虹口公园开展。《教务杂志》为此而呼吁"希望不久能够开展谋求永久校舍的运动，这将极大地提升美童公学的影响力"[③]。5月27日，《北华捷报》在报道美童公学"守护日"（Patron's Day）活动盛况时，亦不无遗憾地表示："这所学校仍窝在租来的校舍中，渴望更大的空间。董事会和全校师生都期待能拥有一幢崭新的适宜校舍，希望这一天的到来不再遥远。"[④]

晚至1917年秋，美童公学再次着手研究在法租界新建校舍的可行性。翌年2月，财产委员会提出具体的建议，在辣斐德路（现复兴中路）上购买一块34亩的土地用来建造新校舍，每亩地价3000两白银。[⑤] 遗憾的是，因为地价过高，董事会无力承担，计划再次被迫搁置。尽管如此，扩建事宜也势在必行。

1918年6月中旬，金陵大学校长包文（A. J. Bowen）应邀参加美童公学的学生毕业典礼，在致辞中，他呼吁："上海和华东地区的美国商人以及差会和非教会团体，现在是时候一起资助和支持这所学校了……我相信，学校现任的董事会向上海的领事机构和司法官员、上海和邻近地区的所有美国人发出号召，为学校谋划宽敞的校舍、资助和管理，将会得到及时和热烈的响应。"他强调："这所美国学校是我们民主的基石。它的目的是要为所有的美国儿童过上更好的生活，提供同等机会。"[⑥]

包文的呼吁和美童公学的窘况立即引起创刊不久的美国人报纸《密勒氏评论报》及其主笔鲍威尔（John B. Powell）的高度关注。[⑦] 1918年6月22日，《密勒氏评论报》

---

① Charles L. Boynton, "The Shanghai American School", *The China Weekly Review*, Vol. 26, No. 11 (November 10, 1923), p.403.

② Angie Mills, *A Story of the Shanghai American School (1912-2008)*, p.36.

③ "Missionary News", *The Chinese Recorder*, Vol. 47, No. 2 (February 1, 1916), p.130.

④ "Shanghai American School", *The North-China Herald and Supreme Court & Consular Gazette*, May 27, 1916.

⑤ Charles L. Boynton, "The Shanghai American School", p. 403.

⑥ "Editorial Paragraphs", *Millard's Review*, Vol. 5, No. 4 (June 22, 1918), pp.127-128.

⑦ 《密勒氏评论报》是托马斯·富兰克林·费尔法克斯·密勒（Thomas Frank Lin Fairfax Millard）创办于1917年的一份英文周刊。密勒（1868—1942），美国人，1911年在上海创办《大陆报》（*The China Press*），任主笔。后被北洋政府聘为对外宣传顾问，1927年南京国民政府成立后密氏仍充当顾问。参见［美］鲍威尔：《我在中国二十五年——〈密勒氏评论报〉主编鲍威尔回忆录》，邢建榕等译，上海：上海书店出版社，2010年，第2页。

刊发社论指出："原有的美童公学的资金，一部分来自几个传教士差会，还有一部分来自学生的学费，目前有86.5%的资金源自传教士。学校坐落在四川北路的一条狭窄街道上，学校的建筑物原为一处居民住所。若在美国本土城市，这只能算是一处二流的物业。现在大约有170名孩子在此上学，教学及住宿条件均嫌逼仄。"与此相比，在上海的日本学校不仅非常现代化，而且学校建筑漂亮，还得到日本侨民的大力资助。社论由此呼吁，"考虑到美国在中国主要商业港口的获利将不断增长，现在是时候筹建新的美国学校，同时招聘合格的教师、提供充足的校舍，以接收上海及全中国的美国儿童"。"让我们为了这样一所公立学校而自愿募捐吧！"①

《密勒氏评论报》的社论一石击起千层浪，引起了美侨社团中精英人士的共鸣。1918年6月28日，美国前驻华总领事、驻沪美国律师公会会长佑尼干（T. R. Jernigan）在《密勒氏评论报》上撰文，加入呼吁扩建美童公学的运动中。佑尼干对法租界及公共租界内的学校多有赞誉而对美国学校的情况则大为不满："对于居住在上海的美国公民的孩子们，既没有公立学校，也没有私立学校。……但无论是在美国还是在中国，为什么美国人对于寻觅一处合适之所用于美国儿童的教育，这样一件非常重要的事却毫不在意？"②

正是出于这样的考虑，佑尼干呼吁《密勒氏评论报》持续关注此事，并提醒在上海及周边的美国人注意，是时候为一所美国学校提供一处适宜之地，并在此建造一所合适的房子，用于教育美国儿童了。实际上，佑尼干已经认识到，美国学校的建设对于美国儿童国家认同的培养、美国人社区的形成意义重大。他直言："在上海的美国儿童不能依赖于其他国家的学校，他们必须学习自己学校的课程。上海的美国儿童应该有机会在自己国家的国旗下，学习自己国家学校的课程。这样才能培养爱国的美国公民，他们才能忠实地支持自己的政府。"③

据不完全统计，1918年，美童公学注册学生大约有140名。在中国，包括传教士差会及商业社团在内，大约有1200名美国适龄入学儿童。这些孩子分散在小型的私立学校或是中国学校，还有一些就读于美国的寄宿制学校，远离父母；另外一些在法国学校或者英国学校。这些儿童无论就读的学校多么好，但显然都无法接受与美国教育观念相一致的教育。而这正是美国人所担忧之处。当时甚至流传着这样的说法：在东方长大并接受教育的欧美儿童，要么成为天才，要么沦为罪犯。④ 而且，教育水准的落后，还严重制约了美国人在中国的发展。

---

① "Editorial Paragraphs", *Millard's Review*, Vol. 5, No. 4 (June 22, 1918), pp.127-128.

② T.R. Jernigan, "Why not an American School in Shanghai?" *Millard's Review*, Vol. 5, No. 5(June 29, 1918), pp. 175-176.

③ T.R. Jernigan, "Why not an American School in Shanghai?" p. 176.

④ J.B.P., "Americans Must Have School Facilities in China!" *Millard's Review*, Vol. 6, No. 12 (November 23, 1918), p. 472.

在20世纪最初20年，大约有7000名美国人生活在中国，除了两三个低效率、贫困的私人机构外，美国儿童没有接受良好教育的条件。因此，很少有美国人愿意来到中国从事商业或者其他行业的活动，也不愿意在此长久居住。他们来到此地的协约通常是三到五年，之后就返回美国。鲍威尔直言："与之相较，英国人、法国人和德国人都将自己的海外服务视为一项事业。虽然他们也会返回祖国度过余生，但他们从事对外贸易或其他对外活动的时间多达数十年。这种趋向有助于建构永恒的事业。像美国人这样频繁的进出，不断训练新的雇员和经理，不可能构造一项永久的事业和一所长治久安的学校。"若此，为美童公学募捐并建造新校舍的活动就不单单是传教士及其差会的工作，而应该成为美国在华事业的重要组成部分，成为在海外的美国人构建国家认同的重要手段，建立具有自我意识的独立社区的举措。鲍威尔这样描绘学校的前景：它应该是一所一流的学校，并成为中国建造自己学校的楷模，同时也成为在中国进行的一项美国事业的楷模。尽管这所学校的扩建主要是为了美国的少年儿童，但同时也向其他国家的儿童开放，也包括中国儿童。鲍威尔雄心勃勃地表示："有朝一日，远东在艺术科学方面发展迅速，能够同西方竞争时，这所学校将成为美国与中国缔结的永久协约"；而且，"倘若将这笔钱投入中国，扩建美童公学，必将有助于中国的发展和重建"。①

与此同时，美国对华贸易额不断增长。《密勒氏评论报》报道指出，从1913年到1923年，中美贸易量增长了4倍，1923年时达到4亿两白银。中国绝大部分的外贸通过上海港转运，其中数量庞大的美国部分，就需要美国人常驻上海，从事中美贸易工作。除了贸易之外，还有很多美国人从事其他各种行业。② 伴随中美贸易额的增长，移居上海的美国人越来越多（详见表1），扩建美童公学的需求不言而喻。

表1　在沪美国侨民的人数（1914—1925）

年份	人数	年份	人数	年份	人数
1914	1659	1918	2421	1922	3094
1915	1707	1919	2860	1923	3120
1916	1892	1920	2921	1924	3418
1917	2198	1921	2999	1925	3485

资料来源："Growth of the American Community at Shanghai", *The China Weekly Review*, Vol. 35, No. 11 (February 13, 1926), p.297.

① J.B.P., "Americans Must Have School Facilities in China!" *Millard's Review*, Vol. 6, No. 12 (November 23, 1918), p. 472.

② "Growth of the American Community at Shanghai", *The China Weekly Review*, Vol. 35, No. 11 (February 13, 1926), p.297.

作为呼应，1918 年 12 月 7 日，佑尼干再次撰文呼吁在上海的美国人要尽快为美童公学建造一所适合的校舍。[①]《密勒氏评论报》刊发的社论与吁请书直接推动了美侨社区对美童公学的关注以及其后的一系列行动。

二、媒介策动与筹款运动的展开

美童公学创建之初，传教士发挥了至关重要的作用[②]，正因如此，学校执行委员会最初完全由传教士代表组成，这一委员会一直致力于寻找永久校舍。然而，在学校成立六年之后，已经有越来越多的非传教士子女注册入学，商人团体也开始关注美童公学的发展。为推动此事，美童公学董事会邀请美国总会和美国商会各选派一名代表参与学校的管理，以帮助制订学校的扩建计划。同时，选派代表赴美国进行募捐，希望能够募集 30 万美元用于建造费用。[③]

1918 年 7 月 2 日，柏高德(John Thomas Proctor)、卡德威尔(C.N. Caldwell)、鲍引登、韦尔佩(Hollis Adelbert Wilbur)组成的美童公学财产委员会召开会议，主要商议购置土地新建校舍事宜，特别邀请了美国商人代表海格(Albert Ralph Hager)与《密勒氏评论报》主笔鲍威尔列席会议。海格在会上建言：购买新校舍土地的资金由在沪美国各界提供，美国国内各派力量负责筹款建造新校舍，同时建议与商界代表会面，共同商议美国学校发展遭遇困境的解决之道。[④]

7 月 13 日，美童公学的董事会成员与商界代表在卡尔顿饭店共进午餐商讨此事。出席这次午餐会的代表有商界代表亚诺尔(Hollis Hine Arnold)、礼明(William S. Fleming)、海格、鲍威尔、莱文(F. J. Raven)、蔡士(Carl L. Seitz)，美童公学则派出鲍引登、考德威尔、柏高德和韦尔佩参加。会上任命了一个联合委员会，具体负责与商界代表联系。[⑤]

经过前期的磋商和联络，12 月 23 日，在美童公学董事会的年会上，财产委员会决定启动为新建校舍筹款之事。1919 年 1 月 2 日，筹款运动委员会正式成立，成员包括来自商界的重要代表蔡士、罗臣飞(A. B. Rosenfeld)，还有媒介的代表克劳(Carl Crow)、鲍威尔和传教士差会兼美童公学的代表鲍引登。[⑥] 筹款运动委员会具体负责

---

① T. R. Jernigan, "An American School for Shanghai-Observations", *Millard's Review*, Vol.7, No. 1 (December 7, 1918), p.6.

② 参见拙稿：《"照料我们自己的孩子"：传教士与上海美国学校的创办(1896—1912)》，《史林》2009 年第 6 期。

③ "Editorial Paragraphs", *Millard's Review*, Vol. 5, No. 4 (June 22, 1918), p.128.

④ Charles L. Boynton, "The Shanghai American School", p.403.

⑤ Charles L. Boynton, "The Shanghai American School", pp. 403-405.

⑥ 克劳曾在 1911 至 1913 年担任《大陆报》编辑，1917 年在上海成立了广告公司，并曾担任美国总会会长多年。克劳在上海颇具声望，在政商两界人脉广泛。克劳：《洋鬼子在中国》，夏伯铭译，上海：复旦大学出版社，2011 年，第 280、287 页。

起草计划章程，并领导筹款活动。随后相继成立商人委员会和宣传委员会，以具体推进相关工作。商人委员会任命美孚行的斯普拉格为执行主席，斯图尔特·埃利奥特(Stewart P. Elliott)为副主席，蔡士担任秘书长，考德威尔为司库。1月8日，宣传委员会成立，英美烟草公司的坎普弗(E. Kempffer)出任主席，同时每家美国公司选出一人担任代表，协助这项活动。这项募捐活动的目标是筹集15万两白银。与此同时，在上海及其邻近地区的传教士中间募集5000美元的运动也正式启动。

随着筹款运动的深化，美国人的认同感日益增强，在沪美国商人群体希望能够进一步参与到美童公学的管理事务中来，部分商人代表建议学校董事会的名额应该由商人与传教士各占一半。5月22日，董事会对此予以表决："董事会赞成这项原则，即今后校董会成员将由相互合作的传教士会社委任的代表和商业团体委任的代表按照对等数目遴选出来"，但同时强调"在学校中基督教特性必须毋庸置疑地得到坚持，教职员工也必须是具有良好基督教品行之人"。[1]据此，传教士既与商人共享了管理学校的权力，也坚持了道德优先的治校原则。[2]在传教士与商人之间达成共识之后，筹款运动发展迅速。

7月5日，以美国总会主席礼明和美国商会主席大来(J. H. Dollar)联名代表美童公学筹款委员会发布了"告在沪美国人书"，公告书中阐明，筹款委员会建造新校舍需要30万美元，其中多半已经由在美国的商人与传教士差会筹得，但仍需要筹款15万两白银用于购置校舍用地。为此，公告书呼吁在沪的所有美国人贡献自己有限的力量，为一所完完全全的美国人学校尽力，这所学校将由商会及传教士共同派代表管理。同时宣称，"这所学校将拥有来自美国国内的最好老师，学校提供从幼儿园到高中的全部阶段的教育，其水准将与美国国内最好的学校保持一致。毕业生可以进入美国任何一所学院或大学"。更重要的是，"美童公学将成为在沪美国人社区的社交中心，在这里可以举办会议和讲座，开办夜校，美国年轻人可以在这里学习中文。当他们的父母离开上海时，6到18岁的美国儿童可以上寄宿部，在这里他们将得到像家一般的良好照顾与看护。"[3] 7月中旬，筹款运动章程被编辑印刷了5000份，邮寄给在中国各地的美国人。

"告在沪美国人书"希望能够动员更多的公众参与筹款运动，但并未达到预期效果。在这种情况下，委员会决定改变捐助名单，扩大来自商界的人士和单位。美国纽约市的於友朋(M. D. Eubank)博士提供帮助，确保一些有影响的商人加入进来，美孚行霍华德·科尔(Howard E. Cole)同样帮助扩充了捐助者的名单，而且美孚行率先捐

---

① Charles L. Boynton, "The Shanghai American School", p. 405.

② James Layton Huskey, "Americans in Shanghai", pp.12-13.

③ American School Campaign Committee, "A letter of To Every American in Shanghai, July 5th, 1919", JB/150-1, C. L. Boynton, Box No. 7, Hoover Institution Archives, Stanford University.

助了 2.5 万两白银。11 月下旬，委员会又收到一笔来自慎昌洋行捐赠的 1 万两白银。①

其间，鲍威尔借助《密勒氏评论报》积极地为筹款运动造势，按照“外埠”“上海”“传教士”将筹款分成三类，每期都会刊登捐款名单及金额。② 同时，《密勒氏评论报》还不时疾呼：“为了这项最伟大的美国项目——为在中国的美国儿童创建教育机构，您是否有所行动？心动不如行动，请立即捐款。”③这样，既可以显示筹款运动之透明，又可以进一步吸引更多人士参与其中。沪上最早的英文报纸《北华捷报》也对此次捐款活动予以报道，宣称“在华美国社区发起的这一筹款运动，旨在为上海美童公学营建新校舍筹集土地资金，已经开始三月有余……在小额捐款中，来自商人团体与传教差会的捐款人数已趋于平衡”④。

截至 1920 年 1 月 1 日，44 家美国公司捐赠 25 875 美元、57 220 两白银、500 墨西哥元（见表 2）。此外，另有 209 名美国商人捐赠 13 960 两白银、6 942 墨西哥元。⑤

表 2　捐助超过 500 墨西哥元的美国公司名单和捐款金额列表

公司名称	捐款金额	公司名称	捐款金额
美孚行	25 000 两	英美烟公司	1 000 两
慎昌洋行	10 000 两	晋隆洋行	1 000 两
美国钢铁制品有限公司	10 000 美元	科发药房	650 两
美国友华银行	5 000 两	惠利洋行	500 两
花旗银行	5 000 两	德士古火油公司	500 两
大来洋行	5 000 两	标准地缆公司	500 美元
茂生洋行	5 000 美元	德泰洋行	500 两
美商安迪生中国电料公司	2 000 美元	保荣洋行	500 美元
恒信洋行	2 000 美元	威迪文公司	500 美元
汇兴银行	2 000 美元	班达公司	500 墨西哥元

资料来源：Charles L. Boynton, “The Shanghai American School”, *The China Weekly Review*, Vol. 26, No. 11 (November 10, 1923), p. 405.

① “Accounting for Students of the Shanghai American School, 1961”, C. L. Boynton, Box No. 7, Shanghai American School Correspondence, Hoover Institution Archives, Stanford University.

② “American School Fund Growing Rapidly”, *Millard's Review*, Vol.10, No. 12(November 22, 1919), p. 492; “American School Fund”, *Millard's Review*, Vol.11, No. 3(December 20, 1919), p. 129.

③ “American School Fund”, *Millard's Review*, Vol.10, No. 13 (November 29, 1919), p. 542.

④ “The American School in Shanghai: Contributions to New Foundation”, *The North-China Herald*, December 13, 1919, p.705.

⑤ Charles L. Boynton, “The Shanghai American School”, p. 407.

与此同时，於友朋博士则尽心竭力积极地游说和动员美国的传教士差会捐款。第一笔捐款承诺来自基督教青年会中央委员会。截至 1920 年 1 月 1 日，筹款委员会共从 7 个传教士差会筹得 13.5 万美元(见表 3)。① 另有 213 名传教士捐赠 400 美元、310 两白银和 8 246 墨西哥元。美国公司、商人、传教士差会及传教士前后总共捐赠 473 笔，共捐款 161 275 美元，71 490 两白银和 15 688 墨西哥元。②

表 3　传教士差会捐款数目表

传教士差会	捐款金额	传教士差会	捐款金额
基督教青年会中央委员会	20 000 美元	美以美会	20 000 美元
美国浸礼会	25 000 美元	美国长老会海外事工执行委员会	15 000 美元
美国长老会海外事工部	25 000 美元	归正教会海外事工部	5 000 美元
美以美会海外事工部	25 000 美元		
合计	135 000 美元		

资料来源：Charles L. Boynton, "The Shanghai American School", p.407.

此外，筹款委员会还借助各种平台和机会筹集资金。比如借助海军基督教青年会(the Navy Y.M.C.A.)的每日午餐会。同时，美童公学的学生们也披挂上阵，积极参与。如在 1919 年 2 月，学生们组织了一场为期三天的捐助会，每个班都要募集物品出售，所得款项捐给筹款运动委员会。新生制作糖果，二年级学生制作锦旗，三年级学生制作了所有的吸管。这次运动总共募捐了 320.61 墨西哥元。③ 而且，学校里的每个班级都还有后续的行动，除了礼物之外，男孩们还卖报纸、表演杂耍；女孩们制作并出售糖果。④报刊正是通过这些宣传报道等方式进行社会动员，凝聚人心。1920 年 7 月，美童公学的筹款运动一共募集资金大约 8 万两白银，离所需的 15 万两还有 7 万两的差额。⑤

三、新校舍落成与国家认同的构建

随着筹款运动的迅速推进，寻找新址、筹建新校舍的工作被提上了议事日程。在鲍引登的倡导下，美童公学成立了包括商人在内的新董事会，主要负责此项工作。斯普拉格担任新的董事会主席，柏高德任副主席，骆威廉(W. W. Lockwood)担任秘书

① "History", *Shanghai American School Bulletin*, Vol. V, No. 1 (June 1926), p.8.
② Charles L. Boynton, "The Shanghai American School", p.407.
③ Angie Mills, *A Story of the Shanghai American School*, 1912-2008, p.38.
④ W.W.B., "Shanghai American School Raises Needed Funds", *The Weekly Review of the Far East*, Vol.18, No. 10 (November 5, 1921), pp. 451-452.
⑤ "American School Campaign", *Millard's Review*, Vol. 13, No. 6 (July 10, 1920), p. 348.

长，蔡士担任司库。董事会还任命了土地委员会，由蔡士、柏高德和鲍引登组成，负责寻找和购置土地。①

1920 年 3 月 24 日，董事会任命了一个建筑委员会，成员包括蔡士、骆威廉和鲍引登。随后，考虑到工作的需要，建筑委员会改为常设机构，墨菲(H. K. Murphy)和戴纳(Dana)被指派为建筑师，着手推进新修正的建筑计划。同时，为了筹措更多的资金，组建了由柏高德、大来、蔡士、斯普拉格与轧来轧(J.W. Gallagher)组成的新的筹款运动委员会。②

筹款运动似乎进展顺利，然而 1920 年代初的汇率兑换问题却给筹款工作带来了灾难性的后果。6 月之前，一多半的捐赠者已经支付了捐助款项，可是美童公学仅能接受本地货币，这就带来诸多的不便。以美元进行捐赠的美国公司最终以超高的汇率支付了这笔款项，学校账目上由此损失了数千两白银。截至 1920 年 6 月 23 日，委员会共收到 421 笔款项，共计 60 580.92 两白银，10 341.82 墨西哥元；还有来自 14 家公司、121 名商人和 60 位传教士的捐款共计 10 500 美元、19 963 两白银、5734.82 墨西哥元待收。此外，传教士差会的筹款，要等到购买土地时才予以支付。③ 可以想见，因汇率问题而造成的损失可能还会继续。

为能够筹措到更多的新的款项，同时确保旧款项的到位，避免后续工作中的财政赤字，7 月底，鲍引登离沪赴美进行动员和游说。当时美国不利的商业环境，令筹款运动举步维艰，鲍引登的归期也从 1921 年 1 月延长到 1922 年 1 月。在这段时期内，鲍引登前往与中国有商贸关系的每一座美国城市，拜会从事远东贸易的美国公司领袖。其间，他将在纽约募集到的 6 万美元资金及时转往中国，以确保获得最为有利的汇率。

与此同时，美童公学新任校长威拉德·巴特利特(Willard W. Bartlett)是年 9 月履职，他对于执掌美童公学颇多筹备，同时具备丰富的教育经验。④没多久，他就准备发起第二次筹款运动。尽管商业形势持续恶化，但是巴特利特持乐观态度，并将全部精力投入筹款运动。10 月，第二次筹款运动已经正式启动，口号是"为美国儿童工作一周"，筹款目标为 15 万两白银。尔后，有超过 100 名的募捐者利用午餐时间召开日会，商量相关事宜。⑤

获悉此项活动的各媒体积极地投身其间，施以援手。10 月 20 日，《申报》也援引英文《大陆报》的报道，称"美人鉴于沪地无适当之美人学校、以供旅沪美人子弟之肄业、故于日前发起一星期征集会、筹款十五万两、以作美校建筑基本金、昨午报告筹款

---

① Charles L. Boynton, "The Shanghai American School", p.409; Angie Mills, *A Story of the Shanghai American School*, 1912-2008, p.36.

② Charles L. Boynton, "The Shanghai American School", p.409.

③ Charles L. Boynton, "The Shanghai American School", p.407.

④ "Shanghai American School", *The North-China Herald*, September 18, 1920.

⑤ Charles L. Boynton, "The Shanghai American School", p.409.

已达七万五千五百三十三两。午后报告更形满意，午刻报告筹款人数为四百零七人，并希望其余旅沪美人一千二百人之未筹款者于星期六征集满期前格外踊跃捐助云”[①]。同时，很多报纸都慷慨地提供了版面，广告商也奉献了他们的栏目和页面，车库提供了汽车。经过一周的忙碌，共筹得13.7万两，但是筹款活动尚未结束。截至10月22日，美童公学终于获得了所需的全部款项。[②]据统计，共有1100名个人和100多家公司参加了第二次筹款运动，最后筹得资金16.7万两白银。平均每个人的捐款数约为77两。上海美国人社区第一次展示了前所未有的团结与合作。[③]

鲍引登在美国的努力最终也有了回报。美童公学被置于哥伦比亚特区法律的保护之下，在纽约的董事会拥有财产权，在上海的董事会行使管理学校的职权，这种学校体制一直运行到1949年。[④] 1922年1月，鲍引登自美返沪，再次担负起建筑委员会的领导职责，巴特利特则负责学校的行政管理工作。4月20日，美童公学召开执行委员会会议，鲍引登被任命为执行秘书。

其间，1920年11月15日，土地委员会购得一块至少100亩的土地，这块地位于法租界西面的中心地区。1922年7月24日晚7时，美童公学建筑委员会以及包括法国总领事、外交部中国专员、美国领事馆官员、法租界代表以及美国海军部长田义文(Edwin S. Denby)等在内的重要客人，共同为美童公学的第一座永久建筑举行了开工奠基仪式。[⑤] 耗时约一年，耗资约72万墨西哥元，前后相继有7家传教士差会、150家公司和1300多人捐赠，美童公学新校区最终落成。[⑥]

1923年8月20日，美童公学的办公室已经决定从四川北路租借的旧校区中搬出。8月下旬，返校的老师们已经在新校舍中办公。9月12日，美童公学正式迁至新校区。随后学校迎来了新的发展期，生源不断增加，到1925年，在校的学生人数已经达到451名，到1934年，更是超过600名。[⑦]鲍引登写道：“可以预测，在接下来的15年中，学生会不断增加，并最终达到1000人，其中有一半学生需要住校。学校的占地可以确保提供这种需要。首座建筑物可供大约400名学生使用。”[⑧]同时，随着条件的改善，生源日益多样与多元，非传教士子女就读的比例逐年增多(见表4)。

---

① 《美人募款扩充学校续志》，《申报》1921年10月20日，第14版。

② W.W.B.，“Shanghai American School Raises Needed Funds”，p.450.

③ Charles L. Boynton，“The Shanghai American School”，p.409.

④ Angie Mills，*A Story of the Shanghai American School*，1912-2008，p.42.

⑤ Charles L. Boynton，“The Shanghai American School”，p.411.

⑥ “Commercials and Missionaries Co-operate”，*The Chinese Recorder*，Vol. 54 (July 1923)，p.435.

⑦ 参见拙稿：《“照料我们自己的孩子”：传教士与上海美国学校的创办(1896-1912)》，《史林》2009年第6期。

⑧ Charles L. Boynton，“The Shanghai American School”，pp.411-413.

表 4　美童公学学生数量和构成一览表(1912—1925)

年度	总数	非传教士子女/比例	家庭数	住校生	男孩
1912	68	20/29.4%	—	27	—
1913	93	32/34.4%	63	44	52
1914	98	16//16.3%	63	46	52
1915	132	12/9%	87	74	76
1916	142	26/18.3%	96	82	79
1917	160	34/21.3%	102	75	82
1918	172	41/23.8%	97	76	81
1919	202	52/25.7%	—	81	109
1920	219	73/33.3%	127	84	105
1921	296	109/36.8%	188	103	138
1922	342	149/43.6%	211	117	186
1923	412	206/50%	—	120	217
1924	417	—	—	—	—
1925	451	246/54.5%	—	113	233

资料来源:Charles L. Boynton, “The Shanghai American School”, *The China Weekly Review*, Vol. 26, November 10, 1923, p.403; *Shanghai American School Quarterly*, Vol. III, No. 2 (April 1924), pp. 27-30; *Shanghai American School Bulletin*, Vol. V, No. 1 (June 1926), pp. 35-37; Folders 1-3 “Prospectus”, Box 1, Archives of the Shanghai American School, Record Group No.132, Special Collections, Yale Divinity School Library.

就在筹款运动顺利进行的同时,美童公学获得了美国国内多所顶尖大学的资格认定,这为美童公学赢得了发展契机,进一步强化了上海美国人的社区认同感。这所学校的高中毕业生无须经过考试,即可进入美国最好的学院和大学深造。① 这种认证让在中国生活的美国人欣喜不已。② 正如一位美国领事的女儿所言:“我们的孩子出生在中国,并在这里长大,似乎应该学习并欣赏其他民族的历史和文化,尤其是中国人的。但是对美侨儿童而言,非常重要的仍是与美国儿童同步,接受最好的美国教育。”③可以说,扩建后的美童公学,不仅可以容纳更多的学生,且教学环境与教学质量都更令人满意,越来越多的在沪美侨愿意把孩子送往这所学校,稳定的教育质量也消

① Peter Pierson Parker, “A China Childhood”, Sarah Refo Mason Papers, Record Group No. 175, Special Collections, Yale Divinity School Library, p. 79.

② 这些著名的学府包括奥伯林学院、威斯康星大学、普渡大学、卡罗尔学院、丹尼森大学、惠顿学院等。参见“American School Recognized By College”, *Millard's Review*, Vol.16, No. 12 (May 21, 1921), pp. 634-635.

③ “The Education of American Children in China”, *The Weekly Review*, Vol. 21, No. 4 (June 24, 1922), p.128.

除了父母对于孩子接受不到“最优秀的美国教育”的担忧。而且，从某种程度上而言，反观美童公学走过的历程，可谓已经达成了其在创立之初设定的目标与远景，“尽管与其数量远不成比例，还是有许多美童公学的学生，步入社会上层，在医学、科学领域及美国政府干得都不错，也有在世界各个大洲从事教育和传教的毕业生。有相当一部分学生进入了《名人录》。”①

新校舍的落成使美童公学迅速成为上海美国人国家认同构建的重要平台。1924年1月，美童公学举行了新校舍落成后的答谢晚会，美国商会主席大来发表演讲，指出“美国在华利益增长迅速，美童公学前景广阔。为适应大发展，并拓展美国在中国开始的商业及多方面的利益，需要有高瞻远瞩的眼光，制定适当的计划。上海的美国人社区已经成为除美国本土之外的最大的美国人共同体。”② 3月，美国在华法院法官罗炳吉(C.S. Lobingier)在上海美国学校的一次颁奖会上谈及在沪美国儿童的教育，其核心在于培养美国的新一代“了解美国的观念，并投身于美国人的需要与目标”。③ 1924年底，不断发展的美童公学已经成为上海美国人社区的核心，即“美国人社区合作的最佳典范”，而不断增加的各类设施及不断增长的教师报酬，都将使美童公学成为“海外美国儿童的最佳学校”。④鲍威尔作为筹建美童公学新校舍的积极推动者，在自己的回忆录中曾有过这段描述：“美国人最有野心的一项计划，是设立了一所美国学校，校址在法租界内。美国学校很快在上海家喻户晓，不同国籍的父母纷纷携子女来报名，希望子女接受美国教育，一时间人满为患。在这里，美国儿童与其他国家的孩子一同读书，包括相当数量的中国儿童，以及少数混血儿。非美国籍的家长，为能送孩子进美国学校读书而自豪，因为孩子可以得到美式教育，并且是与美国孩子在一块儿读书。”⑤

上海美童公学在美侨社区的构建中起了关键性作用，同时，它也重视对学生开展“美国式”的爱国主义教育。1929年2月22日，美童公学的300多名学生聚集社区教堂，参加了华盛顿诞辰日的纪念活动。《大陆报》于2月23日报道了这次活动的盛况。在纪念活动的尾声，霍尔(W.R. Hall)牧师吟诵了美国著名诗人惠特曼的诗作《美国》中的诗句“美国！你为人类而生，我为你而存”，并以此告诫“上海美童公学的每一位学生都应铭记这句诗”。⑥

---

① Peter Pierson Parker, “A China Childhood”, p.98.

② “Shanghai American School: Dedication Service”, *The North-China Herald*, January 5, 1924, p.14.

③ “Shanghai American School, Judge Lobingier on the Need for American Education”, *The North-China Herald*, March 15, 1924, p. 406.

④ “Shanghai American School: Annual Meeting of Management, Good Report on First Year in New Building”, *The North-China Herald*, December 13, 1924, p.449.

⑤ [美]鲍威尔：《我在中国二十五年——〈密勒氏评论报〉主编鲍威尔回忆录》，邢建榕等译，第48页。

⑥ “Shanghai American School Holds Patriotic Exercise On Washington's Birthday”, *The China Press*, February 23, 1929, p.1.

四、化解困境与完整美侨社区的形成

正在美童公学全力推进发展之时,“大萧条”不期而至,身居海外的美国侨民及其事业受到波及,美童公学因财政拮据,步履维艰。面对这样的窘境,有声望的商界人士等迅速组建了募集资金委员会,各方积极施以援手,捐款人包括对东方感兴趣的商会代表,还有数百名与美童公学相关的美国公民。

1930 年秋,作为美侨社区的积极维护者,斐尧臣夫人(Dr. Anne Fearn)前往美国为上海美童公学募集 250 万美元的维持基金。据《北华捷报》报道,“10 月,斐尧臣夫人将在西海岸和东部各州的各大城市中展开演讲,向大商会和重要人物介绍上海美童公学,这是一所为了教育美国孩子而设立的初高级学校。到目前为止,维持基金已经募集到数十万美金”,旨在动员各方积极捐助。“倘若没有资金资助,上海美童公学将有沦为 B 级的危险,它的毕业生无法直接进入美国的大学和学院。资金匮乏的最严重后果是美童公学无法支付教师的薪水”。同时《北华捷报》还进行了比较:“美童公学教师的薪水是每月 33 美金,而美国国内中学教师的月薪则不低于 100 美金。”①

维持基金并没能一劳永逸地解决美童公学的财政困境。随着经济危机的扩散,1934 年,美童公学再次遭遇到严重的财政赤字。作为一所私立学校,其维系全部仰赖于学生缴纳的学费。但为了应对当时席卷全美的经济危机,美童公学降低了学费标准,致使其收支失衡,倘若没有一笔永久性资金的支持,美童公学将再次面临降级或者破产的窘境。在经济危机爆发前,上海美童公学的学费是一名中学生每季度 90 元、小学生 75 元、学龄前儿童 50 元。② 经济危机爆发后,每个家庭中第一个孩子的学费减少 5%,第二个孩子减少 25%,第三个孩子减少 50%,第四个孩子减少 75%。每季度的住宿费也从 200 元减少到 180 元。1933—1934 学年,美童公学的全部预算为 297 435美金,降低学费带来的损失大约是每学期 6500 美金。据此估算,到 1935 年 6 月 30 日,学校将面临近 4 万元的财政赤字。③

对此,《密勒氏评论报》《大美晚报》等报刊均及时给予了报道,呼吁美侨社区伸出援助之手。5 月 5 日,美童公学在美侨社区中发动了一场财政资助运动,旨在募集 5 万美金弥补财政赤字。《大美晚报》率先在 5 日刊发了一则社论,敦促美侨社区的所有人都贡献力量,帮助美童公学化解危机。旋即,《密勒氏评论报》对此予以热切回应,并且坚信美侨社区会支持美童公学,“因为在上海这座城市,美童公学毫无疑问是一家美

---

① “Shanghai American School Appeal”, *The North-China Herald and Supreme Court & Consular Gazette*, September 2, 1930, p.354.

② 当时上海通用的货币。

③ “Shanghai American School Pushes Drive For Maintenance Fund”, The China Press, July 4, 1934, p.B5.

国机构，所有的美国人都对它感兴趣”[①]。

然而《密勒氏评论报》的社论忽略了一个关键问题，即美童公学的管理层发生的微妙变化。如上所述，20 世纪 20 年代筹款运动的成功举行，不仅为美童公学在法租界贝当路上兴建了永久性校舍，还令其获得了发展契机，其关键就在于根据美童公学章程，学校董事会成员中，传教士占一半，另一半由商会和非传教士团体选出代表。最终，由上海的美国商会与美侨协会（the American Association）选出了另一半代表。这是一项传教士团体与商会的共赢。但到了 30 年代，这一情况发生了变化，“变得不那么令人满意，其中一个事实就是美侨协会仿佛不存在一般，而美国商会则占据了非传教士中的所有代表名额。这将导致一些团体对美童公学失去兴趣，不再关心这所学校”。鉴于这一难题，《密勒氏评论报》提出两种途径：一是美国商会邀请一些其他团体，诸如父母-教师联合会参加董事会中非传教士部分的代表选举，这是最简便的办法；二是组成一个美侨社区或者侨民合作联合会，无论职业与性别，社区的每一位成员都应加入进来。这种办法“可能不容易实现，但有可能获得长期的成功”。之所以这样考虑，是因随着美侨社区的发展与壮大，美国商会不再被认为是社区中非传教士的唯一代表。大量美国人来到上海，他们中包括专业人士、政府顾问、中美公司雇员等等。他们对于商会颇为有限的活动不感兴趣。如果采取第二种措施，“目前当务之急在于组织一个完整的紧密联系的美侨社区，并学习上海其他外侨社区的模式。根据这一计划，现在这个组织将成为社区的真正代表，能够确保获得支持，不仅仅是针对上海美童公学，还包括所有的美国活动诸如慈善基金、国庆假日的庆祝等等。这将减轻美国商会担负的沉重负担，同时减少对于美侨社区的批评与不满”[②]。

《密勒氏评论报》的社论最后呼吁：“希望美童公学的捐款活动完成之后，所有对此有兴趣的人士将继续推动美侨居民社团的建立。很明显，如果美侨社区对于美童公学的财政赤字予以有力支持，那么，作为一个整体的大社区，对于学校的管理及美童公学董事会成员的选举都有投票权。”[③]

1934 年 7 月 4 日，《大陆报》也以较大篇幅报道了上海美童公学筹措维系资金的事件。在上海美童公学董事会发出的一份呼吁书中，直陈美童公学面临的困境：“它将倒退滑为一所二流学校，无法达到今天美国教育的一流标准；或者是成为一所一流学校，为我们的孩子提供他们值得拥有的良好教育”。为避免第一种情况的发生，美童公学亟待获得一笔维系资金，用来减少赤字，确保高水准的教育设施，使上海美侨社区中的每一位儿童都能享受到这一教育资源。《大陆报》继而大声疾呼：“在经济危机与金融紧缩的

---

① “American School's $50,000 Drive and the Community”, *The China Weekly Review*, May 12, 1934, p. 402.

② “American School's $50,000 Drive and the Community”, *The China Weekly Review*, May 12, 1934, p.403.

③ “American School's $50,000 Drive and the Community”, *The China Weekly Review*, May 12, 1934, p.403.

时代，减少开支与消费迫在眉睫。对于某些人而言，减少教育经费首当其冲，但是对于社会的未来与下一代的前途而言，都毫无益处。对于一个国家而言，不去保障教育的经费只依靠仅存的资源，启迪开发民智，是一种非常短视的行为。"[1]

媒介的吁请和敦促，逐步发挥了效用。美国驻沪总领事随后召开会议，组成了一个委员会应对此次美童公学的财政危机。委员会请求美侨社区向美童公学提供 5 万美金的捐助。委员会主席为贝塞特(Major A. Bassett)，司库为安武陵(R.J.Corbett)。执行委员会委员包括贝塞特、博尔格(R.O'Bolger)、安武陵、佩恩(H.F. Payne)、克劳、斐尧臣夫人、舒马赫(A.E. Schumacher)。信息委员会的成员主要有主席克劳、巴奈特(E.E. Barnett)、黑格、鲍威尔、撒克里(T.O. Thackrey)、韦尔斯(H.H. Welles)。[2]值得关注的是，信息委员会的几位成员中有多位媒体代表，诸如当时在广告界、媒介都颇具影响力的克劳、《密勒氏评论报》的主编鲍威尔等，彰显媒介不仅仅是报道这一事件，其代表人物更以积极姿态介入其中，发挥了重要作用。

与 20 世纪 20 年代相较，30 年代的上海美侨更是以整体社区的力量给美童公学以支持，助其化解困境。作为一个组织，美侨社区确保为学校提供每年 5 万元的资助；作为个人，他们对学校有信心，坚持将孩子送往美童公学。两年后，《大陆报》再次刊发相关报道，题为"上海美童公学维持办学高水准"，副标题为"美童公学维系学校不易，克服难关，获得充分信任"，该报最后称："未来怎么样，无人知晓。但是只要信念不动摇，只要在华及在沪美侨仍居留在中国，他们都需要美童公学，并会竭尽全力维护它。"[3]

结　语

美童公学的创建，肇始于在华传教士差会的努力与心血，它在 20 世纪二三十年代的拓展和存续，则得益于传教士差会与商界的合作，或者说"社区合作精神"的出现。《密勒氏评论报》在评价筹款运动之时就注意到，"其最重要的结果，既无关所筹措的资金，也并非即将拔地而起的新校舍，而是美国人社区所彰显的这种合作精神，以及其他国家民众发自内心的国际同情心"[4]。

而"这种合作精神"背后的重要推手之一则是《密勒氏评论报》《大陆报》和《北华捷报》等媒体。它们以"事件"为中心，通过舆论吁请、社会动员和共同的社会参与，美国人的社区意识"明显提高"，并最终形成了"完整的紧密联系的美侨社区"或"整体的大社区"。1925 年初，美国人社区的推动者、《密勒氏评论报》的主笔鲍威尔异常欣喜而

---

① "Shanghai American School Pushes Drive For Maintenance Fund", The China Press, July 4, 1934, p.B5.

② "Shanghai American School Pushes Drive For Maintenance Fund", The China Press, July 4, 1934, p.B5.

③ "Shanghai American School Maintains High Standards", *The China Press*, July 4, 1936, p.B15.

④ W.W.B., "Shanghai American School Raises Needed Funds", p.452.

又夸张地表示："我们可以明确地宣称，上海正在转向并且已经接受了'美国化'。……东方巴黎的'美国化'即将完成。"①

而更值得关注的是，与上海英国人在身份认同方面更多地视自己为"上海人"(Shanghailanders)不同，上海美国人则更多地视自己为"美国人"。② 或正因如此，面对在异文化中的孤立状态，以及"一战"后在华外国势力之间的激烈竞争，上海聚焦的越来越多的美国人依托美国自身的国族认同，在海外建立起了"美国化"的社区。其中，美童公学、上海美国人社区教堂和美国总会成为吸引美国人移民上海和定居上海的磁铁，为美国人提供了一个非常好的社交平台，当然也是教授、传播和传承美国文化的重要园地。

---

① James Layton Huskey, "Americans in Shanghai", p.34.

② Robert Bickers, "Shanghailanders: The Formation and Identity of the British Settler Community in Shanghai, 1843-1937", *Past & Present*, No. 159 (May, 1998), pp. 161-211.

作为关系的新闻纸:《申报》与晚清义赈*

郭恩强

(华东政法大学传播学院)

摘要:晚清义赈中,义赈组织、江浙士绅、普通民众与《申报》相遇而发生的慈善行动,交织着新旧思想与关系的融通、冲突和改变。作为一种中介性关系,《申报》与义赈之结合呈现出多层多样的关系样态。义赈中,新闻纸对各方的勾连体现了信息的连接传输,私人圈子的社会交往扩展,以及在两者基础上参与主体的意义共享与排斥等诸多层面关系之含义。正是上述几层关系的扭结结合,促进了义赈局面的彻底改观,也为我们了解晚清大众报纸如何通过非常事态介入各群体的日常生活,提供了个案视角。

关键词:晚清赈灾;《申报》;义赈士绅;交际网络

引　言

1877年冬日的一天,在上海经商的浙籍士绅经元善与友人李玉书通过沪上报纸了解到,河南的大旱灾严重到"赤地千里人相食"的程度。两人在"相对凄然"的同时,决定为灾区做点什么。于是他们拟定募捐启事,印制捐款名册,先向其经营的仁元庄诸友募集款项,又委托浙籍同乡曹远亭代为募款。转年开春时,经元善诸人已筹集万金。[①] 而在此前,距离上海不远的江南名城苏州,苏籍士绅谢家福也通过《申报》密切关注着西人传教士赈灾的一举一动。早在1877年初,上海的《申报》就陆续刊登了西方传教士赈济山东的活动。身在苏州的谢家福得知西人热衷赈济山东,对其动机颇为怀疑,于是产生了抗拒情绪。当传教士欲收养灾区婴孩的消息见诸报端后,更激起了苏籍士绅的对抗行为。士绅袁遂在致信谢家福时就此抱怨说:"山东灾民中之婴孩,前

---

* 本文原载于《新闻与传播研究》2016年第6期,有修改。

① 虞和平主编:《经元善集》,武汉:华中师范大学出版社,1988年,第326页。

阅《申报》,西人欲领养,华官不可。因思彼处婴孩无以存活者不知凡几,倘能收养一名,即免饥死一名,即少入教一名,功德尤大,关系亦不小。"[①]此信正暗合了谢家福对西人收养灾孩的担忧。就在此前不久,谢家福曾致信正在山东展开义赈活动的常州籍士绅李金镛,表示过对此问题的关切。《申报》的报道证实了谢家福的判断,于是他与其他苏籍士绅会商后,决定加入山东青州的赈灾行动。

观上述二例可以想见,作为晚清新崛起的商业大众报纸,《申报》在中国士绅阶层掀起的义赈活动中所起到的独特触媒作用。尽管上海的经元善和苏州的谢家福出于偶然的因素,此时做出了从事义赈的抉择,但此后两人却与义赈和新式媒体结下了不解之缘。经元善与谢家福的例子,只是晚清义赈与媒体结缘的一个缩影,诸多人士的经历不仅因此形成了交集,他们的交往格局和行事策略也因此而改变。总体而言,围绕着慈善念头和义赈行动,印刷媒介勾连起士绅与各方的关系。

"关系"一词在中西不同语境中含义模糊而丰富,本文标题中的"关系",是在社会学的层面和意义上加以使用,与社会网络分析的思想接近。根据边燕杰的总结,西方社会网络分析方法之中的关系(tie),指的是人与人之间、组织与组织之间由于交流和接触而存在的一种纽带联系。[②] 但本文没有沿用社会网络分析对"强""弱"关系的经典划分,或如其他研究总结的关系具有的文化、结构、工具等论题之含义[③],而是对新闻传播研究领域学者提出的传播具有信息传递、公共交往、意义生成几个层面的意指进行了挪借[④],由此认为在清末义赈中新闻纸作为一种关系,体现了信息的连接传输、私人圈子的公共交往扩展,以及在两者基础上参与主体的意义共享与排斥等诸多层面之涵义。

但晚清中国的大众报刊,作为当时"信息保存和传输"的一种新方法,长期以来并没有被研究者从"深深地交织在构成一个社会的诸种关系的网络中"这一视角加以审视。[⑤] 在以往研究者看来,19 世纪 70 年代中国大众报刊发展对义赈的主要意义,是"报刊的流行使信息传播迅速及时",成为"人们获取外界信息的重要来源"。[⑥] 这种类

---

① 转引自朱浒:《民胞物与:中国近代义赈(1876—1912)》,北京:人民出版社,2012 年,第 28 页。

② 边燕杰:《社会网络和求职过程》,载涂肇庆、林益民主编:《改革开放与中国社会——西方社会学文献述评》,香港:牛津大学出版社,1999 年,第 3 页。

③ 此类研究可参见李继宏:《强弱之外:关系概念的再思考》,《社会学研究》2003 年第 3 期;李林艳:《弱关系的弱势及其转化:"关系"的一种文化阐释路径》,《社会》2007 年第 4 期。

④ 孙玮:《"上海再造":传播视野中的中国城市研究》,《杭州师范大学学报》(社会科学版)2013 年第 2 期。

⑤ 马克·波斯特:《信息方式——后结构主义与社会语境》,范静哗译,北京:商务印书馆,2000 年,导论第 15 页。

⑥ 杨剑利:《晚清社会灾荒救治功能的演变——以"丁戊奇荒"的两种赈济方式为例》,《清史研究》2000 年第 4 期。

似詹姆斯·凯瑞(James W. Carey)所说的传播的“传递观”在义赈研究中很流行。[①]典型的如有学者将近代义赈研究的上限确定为1872年,一个理由是“具有近代色彩的中文新闻媒体”的《申报》创刊了。作者强调《申报》在义赈初期进行了大量报道,并成为“活动据点”,但仍将其视为义赈的“最大宗史料”。[②]

以传播的关系视角检视,以往有关晚清中国义赈研究的报刊认知史,更多的只是注意到了报刊“信息传递”的关系维度,而遮蔽了其所蕴涵的“公共交往、意义生成”的其他关系面向。由此新闻纸“只是一个工具被使用的自然发达史”,而非“作为传播与人类存在和交往的关系”。[③] 也即只将报刊看作重大事件的载体与容器,忽略了其重构交往关系和文化意义的新模式。换言之,当我们把视角由载体关系转向交往关系时,就能看到作为新出现的“媒介方式”(马克·波斯特语),晚清中国的大众报刊“是以何种方式嵌入到某种关系中去的,又是以何种方式呈现为某种社会关系、并建构关系网络的。”[④]

如此看来,从《申报》与义赈结合体现出的关系变革角度切入,能为我们了解晚清大众报刊如何通过非常事态介入各群体的日常生活,提供个案视角。基于此,本文将重点分析以《申报》为代表的新的媒介形式与民间义赈的关联,以及通过此关联新闻纸对已有社会交往形式的形塑。本文要回答以下问题:从关系的角度看,晚清大众报刊在义赈中是以何种方式嵌入到传统社会关系之中,又是以何种方式建构、呈现与勾连新的关系的?作为关系的报刊,在义赈中又怎样体现“信息传播”关系维度之外的“公共交往”“意义生成”的关系面向?以如此视角观察晚清中国的大众报刊,又为理解中国近现代媒体之意义提供了怎样的可能性?

一

中国士绅参与赈灾活动有着悠久的历史,民间义赈传统也源远流长。但1876年至1879年前后,江南士绅掀起的“丁戊奇荒”赈灾活动,似乎有着别样的意味。[⑤] 最起码,参与过此时义赈的中坚人物经元善就断言:“从前未有义赈,初闻海沭青州饥,赠阁

---

① 就笔者阅读所及,这种观念主要可分这样几类:一是将报刊(特别是《申报》)作为提供历史材料的载体,将之视为研究赈灾的资料库,典型的如大部分研究赈灾的硕士、博士学位论文;二是将报刊视为义赈活动构成的重要因素,强调新型报刊在义赈救灾机制“近代化”“社会化”上的作用;三是以报刊本身(主要是《申报》)作为叙事主题,强调报刊对义赈在报道、宣传、动员上的主导性作用。

② 朱浒:《地方性流动及其超越:晚清义赈与近代中国的新陈代谢》,北京:中国人民大学出版社,2006年,第43-44页。

③ 黄旦:《“报纸”的迷思——功能主义路径中的中国报刊史书写之反思》,《新闻大学》2012年第2期。

④ 孙玮:《传播:编织关系网络——基于城市研究的分析》,《新闻大学》2013年第3期。

⑤ 对于“义赈”一词的使用情况梳理,参见朱浒的《民胞物与:中国近代义赈(1876—1912)》一书,导言第2-10页。

学秋亭李君，集江浙殷富资往赈。”①文中的“秋亭李君”，正是上文谢家福致信让其关注西人赈灾动向的常州士绅李金镛。作为义赈先驱，虽然李金镛早在1876年就在苏北赈灾，但影响并不大，反倒是在邻省山东赈灾的西人传教士搞得风生水起。1876年冬，传教士李提摩太将山东灾区情状写信告知通商口岸的朋友，此信不久登上字林晋源馆新报，不仅“上海西人见之亦皆大发慈心，再行捐银，送往该处救援”，华人也“有义轻财者，集腋成裘，解放被灾之处”。② 但西文报刊毕竟传播面有限，认识到新报与赈灾结合可以产生巨大能量的西人，当然没有就此打住。旅居上海的西方人士于1877年正月末成立了救灾委员会，很快就在中文的《申报》上刊登了劝赈公启。③ 此后，传教士从灾区发回的灾况信件不时见诸《申报》。而《申报》也投桃报李，发表论说对西方人士的善行进行宣扬，并主张可委托西人代办义赈。④ 正是报纸对传教士与赈灾动向的勾连，才触发了前述以谢家福为首的苏籍士绅参加义赈的行动。

尽管目前没有直接的证据，表明新闻纸在西方赈灾组织与捐款民众之间的信息连接传输对中国士绅形成了刺激，但就在西人刊登劝赈启事不到两个月的1877年5月，《申报》上就出现了上海果育堂的劝赈启事，试图以中国传统的福报之说打动读者。⑤ 令果育堂同人欣喜的是，启事刊布三天就收到600余元的赈款⑥，传统的善堂通过与新报结合，焕发出了新的活力。可以说，日报已经为上海的华人善堂拓展了新的潜在关系空间，但因为果育堂始终没有派人到前方散赈，报纸充当灾区与募捐者的中介联系被阻断，使得募款效果大打折扣。而此时身在苏州的谢家福在与众苏绅商讨后，则与袁子鹏直赴山东灾区，对西人传教士收养灾孩采取了针对性的行动。在1877年末开展的河南义赈中，为解决赈款不足的问题，苏籍义赈同人在1878年初正式成立了苏州桃花坞协赈公所。成立初期的公所，主持人谢家福面对无米下锅的窘境，可能联想到西人此前赈灾时新式报刊的角色，于是将袁子鹏从河南发回的第一封求助信转投《申报》，并以“望炊楼主人”的笔名在《申报》上刊登启事，介绍苏籍士绅的河南助赈情况，进行劝赈。⑦ 以此为开端，苏州桃花坞刊登的劝捐文稿连续不断地出现在《申报》上。此时，新闻纸作为本土赈灾组织、灾区与捐款民众之间的信息联结角色，才逐渐得以凸显。

差不多在同时，已立志投身义赈，自称“数十年市隐海滨，所交游者，不出乡里好善

---

① 《经元善集》，第326页。

② 张大海：《互动与博弈：李提摩太“丁戊奇荒”青州赈灾分析——以〈万国公报〉为中心的考察》，《宗教学研究》2010年第1期。

③ 《劝办赈捐各董事公启》，《申报》1877年3月14日，第3版。

④ 《劝华商赈银宜托西人办理说》，《申报》1877年4月5日，第1版。

⑤ 《果育堂劝捐山东赈荒启》，《申报》，1877年5月5日，第3版。

⑥ 《东赈续启》，《申报》1877年5月9日，第2版。

⑦ 《河南助赈局来函》，《申报》1878年2月27日，第2-3版。

之士”[1]的经元善，因豫灾筹赈而与谢家福“遇合”。两人“先通讯后识面”，在往还通信中经元善被谢家福的魅力折服，自称其“见地议论烛照机先，往还商榷，无不开门见山，彼此推诚布公，和衷共济”[2]。此时的经元善已被推举为上海方面的义赈领袖，组织创办了上海协赈公所。谢家福除了将苏州义赈组织刊印的宣传品铁泪图寄示，还表达了“欲纠沪上合志联镳”的想法。而此前与经元善从未谋面的扬州士绅严作霖，也“书来商另树一帜，专拯豫灾”[3]。从此，苏州、上海、扬州、浙江、常州等地的义赈组织与士绅，开始以苏州和上海为中心，联合开展义赈活动。其时所属上海机构的郑观应，在诗篇《筹赈感怀》中所抒发的“晋豫洊奇荒，饥民泣道陬。筹赈设公所，登报告同俦”，就是彼时义赈的典型概括。[4]

义赈组织的风生水起与官赈的了无生息，形成了鲜明对比。早在1877年5月山东灾害时，《申报》就对官方信息反馈机制的不完善进行抱怨，该报以西人交谈的形式发难：“吾辈所不解者，中国之京报所有日行之公事皆列于中，如山东之灾亦属中国之大事，而京报所列并未多见，故中国朝廷亦不能详知山东之大灾也。”[5]同时，官方赈灾的效率低下也是大问题。一般“地方官之报灾，请大宪筹拨款项以办赈济者，旷日持久，视急务为具文”。因此，鉴于西人赈灾组织在山东的积极行动及取得的良好效果，《申报》提出了将赈款交由西人办理的建议。因为西人将“已有可稽登诸新闻，布之信函，俾施赈者一览而知其中之毫无侵亏”[6]的做法，更能取得世人信任。新式报刊对官赈的指控并非捕风捉影，毫无依据。在1878年4月赈济山西时，《邸报》就刊登了有灾区官员在赈灾过程中徇私舞弊、贪污腐败的消息，并引发了《申报》读者的关注和讨论。[7] 有时，即使义赈也难逃徇私舞弊的风言。如在赈济直隶时，苏省就有“所寄天津赈抚开河捐款拨充海防之需”的谣传，害得郑观应在给李鸿章的信函中表态要“登报声明”。[8]《申报》此类批评官赈的抱怨、读者对之的讨论，以及郑观应面对风言的表态，都暗含着在此时的赈灾事务中，新闻纸是勾连各方关系的中介之媒。

相比官赈之弊，义赈确有其相对优势。《申报》从劝赈角度，认为中国以往的“劝捐集赀，必择富贾巨商为之首倡”，然此种人物在一府一县之中毕竟十分有限。[9] 此种看法，义赈人士也极为赞同：“大宪所劝者绅富，我同人所劝者，自愿发心之善士，自无害

---

① 《上楚督南皮张制府书》，《经元善集》，第236页。

② 《致沈君谷人书》，《经元善集》，第151-152页。

③ 《沪上协赈公所溯源记》，《经元善集》，第326-327页。

④ 《筹赈感怀》，《郑观应集》（下），夏东元编，上海：上海人民出版社，1988年，第1279页。

⑤ 《记英人论去岁灾事》，《申报》1877年5月2日，第1版。

⑥ 《劝华商赈银宜托西人办理说》，《申报》1877年4月5日，第1版。

⑦ 《论山西近日办赈情形》，《申报》1878年4月18日，第1版。另见《再书汪少司成奏恭侵蚀赈银各官折谕旨后》，《申报》1878年4月22日，第1版。

⑧ 《禀直隶爵阁督李傅相请饬验收棉衣事》，《郑观应集》（下），第1094-1095页。

⑨ 《劝华商赈银宜托西人办理说》，《申报》1877年4月5日，第1版。

于官捐而有益于灾民也。”但更新鲜的做法，还在于义赈组织劝捐“必先登报申明，并将所收捐数随时登报，以昭信实”。[①] 将所得之款“开列清账登报，并刊征信录，俾人人皆知均归赈济之用”，是义赈组织取得各方信任，也因此获得社会名声的途径。正因为如此，义赈组织制定了严格的规约，不仅约定“筹赈与散赈者不许因此得受朝廷职衔”或“移奖”，“以符义赈之名”，而且还要将此约“自己亲笔缮写一分，对神口诵一遍以自警”，并发有“如有阳奉阴违，侵蚀赈款，当受天诛，雷殛火焚”之毒誓。[②] 由此便可理解，为何义赈同人如此看重能在勾连各方关系的报纸上列账征信了。

劝赈目标群体的变化，打开了报纸联结义赈组织各方以募款的想象和讨论空间。如在报纸上小试牛刀进行劝募的上海果育堂，不仅在启事中盛赞“申地各报馆主人玉成人美，慨列报章，普告同诚，广成善举”，还对“报章既出”后捐款者的踊跃行动次欣鼓舞。[③] 此后，果育堂启事中劝捐对象的位次，变成了“仁人君子，仕商绅富”之序。[④] 上海义赈组织的领袖经元善，还以“苦口婆心人”[⑤]的化名提出“省费助赈”之说。他由“钱业及各友，省端节席费助赈一千一百余元”的体验触发，提出如能如法炮制，将各董事端午中秋两节席资助赈并在各业推广，赈款将“为数必巨”。[⑥] 几天之后，因“惟恐各业有未尽周知者”，他又以“觉悟氏”的化名投稿《申报》，再次表达前述的想法，并“特嘱”《申报》“排印万张，在沪上及苏州、宁波三处各行号中分送”[⑦]，以发挥新闻纸的网罗之效。亦如另一位身在上海的粤籍义赈士绅郑观应，商诸同人并函告浙苏扬镇筹赈公所诸公，想出了要将各处善士交来的助赈古玩、法帖、书画等物件拍卖的主意。具体做法是将物品陈列于果育堂厅中或城隍庙前，“登诸日报，布告绅商，订期拍卖，以价高者得”。[⑧] 同仁辅元堂则提出“拟仿鲘筒随意变通劝捐之法，制备木筒百具，择城内外聚市街道各设一筒，劝道路行人随愿投钱”。该堂不仅嘱托义赈“同志转相告劝”以使“妇稚皆知”，还要将捐启及劝捐章程向官方备案，并将之“刊刻分送，张挂，并列申报、新报，以广善缘”。[⑨]

除了在各义赈组织间充当中介关系，对新式报刊而言，它也是勾连各方赈灾信息、观点的汇总连通之桥，特别在上海这样的“中国通商大埠”，各事消息“无不朝发暮至，捷若影形”。就如此次灾害，“上海得知最真，闻之最速。况有新闻纸备述其事，是以捐

---

① 《金君苕人、严君佑之、赵君崧甫议赴山西助赈公函》，《申报》1879年6月19日，第3版。

② 《致扬镇筹赈公局论收捐款及散赈人誓文四条》，《郑观应集》（下），第1092页。

③ 《东赈续启》，《申报》1877年5月9日，第2版。

④ 《襄赈山西河南劝捐第二启》，《申报》1878年2月11日，第3版；《乞赈秦饥》，《申报》1878年3月22日，第3版。

⑤ 据虞和平的推测，从内容看，“苦口婆心人”与“觉悟氏”可能是经元善。本文从其说，故有此论述。

⑥ 《省费助赈说》，《申报》1878年5月31日，第4版；《经元善集》，第336页。

⑦ 《劝省席费以助赈说》，《申报》1878年6月3日，第6版；《经元善集》，第337页。

⑧ 《致浙苏扬镇筹赈公所书》，《郑观应集》（下），第1134页。

⑨ 《设筒劝助晋豫赈捐启》，《申报》1878年5月8日，第3版；《经元善集》，第334-335页。

赈一项，宜乎上海多于别处也。即别处乐善好施，亦往往由上海汇综转达”。① 从丁戊奇荒一开始，《申报》就表现出了积极介入的姿态。通过传输官员、士绅、传教士写的灾情报道、奏折、日记、书信等，《申报》向社会展示了中国北部灾情之严重，灾民境遇之悲惨。有人统计，仅高峰时段的1877—1878两年间，《申报》就发表关于赈灾的文章230篇，几乎每五天就有一篇。② 除了对灾况的穿插连接，在劝捐方法上，《申报》也一直集思广益，连通中西与南北百业各方。譬如听闻西人“演剧”“演戏”或做音乐会筹资助赈之事，想到了国人的“戏资助赈”。③ 此议不久，上海的鹤鸣戏园就做出了“分歌舞之余资，襄赈施之善举”的举动。另一家久乐园顺天乐班，自认被官绅商客以及西国官商之来华者的踊跃捐款所感动，于是亦举行演戏助赈，以践行“无分畛域，善与人同”之举。④ 而《申报》也对诸戏园的“捧场”报以反馈，称赞其“以下等之人，而为上等之事，不负余之期望，亦可嘉矣”。⑤ 由此推而广之，“善举可以随时进行，不必尽富商大贾”，凡入酒馆、妓馆、戏馆诸公，都可以行善。上述诸如此类的方法，让《申报》满怀着连通与凝聚个体力量的遐想。受到上海肄业书院各生童停止两月课期，以膏火、花红、卷资、饭食等钱作为赈捐的启发，《申报》提议设馆授徒的读书人，可以分润砚田。如能效仿之，“多制捐簿，分散劝捐，而零星之户虽半元几百文，亦可随意输助”，这样赈款才源源不绝，四民之中，各业皆有。⑥ 在《申报》的如此居间影响下，上海的13位医士自称受到大宪、商贾、伙友、倡优，以及塾师、士人、妇女、童子、乞丐等各色人群参与赈灾的感召，亦联名登报表态助赈。⑦

二

新闻纸作为勾连各方的中介，在义赈中除了展现对信息的连接传输，在另一层面也体现出义赈士绅凭此拓展社会交往空间的意义所在。这其中，传统书信与新式报刊两者的砥砺结合与交互回应，构成了此时社会交往变革的重要一景。

作为中国士人交往惯常使用的媒介，书信具有“便于公开而又想保守秘密的奇特对立之汇合”的社会学特征，而现代的新闻纸则体现出“同一时间的知识和思想之分享”的交往偏向。⑧ 两种看似对立的交往关系与交往体系，在塔尔德(Gabriel Tarde)

---

① 《论移资助赈之难》，《申报》1878年6月15日，第1-2版。

② 李岚：《申报中晚清救荒资料述略》，《历史档案》2006年第1期。

③ 《论演戏救灾事》，《申报》1877年2月8日，第1版；《签银施赈》，《申报》1877年3月10日，第1版；《戏资赈饥》，《申报》1877年4月26日，第2版；《书本报戏资助赈告白后》，《申报》1877年4月30日，第1版。

④ 《戏资赈饥》，《申报》1877年4月26日，第2版；《戏资助赈》，《申报》1877年4月26日，第5版。

⑤ 《书本报戏资助赈告白后》，《申报》1877年4月30日，第1版。

⑥ 《论书院停课移款》，《申报》1878年7月1日，第1版。

⑦ 《医士助赈劝启》，《申报》1878年9月2日，第3版。

⑧ 黄旦：《报刊是一种交往关系——再谈报纸的“迷思”》，《安徽大学学报》(哲学社会科学版)2012年第6期。

那里却是天然同源的。因为“报纸是一种公共的书信、公共的交谈”，其来源于私信和交谈。起先报纸对私人闲聊和通信做出回应，而后报纸成为私人闲聊和通信的一个源头。[①] 在义赈的话题下，私人的信件往往和公开的报纸相结合，成为勾连助赈同人彼此，以及助赈同人与劝捐友人之间关系的新信息方式。如直赈期间，在上海负责后方捐务的郑观应致信前方放赈的李金镛，告知其义赈同人金苕生和熊纯叔已到沪，并就河南妇女被卖收赎一事谋划妥当，拟办情形可见《申报》之报道。[②] 在另一封信中，郑观应哀叹“沪上捐事日见寥落，豫中来信收煞不来”的同时，告知李金镛有关河南的赈济情形，“迭次来信都见《申报》，如赵君崧甫慈幼局信，凌君砺生木兰店发信”。[③] 对前方的直赈义绅严作霖而言，新闻纸则充当了汇总信息的中转角色。郑观应告知他：“初五日奉到致谢君绥之（谢家福）函，当即递苏。兹接绥之复书，知尊意惓惓春赈，深以勤始怠终为戒。弟等闻此靡不惭悚。惟捐款来源早已罄竭，且十月底业已截止。远处馀波亦俱陆续交到，如，台湾一路去冬所许颇为不薄，而仅来千余金，云已绝响。足知物力已穷，再张空拳实亦无益。绥之书中虽有‘扬、镇、沪愿力宏深’语，亦是推美让善，恐难再振。”[④]郑观应还补充说，他会将“本日《申报》《新胜街公所报单》寄奉”，以便严作霖了解大概情况。三人中之两人彼此未谈及的话题，在信函与报纸的互通中得以完成关系之综合。

在庞大的赈济网络面前，除了身在江浙沪的核心人员，分散各地的诸多义赈士绅无法彼此认识。这时，报纸以书信的形式联系四方义赈同人，就成为便捷的途径。如在赈济河南、直隶时，报纸以“致各埠筹赈书”的形式劝捐催款，就成为上海公所联络各地同人的惯常做法。赈济河南时，“汴省转运赈局疑已拨尽，迫得飞函来催”，在“告急之信重叠而来”的情况下，只能将“两处情形已登《申报》”。同时，“惟有飞函仰告各处，经劝诸善长大发慈心，将此情状再加苦口。或转辗函托，广为设法，急拯危亡”。[⑤] 赈济天津时，从严作霖诸同人处接到告急信函，“捧诵之下，殊切焦急”，在“沪上赈捐悉索殆尽，敝公所已于十月中旬截停”的情况下，也“不得已邀集同志，重请发棠具启登报”。[⑥] 而为了使远在香港、澳门的义赈同人能够详细了解赈银的使用过程，上海义赈士绅也往往通过告知“所有近议大略曾泐公启，刊登《申报》”的方式加以实现。[⑦] 有时，所发义赈各埠之公函，只是为了“布告远近，使各释顾虑之心”而已。[⑧]

处于义赈核心圈层的江浙同人，大多是名冠一时的绅商名流，为了化解赈款不足

---

① 加布里埃尔·塔尔德：《传播与社会影响》，何道宽译，北京：中国人民大学出版社，2005年，第245-246页。

② 《致查放直赈李秋亭为收赎妇女书》，《郑观应集》（下），第1127-1128。

③ 《覆查放直赈李秋亭书》，《郑观应集》（下），第1136页。

④ 《覆查放直赈严佑之书》，《郑观应集》（下），第1131页。

⑤ 《上海筹赈公所分致各埠筹赈书》，《郑观应集》（下），第1072页。

⑥ 《致各埠同人募赈天津河间水灾书》，《郑观应集》（下），第1089页。

⑦ 《覆香港东华医院梁鹤巢、曹雨亭书》，《郑观应集》（下），第1117页。

⑧ 《致浙省筹赈公所应敏斋、邹渭清、金少伯、丁松生书》，《郑观应集》（下），第1112页。

的压力，他们自然会运用人脉关系去扩展赈源。这时，信函与新闻纸的奇特结合，往往又成为勾连义赈士绅拓展公共交往的中介之物。如经元善本人，就有过对浙籍家乡友人“苦口劝募”的经历。在接受了友人沈竹亭捐洋 40 元后，经元善不仅怂恿他对甬江的“巨富强有力者”进行劝捐，教其“要老着面皮只管说去，再三再四，再五再六，逢人渎告”，始能收效。而且还用“沪滨呆子”的化名，在《申报》上讲述此次通信内容，以教益他人。[①] 郑观应在收到清政府驻日本长崎领事余元眉的“劝集赈捐”后，为其解释了为何苏、扬、沪三处“迭次解款，赴豫居多”。这不仅因为“豫省灾况既重，勘赈独迟”，重要的是各处的捐户和劝捐者，受到“豫省来信详述灾状，捐款用数必见申报”的影响，所以导致如此情势。为证明自己所言非虚，郑观应还答应身在日本的余元眉，将同人上月已刊登的来信“从《申报》中另纸抽印”，并“特附奉二十纸，以备传观”。[②] 身在美国金山担任总领事的陈芰南，想必收到郑观应的“前恳劝办赈捐”信函后，通过对“迭次《申报》”的“台览”得知“豫中灾状”，从而帮助灾区解决棉衣问题。[③] 为了早日收到澳门善堂董事曹雨亭、曹渭泉两兄弟“论捐请奖”的一万两银子，郑观应在书信中也只能以其款“施当其厄”，总款可能“随时送登《申报》”[④]的急迫事态相逼了。以师生关系相托，总让人难以拒绝。远在云南大理的邓小赤与郑观应有师生之谊，他在“政务殷繁之际”，“于无可设法之中极力设法”，帮忙“劝募巨款”，并通过《申报》了解义赈情况。[⑤] 如此，“倾间接奉惠复，并《申报》一宗，藉悉种切所有”[⑥]的做法，俨然成为赈灾士绅进行社会交往的标准动作。可见，在劝捐和放赈士绅书信所达之处，《申报》总能如影随形地沟通穿插其间。

除了将书信与新闻纸捆绑互换，为了证明灾害之惨烈，义赈士绅们亦要动用各种交际网络，将各类民间具体可感的劝募图画、行善歌谣，尽可能广泛地加以传播。这时，新闻纸再次成为各种关系联结转换之空间。比如郑观应将“《奇荒铁泪图》《富贵源头》《成仙捷径》诸书”刊送福建的助赈绅士，借以劝募。而对方也“寄来《劝募晋省十可省歌》《铁泪图歌》《广譬如歌》”加以回应。郑观应对劝捐之歌“击节叹赏”，深获其心，并认为应该“全帙汇刻，以广流传”。在此启发下，他还设想“凡劝赈名言、查赈条议、代赎妇女章程，均附录之，俾为后世取法”。[⑦] 亦如晋赈中，郑观应也曾给澳门的曹雨亭、邹渭泉两善士，寄上 100 本广、潮两帮同人绘印的已“驰书四播”的《晋灾泪尽图》，嘱其

---

① 《沪滨呆子致友劝捐书》，《申报》1878 年 5 月 25 日，第 4 版。另见《复甬江沈竹亭劝赈书》，《经元善集》，第 1-3 页。

② 《覆长崎领事余元眉太守论义赈直、豫、秦、晋情形书》，《郑观应集》（下），第 1110 页。

③ 《覆美国金山总领事陈芰南书》，《郑观应集》（下），第 1111 页。

④ 《覆澳门善堂董事曹雨亭论捐请奖书》，《郑观应集》（下），第 1114-1115 页。

⑤ 《覆云南大理府邓小赤夫子书》，《郑观应集》（下），第 1116 页。

⑥ 《照录河南协赈同人闰三月十五日来函》，《申报》1879 年 6 月 13 日，第 3 版。

⑦ 《福建绅士急劝助赈信・后记》，《郑观应集》（下），第 1074 页。

在香港、羊城的“闱姓熬膏有力之家”，凭此项图册进行劝募。[1] 当然，劝捐范围除了“通都大邑”，也要兼顾“离省较远之州县”。[2] 通过《申报》对各方关系的串联，义赈同人利用私人关系辗转散发的铁泪图，无疑激发了晚清社会民间人士赈灾的参与热情。在浙江慈溪，一位九龄童子偶见《铁泪图》，“不觉泪下”，于是将压岁钱捐赈；在江苏常州，有武进节妇葛挥氏见《河南奇荒图》，遂移“悬额之筵”以助赈之善举；在江苏江阴，有龚沈氏阅图后慨然以劝捐为己任之义行；福州普安堂的王氏，“续刊《铁泪图》，广为传播”，以致助赈者争先恐后。湖北某人路经扬州，偶见“市中《铁泪图》，心焉悯之”，遂将酒筵费“移赠晋豫饥民”。[3]

有时，私人的书信交往系统无法奏效，这时还得寄希望于报纸网络。像直赈时，义赈同人手里的“天、河两属灾图，苦于无可分送”，最后只能“代报馆刊布，并加数语，以不劝为劝，望有继起”。[4] 后来，在 1892 年山东小清河工赈中，已成为赈灾公所的《申报》馆除连续登报外，还印制数千本《劝募小清河经费册》随报纸附送。[5] 可见，此时有了报刊发行网络的参与，已与前述义赈同人“苦于无可分送”的状况完全不可同日而语了。

报纸作为公共的书信与交谈虽与私信同源，但毕竟不是一回事。面对捐款大众，如何教劝捐者说动他人，或者适应新式报刊的规则写出打动人心的文字，都是义赈士绅们面临的新问题。比如经元善就给劝捐的朋友出主意，开导说“苦心劝导之人，初时甚难开口，必厌人听闻，但只要老着面皮只管说去，再三再四，再五再六，逢人渎告”，便可使之做出善行。[6] 再如郑观应，他也曾为筹赈文本修辞的不完美而苦恼过。在给谢家福的信函中他无奈地承认，“筹赈之事，现在惟有苦劝蛮劝一法，笔舌之用原无大效，然亦不可少”。对于自己的登报劝告之作，郑观应自认“意浅语弱，殊不惬心”，而谢家福撰写的“老娘饥不起，小女饥无声”二句，则甚合其意，“最足令人动魄”。所以他总结说，劝捐之文“总要字字锥心，句句刻骨”。自觉“思路愈觉抑塞”的郑观应，甚至动了请求谢家福在百忙之中“挥示一篇”，或代《申报》主笔钱昕伯捉刀的念头。[7] 确实，面对劝捐压力以及新式报刊文风之熏染，义赈精英们不得不在文字上做出改变。比如像经元善就清楚地知道“中人以下，非浅显莫喻”的道理，只不过后来他将自己文风的转变，描绘得过于玄幻。但报章文体促发了经元善“嗣是每有所感，笔之于书，以纾其胸中所

---

① 《覆澳门曹雨亭、[邹]渭泉两善士助赈银万两书》，《郑观应集》(下)，第 1115 页。
② 沪滨呆子：《急劝助赈启》，《申报》1878 年 5 月 27 日，第 3 版；虞和平主编：《经元善集》，第 4-5 页。
③ 转引自朱浒：《地方性流动及其超越：晚清义赈与近代中国的新陈代谢》，第 193-197 页。
④ 《致查放直赈严佑之书》，《郑观应集》(下)，第 1132 页。
⑤ 《今日附送劝募小清河经费册》，《申报》1892 年 2 月 6 日，第 1 版。
⑥ 《复甬江沈竹亭劝赈书》，《经元善集》，第 1-3 页。
⑦ 《致苏州筹赈公所谢绥之书》，《郑观应集》(下)，第 1107-1108 页。

欲言”[1],则应该是他的切身体会。

义赈士绅以新闻纸为中介关系的文体转向,触发了广泛的“公共的交谈”。如在富裕之地的江浙闽广等地,不管是绅富还是“极贫儒生与夫深闺妇女,亦皆典衣鬻珥相助”,甚至近在中国远在数万里外的外国诸君,“亦均寄貲往赈”“慷慨乐输”。[2] 又如自称“咏涛书屋主人”的读者,在看到《申报》劝赈后,“每读至山左右之奇荒惨极情形,不堪寓目,往往泪欲坠而强留,鼻复酸而不止,亦不自知”。[3] 再如“深居僻壤”的松江华阳桥的几户人家,“联阅《申报》,悉豫省奇荒,目不忍观”,于是想出了“以百文为一愿,只收一次。虽贫富不齐,均可量力资助”的方法,希望“四方善士,以此仿行”。[4] 化名“曲阿尽心氏”之人,得知果育堂的袁子鹏经募秦赈,嘱其代为捐款英洋 120 元,并细心地发觉:“苏城桃花坞谢氏经募豫赈,屡见豫友来函常常登报,而果育堂在晋豫两处放赈诸君,未见有函列报”。于是他希望果育堂将“被灾地方凄惨情状,赈务如何办法,祈通知交登《申报》”,如此才能使“阅报者大略易晓,善心易发也”。[5] 更令人称奇者,是一名孤寒乞丐的助赈故事。1878 年 5 月上旬的一天,通州一位匿名者寄给《申报》一函并英洋一枚。寄信者自述,“有一生面丐者扣柴扉而入至书斋前,出青蚨八百文,请予代寄申报馆助晋赈云”。当他问其“钱从何来? 赈从何知?”时,乞丐答曰:“我沿街乞时,屡闻店家读《申报》,言山西奇荒情形甚惨。不论多寡,劝人助赈,听之不胜怜悯。”[6]由此可以想见,《申报》勾连下的灾区苦难故事在社会上所引起的广泛反响。如此境况,也应了香港报纸此时对中国“盛行新报”的估计:“尝见茶坊酒舍所谈多录报事也,居家设肆所逢多阅报人也,此即盛行新报之预兆也。”[7]

三

晚清义赈中,义赈组织、江浙士绅、普通民众与《申报》相遇而发生的慈善行动,交织着新旧思想与关系的融通、冲突和改变。作为一种中介性关系,《申报》与义赈之结合呈现出多层多样的关系样态。义赈中,新闻纸除了充当勾连各方的信息连接、私人圈子的社会交往扩展等中介角色外,在两者基础上所具有的参与主体的意义共享或排斥之关系涵义,也体现明显。正是上述几层关系的扭结结合,促进了义赈局面的彻底改观。

---

① 《〈居易初集〉自序》,《经元善集》,第 353-354 页。
② 《论山西赈务》,《申报》1877 年 9 月 15 日,第 1 版。
③ 《书续赈策后》,《申报》1877 年 8 月 9 日,第 1 版。
④ 《松江华阳桥各户捐助豫省赈款》,《申报》1878 年 6 月 7 日,第 4 版。
⑤ 《照录曲阿尽心氏启》,《申报》1878 年 7 月 1 日,第 3 版。
⑥ 《乞钱施赈》,《申报》1878 年 5 月 11 日,第 3 版。
⑦ 《论中国终当盛行新报》,《中外新报》(香港),转引自《申报》1878 年 2 月 16 日,第 3 版。

然而，如果说晚清义赈的特异与别样，其原因可归结为以报纸为联结中介，依靠江浙义赈组织与义赈士绅私人网络的扩展，以及普通民众被纳入其网的过程，那么，实际上推动这种新式交往体系扩展的动力泉源却是纷繁复杂的。如自称"合苏扬同人创办义赈"的经元善，尽管他"在神前立誓，不敢藉此谋富贵，以办赈为终南捷径"，但身处晚清官商关系网络的纠葛之中，他还是无法免俗地逃脱"已迭邀传旨嘉奖至十一次之多"的自我困局。[①] 而在受洋务派之邀，进入官督商办企业的人际圈子后，经元善、郑观应等人也不得不用"公正诚笃、朴实耐劳，于筹赈一事已见一斑"的自我广告进行商业招股。[②] 经元善并非孤例。现实中，义赈网络中的不少士绅，皆有通过捐款获得官方嘉奖的需求。为此，报端上也常有诸如"各省输捐善士，如须核奖者，即请将捐票、履历、部饭公照等银即日掷下，代为造册禀请"之助赈启示。[③] 就如前述提及的澳门善堂董事曹雨亭，因其两兄弟捐银万两，希望郑观应"拟请天语褒嘉，或坊或匾及赠奖叙"。[④] 而为了给在义赈中殒命的熊其英请恤表彰，义赈同人特上书河南巡抚，希望他能为熊其英"请旷典"，加以表彰。[⑤] 再如广东籍义赈士绅李朝觐逝世后，义赈人士也通过私人关系上书李鸿章，要求对其进行表彰，结果李朝觐被列入地方志，并建坊旌表。[⑥] 如果说上述几例勉强可算作义赈同人倚仗私人网络"公事公办"的范畴，那么，郑观应与前方放赈的胡小松为了经元善之母"捐赈请奖格外乞恩事"，而特嘱金苕生"鼎言面求中丞友谊公论"，则完全属于私人托请的领域。[⑦]

诉诸福报之说，本是义赈同人用以劝服民众踊跃捐助的策略。为达此目的，义赈士绅曾写有："救他人必死之小儿，天必报汝必生之男子，富贵寿考，如愿而偿。虽好善者未尝望报，而天道好还，其理断无或爽，则即以此举为获子之奇方也可，积福之左券也亦可。"[⑧]而现实中，义赈同人也有相信此说之人，将福报观念作为努力于义赈的动力之一，经元善就是一例。他直言，从事赈事之初曾"在神前默祝"，希望上天念及其"年将不惑乏嗣息"，专心助赈后能得子嗣。令经元善欣喜的是，在直隶放赈时"得家书长男生，天人交感可谓神矣"。[⑨] 此后他深信此说当无疑问。

创刊没几年，义赈中勾连各方关系的《申报》，虽自称"流传十有余省，日售万纸，于山左灾荒之事，自始至今有所闻见，必录登之"[⑩]，但剥去其为民请命的文字言说，背后

---

① 《五誓斋记》，《经元善集》，第 239 页。
② 《书机器织布招商局章程后》，《经元善集》，第 296-297 页。
③ 《上海陈家木桥振所五月底停撤公启》，《经元善集》，第 61-62 页。《申报》1884 年 6 月 16 日，第 4 版。
④ 《覆澳门善堂董事曹雨亭论捐请奖书》，《郑观应集》(下)，第 1114-1115 页。
⑤ 《致查放豫赈同人乞中丞为熊君纯叔请恤典书》，《郑观应集》(下)，第 1119 页。
⑥ 朱浒：《民胞物与：中国近代义赈(1876—1912)》，第 105 页。
⑦ 《致查放秦赈员胡小松为经莲珊、璞山、耕阳太夫人请奖书》，《郑观应集》(下)，第 1126-1127 页。
⑧ 《拟办河南保婴劝捐启》，《申报》1878 年 4 月 9 日，第 3-4 版。
⑨ 《沪上协赈公所溯源记》，《经元善集》，第 326-327 页。
⑩ 《接济山左赈务策》，《申报》1877 年 8 月 9 日，第 1 版。

自然是满怀取得商业成功的渴望。《申报》一方面依靠其构筑的既有发行网络，使义赈广为人知，另一方面也凭此提高了在晚清官、绅、商、士阶层和下层社会的能见度，从而进一步拓展了关系网络和市场需求。但除却商业层面，此种交往关系所在之处所，亦是事实、知识、观念、思想共享流转之空间。正如有研究者观察到的那样，丁戊奇荒期间，《申报》作为中国条约口岸外国人掌控的报纸，与西文报刊有着太多的交互作用。《申报》对灾荒的诸多讨论，在中国读者和西文媒体之间建立起了密切的关联。[①] 这些以义赈话题随西文报刊而来，转而被《申报》网络以中文传达的西方文明，引发了中国民众的争议、讨论，甚至共享和接受。

士绅和《申报》拓展义赈交往关系的动因如此复杂，普通民众出资助赈的心理就更难以把握了。就表现而言，比如很多人不仅要践行助赈义举，同时还希望报纸刊出自己的助赈事迹或心得，让别人知晓进而效仿，怀有此种想法的民众，实不知凡几。比如湖南邵阳一捐助者不仅捐英洋 14 元，还特嘱："速为登报，非敢藉以邀名，聊以激当途之恻隐耳。"[②]署名"三省书屋老人"之人，由于"近阅《申报》所载"之灾区来书，于是动员全家捐款 200 元，并希望以此行劝他人捐款。[③] 有位测字先生，甚至用"当棉袍得钱五百文"投寄苏州桃花坞公所，并要求《申报》将其故事和建议登报，以广善行。[④] 可以推测，此类讲述普通人捐赈故事的"筹赈书函"，自然刺激着其他人跃跃试欲，慨然助赈并投书《申报》。由此观之，以上所列诸多要求与报纸发生关联的捐助者，大致不出求名、求福、求善、求利几端之意义交往动机。

但是，在意义的生成层面，新式报刊在晚清义赈中对各方关系的调节与重组，并非波澜不惊，一帆风顺，其间充满了新旧思想和关系的冲突与融通。清末义赈的诸多领袖人物，如盛宣怀、郑观应、谢家福、经元善等，在丁戊奇荒后期都进入了织布局、矿务局、招商局、电报局等官督商办的洋务企业。经历了以新式报刊为中介关系的效率、公开、立信及互动交往，从商的义赈士绅之交往格局和行事策略，难免打上通过媒体看商业的烙印。比如义赈先驱李金镛在湖北荆门矿务招商章程中，就试图实行"开办以前，陆续收集股份，开办以后，各项支用款目及煤顿收销各数，悉照办赈章程，随时录数刊登《申报》，以供众览，俾得周知"之尝试。[⑤] 自称"未谙西法"，但信奉"忠信可行蛮貊"之理的经元善，在办理上海机器织布局时也将"筹赈平实宗旨，变而通之"，做到"凡所招股本、户名、银数，及收款存放何庄，每月清单布告大众"，于是"所收股本汇齐登报，

---

① 艾志端：《铁泪图：19 世纪中国对于饥馑的文化反应》，曹曦译，南京：江苏人民出版社，2011 年，第 164-180 页。

② 《节录助赈来札》，《申报》1878 年 9 月 2 日，第 2 版。

③ 《豫省复遭决口灾黎被淹续捐接济以救万民启》，《申报》1878 年 12 月 14 日，第 3 版。

④ 《筹赈书函》，《申报》1880 年 6 月 8 日，第 3 版。

⑤ 《盛宣怀档案之二》，转引自朱浒：《民胞物与：中国近代义赈(1876—1912)》，第 123 页。

庶已入股者知款有着落；未入股者知事非虚悬”。① 据此，经元善批评此前招商、开平两局“因友及友，辗转邀集”的招股方式，抱怨当时的通商大臣如果将“事事登报悬为成例，则癸未甲申年间，各项公司招股，何致鱼目混珠”，进而他主张招股要“登报招徕，自愿送入”。②

然而，令人唏嘘的是，经元善对报纸与商业关系勾连的情有独钟，在新的交际圈中进展得并不顺利。因招股要“逐户挂号股份细数，缕晰登报，以资众览而昭信实”，可是“因不愿著名者居多”，所以只能“登列号数”，台衔姓名加以空缺。③ 在织布局内部，经元善主张登报招股的做法也招致官方代表不满，被斥为“此系商务非办赈，收款何必登报”。④

经元善望想经由新闻纸来勾连商业网络而受挫的事实，一定程度上反映了 19 世纪 80 年代前后，中国商业城市精英对新式报刊的意义理解之显著差异。经元善自己对报纸的认识，则部分解释了形成此种状况的缘由。1898 年，经元善提出了在浙江老家设立“劝善看报会”。在经元善看来，致力时务如不从根底之学入手，就好比“寸木岑楼，并恐本质易坏，同人惧焉”。所以他要将“劝善看报，合成一会。一扩其识，一葆其真”。显然，经元善心中的报纸只能“扩其识”，而要“葆其真”，本质不易坏，则要“看书以期扩充善念，身体力行也”。所以书与报两者，是“体”和“用”的关系，“有体方能有用，不可不藉善书灌溉，以植其基”。⑤ 在另外的场合，经元善进一步说明“若但看时务书籍，而不从学庸论孟入手，无异方寸之木，高于岑楼”，如此便会导致“是知有人，不知有己”。⑥ 正是基于这样的认知，经元善在给“劝善看报会”开列的“善书”和“报馆佳者”名单中，有“御制劝善要言、圣谕广训、太上宝筏、阴骘文说证、万国公报、农学报、东亚时报等各十二分，新闻报六十分、中外日报一百二十分”。⑦ 却唯独没有早期被义赈士绅所特别倚重的《申报》。两年之后，身在澳门的经元善为改变报馆“每在繁盛商埠，吾邑褊小”的状况，写信给家乡亲属提议设立“选报馆”。此时他认为，民智“有出于学问者，则以学堂为大宗，有出于见闻者，则以报馆为大宗。学堂为根本，报馆为枝叶，二者不可偏废。然而论轻重，则学堂重；论缓急，则报馆急”。在经元善的设想中，选报“旬出一册，月凡三册，册凡三十页”。内容排列顺序为：“首列谕旨奏折、次本省辕门抄、次平正论说、次中外新闻、次开智之学。中分士农工商。”⑧由经元善对选报馆的论

① 《经元善集》，第 286、298 页。
② 《中国创兴纺织原始记》，《经元善集》，第 287-288 页。
③ 《经元善集》，第 301 页。
④ 《中国创兴纺织原始记》，《经元善集》，第 286 页。
⑤ 《余上劝善看报会说略章程》，《经元善集》，第 267-269 页。
⑥ 《姚江折柳序》，《经元善集》，第 270-272 页。
⑦ 《经元善集》，第 267-269 页。
⑧ 《经元善集》，第 364-367 页。

述可知，“学堂”与“报馆”之关系，可看作是此前“善书”与“报纸”关系的再现，都可视为“体”与“用”的关系。至于选报的内容，则完全是邸报的翻版了。

在赈灾活动中，晚清的义赈组织及义赈精英们将如《申报》之新式报纸看成是“用”的工具，在扩展公私交际网络的过程中与之结合并逐渐掌握了操控之法。与此同时，他们也对“时务”之报馆保持着一定的警惕，用儒家经典之“体”与其区分。普通捐助民众，也往往抱着各式实用主义之动机，怀揣着中国社会因果福报的心理，懵懂着与中国早期的大众报纸发生碰撞。在如此“体”“用”两分的义赈行动中，以新闻纸为中介关系勾连起的新的交往体系与行事方式，即使在中西交汇下的晚清口岸社会，自然也是飘忽不定，没有根基的。因乎此，出现上述如经元善在办洋务、设报馆行事之中的冲突与矛盾，也就很难避免。

但另一方面，新闻纸与晚清义赈士绅、普通民众接触碰撞的过程中，也产生了诸多“非企及性”后果。这恰如默多克从西方经验所观察到的，19 世纪中期新兴的大众传媒，对日常生活的重组起着基础作用，他们提供社会契约的新要点，紧密融合新的常规和仪式，并为重建身份和记忆提供新的资源。最重要的是，大众传媒为人们提供了语篇论述、意象和阐释性框架结构的首要资源。人们利用这些资源，去试图理解自己也深陷其中的改变过程，并形成行动的策略。① 从长远的历史脉络看，晚清中国的大众报刊实与其有着相似的轨迹。单以赈灾为例，19 世纪 70 年代广泛弥漫于报纸上的福报话语形式，在 20 世纪初期的报纸上已经很少出现，取而代之的是用“同胞”“义务”“公德”“爱群”“合群保国”“爱国保种”这一类词汇表达同情的情绪，渐成主流。② 此种变化也侧面显示了报刊作为一种勾连各方关系的媒介，对晚清社会的重构力量。

结　语

针对功能取径将“媒介只看成是工具，透明地反射着它们所传递的信息”的研究，波斯特提醒我们，“人们很容易忘记媒介对交往关系的积极介入会达到何种程度。”③ 波斯特的提醒有助于我们从关系视角重新思考报刊之于中国社会的意义。黄旦从传播的关系视角出发，针对报纸的研究曾提出一系列的问题，比如作为一种现代的交往方式，报纸与现代性是何关系？作为一种印刷交往，报纸与其他交往方式有何异同，如何勾连并推动人与人关系的变化？报纸如何改变了人与人的关系，形塑了何种新的社会关系及其形态，这样的形态对人、对空间格局、对周围世界的认知产生了何种影响？

---

① 格雷厄姆·默多克：《以媒体为中介的现代性：传媒与当代生活》，《学术月刊》2006 年第 3 期。

② 胡家广：《清末义赈研究——以光绪三十二年江北水灾为中心的个案考察》，华东师范大学硕士学位论文，2012 年。

③ 马克·波斯特：《第二媒介时代》，范静哗译，南京：南京大学出版社，2001 年，第 19 页。

等等。[①] 这一系列的问题有些也是本文开篇就提出的，而对这些问题的回答，可能落实到具体情境中会更容易理解。就本文的晚清义赈议题而言，以往研究中仅仅将报刊看作是披露信息的载体和社会动员工具的取径，显然忽略了新型大众媒介对社会关系的重构。套用波斯特对贝尔（Daniel Bell）的批评，就是以上视角将“交往与社会之间的关系拆散了”，将交往缩约成一个政治学“隐喻”，并使之“游离于社会”。[②] 而从传播的关系视角理解晚清报刊的赈灾，则能展示中国大众报刊在诞生之初对新社会关系与交往方式的形塑意义。当我们以报刊作为一种联结关系来理解晚清义赈时，新闻纸便能展现出更多面丰富的意义。因此，以《申报》的义赈为典型，晚清社会在赈济组织之连接传输，私人圈子社会交往的扩展，以及在两者基础上参与主体的意义共享与排斥等诸多层面，实与新闻纸的介入密不可分。同时，以关系的视角关注中国近现代报刊的诞生与发展，对新闻史的书写无疑也具有新的启发意义。[③]

① 黄旦：《“报纸”的迷思——功能主义路径中的中国报刊史书写之反思》，《新闻大学》2012 第 2 期。

② 马克·波斯特：《信息方式——后结构主义与社会语境》，范静哗译，第 43 页。

③ 如从是否改变中国社会关系或产生实质意义的角度看，1815 年出现的《察世俗每月统记传》能否作为中文“近代”报刊的标志就成为可讨论的问题。而 1870 年代出现的以《申报》为代表的都市大众化报刊，则更能体现新闻纸与都市现代性的关系。

晚清“淫伶”案中的华洋交涉与集团竞争*

——以李春来案为中心

林秋云

（江西师范大学历史文化与旅游学院）

摘要：庚子以后，上海报刊上出现了大量“淫伶”奸拐绅妾案的报道。李春来案是其中影响最大的一宗，此案由广肇公所出面公诉，且几度引发中外交涉。还原案件始末发现，对李春来的指控实属事先谋划，久已存在的严惩淫伶舆论是该案被以虚做实的重要推力。晚清上海频发的“淫伶”案本质并非奸案，而是其他社会群体对伶人的污名，是社会内部冲突与竞争激烈化的表现。伶人实际身份地位的变动与近代集团力量的兴起导致了这种竞争，典型体现在与工商学等界相提并论的“伶界”一词的诞生。从伶人积极应对“淫伶”案，包括聘请洋律师，利用租界权力格局引来西人干涉等措施来看，也说明该群体已不再处于清代法律制度中的被支配地位。

关键词：淫伶；李春来；会审公廨；污名

“淫伶”是晚清上海报刊上出现频率很高的词汇。最先被冠以“淫伶”之称的是留春戏园名花旦万盏灯，因“诱拐”商人叶浩安之妾被控上会审公廨。[①]“淫伶”成为社会热点始于1899年3月至5月间发生的高彩云案。高伶乃天仙戏园的名花旦，被控强占怡和洋行买办金清镳之妾，并持刀向金恐吓，最终被解省讯办，判监禁长洲县内监十年。[②] 时《新闻报》《申报》《游戏报》等对此案皆有报道及讨论，并纷纷以“淫伶”“淫凶”

---

* 本文原载于《学术月刊》2019年第4期，有修改。

① 《淫伶逮案》，《字林沪报》1886年7月5日，第5版。留春戏园与本文中提及的其他戏园皆坐落在公共租界之内。有关这些戏园的简史，可参见哀梨老人：《同光梨园纪略》，《京剧历史文献汇编》第2册，南京：凤凰出版社，2011年，第304-332页。

② 有关该案大致经过，可参见哀梨老人：《同光梨园纪略》，第352-353页。

来形容高彩云。[1] 尽管惩罚不可谓不严，高案之后，此类“淫伶”案却不减反增。

1901年5月间，曾在天福等戏园搭班的霍春祥以“蛊惑良妇”被某绅所控，最后被判关押吴县流氓公所十年。[2] 霍案发生后不久，又有春仙戏园秦腔花旦灵芝草（丁剑秋）被控拐逃苏商祝承桂之妾。丁案亦被移送至上海县署审理，在被羁押两个多月，患病且无法供出祝妾下落的情形下，丁剑秋被判“解回天津原籍，交地方官管束，不得私行来沪”。[3] 丁伶被遣送回籍的第三年，又有沪上名青衫郭秀华之子、名旦郭蝶仙，天仙戏园后台老板赵嵩绶之子、名武生赵小廉被控拐逃候补道冯翰之妾，“郭枷号二礼拜，游行租界示众，期满押捕房二个月，逐出租界”，“赵咎难辞，从宽判发押捕房两礼拜”。[4]

紧接着郭赵“拐逃”冯妾案发生的，是轰动租界一时的李春来案。名武生李春来的被控情由与前数起案件类似，特殊之处在于，此案的原告并非受害人或其亲族，而是粤人在沪的同乡组织广肇公所。其次，此案虽系“华人控告华人”的犯奸案，但审理过程却引发了数次中外交涉，一度还有卷宗移送外务部，将由北京方面审理的传言。《申报》《新闻报》《时报》《中外日报》等几大日报对该案进行了密集的追踪报道，《文汇西报》(*The Shanghai Mercury*)、《上海泰晤士报》(*The Shanghai Times*)、《字林西报》(*The North-China Daily News*)等以寓沪侨民为主要读者群的外文报纸亦对此案投以巨大关注。[5]

“淫伶”案为何会频繁发生在晚清的上海租界？华文报刊为何动辄以“淫伶”来形容涉案伶人？西人为何会对此类性质的案件感兴趣乃至插手李春来案？民国年间，创办过《民国日报》的邵力子曾注意到当时社会上仍存在的痛骂“淫伶”、严惩“淫伶”的舆论，除了主张法律平等，他还指出，“社会上必不少‘淫官’‘淫商’‘淫绅’那种人”，何以“却从未听到“‘淫官’‘淫商’‘淫绅’那种名称呢”，更何况“‘淫官’‘淫商’‘淫绅’，比‘淫伶’可恶得千百万倍”。[6] 邵力子的问题同样适用于讨论晚清的“淫伶”案。男女私相

---

① 如《淫凶逮案》，《新闻报》1899年3月27日，第3版；《淫凶宜究》，《申报》1899年3月29日，第3版；《严办淫凶》，《申报》1899年3月30日第3版；《严办淫伶逞凶》，《游戏报》1899年3月30日，第2版；《会讯淫伶不法案》，《新闻报》1899年5月16日，第3版；《淫伶解省》，《申报》1899年5月26日，第3版；《观翁直刺王大令严办淫伶高彩云事喜而记此》，《游戏报》1899年5月16日，第1-2版；等等。

② 《访拿淫优》，《新闻报》1901年5月8日，第3版；《苏台买夏》，《申报》1901年5月20日，第2版；《严惩淫伶》，《申报》1901年5月25日，第2版。

③ 《递解淫伶》，《申报》1904年5月24日，第3版；《淫伶递籍》，《申报》1904年5月31日，第3版；《提解淫伶》，《新闻报》1904年5月31日，第2张第1版。

④ 《惩判淫伶》，《新闻报》1907年9月20日，第2版。

⑤ 张仲民最早注意到《中外日报》《神州日报》《时事报》《世界繁华报》《民立报》对此案有大量报道。《繁华报》和《民立报》对李春来案的报道主要集中在1910年8月间李春来即将刑满被释、递解回籍再次引发的中外交涉问题，不在本文讨论的范围内，故暂不参考。《文汇西报》《上海泰晤士报》对该案的报道散见于《新闻报》《中外日报》等华文日报的引用中，笔者曾前往徐家汇藏书楼，但未查找到这两种外文报纸。《北华捷报》对该案的报道和《字林西报》上的完全相同，但日期却稍滞后，故本文相关引用只注出后者。

⑥ 《“淫伶”和法律》，《民国日报·觉悟》1924年2月28日，第7页。

交际的“台基”与非婚姻关系的“姘居”在晚清上海流行成风[①]，与女子存在非礼交往的男性并不只有伶人，缘何只有这一群体被冠之以“淫”？有学者认为，这种报道反映了对伶人的偏见仍广泛存在。[②] 观念上的歧视固然有之，然而仅从这一角度进行解读，无疑会遮蔽其他可能的面相。鉴于李春来案的复杂性及其影响力，本文试图由此切入，通过还原该案的来龙去脉，弄清“淫伶”案的本质，从而更好地理解用“淫”指称“伶”所传递的社会意涵。

一、从“名优”“茶园主”到“淫伶”

李春来为天津人，早年曾在京津地区演出。[③] 同治十三年(1874)冬，津伶孙菊仙来沪开昇平轩，李春来“年十九岁，隶该班为武副老生”。[④] 昇平散后，又先后在丹桂、咏霓、留春等戏园中演唱。光绪三年(1877)，李春来在梨园声价中已名列武生行当的“中品”[⑤]，《申报》报道其母丧返京的新闻时，称其为“名优”[⑥]。戏园的演剧广告、小报上的梨园动态消息，亦皆称其为“头等名角”“真正名角”。曾任《新闻报》主笔，颇嗜观剧的孙玉声称赞他乃“上海武生中之最著者”。[⑦] 票过京戏，撰写数十年剧评的朱瘦竹亦说李春来是“南派武生的大宗匠”。[⑧]

和大多数名伶一样，李春来不但唱戏拿包银，还先后经营过多个戏园。光绪四年(1878)，伶人杜蝶云所开之丹桂累亏闭歇，在周姓“记名提督”和武夫韦姓人的出资下，李春来开张众乐茶园。此后，他又与伶人沈砚香、烟店老板、甬人应桂馨等合开过天和、丹桂、桂仙、春仙等戏园，丹桂和春仙后转为独资。[⑨] 由于资金周转问题，除春仙维持四年之久外，其他戏园都是屡开屡闭，尽管如此，在李春来看来，“还是开戏馆、当老板的便宜，可以名利双收”。[⑩]

1907 年 8 月，李春来在租界内新盖的春桂戏园竣工。虽然租界戏园众多，但多系园主向房东租用，自建戏馆的情况较为少见，非财力雄厚者难以支持。[⑪] 李春来此前

---

① 李长莉：《晚清上海：风尚与观念的变迁》，天津：天津人民出版社，2010 年，第 358 页。

② 张仲民：《清季启蒙人士改造民众阅读习惯的论述》，《“中央研究院”近代史研究所集刊》第 68 期，第 51-96 页。

③ 波多野乾一：《京剧二百年之历史》，鹿原学人译，北京：学苑出版社，2008 年影印本，第 199 页。

④ 哀梨老人：《同光梨园纪略》，第 308 页。

⑤ 《梨园声价》，《申报》1877 年 5 月 19 日，第 3 版。

⑥ 《伶人进返》，《申报》1882 年 11 月 2 日，第 2 版。

⑦ 《三十年来伶界之拿手戏》，《图画日报》1910 年第 404 号。

⑧ 《李春来轶事》，朱瘦竹：《修竹庐剧话》，北京：中国戏剧出版社，2015 年，第 24 页。

⑨ 哀梨老人：《同光梨园纪略》，第 307-308、311、319-320 页。

⑩ 哀梨老人：《同光梨园纪略》，第 321 页。

⑪ 有据可考的只有丹桂刘维忠自建戏馆，但他也因此负债累累，最后不得不将戏馆出卖。详见《减让地租》，《申报》1886 年 3 月 6 日，第 3 版；《划银胶葛》，《申报》1886 年 3 月 11 日，第 3 版；《中证未到》，《申报》1886 年 3 月 17 日，第 2 版；《抵银续讯》，《申报》1886 年 5 月 8 日，第 3 版。

经营的戏馆亦系租借，可见春桂的落成意义非凡。为此，李春来还专门在申、新二报刊登告白，称自己“不惜重资”建造此“高大宽敞特别改良中西合式戏馆”，园内安装有电风扇、电灯，冬夏两宜，宽敞明亮，“自馆门至园内，落雨不走湿地，左右安置太平门六处，有备无患”，接待女观众的“女客东厅，洁净无秽”，“看客人内，心旷神怡”。[①]《申报》在“本埠新闻”中专门报道了此事，并称赞园主“慎重角色，各处延请”。[②]

然而，麻烦也由此开始。两个月后，李春来被《申报》同一栏目指为“淫伶”，谓其自开春桂以来，“声势煊赫，与某孀妇出入同车，招摇过市”，此事为道台听闻后，饬札公廨谳员关絅之“签差协探提究，李闻风避匿”。[③] 同样的消息亦见于当天的《时报》和《新闻报》。《时报》称李春来因“拐某宦寡妾，得银四十余万，被人告发”，沪道瑞澂札饬谳员出票派役会同捕房进行提拿，但未抓获。《新闻报》未言及李春来所犯何事，但也说他被道台饬札捉拿。[④]

数日后《申报》又登出“淫伶李春来投案”消息[⑤]，但这条新闻与此前的报道有些矛盾——李春来被提拿并不是因为和某孀妇的往来，而是被“祝宦控案”。祝宦即祝承桂，此次控告李春来的缘由是李容留已被驱逐出租界的灵芝草在春桂演戏。由于无法在规定的时间内将灵芝草交出，半个月后李春来再次被押往公廨提讯。当日，忽有一名外国律师到廨宣称春桂戏园有意大利、瑞典两国商人股份，以“洋商不能赴县控追”为由，制止将李送县讯办。[⑥]

送县受阻后，四大日报同时刊出了广肇公所董事联名上沪道禀，内称收到怡泰轮船公司买办周树奎信函一封，言及同乡黄开甲遗孀宋氏“不顾廉耻，结交匪类”，“淫伶李春来不但私与往来，俨然以公馆主人自居”，且“诳骗巨资任意挥霍”，诸董事旋即四处查询，发现“人言凿凿”，故“乞宪台饬公廨关太守将李春来从严究办，以端风化而儆诳骗”。为示指控李春来犯案证据充分，广肇公所董事还公开了另一封无名氏的告发信，历数“该淫伶设计私姘黄君开甲之夫人，先奸之后再骗钱财”之罪恶，并请广肇公所“务必顾全同乡场面”，急公好义，“切勿袖手旁观”。

与严惩“淫伶”针锋相对的是自称意瑞商人代理律师的高易，他以春桂的洋人股份为由“严告”谳员，未经领事批准拘提李春来已属程序违法，且未有罪名便将人扣押，已导致戏园关门，股东利益受损。若不及时将李释放，将请工部局及意瑞领事注意此事。面对洋律师的“威胁”，谳员回绝以“本分府办事公正，不畏强权”。李春来已承认“春桂

---

① 《新开春桂茶园》，《申报》1907年8月20日，第7版。

② 《戏园开幕之先声》，《申报》1907年8月22日，第19版。

③ 《淫伶李春来避匿》，《申报》1907年10月6日，第20版。

④ 《提李春来》，《时报》1907年10月6日，第2版；《饬提未获》，《新闻报》1907年10月6号，第3张第3版。

⑤ 《淫伶李春来投案》，《申报》1907年10月11日，第19版。

⑥ 《淫伶藏奸案续志》，《时报》1907年10月25日，第2版；《公共公廨早堂案》，《申报》1907年10月25日，第19版；《禀请先追押款》，《新闻报》1907年10月25日，第3张第2版；《请追戏园附股》，《中外日报》1907年10月25日，第3张第2版。

是渠一人所开,并无洋股在内”,“应否送县及有何罪名,公堂自有权衡,贵律师均无庸干预”,态度甚是坚决。[①] 但事态接下去的发展,却超出了谳员的控制范围。

二、从“华人纠纷”到“华洋纠纷”:不允解县与案件的发酵

黄开甲,字子元,广东嘉应州人,晚清首批赴美留学幼童,回国后曾在天津电报学堂学习,并投身于清政府的电报建设事业,屡被奏保嘉奖。[②] 因“才具干练,熟悉商情”,光绪二十八年(1902),被派往美国圣路易斯博览会担任监督。[③] 此次美国之行并不顺利[④],但黄开甲却由此获得了“四品卿衔候选道”的政治身份[⑤]。黄开甲遗孀朱素珍,曾是租界一名普通妓女,为黄开甲取回作妾[⑥],原配去世后,被扶正为妻。1905 年 5 月,黄开甲代表清政府赴美国参会,但在取道日本回国的路上便病逝了。[⑦]

清代对“犯奸”惩处甚严[⑧],如奸占官妻罪名成立,李春来可能会被判以“绞监候”[⑨]。根据 1869 年实施的《洋泾浜设官会审章程》,公廨只能发落枷杖以下罪名,“华人犯案重大,或至死罪,或至军流徒罪以上”,“应仍由上海县审详细办”。按照规定,李春来需要被解县讯办。但该章程同时还规定,只有涉案双方都是华人,谳员方可自行决断,凡遇“牵涉洋人必应到案者”,或者是“为外国服务及洋人延请之华民”涉讼者,则“必须领事官会同会员审问,或派洋官会审”。[⑩] 若春桂之中真有洋股,李春来变为洋商合伙人,则该案性质将升级为“华洋互控”。不仅如此,1905 年修订的《续增上海洋泾浜设官会审章程》还增加了新规定,公廨若要提究传讯居于租界内的华人,“提传各

---

① 有关广肇公所的请愿信、周树奎与无名氏的告发信,以及律师与谳员的往来函件,详见《淫伶李春来罪案》,《申报》1907 年 10 月 29 日,第 19 版;《拘拿李春来案函牍汇录》,《中外日报》1907 年 10 月 29 日,第 3 张第 2 版;《广肇公所董事上沪道禀(请惩李春来)》,《新闻报》1907 年 10 月 29 日,第 3 张第 2 版;《淫伶李春来案》,《时报》1907 年 10 月 29 日,第 5 版。

② 韩晶:《晚清中国电报局研究》,上海师范大学人文与传播学院博士学位论文,2010 年。

③ 《外务部奏请派美国散鲁伊斯赛会监督折》,北洋洋务局纂辑:《约章成案汇览》乙篇卷 42 下《成案·赛会门》,台北:华文书局有限股份公司,1969 年影印本,第 7207 页。

④ 详见黄薇:《困境与无奈——“留美幼童”黄开甲的世博之旅》,《文史与社会:首届东亚“文史与社会”研究生论坛文集》,上海:上海大学出版社,2012 年,第 230-237 页。

⑤ 《美国赛会监督溥咨各省赛会货物须先呈报文》,北洋洋务局纂辑:《约章成案汇览》乙篇卷 42 下《成案·赛会门》,第 7226-7227 页。

⑥ 有关朱素珍的身份,详见慕优生:《海上梨园杂志》,《京剧历史文献汇编》第 2 册,第 572 页;小横香室主人编:《清朝野史大观》卷 4《清朝史料》,上海:上海书店出版社,1981 年,第 102 页。

⑦ 黄浩瀚:《黄开甲:晚清潮汕最早留美幼童》,《广东档案》2013 年第 6 期。

⑧ 详见钱泳宏:《防控与失控:清代重惩奸罪与“因奸杀夫”》,《华东政法大学学报》2012 年第 1 期。

⑨ 《大清律例》卷 33,张荣铮等点校,天津:天津古籍出版社,1993 年,第 552 页。

⑩ 王铁崖编:《中外旧约章汇编》第 1 册,北京:生活·读书·新知三联书店,1957 年,第 269-270 页。上海会审公廨有二,一在法租界,一在公共租界,本文所言会审公廨皆指后者。关于该机构的历史与权限变化,参见洪佳期:《上海公共租界会审公廨研究》,华东政法大学博士学位论文,2005 年;杨湘钧:《帝国之鞭与寡头之链:上海会审公廨权力关系变迁研究》,北京:北京大学出版社,2006 年;郭泰纳夫:《上海会审公堂与工部局》,朱华译,上海:上海书店出版社,2016 年。

票"须"由领袖总领事画押盖印,方能施行",倘若"系外国商民雇佣者,其提票兼须由该东人之本国领事官押盖印,方能行提"。[①] 拘提李春来不仅需要驻沪总领事同意,因戏园股份与意瑞商人有涉,还需要意瑞领事签署方可。

正是得益于这些条款,意瑞领事先是出面要求保释李春来,被拒后又给公廨发来照会,坚称此案与意瑞商民均有关系,美国总领事已授权意瑞领事派出陪审官,代替美国陪审员来会审此案,故公廨应将李交保暂释,待拘票送到领事馆签字后再共订会审日期。对此,谳员宝颐[②]坚持"祝姓控告李春来"乃属"华人控告华人"的早堂案,外国领事原本就无讯理之权,即使美国领事退出会审,"此案之权自应归入华案,由本分府独权办理"。至于拘票,"春桂既非洋商所开,李春来又非洋商用人",无须领事签字。况李春来乃"道宪饬办之犯,且淫恶昭著,万人共愤",保释势必会造成舆论哗然,"激成事端"。[③]

面对领事的干涉,广肇公所董事以全体旅沪粤绅的名义,先是给黄开甲之弟、奉天劝业道黄开文连发两封电报,告知其嫂丑行,提议黄开文速电沪道,将李春来提县重办[④];继又给公廨上请愿信,称李春来"骗人钱财,强占职官妻室"证据确凿,望能将李春来"例照平人加等治罪"[⑤]。很快,道台梁如浩将此事上禀总督,并札行公廨,拟"照前办之高彩云、霍春祥等之罪"从严惩办李春来。[⑥] 但即便"奉宪札亲提",宝颐仍遭"美领推诿,捕房阻难",未能解送。为解决此事,上海知县"专程往谒美总领事",但美领只允"先办灵芝草案,判押两三个月将李释出",待还清瑞意两国借款后再行牌提讯,办理黄氏之案。知县则主张专办黄氏之案,果有欠款,讯结后再另案控追。[⑦] 双方未能达成共识。

李春来迟迟未能送县引发了华报的质疑和猜测,《中外日报》称"淫伶李春来自管押公廨后遍托他人运动,意图幸逃法网","近日外间又复纷纷传说,谓李已托人运动妥恰,约共费银五万两即可置身事外"[⑧];《申报》亦称"近日有人来函,云黄京卿夫人典质

---

① 王铁崖编:《中外旧约章汇编》第2册,第287页。

② 1907年10月18日,襄谳宝颐接替关絅之成为新一任谳员。

③ 有关意瑞两国领事与谳员的交涉过程,详见《谳员与意瑞两领辩论李春来案》,《申报》1907年10月31日,第19-20版;《淫伶李春来案》,《时报》1907年10月31日,第5版;《中西官辩论李春来案》,《新闻报》1907年10月31日,第3张第2版;《谳员与意瑞两领辩论李春来案》,《中外日报》第3张第2版。

④ 《旅沪粤人致奉天劝业道黄观察电(为李春来事)》,《申报》1907年11月7日,第19版;《旅沪粤人致奉天劝业道黄观察电(为李春来事)》,《时报》1907年11月7日,第5版;《粤绅致奉天劝业道黄锡臣电(为淫伶李春来事)》,《新闻报》1907年11月7日,第3张第2版。

⑤ 《粤绅钟文耀等禀公廨文(为李春来案)》,《申报》1907年11月14日,第19版。

⑥ 《严办淫伶李春来》,《申报》1907年12月4日,第19版;《淫伶李春来拟照高彩云定案》,《时报》1907年12月4日,第9版。

⑦ 《公共公廨宝谳员上沪道禀(淫伶李春来未便轻纵)》,《申报》1908年1月12日,第3张第3版;《公共公廨宝谳员上沪道禀(淫伶李春来未便轻纵)》,《时报》1908年1月13日,第9版。

⑧ 《淫伶运动述闻》,《中外日报》1908年1月27日,第3张第2版。

巨金为李春来运动某某等，设法开脱”，又闻“黄夫人现已运动粤人代为缓颊，求请释放，大约发落之期不远矣。此犯可放，何犯不可释放”[1]。流言使得公廨谳员不得不与美国领事“再四磋商”，然对方仍“只允在租界讯办，或押西牢，或将灵芝草、黄朱氏两案并办均可”。[2]

接到谳员禀帖的梁如浩在意、美驻沪领事再次发来照会要求“从宽发落”的情况下，仍命宝颐遵照总督要求的“援照诱奸骗银成例办理”，“婉商领事，从速解道讯供”。[3] 一方是总督、道台的饬札，另一方是外国领事的阻挠，两方的相持不下让身处其中的谳员进退两难。案件拖延至梁如浩卸任仍未办理。蔡乃煌接任后，检阅卷宗，以春桂戏园并无洋股“照会领事，声明力争”，但同样无法将李春来送至城内讯办。[4] 考虑到案悬日久，清政府不得已做出妥协，同意此案在会审公廨审理。开审前夕，道台再次饬札宝颐，强调李春来乃“违犯租界禁令，淫恶素著，中外所不容之人，断不能稍涉轻纵”，要求谳员“按律究拟，以儆淫骗”。[5]

三、中外会审：为“淫伶”辩护与撤换谳员风波

1908 年 5 月 21 日，时隔第一次提堂七个月余，李春来案再次开审，美国副领事白保罗(Dr. S. P. Barchet)作为陪审官参与会讯。首次会审“观者数千人，公堂内外几无容足之地”。[6] 虽然李春来被指控犯有“容留过犯”与“奸骗官妻”两项罪名，但出场的原告只有广肇公所总董关湘泉，祝承桂并未现身公堂。英籍律师担文(William Venn Drummond)的帮办费烈(Morgan Phillips)担任广肇公所代理律师，为李春来辩护的是美籍律师佑尼干(Thomas Roberts Jernigan)及其帮办弗心登(Stirling Fessenden)。[7]

针对非法容留灵芝草案，被告律师援引直隶总督袁世凯奏定、1907 年通过的《天津府属审判厅试办章程》及沈家本主持下 1906 年编成的《大清刑事民事诉讼法》草案中的相关条例，指出会审公廨对李春来将近八个月的超期羁押属于违法，即使因容留

---

① 《公共公廨宝谳员上沪道禀(淫伶李春来未便轻纵)》，《申报》1908 年 1 月 12 日，第 3 张第 3 版；《淫伶保释消息》，《申报》1908 年 1 月 28 日，第 18 版。

② 《李春来案禀请道示》，《新闻报》1908 年 2 月 7 日，第 3 张第 2 版。《淫伶李春来奸案近闻》，《申报》1908 年 2 月 7 日，第 3 张第 3 版；《请沪道示办淫伶李春来等案》，《时报》1908 年 2 月 7 日，第 2 版。

③ 《沪道对于淫伶案之批示》，《中外日报》1908 年 2 月 15 日，第 3 张第 2 版。

④ 《声明春桂戏园无洋商合股》，《新闻报》1908 年 4 月 14 日，第 3 张第 2 版。

⑤ 《沪道札会审公廨文(为严惩淫伶李春来事)》，《申报》1908 年 5 月 17 日，第 3 张第 2 版；《上海道札会审委员文(为严惩淫伶事)》，《中外日报》1908 年 5 月 10 号，第 1 张第 4 版。

⑥ 《记会审公廨提讯淫伶李春来事》，《中外日报》1908 年 5 月 22 号，第 1 张第 3 版。

⑦ 英籍律师担文时常为中国人辩护，关于他在上海的活动，可参见陈同：《略论近代上海外籍律师的法律活动及影响》，《史林》2005 年第 3 期。但担文并未出席和参与李春来案的辩护，《时报》的相关报道存在谬误。佑尼干的相关情况详见下文。

过犯将面临被判处两个月的监禁，刑罚也已经消抵，是故应将被告及时释放，再就其与朱氏一案重新履行拘捕程序。双方在是否要将李春来释放的问题上再次发生争辩，佑尼干一再坚持原告方应该有黄开甲的亲属在场，谳员与陪审员商议后决定订期再审。

由于庭审过程中，宝颐多次嘲笑佑尼干自降身价，亲自到堂为“低贱”且声名狼藉的“淫伶”辩护，在旁听席响起起哄的掌声时，不但未喝止，还称“说得有理，自然傍（旁）观欢迎”，佑尼干觉得受到了羞辱和冒犯。此外，宝颐在公堂上还多次声称自己“奉督宪电谕，道宪札文”，“李伶淫骗一节，驻沪领袖领事及捕房，并商界、学界，无不痛恨，虽三尺童子，亦□深悉”，这让佑尼干认为宝颐未经审理便主观认定李春来有罪，因此当堂表示反对宝颐继续审理此案。[①]

一审结束后，美国驻沪总领事田夏礼（Charles Denby）果致函沪道，称谳员“出言不逊，频有激烈等语”，“李伶之案还无凭据”，而其“先已知晓李伶有罪，竟以言语讥刺敝国律师”，故要求道台“另派委员会讯”。[②] 宝颐否认自己讥笑律师，其回复道台的“恫吓有所不惧，荣辱有所不计，甘受外人之排挤，决不受华人之唾骂”赢得了华人的舆论支持。[③] 沪上江浙籍绅商代表，虞洽卿、朱葆三、苏德镳、邵廷松等十人联名致函道台，称易员审讯乃“国体所关”，且“影响商界极大”，望道台“力持坚拒”领事的要求。[④]

案件至此又陷僵局，会审日期一再更改，原定于“本礼拜二开审，继改于礼拜四即昨日开审，嗣又须再行订期会讯”，由于未事先通知，本埠商民乃相率往观，“计共不下二三千人”，旋闻“因中西官各怀意见，并不解讯，始渐散去”。[⑤] 对此，各报议论纷纷，有称该案已报往北京，将“移归北京办理”[⑥]，有称陪审官已“电禀驻京美使”[⑦]，总之，“两大势力相持不下”，甚是棘手，“恐难免由北京官吏提讯”[⑧]。由于开审无期，渐有传

---

① 庭审过程详见“Charges Against an Actor”, *The North-China Daily News*, May 22, p.7-8, 1908;《记会审公廨提讯淫伶李春来事》,《中外日报》1908 年 5 月 22 号,第 1 张第 3 版;《记公廨第一次会审李春来案》,《时报》1908 年 5 月 22 日,第 3 版;《会讯李春来淫骗案》,《新闻报》1908 年 5 月 22 日,第 3 张第 3 版;《会讯伶人李春来淫骗案》,《申报》1908 年 5 月 22 日,第 3 张第2 版。

② 《淫伶奸骗案之文牍》,《申报》1908 年 5 月 27 日,第 3 张第 2 版;《沪道宪政致公廨函》,《新闻报》1908 年 5 月 27 日,第 3 张第 3 版;“The Case of Li Chun-lai”, *The North-China Daily News*, May 28, p.7,1908.

③ 《公共公廨谳员宝宪复沪道文》,《新闻报》1908 年 5 月 27 日,第 3 张第 3 版;《淫伶奸骗案之文牍》,《申报》1908 年 5 月 27 日,第 3 张第 2 版;《会审委员宝呈上海道禀(为提讯李春来事)》,《中外日报》1908 年 5 月 26 号,第 1 张第 4 版;《谳员宝大令复沪道禀(遵覆李春来案与佑律师辩驳情形)》,《时报》1908 年 5 月 26 日,第 2 版。

④ 《旅沪绅商上沪道函(为易员审讯淫伶事)》,《中外日报》1908 年 5 月 28 号,第 1 张第 4 版;《旅沪绅商上沪道函(为易员审讯淫伶事)》,《申报》1908 年 5 月 28 日,第 18 版。《旅沪绅商上沪道函》,《时报》1908 年 5 月 29 日,第 2 版。

⑤ 《会讯李春来案之延期》,《中外日报》1908 年 5 月 29 日,第 3 张第 2 版。

⑥ 《淫伶李春来案》,《时报》1908 年 5 月 28 日,第 2 版。

⑦ 《淫伶奸骗案从缓会讯》,《申报》1908 年 5 月 29 日,第 3 张第 3 版。

⑧ 《论李春来案》,《通学报》1908 年第 5 卷第 9 期,第 288 页。

言宝颐辞职，“广东会馆对于此事颇为激昂，将提议特别之事件”。[①] 但很快又有新闻称，道台以“此事关系主权甚大”，已严词驳拒美国总领事[②]，佑尼干和田夏礼也因此直赴南京与总督“妥商办法”，领事公会“备文照会华官”，“共同与沪道交涉”，该案由“美领一人与华官之交涉”，变为“领事公会全体之交涉”[③]。

继与总督交涉后，又传出美国总领事通过驻京大使转向外务部交涉，蔡乃煌亦令谳员将卷宗通过端方转送至外务部的消息。[④] 但此案终未由北京方面审理，个中情由不得而知。在停审20多天后，蔡乃煌、宝颐与田夏礼、佑尼干及美国总领事馆若干人等在洋务局进行了会谈，华报形容此次会面“中西各官畅谈良久，尽欢而散”，《字林西报》亦称“会面愉快友好，周二早堂，会审公廨将对此案作出判决”。[⑤]

但第二次会审同样未能如期结案，双方在被告的法律适用问题上发生了分歧。原告律师认为，依照中国律法，李春来“身居倡优隶卒之属、最卑贱之人，其所犯罪名比居民亦应加重”。但佑尼干却指出，朱氏系寡妇身份，本案并无个人原告，按照西律应当撤销。且《大清刑律草案》也规定，奸案须由本夫、受害人或同族近亲起诉方能论定其罪，黄开甲非广肇两府人士，广肇公所并不具备此案的原告资格。尽管原告律师驳以草案尚未通行，不能据以为凭，并提供了相关人证，佑尼干还是坚持传唤当事人黄朱氏到堂对质，案件不得不推迟两日再审。[⑥]

因黄朱氏的缺席以及“被告见证未齐”，第三次会审并未开讯。对于此次临讯改期，佑尼干并未事先知会谳员，而是直接“禀请总领事”，再由帮办弗心登到堂转告协商结果。“绅、商、学界中人未悉改期情形”，到廨观审者仍有“数千人”之多。[⑦] 黄开甲的

---

① 《淫伶李春来案近闻》，《申报》1908年6月4日，第1张第4版；《淫伶李春来案》，《时报》1908年6月4日，第2版。

② 《廨员并未辞职》，《新闻报》1908年6月5日，第3张第2版；《沪道不允为奸骗案撤换谳员》，《新闻报》1908年6月6日，第3张第2版；《淫伶奸骗案近闻》，《申报》1908年6月6日，第3张第2版；

③ 《淫伶奸骗案近闫》，《申报》1908年6月6日，第3张第2版；《领事公会研究李春来案》，《中外日报》1908年6月5号，第1张第2版；《领事公会因李春来案另生枝节》，《中外日报》1908年6月6日，第1张第3-4版。

④ 《李春来案卷送京》，《申报》1908年6月8日，第3张第2版；《淫伶李春来案移向外务部交涉》，《时报》1908年6月8日，第2版；《会讯李春来案录请江都转送外部》，《中外日报》1908年6月8日，第1张第4版；"The Case of Li Chun-lai", *The North-China Daily News*, June 9, p.7, 1908.

⑤ 《会商淫伶李春来案》，《申报》1908年6月16日，第3张第2版；《会商淫伶李春来》，《新闻报》1908年6月16日，第3张第2版；"Satisfactory Settlement", *The North-China Daily News*, June 16, p.7, 1908.关于洋务局，可参见梁元生：《体制内的变革：晚清上海的局》，张仲礼等主编：《中国近代城市发展与社会经济》，上海：上海社会科学院出版社，1999年，第201-218页。

⑥ 《讯问李春来案详情》，《中外日报》1908年6月17日，第1张第3-4版；《会审淫伶案详情》，《新闻报》1908年6月17日，第3张第3-4版；《会讯淫伶李春来案详情》，《时报》1908年6月17日，第6版；《会讯淫伶李春来案》，《申报》1908年6月17日，第3张第2-3版；"The Case of Li Chun-lai", *The North-China Daily News*, June 17, p.8, 1908.

⑦ 《李春来案临讯改期之辩论》，《申报》1908年6月19日，第3张第2版；《淫伶奸骗案改期讯结》，《新闻报》1908年6月19日，第3张第3版；"The Case of Li Chun-lai", *The North-China Daily News*, June 19, p.7-8, 1908.

胞妹黄素贞出席了最后一次会审。意外的是,她的态度与广肇公所截然相反,坚决否认李春来与其嫂有染。黄素贞声称自胞兄故后,她便住进黄公馆,她和嫂子曾经在戏园中观看过李春来的戏,但从未在家遇见过李春来。其嫂也从不只身赴戏园观剧,每次必携其幼子幼女。黄素贞还讲述了自己在报上看到广肇公所请愿信及相关报道后前去拜见董事唐元湛的经历,对方告知"或言朱氏性险躁,颇恶之","李春来亦为人所恶","然事已至此,骑虎难下",建议黄素贞"速促令嫂离沪"。[①] 在黄素贞看来,这起"淫伶"案可能是有人要损害黄家名誉,同时借此惩罚李春来而炮制出来的,该案可能还牵涉黄家的遗产问题。

除了黄素贞,被告律师还找来相关证人,反驳原告证人关于李春来与朱氏曾在杭州客栈同住,深夜出入黄公馆等私相往来的证词。综合原被告双方证人的身份以及证词来看,李春来"奸骗京堂命妇"实难成立。[②] 然而在与陪审官商议之后,还是以此为由,李春来被谳员"判押西牢三年,期满递解回籍"。[③]

四、"谋划"的"淫伶"案

黄素贞的言论提示了本案的另一种可能。且不论证人证言,就案件的发生而言,本身就疑点重重。首先是李春来的被捕。关于被捕原因,华报的前后报道相互矛盾,先是说因奸被道台饬札提拿,继又变成被祝承桂指控非法容留灵芝草。灵芝草被遣送回籍发生在 1904 年,"潜回"租界已是三年以后。为遮人耳目,他还改名为"盖三省"。此事吊诡的是,祝承桂已在 1905 年间物故[④],根本不可能在 1907 年遣家丁投辕上控[⑤],难怪佑尼干在首次会审中质问祝承桂为何不上堂时,谳员回答:"他已赴日本,无法出席"。[⑥] 显然,指控李春来容留灵芝草是另有人做的文章。

前文已言及,租界内廨差提人,须由华官发出拘票,经领袖领事签字后,知照捕房派捕协提,否则即便奉了总督之命,亦难以在租界拘提人犯。就何种行为构成犯奸,奸

---

① 译文为笔者自译,原文详见"The Case of Li Chun-lai", *The North-China Daily News*, June 24, p.7, 1908.

② 有关原告方提供的证人及被告律师指出的证词漏洞,详见"The Case of Li Chun-lai", *The North-China Daily News*, June 17, p.8, 1908. 被告律师对原告证人的诘问等不利于原告的庭审细节,在华文日报的报道过程中被有意忽略了。

③ 《淫伶奸骗案判结》,《新闻报》1908 年 6 月 24 日,第 3 张第 4 版;《讯结淫伶李春来案》,《申报》1908 年 6 月 24 日,第 3 张第 2 版。《讯结淫伶李春来案》,《中外日报》1908 年 6 月 24 日,第 1 张 3 版;《李春来判定监禁西牢三年》,《时报》1908 年 6 月 24 日,第 4 版。

④ 详见张笑川:《近代上海闸北居民社会生活》,上海:上海辞书出版社,2009 年,第 41 页。

⑤ 据《新闻报》,具体到公廨控告李春来的是"祝宦家丁祝升"(《限交灵芝草》,《新闻报》1907 年 10 月 11 日,第 3 张第 2-3 版),《中外日报》亦称"祝绅遣抱"(《提讯私留犯案伶人》,《中外日报》1907 年 10 月 11 号,第 4 张第 2 版),换言之,提起诉讼的并非祝宦本人。

⑥ "Charges Against an Actor", *The North-China Daily News*, May 22, p.7, 1908.

案属于何种性质的案件等问题，中西律法有不同的理解和规定。[①] 同治年间被上海县定性为“拐盗”的杨月楼良贱互婚案便曾引来西人对中国传统律法“残忍且野蛮”的批评。[②] 灵芝草违反禁例，偷偷在春桂唱戏，这无疑成了提拿李春来最好的理由，领事与巡捕房想必不会阻挠。就在李春来被捕后的一次工部局董事会会议上，“关于华人演员李春来的问题”，董事伯基尔(Albert William Burkill)在发言中也提到“中国当局已利用了工部局捕房抓到了此人”。[③] 无论有意无意，只要容留过犯，作为戏园老板的他都要担责。

按照广肇公所的说法，公禀李春来最初是因为周树奎的告发信。而周树奎攻讦李春来与朱氏二人有奸的证据，主要是一篇名为《荆天棘地》的小说。这篇小说于案发前连载于《繁华报》，讲述了沪上陆公馆太太朱小春孀居期间与伶人一声雷公开姘居，且挥霍家资为其修建戏园，亲戚某得知此事后，上禀道台请求严惩淫伶的故事。[④] 周树奎指出，这篇小说并非虚构，“所谓陆公馆者，黄公馆也，太太即朱素珍也，一声雷者即李春来也，要之，皆已故黄子元星使开甲之故实耳”。巧合的是，周树奎写信给唐元湛等人，也是请求“速即发电联名函致沪道”，“将淫伶李春来按例重办”。[⑤]

更为巧合的是，小说见刊后不久，周树奎便发表了《某京卿》一文，揭露某京卿殁后，孀妻与某伶有染，且出资与谋“自营戏园”，文章与小说有多处情节相似，如某京卿与朱小春的亡夫陆某都有出洋的经历，最后病殁于日本，而京卿的妻子某氏与朱小春原来的身份都是“勾栏中人”。[⑥] 周树奎与李伯元、吴趼人，及继任《繁华报》主编的任堇关系颇好，除发表翻译小说外，周树奎自己也创作小说，不排除这篇没有署名的《荆天棘地》可能就是他本人的创作。[⑦]

周树奎自称与黄开甲有共事之谊，他不忍看到故人受辱，且不忍黄家家业“败坏于

---

① 这点从第二次会审李春来双方律师的辩论便能得以一窥。原告律师强调黄氏之案“查照西律无甚重要，然而照中国法律上观之，系重大得狠(很)”，被告律师则主张“此案照西国律法应以民事论，不能照刑事论”。详见《会讯李春来案详情》，《时报》1908 年 6 月 17 日，第 6 版；“The Case of Li Chun-lai”, *The North-China Daily News*, June 17, p.8, 1908.

② “The Yang Yeh-liu Case”, *The North-China Herald and Supreme Court & Consular Gazette*(1870-1941), June 6, p.8, 1874.

③ 上海市档案馆编：《工部局董事会会议录》第 16 册，上海：上海古籍出版社，2001 年，第 728 页。

④ 由于保留下来的《繁华报》不全，难以得知这部小说开始刊登的日期。保留下来的 1907 年 5 月 30 号以及 10 月 21 号上的《繁华报》第 7 版都刊有该小说的片段。张纯的《晚清稀见小说经眼录》(《文教资料》1990 年第 6 期)有该小说的故事梗概。

⑤ 《广肇公所董事上沪道禀(请惩李春来)》，《新闻报》1907 年 10 月 29 日，第 3 张第 2 版。

⑥ 知新室主：《某京卿》，《月月小说》1907 年第 9 期。

⑦ 周与吴趼人、李伯元的订交，以及周树奎为李伯元主编的《绣像小说》撰章回小说《世界进化史》，可参见时萌：《周桂笙行年及文学活动考略》，载氏著《中国近代文学论稿》，上海：上海古籍出版社，1986 年，第 239-240、242 页。任堇因在报上登载“吴娼蟾月楼事”被逮，导致报馆被关，周树奎为任抱不平，任堇后来为周树奎的《新盦笔记》写过序。详见周桂笙：《新盦笔记》，上海：广益书局，1914 年，第 1-2、22-23 页。

小人之手”，故有写信之举。[1] 回沪充任买办之前，周树奎曾在天津电报学堂学习，并在天津电报局充任领班[2]，的确可能与黄开甲相识，但想为其雪耻却不一定真。反观《某京卿》，字里行间都是对黄的嘲讽——“经手中饱”导致清廷为美国博览会上宫室的营造“縻帑至四十五万金”；对于李春来造园之费乃黄开甲“偷工减料之资”，不但没有反驳，反而感慨“悖而入者，亦悖而出，此种岂亦有乘除之数存耶”。[3] 这不禁让人揣测，周树奎是否就是唐元湛所说的主动将信件在报上公开的“黄开甲生前怨家”。[4]

值得一提的还有广肇公所。同治年间的杨月楼案，该组织亦曾出面公诉于官，但彼时乃是受了当事人韦女叔父的委托，且韦氏一族隶香山籍，与以广肇两府人士为主体的广肇公所有直接的地缘关系。[5] 此次则不然，黄家人非但不主动露面，甚至还公开站在相反的立场，出面公诉李春来的动力则主要来自周树奎和无名氏信函中所说的顾全“游学同人”与“同乡”的情面、“端风化”的社会责任。诚然，在本案中表现活跃的广肇公所董事唐元湛、钟文耀、蔡廷干、陶廷庚等人都是曾经的留美学童[6]，但更确切地说，周树奎的信一开始并不是专门写给他们的。

除了唐元湛和钟文耀，周树奎的信件抬头中还提到了翼云观察(周万鹏)、少川中丞(唐绍仪)、子文侍郎(朱宝奎)、述堂观察(蔡绍基)、静生太守(袁长坤)、显臣太守(陆锡贵)、文卿太守(牛尚周)、赞廷二尹(黄仲良)等，他们和黄开甲不同批次出洋，但却并不都是粤人[7]，不太可能都加入了广肇公所。或因为此，才又有强调“同乡”角度的无名氏信函出现。然而，属于客家人群体的黄开甲从地域上来说，和广肇公所的联系并没有十分紧密。

这些冠冕堂皇的说辞，更像是为在为广肇公所插手黄家事务提供合理性，同时掩盖控告李春来的真实目的——黄素贞曾提及，朱氏亦育有子女，黄开甲遗产“先由长子黄文龙经营，文龙出洋后其产交广帮执管”，广肇公所诸董“视朱氏如大敌”。[8] 周树奎

---

① 周树奎称黄开甲生前“在盛公(即盛宣怀)行辕尝与奎屡次相见”，会审李春来时，他曾作为原告方证人，称黄开甲故后，夫人朱氏“竟与伶人李春来通奸，人言藉藉，事属可疑”，及至自己多次目睹朱氏与李春来同车过市，始“函致广肇公所，请各同乡为京堂雪耻”。详见《广肇公所董事上沪道禀(请惩李春来)》，《新闻报》1907年10月29日，第3张第2版；《会审淫伶案详情》，《新闻报》1908年6月17日，第3张第3版。

② 时萌：《周桂笙行年及文学活动考略》，载氏著《中国近代文学论稿》，第235-236页。

③ 周桂笙：《新盦笔记》卷3，第4页。

④ 黄素贞曾质问唐元湛为何要将请愿信及周树奎等人的揭发信公之于众，得到的答复是‘系黄开甲生前怨家所为”，详见“The Case of Li Chun-lai”, *The North-China Daily News*, June 24, p.7, 1908.

⑤ 详见李长莉：《从“杨月楼案”看晚清社会伦理观念的变动》，《近代史研究》2001年第1期。

⑥ 钟文耀与黄开甲同批出洋，唐元湛和蔡廷干为第二批，陶廷赓为第四批。最初，是陶廷赓和钟文耀、唐元湛一同将周树奎的信函送至广肇公所，后来，他们又同蔡廷干等人一起电告黄开文。

⑦ 如周万鹏、朱宝奎、陆锡贵、牛尚周皆为江苏籍，袁长坤为浙江籍。有关留美学童的出洋批次，详见温秉忠：《最先留美同学录》，载陈学恂等编：《中国近代教育史资料汇编》，上海：上海教育出版社，2007年，第109-114页。

⑧ “The Case of Li Chun-lai”, *The North-China Daily News*, June 24, p.7, 1908.《淫伶奸骗案判结》，《新闻报》1908年6月24日，第3张第3-4版；《讯结淫伶李春来案》，《申报》1908年6月24日，第3张第2版。

也曾在信中提到遗产处理问题，建议将朱氏送入清节堂，将黄氏遗产“交妥人或律师代为经理”。[①] 可见，李朱二人有否私情不是本案的重点，黄家内部可能存在的遗产纠纷才是问题的关键。

三年后在对另一起案件的堂审中，曾充春桂“茶房头目”的马阿毛无意中提供了与本案相关的信息，他听说“李春来亏欠黄公馆洋二万元，立有笔据，以致纠葛被控”，而“春桂伶人灵芝草不知因何亦被黄公馆少爷禀控公堂”。[②] 既“立有笔据”，便是一种借贷关系，不能称之为“骗”。在晚清，经营戏园在十里洋场乃容易生财之行业，也因为有利可图，沪上各色人等争先投资[③]，包括女性。李春来便曾与烟店老板赵明山之妻合股接开丹桂，名伶黄月山之妻，北里名妓李巧玲也曾自谋经营戏园。[④]

作为寡妇，朱氏没有黄家的财产继承权，但作为继母，在孩子未成年之时，她却可以享有财产的监护权。[⑤] 这两万元有可能是继母朱氏出于投资目的借给李春来的，而二人的暧昧情事更可能是为协助黄文龙保全遗产免受他人染指制造的噱头——控告李春来“奸骗官妻”，不但可以最快的方式追回这笔巨款，同时还可以使其受到惩罚。只是，李春来为何会“为人所恶”？作为反映和引导社会舆论的华文报刊，为何不待案情查明，便迫不及待地“配合”原告给李春来扣上“淫伶”的帽子？此案最后为何能够被以虚做实？

五、从竞争到污名

其实，早在案发的前几年，李春来已便上了“淫伶”榜。1904 年春，曾有 48 位旅沪商人联名要求会审公廨，将“专事引诱良家妾媵，坏人名节，罔知天理王章”的“著名淫伶李春来、赵小廉、夏月润、吕月樵、赵如泉、小莲生、郭蝶仙等七人”提案究惩。[⑥] 这七人都是当时沪上的知名演员，上书的商人中，有“淫伶”高彩云案的原告金清镳，李春来送县受阻时，他曾刊登告白，称李春来乃“奸人之妻、诱人之财”的“淫棍”，主张“重法严

---

① 《广肇公所董事上沪道禀(请惩李春来)》,《新闻报》1907 年 10 月 29 日,第 3 张第 2 版。

② 《县令密讯嫌疑犯》,《申报》1911 年 1 月 4 日,第 2 张第 2 版。

③ 根据哀梨老人《同光梨园纪略》中的记载,时沪上戏园老板的身份除了伶人,还有洋行买办、廨役、马夫,甚至流氓等。即便是体面之人,亦不耻为之,苏州曾有某太守拟建京班戏园以演戏卖钱,宁波亦有举人郭某愿开设戏园以牟利。详见《戏园续闻》,《申报》1887 年 3 月 15 日,第 3 版;《论求利亦须顾各》,《申报》1877 年 10 月 9 日,第 1 版。

④ 有关李春来与赵明山妻合开戏园及产生的纠纷,详见《县案汇录》,《申报》1890 年 2 月 12 日,第 3 版;《谕令调处》,《申报》1890 年 2 月 14 日,第 3 版。有关李巧玲欲自谋经营戏园,详见《英界公堂琐案》,《申报》1885 年 8 月 6 日,第 3 版;《英界公堂琐案》,《申报》1885 年 8 月 22 日,第 3 版。

⑤ 白凯:《中国的妇女与财产:960—1949》,上海:上海书店出版社,2007 年,第 4 页。

⑥ 《请防诲淫》,《申报》1904 年 4 月 4 日,第 3 版。

刑，惩一儆百”。①

这48位商人上书的契机是当年发生的灵芝草“诱拐”祝承桂妾案。祝妾为妓时，曾与丁剑秋“狎游”，失踪后，丁便成了头号嫌疑人。此前的万盏灯案、高彩云案起因同样也是女当事人曾为娼妓，并与伶人交好。和本文讨论的李春来案一样，这几起“淫伶”案的指控亦缺少确凿的证据，发生于1907年的郭赵拐逃冯妾案，事后便发现错判，诱拐者另有其人。② 涉事双方有所接触和交往可能是真，有奸甚至是诱拐则未必尽然，如《游戏报》主人李伯元“告诫”伶人的那样，平时“安分守己”，“亦谁能捕风捉影，赖到你们身上呢”。③

此次借灵芝草案联名呈控多位“淫伶”，也意在提示谳员，“淫伶”不是个别现象，而是需要正视和处理的社会问题，正如谳员在批牍中道出的那样，“马夫优人，勾引妇女，无恶不作”，久为风俗人心之害，实令人痛恨。然而，该项指控缺少具体的受害人，且谳员查到与这些名单中的“淫伶”有染者多系娼妓，并不在法律所约束的范围内，考虑到“未据指控，若凭空提案，若辈恃无质证，必多狡赖”，只能先行驳回，待“饬查明确，再行核办”。④ 由此看来，郭蝶仙、赵小廉、李春来在这之后被陆续发难，很可能都是在预先设计之中。

从身份上来说，这48位旅沪商人和广肇公所董事及其他“淫伶”案的原告乃至周树奎都较为接近。比如，联名信中的宋维翰、祝大椿、荣瑞馨、张麟魁、沈元恺、冯增元等，与金清镳、周树奎都有担任洋行买办的经历⑤；祝大椿捐有“蓝翎同知衔”⑥，金清镳捐有“州同知衔”⑦，祝承桂捐有“户部郎中衔”⑧，冯翰捐有候补道，广肇公所董事钟文

① 《金琴孙广告》，《申报》1907年11月1日，第1版。金清镳，相关报道中又写作金琴生、金荣生、金清渠、金芹生、金琴孙。

② 郭、赵二人获刑两个月后，诱拐冯妾之人被抓获，有关此节，详见《公共公廨早堂案》，《申报》1907年11月27日，第3张第3版；《复讯奸拐卷逃案》，《中外日报》1907年11月27日，第3张第2版；《除讯诱拐案》，《新闻报》1907年11月27日，第3张第2版；《又志候补道之妾》，《时报》1907年11月27日，第5版；《拐逃案讯结》，《中外日报》1907年12月6日，第3张第2版；《淫伶奸案讯结》，《申报》1907年12月6日，第3张第3版；《诱拐官妾定罪》，《新闻报》1907年12月6日，第3张第2版。值得注意的是，尽管已经明确冯妾出逃和伶人无关，但《申报》在报道此消息时，仍旧将新闻标题拟为《淫伶奸案讯结》。

③ 《告伶人》，《游戏报》1904年1月21日，第2版。

④ 《请防诲淫》，《申报》1904年4月4日，第3版。

⑤ 需要说明的是，这些旅沪商人除了祝大椿稍具影响力之外（关于此人，可参见谢商：《关于祝大椿创办“昌源机器五金厂”的调查》，《学术月刊》1961年第5期），余在沪上多无甚名气，他们和虞洽卿、严信厚一类的商界巨贾还是有所区别的。有关宋维翰等人担任洋行买办的经历，散见于《申报》的报道。

⑥ 《光绪二十四年十二月二十九日京报全录》，《申报》1899年3月3日，第12版。

⑦ 《会讯淫伶不法案》（《新闻报》1899年5月16日，第3版）及《英界公廨纪事》（《申报》1899年3月27日，第9版）两则报道中提到了这处细节。

⑧ 《京报汇录》，《申报》1905年1月20日，第12版。

耀捐有监生、州同、分省补用道等资格和官衔[1],罗崇龄捐有四川候补道[2],唐元湛亦赏有候选同知、候选知府衔[3]。又周树奎与唐元湛、陶廷赓都曾在电报局效力,周树奎虽未出洋,但曾在上海广方言馆、中法学堂学习,也算接受过新式教育。从广义上说,他们都是所谓的"绅商"。[4] 此外,这种联名具控的方式和广肇公所公诉李春来也颇为相似,都是以群体的名义进行的,这似可说明,严惩"淫伶"要针对的并不是具体的个人,而是伶人这个职业群体,李春来等人不过是这个群体中的佼佼者罢了。问题在于,伶人群体和其他社会群体之间究竟存在何种矛盾?

从"淫伶"案女当事人的身份以及谳员的批牍中可以看出,对伶人的不快主要来自伶人与其他女性的交往,尤其是妓女。虽然一直以来娼优并提,但优的地位却是在妓之下,"因为优人无论受贵客怎样的恩待,不过和仆隶同类",而妓女却可以通过嫁人及生子改变身份,"所以稍有思想的妓女,万不肯与戏子认识"。[5] 这种情况在晚清的上海却发生了很大的改变。女性可以自由出入戏园[6],妓女的职业化,伶人作为都市明星所具有的名气等因素[7],使得妓女选择"恩客"的范围不再只局限于"商贾士宦"。她们不但乐与伶人交往,甚至愿意为了维持这段关系而在对方身上花钱。[8] 可以想见,晚清妓女的"生意人化"原本已经挑战了她们和客人之间的关系,伶人等其他群体的加入,更是俗化了从属于上流社会的青楼消费文化。原来部分人享有的包养妓女的特权,逐渐变成了面向大众的市场[9],作为身份地位的一种象征,这些"大众"对原来的消

---

① 秦国经等编:《中国第一历史档案馆藏清代官员履历档案全编》第 8 册,上海:华东师范大学出版社,1997 年影印本,第 333-334 页。

② 锡良:《覆陈主事罗度等被参折》,载《锡良遗稿·奏稿》,北京:中华书局,1959 年,第 568 页。

③ 盛宣怀:《请奖电报局员学生摺》,《愚斋存稿》卷 12《奏疏十二》,《清代诗文集汇编》第 754 册,上海:上海古籍出版社,2010 年影印本,第 318 页。

④ 关于"绅商"的定义,可以参见贺跃夫:《晚清绅商群体的社会构成辨析》,《中山大学学报》(社会科学版)1994 年第 4 期;谢放:《"绅商"词义考析》,《历史研究》2001 年第 2 期;马敏:《"绅商"词义及其内涵的几点讨论》,《历史研究》2001 年第 2 期。本文所指的绅商,采用马敏对这个词的广泛定义,即绅商是由官僚、士绅、商人相互趋近、结合而形成一个独特社会群体或阶层。

⑤ 《相工打茶会奇谈》,《顺天时报》1907 年 3 月 23 日,第 4 版。

⑥ 北京戏园直至 1906 年以降陆续出现"改良"戏园后才开始设有女座,上海则不然。有关京沪两地戏园女座问题,可参见张一楠:《民初京师戏园的非政治性"抗争"——以 1913—1919 年间戏园违章现象为中心的探讨》,《学术月刊》2016 年第 2 期;王敏、魏兵兵编:《近代上海城市公共空间(1843—1949)》,上海:上海辞书出版社,2011 年,第 127-128 页。

⑦ 王德威、贺萧、岳立松等人的研究表明,妓女之所以喜与伶人交往,更多是因为这种交往模式能够给她们带来更多"性权利满足的快感",妓女可以借此表明她们不再是传统两性关系下的由男性控制的"尤物",而是和男性一样,是具有同等主动性与选择权的人。详见贺萧:《危险的愉悦:20 世纪上海的娼妓问题与现代性》,韩敏中等译,南京:江苏人民出版社,2003 年,第 110-113 页;岳立松:《晚清狭邪文学与京沪文化研究》,上海:上海古籍出版社,2013 年,第 183 页;王德威:《被压抑的现代性:晚清小说新论》,宋伟杰译,北京:北京大学出版社,2005 年,第 1-19 页。

⑧ 贺萧:《危险的愉悦:20 世纪上海的娼妓问题与现代性》,第 110-111 页。

⑨ 安克强:《上海妓女:19—20 世纪中国的卖淫与性》,袁燮铭等译,上海:上海古籍出版社,2004 年,第 81-108 页。

费阶层无疑构成了竞争，更何况长久以来，在“狎优”风气笼罩下，“戏子”和妓女在“性”的领域都是作为被消费的对象①。

有学者指出，这一时期，“商贾士宦”娶妓女为妻妾的现象已经较为普遍，时人有云，“洋场十家九妾，本来面目大率妓家”，报上亦有妓女不安于室，劝诫勿娶妓女之类的文章②，由此便不难理解这些旅沪绅商为何会对伶人与妓女的公开“姘识”如此之不满。同样心怀不满的还有曾经自诩为名妓“护花人”的洋场才子。他们所要面对和承担的心理落差丝毫不亚于商人③，对于那些喜与伶人“结不解缘”的妓女，报馆主人常会不客气地称其为“花间败类”“淫妓”，并将其形容为“自甘轻贱”的一种表现④，而在小说中有关二者交往片段的描写，一定也会极尽嘲讽之能事。但是，妓女的相好并不只有伶人，还有马夫、车夫一类的人群，为何却没有针对他们的声控呢？

更深层的矛盾当在于伶人经济地位的增强，以及由此而来在社会事务上参与度和话语权的增强给其他社会群体带来的焦虑。据咸丰年间至沪的“哀梨老人”回忆，京班初到时，头等名角包银每年至多不过三四千两，庚子以后，戏价涨至每月洋数千元，中等名角每月数百，即使普通角色，亦有洋数十。⑤ 被认为是社会最富裕阶层的买办，月薪多在数百元之间浮动⑥，而供职于报社，薪水“至丰者不过银币四十元”，包天笑初到《时报》工作，让他十分满意的薪水也不过八十元罢了⑦。至于访员，薪水则极为微薄，“每月仅在十元以内”。对比之下，简直相形见绌⑧，也难怪时有舆论，说伶人是“末等生意，上等赚钱”。⑨

就伶人而言，投资经营戏园实际上已使其获得了接近于商人的身份，晚清灾荒频发，义赈的兴起，乃至戏曲改良中号召伶人编演新戏以启民智等，更是给伶人的社会参

① 尤其清代中后期在北京兴起的私寓制度，更使得伶人“上场演戏，下场侑酒，俨然同妓女出局”（《闻淫伶解省拟罪书后》，《新闻报》1899 年 6 月 7 日，第 1 版）。

② 李长莉：《晚清上海：风尚与观念的变迁》，第 264-266 页。

③ 叶凯蒂：《文化记忆的负担——晚清上海文人对晚明理想的建构》，载陈平原等主编：《晚明与晚清：历史传承与文化创新》，武汉：湖北教育出版社，2002 年，第 53-63 页。

④ 《花间败类辩证》，《申报》1874 年 9 月 19 日，第 2 版；《幽鸟相逐》，《采风报》1898 年 7 月 29 日；《半惊半恼》，《采风报》1898 年 7 月 30 日；《莺嗔燕叱》，《采风报》1898 年 8 月 9 日；《论倡优自甘轻贱》，《笑林报》1902 年 4 月 26 日。

⑤ 庚子以前，李春来曾因每月二百元的包银太低毁约天福，后改搭天仙，增至七百。有关“哀梨老人”对于同治初年至庚子前后上海戏价的回忆，详见《同光梨园纪略》，第 358 页。

⑥ 不过，买办收入并不只此一项。有关该问题，可参见马学强、张秀莉：《出入于中西之间：近代上海买办社会生活》，上海：上海辞书出版社，2009 年，第 134-231 页。

⑦ 包天笑：《钏影楼回忆录》，上海：上海三联书店，2014 年，第 300 页。

⑧ 戈公振：《中国报学史》，北京：生活·读书·新知三联书店，2011 年，第 97 页。

⑨ 《闻淫伶解省拟罪书后》，《新闻报》1899 年 6 月 7 日，第 1 版。

与创造了途径。[①] 此前作为“贱民”，被禁止科举入仕的他们很大程度上也失去了社会事务方面的发言权。对于伶人群体在晚清呈现的新貌，时《申报》评论曰：

> 学界有学董，商界有商董，工界有工董，而今日之伶界则又有伶董之名目发现。学界、商界、工界之开大会也，设局也，办事则有干事员，议事则有评议员，演说则有演说员，而今日之戏园亦复有演艺员之名目出现。辉煌之银牌，累累然满演艺员之胸际也。“吾们伶界”之名词，屡屡挂之于伶董之齿颊也。发达哉！伶界竟与工商学界相埒；热心哉！伶董竟以维持市面之责与商董诸君分其担任。[②]

在上文叙述的李春来案审理过程的报道中，“绅界、商界、学界”等名词亦频频出现。有别于传统的“边界、界限”等意，“界”在晚清开始用于表达社会群体，即西语中的集团、团体。[③] 团体的结成不只在于“集合群力”，更在于“以公益”为目的[④]，故各团体又有开大会、设局、议事、演说等举，积极参与公众事务和集会。“伶界”一词最早见于1905年科举废除后，新闻报道潘月樵、夏月珊创议榛苓初等小学堂。[⑤] 潘月樵即旅沪商人要求严惩的“淫伶”小莲生，夏月珊则是另一位“淫伶”夏月润的兄弟。因配合清政府在租界的禁烟运动，编演新戏劝导戒烟，潘月樵与夏家兄弟曾获道台“发银牌四面以示奖励”[⑥]，此即引文中提及的“辉煌之银牌，累累然演艺员之胸际”[⑦]。

之所以乐将“伶界”挂于齿颊，乃因该词实际上表明了伶与学、商、工只有职业之别，而无传统礼法体系中规定的等级贵贱之分，他们同属于建立在职业意识基础上的“业界”，实是对伶人社会身份的一种认可，也是对伶人参与公众事务的肯定。[⑧] 也因为该词所隐含的褒义，当1907年京伶王凤卿等为救助江北水灾而联合发起“伶界义务赈济戏会”时，某报发表评论，“驳他们‘伶界’二字”，建议“改为‘梨园’”。[⑨] 从《申报》

---

① 有关伶人在晚清义赈及戏曲改良中的表现，详见李孝悌：《清末的下层社会启蒙运动（1901—1911）》，石家庄：河北教育出版社，2001年，第191-233页；朱浒：《地方性流动及其超越：晚清义赈与近代中国的新陈代谢》，北京：中国人民大学出版社，2006年，第363-369页；刘怡然：《慈善表演/表演慈善：清末民初上海剧场义演与主流性实践》，《开放时代》2014年第4期。

② 《伶董》，《申报》1908年11月11日，第2张第4版。

③ 萧邦奇：《血路：革命中国中的沈定一（玄庐）传奇》，周武彪译，南京：江苏人民出版社，1999年，第14页。

④ 《团体辨》，《南洋官报》1906年第66期。

⑤ 《榛苓小学堂发起》，《申报》1906年1月11日，第10版。

⑥ 《发给银牌奖励优伶》，《申报》1907年8月25日，第19版。

⑦ 就李春来而言，经营春仙期间（1900—1904），他也曾多次率领园中诸伶参与义演，如1901年两度协救助善会筹款并捐助北方冬季棉衣，1904年协万国红十字会救助北方难民，得到过“集资助赈，勇于为善”的表彰匾额。见《赠匾有期》，《同文消闲报》1901年5月30日，第2版。

⑧ 有关“业界”意识的萌生乃至成为舆论界相号召的标志，可参见章清：《省界、业界与阶级：近代中国集团力量的兴起及其难局》，《中国社会科学》2003年第3期。

⑨ 《伶界赈济会不必改名》，《顺天时报》1907年5月5日，第3版。

上的这段评论可以看出，伶与学、商、工相提并论，重要事务上发挥的力量甚至可与之匹敌。

对于“伶界”的崛起，舆论给予肯定的同时，表达更多的是质疑。如针对“伶董”的设置，《申报》认为“吾国之优，向与娼、隶、卒并视而屏之于工商学界之外”，“泰东西之黎(梨)园子弟较吾国稍为尊重，然亦不过一技一艺之名耳；若欲援学董、商董、工董之例，而俨然自居于伶董，则虽遍考东西之黎(梨)园历史，恐终未必有此名称也”。[①] 甚至对于伶界与商界联合成立南市新舞台，亦认为“商界诸君子苦心经营市面，大半多尽义务”，而“彼伶界之所谓热心者”，则是为了利益。[②]

更早一些，则是将风气的淫靡归咎于伶人。“淫伶”尚未成为社会热点时，已有舆论批评，社会上“种种僭越，犹不为奇，奇莫奇于目下沪上优伶妓女亦无端而一切僭越”[③]；高彩云案发生后，舆论更是将“上海风俗之淫靡而难返”“风俗日衰，夫妇之道日苦”的矛头直指伶人，谓其衣食出行“皆富室大贾，豪绅贵胄之起居服御也”，“上台则献技演剧，百般描摹淫态，下台则结党成群，百计勾引闺阁”，公然与“巨族遗姬、高门妙妾”相往还，“既忘乎尊卑贵贱之分，尤蔑乎礼义廉节之防”，遂使“沪渎之浇风，为他省所罕见”。[④]

“淫靡”与“盛世”实是“繁华”的一体两面，当繁华对既定秩序形成破坏，处于失控状态，即被视为淫靡。[⑤] 晚明如此，晚清亦是如是，尤其在华官治权受到西人掣肘的租界。将伶人说成是“风俗日坏”的推动者，和以“淫”形容“伶”一样，都是对这个群体的污名。成立于1912年的“伶界联合会”曾针对当时社会上仍然存在的“痛惩淫伶”以维持风化的论调发表声明，其中便谈到，“风化之败坏，关于伶人者几何，关于非伶人者几何”，“无论何界，均有私德不修之人”，何至见一人犯案，“遂泛指伶人为奸而欲锄之人”；“奸骗系罪恶，伶人为职业，二者绝对不能相混”。[⑥]

污名包括身体、性格、集团三种，它是一种建构的意识形态，“用来解释他低人一等和他所代表的危险”。“施污者”通常会运用各种歧视，“以此有效减少他的生活机会”。[⑦] 确切地说，伶人的污名化并不是晚清才出现的新现象。律法规定，优伶不能隶

---

① 《伶董》，《申报》1908年11月11日，第2张第4版。

② 《伶董(二)》，《申报》1908年11月13日，第2张第4版。

③ 《论优伶妓女之僭妄》，《新闻报》1898年2月25日，第2版。

④ 相关舆论见《论严办淫凶事》，《申报》1899年4月4日，第1版；《论高彩云事》，《申报》1899年3月30日，第1版；《论翁王两大令重惩淫伶荡妇之善政》，《新闻报》1899年5月19日，第1版；《闻淫伶解省拟罪书后》，《新闻报》1899年6月7日，第1版；《观翁直刺王大令严办淫伶高彩云事喜而记此》，《游戏报》1899年5月16日，第1-2版。

⑤ 详见孟悦：《繁华作为历史：狂欢与急进的上海1830—1910》，《新史学》第1卷，北京：中华书局，2007年，第267页。

⑥ 《纪昨晚讨论伶业之宴会》，《申报》1924年3月15日，第15版。

⑦ 欧文・戈夫曼：《污名：受损身份管理札记》，宋立宏译，北京：商务印书馆，2009年，第5-3页。

于“凡民之籍”,凡业伶者即为地位低下的法定贱民[①],在穿戴、婚姻、入学、科举等各方面受到限制,同样也是对该群体的一种污名,只不过“施污者”是国家,并且以一种制度化了的形式。而在“淫”成为伶人的新标签过程中,“施污者”则是社会各界,施污的主要方式则是通过晚清的新式传媒。

有论者认为,近代中国政治共同体形成的难局在于社会集团“各有特殊的倾向或趋势”,“没有一种社会结构能够把自我意识不断增长的庞大的职业群体整合成具有共同利益的整体”,集团之间“争端的最终仲裁者只能是实力”。[②] 换言之,不同集团力量的兴起,乃至新的社会阶层的出现,必然会充满冲突,污名不过是相互之间竞争的一种结果。事实上,集团间的竞争导致对某一群体的污名在近代并不少见,尤其在移民众多的口岸城市。[③] 社会各界对伶人群体的施污,某种程度上也正好说明,“贱民”的身份标签对伶人的限制已逐渐失去作用,需要制造新的污名来贬低对方刚刚获得的社会地位,限制对方的发展机会,以便增强对该群体的控制。

六、余论

尽管在“淫伶”案的书写中,伶人是失语群体,但从伶人面临指控时所采取的应对措施,以及谳员驳回旅沪商人凭空提究“淫伶”的请求来看,伶人在晚清不再是一个以“淫纵不法”为由便可随意逮捕处置的群体——顺治年间,频繁出入公卿宴会上的名优王紫稼便以此为由,在未有具体指控人和犯案证据的情况下被御史李森先枷刑而死。[④] 高彩云被逮之时,同班诸伶曾延大律师小威金生(H.P. Wilkinson)为其辩护。小威金生曾向谳员提出中西官会审此案的要求,试图利用外国领事进行干涉,但终因缺乏合适的理由而失败。[⑤] 李春来或许借了前车之鉴,那位以春桂戏园存在洋股为由,制止将李春来送县的洋律师,很有可能就是他事先聘请的。早在李春来被饬札提拿时,便有消息称李“出巨资,已延律师代为剖辨”。[⑥] 针对“洋股”,《中外日报》认为不

---

① 光绪《钦定大清会典》卷17,《续修四库全书》第794册,第163-164页。

② 详见章清:《省界、业界与阶级:近代中国集团力量的兴起及其难局》,《中国社会科学》2003年第3期;萧邦奇:《血路:革命中国中的沈定一(玄庐)传奇》,第15页。

③ 比如近代旅津山东商人,便曾因生意竞争遭受到本地商人的污名(详见王静:《近代旅津山东商人研究》,天津:天津社会科学院出版社,2012年,第163-174页)。关于杨月楼案的争论,也体现了旅沪粤人与南下唱戏的津人(详见林辉锋:《上海广肇公所的重建及其职能》,《集美大学学报》2007年第3期),以及旅沪粤人与主笔《申报》的江浙人之间的矛盾,《申报》曾借此案,以广东同人的名义公开辱骂香山人多出买办、细崽、广东婆、咸水妹等“无耻不堪之辈”。有关粤人与江浙人在上海的竞争与对抗,可参见梁元生:《十九世纪中叶上海商界地区性集团之间的竞争》,《上海经济研究》1984年第1期。

④ 详见孟森:《王紫稼考》,载氏著:《心史丛刊》,北京:中华书局,2006年,第105-122页。

⑤ 《公堂惩淫余志》,《游戏报》1899年4月1日,第2版。

⑥ 《提李春来》,《时报》1907年10月6日,第2版。

过是“串唆外人，挟制官长”的手段[1]，当时的代理道台王燮亦认为属于“事后串弊情事”[2]。借由“洋股”，李春来将自己变成与洋人有涉之人，为西官问案提供了很好的借口。

该案能得到美国领事的强力干预，还与李春来的辩护律师佑尼干有很大关系。此人曾担任过美国州参议员、美国驻日本领事、美国驻沪总领事等职。[3] 这就解释了，为何在工部局对李春来送县问题打算做出妥协的情况下[4]，美国领事会出面阻挠，而后又支持佑尼干撤换谳员的主张，并出面与清方交涉。佑尼干还是皇家亚洲文会北中国支会的会员[5]，对中国的风俗、律法和商业有着敏锐的观察和了解。他很清楚身份良贱对量刑的影响，所以辩护过程中，极力谴责对李春来的歧视，并试图指出这种定罪原则有违现代法律精神。佑尼干对晚清正在进行的“变法修律”亦颇为关心，多次引用未获清廷允许推广实践的新律，并将该案的判决上升到清廷司法改革能否落到实处，未来能否成功废除治外法权的高度，借此给清方施加压力。[6]

李春来如何认识佑尼干无从得知，唯宝颐在公堂上嘲笑佑尼干为“淫伶”辩护时，佑尼干曾回应以既然“通过正常的商业程序”接手了此案，他就有权力也有义务出现在公堂上。[7] 原告律师帮办费烈也表达过“律师、陪审员原本都不应出现在本案中，但由于被告聘请了律师，所以，原告也不得不这样做”。[8] 清末外籍律师成立的律师事务所几乎都聘有华籍翻译及文案，华人亦被视为潜在的客户，在律师看来，只要对方有支付费用的能力，当事人身份的高低贵贱不在他们的考虑范围。[9] 李春来应对这场纷争倚赖的主要是西方的律师制度，以及对对租界特殊权利格局的巧妙利用，这与同治年间

---

① 《淫伶致动公愤》，《中外日报》1907 年 11 月 3 日，第 3 张第 2 版。

② 《沪道批饬严办淫伶》，《申报》1907 年 11 月 4 日，第 18 版；《沪道批公廨禀》，《新闻报》1907 年 11 月 4 日，第 3 张第 2 版；《沪道批公共公廨宝令禀（为李伶案）》，《中外日报》1907 年 11 月 4 日，第 3 张第 2 版。

③ Edward McCrady Jr. And Samuel A. Ashe, (ed.), *Cyclopedia of Eminent and Representative Men of the Carolinas of the Nineteenth Century*, Madison: Brant and fuller, 1892, pp. 456-457；熊月之主编：《上海名人名事名物大观》，上海：上海人民出版社，2005 年，第 112 页。

④ 上海市档案馆编：《工部局董事会会议录》第 16 册，第 728 页。上海领事团与工部局的矛盾在巡捕房制度建立后，这种紧张关系便一直存在，此前的苏报案中亦有所体现，具体可参见王敏：《苏报案研究》，上海：上海人民出版社，2010 年，第 34 页，第 36-38 页。

⑤ William S. Powell, (ed.), *Dictionary of North Carolina Biography*, Vol. 3. pp. 280-281. 皇家亚洲文会北中国支会是英国侨民在上海建立的一个重要文化机构，主要从事对中国的自然和社会的广泛调查与深入研究。佑尼干 1906—1920 年在会。见王毅：《皇家亚洲文会北中国支会研究》，上海：上海书店出版社，2005 年，第 294 页。

⑥ “The Case of Li Chun-lai”, *The North-China Daily News*, June 24, p.8, 1908.

⑦ “The Case of Li Chun-lai”, *The North-China Daily News*, May 29, p.8, 1908.

⑧ “The Case of Li Chun-lai”, *The North-China Daily News*, June 17, p.8, 1908.

⑨ 孙慧敏：《清末民国时期上海律师业的扩张：群聚、蔓延与转移》，载苏基朗编：《中国近代城市文化的动态发展》，杭州：浙江大学出版社，2012 年，第 126 页。

最终得到朝廷赦免的杨月楼极为不同。[①] 仅从这一点来看，伶人这一群体在清末无疑是具有现代性的。

应当指出的是，西人对李春来案的关注和干涉，除了商业因素，最根本的动力还在于对租界华人管辖权的争夺，这一点从《字林西报》的相关报道中可以窥见。与华文日报不同，作为刊发领事与大使公告的机关报(official organs)[②]，《字林西报》迟至李春来首次会审时才对该案有所报道。当会审进程因撤换谳员风波再度中断时，《字林西报》以读者来信的形式发表了对该案的评论。归结起来，主要是对会审公廨超期羁押李春来以及对李春来进行"有罪推定"的批评。来信据此指出清帝国司法制度的落后，质疑清政府试图通过司法改革废除治外法权的决心和诚意。为确保租界中的每位居民，包括华人能够得到公正审判，来信甚至主张租界中的华人互控案应该由工部局负责，而不是由会审公廨或者是清政府的其他地方衙门受理。[③] 此外，《字林西报》还回顾了此前发生的高彩林案，着重叙述了高案和李春来案类似的非法超期羁押情形，呼吁工部局等租界当局采取措施。[④] 不可否认的是，《字林西报》对李春来案的庭审报道要比华文日报详细，补充了为华文日报省略的细节，措辞也相对客观，但并没有完全做到摒弃立场。

从本文所梳理的纠缠于"淫伶"李春来案中的华洋交涉过程来看，外方表现颇为强势，尤其是在阻止将李春来解县讯办与要求道台撤换谳员的问题上。但清政府的态度，下至公廨谳员、上海知县，上至道台、总督等，也并非只是一味地妥协退让。李春来未能如外方所要求的那样被保释，乃至被无罪释放，这足以说明，在会审公廨涉及租界当局利益的案件中，清政府并不是毫无发言权与决定权的。[⑤] 在中西接触频繁的晚清，比李春来案复杂的华洋交涉案件不胜枚举。从这个角度来说，该案不过是考察租

---

① 有关杨月楼遇赦，可参见 Ye Xiaoqing, "The Legal and Social Status of Theatrical Performers in Beijing During the Qing", *East Asian History*, nos.25-26, 2003, pp.69-84.

② Frank H. H. King and Prescott Clarke (eds.), *A research guide to China-coast newspapers, 1822-1911*, Cambridge: Harvard Univ. Press, 1965, p.79.

③ "Our Mixed Court Complications", *The North-China Daily News*, June 11, p.8, 1908.

④ 这一点从《字林西报》对李春来被超期羁押七个多月后才开审等问题的报道中可得以一窥。关于《字林西报》对会审公廨超期羁押涉案人员的关注，可参见拙作：《"变质"的慈善：晚清沪北栖留公所初探》，《清史研究》2017 年第 4 期。

⑤ 如马长林在《晚清涉外法权的一个怪物——上海公共租界会审公廨剖析》(《档案与历史》1988 年第 4 期)一文中便指出，由于清廷国力衰败、内外交困，对司法主权遭受侵夺近乎麻木，亦认识不到会审公廨关系到司法主权问题，一味退让导致主权不断被侵夺，最终导致"大闹会审公堂"案爆发，但清政府处理该纠纷所采取的妥协态度，更加导致主权的丧失。熊月之亦认为，会审公廨虽然名义上是中国官府设在租界里的机构，但凡涉及租界当局利益，或当局认为案件涉及他们利益的，受领事委托出席的外国陪审官成为实际主审官，谳员反而只是摆设(熊月之：《大闹会审公堂案解读》，《关絅之先生诞辰一百二十周年纪念文集》，第 9 页，转引自杨湘钧：《帝国之鞭与寡头之链：上海会审公廨权力关系变迁研究》，第 144 页)。但就李春来一案来看，情况显然并非如此。宝颐甚至还因审理此案"得以保全主权"而被记功(《公廨谳员记功》，1908 年 8 月 30 日，第 3 张第2 版)。

界权力博弈的一个范本，呈现了会审公廨在清末的运作实态。本文更为重要的意义在于，通过还原李春来案的来龙去脉，揭示了“名伶”成为“淫伶”的过程。就李案而言，可以确定的是，当事人并不存在如广肇公所、周树奎等人指控的奸骗官妻的情节，其身陷纠纷，更多是事先谋划、联手炮制的结果。而该案最终能够以虚做实，一方面离不开华文日报“一边倒”的报道立场，另一方面，也与社会上存在已久的严惩“淫伶”的舆论有关。

起初，“淫伶”不过是报刊上偶尔用以形容卷入拐逃绅妾案的伶人，随着类似案件的频发，以及对伶人败坏社会风气等讨论的出现，“淫伶”在媒体视野中出现的频率越来越高，乃至于逐渐成为一种用以诬蔑和贬低伶人地位的公共话语。晚清沪上的“淫伶”案，性质并不都是如“淫”字所暗示的伶人犯奸案，大部分案件仅凭控告人的一面之词，并无确凿之证据，而谳员断案时，则会倾向于原告方。固然，“淫伶”案反映了近代变动的婚姻伦理观念下，伶人与其他社会女性的公开交往，但同时，更体现了其他社会群体面对伶人作为一种新兴社会力量崛起时的心理——与其说是观念上对伶人根深蒂固的歧视，还不如说是竞争关系中产生的敌意。这种竞争不只体现在对妓女这一群体的消费，更渗透在伶人随着经济实力增强而来的在衣食住行等各方面的僭越，以及通过参与义赈、慈善义演、戏曲改良等社会事务所获得的社会资本、符号资本之中。[①] 最为典型的，就是表达集团、团体之意的“界”中，“伶界”与商、工、学等社会各界相提并论。

诚如岸本美绪所言，身份关系作为维持社会秩序的骨干，从来都是时人强烈关注的对象。[②] 用“淫”指称伶人群体，可以视为其他社会群体应对这种秩序紊乱时所采取的一种策略，亦即对伶人施加新的污名。这在客观上正好说明了伶人在晚清实际的身份地位，与清代礼法体系中对伶人身份地位的安排已经有了较大的差距。从本质上说，现实生活中的身份地位由主体对经济（财富）、文化（如教育、品位）、社会（社会关系乃至政治权力）等资本和资源的占有所构成，清雍正年间虽然废除了乐户等贱籍，但却从法律上确立了以所从事的行业区分良贱的原则。从这一角度来说，仍然从事着“贱业”，为法律所阻隔在四民之外，无法通过科举进入官员阶层的伶人身份地位的变动，也说明了晚清时期，科举功名以外的其他社会资源对决定阶层身份地位所发挥的重要作用。[③]

---

① 社会资本与符号资本都是布尔迪厄提出的概念，有关这两个概念的含义，可参见包亚明译：《文化资本与社会炼金术：布尔迪厄访谈录》，上海：上海人民出版社，1997 年，第 202-212 页；戴维·斯沃茨：《文化与权力：布尔迪厄的社会学》，陶东风译，上海：上海译文出版社，2006 年，第 104 页。

② 岸本美绪：《冒捐冒考诉讼与清代地方社会》，载邱澎生、陈熙远编：《明清法律运作中的权力与文化》，桂林：广西师范大学出版社，2017 年，第 191 页。

③ 何炳棣亦曾指出，太平天国运动以后，财富的重要性逐渐超过科举功名，成为决定个人社会地位的关键因素。详见何炳棣：《明清社会史论》，徐泓译注，台北：联经出版社，2013 年，第 57 页。

通过本文的论述还可以指出，晚清以降士人与伶人之关系，不只是从“护花人”到“知音”的转变。[①] 无论是绅商还是洋场才子，伶人与他们既存在合作，更存在竞争的一面。此外，伶人身份地位的提高，也并不是民国年间梅兰芳访美、获得荣誉博士学位，“四大名旦”的崛起等事件一蹴而就的，伶人身份转型的故事，在晚清便已经开始。[②]

---

① 叶凯蒂：《从护花人到知音——清末民初北京文人的文化活动与旦角的明星化》，王尧、季进编：《苏州大学海外汉学演讲录》，上海：复旦大学出版社，2011 年，第 183-196 页。

② 么书仪和叶小青亦曾注意到伶人身份地位在晚清的变化，但二者关注的更多是有供奉内廷经历的、与权力人物关系密切的伶人，同时亦主要认为造成其地位变化的主要动力是统治阶层的态度变化（详见么书仪：《晚清优伶社会地位的变化》，《戏曲研究》2005 年总第 68 辑；Ye Xiaoqing，“The Legal and Social Status of Theatrical Performers in Beijing During the Qing”，*East Asian History*，nos.25-26，2003，pp.69-84）。但就上海的情况而言，或就李春来而言，其从未供奉内廷，亦未有资料显示其与权力人物交往过密。上海的诸多名伶身份地位的变动所依托的，恰恰并不是如其二人所指出的路径。

左翼运动中的报业劳资冲突*

李秀云

（天津师范大学新闻传播学院）

摘要：20世纪二三十年代，报业劳资冲突日益凸显。中国共产党成立后，特别是在大革命失败后，左翼运动蓬勃开展，报业工人运动成为党领导下的中国职工运动的组成部分。左翼运动中的报业劳资冲突，不只是资本家与工人之间的纠纷，还有报界公会与印务工会的对抗与联手、赤色工会与黄色工会的暗斗与合作。左翼报人以民主主义立场，主张“用生产合作方式来组织新闻事业”，倡导“大家都是报纸的主人”，呼吁“使用民主的集体会议来消灭保守的封建的行会制度”，提倡“集体主义的自我教育”，为寻求解决报业劳资冲突的方法与途径而努力探索。

关键词：左翼运动；劳资冲突；报界公会；印务工会

20世纪二三十年代，中国民族资本工业得到进一步发展，中国报业向企业化方向推进。随着报业企业化程度的逐步提高，报业资本集中与垄断随之出现，劳资冲突问题逐渐凸显。中国共产党成立后，尤其是在大革命失败后，在党的领导下，左翼运动蓬勃开展。党领导下的中国报业工人运动是中国职工运动的一个组成部分，也是党组织群众进行革命斗争的重要途径。左翼报人充分关注报业劳资冲突，更为报业劳资冲突的解决，做出有益探索。

一、报界公会与印务工会的对抗和联手

报业劳资冲突中，资方主要是指报馆投资人与高级管理者，劳方则包括印刷工人、

---

* 本文原载于《新闻与传播研究》2020年第3期，有修改。

派报员工、编辑与记者。在不同时期，报界同人组建的同业组织有报业公会、报界联合会、报界俱进会、新闻记者联合会等不同称呼，本文使用报界公会来统称报界同业组织。报界公会是参与报业劳资冲突的重要力量。

(一)报界公会成为“莫名其妙”的强硬资本家

1921 年 12 月，广州发生排字工人罢工风潮。广州各报资方认为，排字工人“系采包头制度，故对于该工人等要求之减工条件，实无磋商之必要”[①]。《广州群报》发表宣言书，表示单独行动。广州报界公会却通函《广州群报》，解除该报的会员资格。遵照广州报界公会的要求，《广州群报》资方决定刊载通函，但是，“排字工社，始则不准其登载，继则要挟其更正，终则驱散其工人，以致停刊”[②]。《广州群报》公开表达立场：“敝报接到公会驳斥群报通函，敝报为公会一分子，当然受团体之约束，将原函刊载”。排字工社来函“措辞激烈，越出法律轨道”，排字工社又来人向排字房工头提出立刻离社罢工的要求，报馆“迫不得已，乃将该工社来人送请公会处理。公会以妨害业务，刑罪业已成立，当用公函送请警察第八区，转解公安局”。报馆“因服从公会，致遭蹂躏”，因此“将原委述列，请伸公论”[③]。无独有偶，《广州晨报》资方也以“率众骚扰，妨碍营业”为由，先将该社工人扭送报界公会，进而扭送警局，请其转解法庭讯办。排字工社要求《广州晨报》工人离职。事态进一步发展，居然“有武装团记者之组立，并通电全国各报馆”，电恳“粤当局决采严厉手段，处分排字工人”。电文声称：“言论自由，为报馆拼死力争之事，凡有力压吾侪自由者，虽出之政府，尤难甘受……现各报对于此项问题，著为言论，均为工人所格，不能发表，动辄宣言以武力对待记者。此风一开，各地工人相率效尤，尚复成何事体……同人等为保持言论自由，及正当防卫起见，特即日由记者同人自动，组织武装记者团，各以各法武器自随，如有暴力相加，即取正当防卫手段，决不退让。”[④]在这场劳资冲突中，不仅以维护报界权益为己任的报界公会站在资本家一方，就连记者也站在资方的立场，甚至组织记者武装对抗工人。工人的罢工斗争不仅孤立无援，而且背上了压制言论自由的罪名。

1924 年 9 月，广州汉文排字工人罢工要求加薪，广州报界公会依然秉持资本家立场。国民党和国民政府机关报也是报界公会的成员，不便突然脱离报界公会。在北伐呼声最高的关头，广州国民政府要发表宣言布告新政方针，突然出现因罢工导致的无法出报，一时陷入被动。广州《民国日报》曾一度答应工人的要求，工人也表示愿意上工，“报界公会还是出来阻梗”，宣称：“《民国日报》若因为急于宣传，也只能暂时照工人

---

① 《广州印刷工人罢工风潮扩大》，《晨报》，1922 年 1 月 12 日，第 6 版。

② 《广州印刷工人罢工风潮扩大》，《晨报》，1922 年 1 月 12 日，第 6 版。

③ 《广州印刷工人罢工风潮扩大》，《晨报》，1922 年 1 月 12 日，第 6 版。

④ 《广州印刷工人罢工风潮扩大》，《晨报》，1922 年 1 月 12 日，第 6 版。

的要求付工资，使他们上工。就是工人上工了，也只能出半张临时特刊，不能完全恢复旧状，否则虽只一家报馆恢复，已经表示报界对工人的屈服，工人可以援例向别家要求。”[①]《民国日报》只好出版半张报纸。广州工人代表会召集会议进行谈判，工人得知报界公会还在坚持，并把“破坏宣传机关”的罪名加到工人身上，于是提出拥护革命政府的主张。经国民党工人部长廖仲恺调停，工人提出三项要求：各报馆宣言拥护革命——反对商团；各报馆答应不再做反对工人的宣传；经济要求由廖仲恺担保在两星期内应允实行。廖仲恺竭力担保，工人上工。“不料数日后，报界公会不但未履行条件并勾结政府，向胡汉民廖仲恺李朗如，请照前约制止工人罢工，胡李廖反而允许压迫拥护政府的工人”[②]，工人决定于9月5日罢工。可见，报界公会仍以强硬态度反对印刷工人的诉求。

1925年11月，长沙爆发学生风潮，铅印活版工人受鼓动于11日突然宣布罢工，但绝少响应者。13日，铅印活版工人宣言复工。不料，报界联合会掀起波澜：“报界同人，以出版自由，完全操之铅印工人之手，报馆不能过问，类如此者，不止一次，且于自由停刊期中，尚须要求工资，损失甚大，危险已极。不得不谋自卫之法。”[③]报界联合会开会协商保障言论自由方法，全体议决如下：停版日期限制在阳历年节、阴历年节、五一劳动纪念、国庆双十纪念、端午节、中秋节，此外如有停版，由报界联合会议决通告。如果印刷公司或工人未取得报界联合会同意而自行停刊，除了扣除印刷费或工资伙食外，公司或工人按日赔偿报馆实际损失。报界联合会推举代表向各公司及工人交涉，并表示“如上项条件不得结果时，各报概不出版。在停刊期内，应照上项条件，向各公司或工人，索取赔偿损失”，“依现在经济状况如公司或工人提出加价或加薪条件时概不承认”，“在各报停刊期内，由报界联合会发行特刊”[④]。14日，长沙全城仅有一种特刊发行，“神圣劳动家，遂受制于莫名其妙之资本家，相顾错愕，而莫可如何”[⑤]。报界联合会已掌握生杀大权，成为“莫名其妙”的“资本家”。

（二）印务工会与派报工会缺乏沟通与协商

1926年7月22日，《广州七十二行商报》排印工人要求加薪。资方表示，相距不到一个月再次要求加薪，实在无力负担。于是，工人纷纷散去，报纸停刊。《广州七十二行商报》向各报“托登”被迫停版广告，被工人抽起，只好另印传单，通告读者。《广州现象报》因为刊载总工会理事陈森被殴新闻，也引发劳资纠纷。工人代表会认为该报“大有诬蔑全体工人之意，即令印务总工会，将仍在该报做工之工友，马上撤回，并令派

---

① 《广州印刷工人罢工之经过》，《向导周报》1924年第87期，第713页。
② 《广州工人最近的觉悟》，《中国工人》1924年第2期，第10页。
③ 《长沙学潮平后之报潮》，《申报》1925年11月19日，第9版。
④ 《长沙学潮平后之报潮》，《申报》1925年11月19日，第9版。
⑤ 《长沙学潮平后之报潮》，《申报》1925年11月19日，第9版。

报总工会、邮务总工会，勿着该报代表，以制该报之死命”①。《广州七十二行商报》《广州现象报》立即投诉报界公会请求援助，报界公会召集紧急会议，当即议决派代表向国民政府、总司令部、农工处请愿，提出两项要求：设法令两报工人复工，早日复版；禁止工人干涉各报的编排权。裁决结果是“各报请求为正当，允为极力惩处”②。然而，各代表返回报界公会已是下午 7 时，来不及编印第二天的报纸。24 日，除了《民国日报》《国民新闻》两家党报，全市没有其他报纸出版。各报馆极为愤激：“报纸记载新闻，即有失实处，仅可由关系人声请更正”，“报馆何能代人受过”。“以政府尊严，如令报馆停版，尚需根据法律，若以工人代表会而可以执行政府专有之停止报馆出版权，此例一开，各报地位非常危险，不可无所抵抗，故议决一致停版，并于停版期内，所有全体工人及访员记者，一律停支薪水。其排印工人，须即日一律离馆，封锁工场，静待解决。”③各报馆再次向政府请愿，农工处再行调解，但工人代表会坚持不复工。印务总工会及其加薪委员会，还议决乘势向各报提出加薪要求。罢工风潮持续发酵。报界公会召开会议，议定排字印刷两部工人的薪金由原来每月 20 元增至 25 元（工人要求最低 30 元）。开除工人给予一个月休息费（工人要求两个月）。当报界公会与印务总工会代表进行协商时，工人方面提出添加一项条件：各报馆此次无故停刊，须每家罚款 200 元，缴给印务总工会。报界代表力辩：印务工人有何理由，依何法律处罚报馆？报馆对于此等无理要求，无论如何，始终拒绝。各报馆应印务工人的要求已于 6 月增加报价，但所得原不足与工人加薪之数相抵，“今派报工会又提出前经报馆拒绝之七项条件，限制报纸加价，是何异与印务工人双斧齐下减绝报馆之生机”④。报界代表提出，只有先拒绝派报工会的要求，才有报馆与印务工人进行磋商的可能。工人方面态度强硬，坚持最低薪资每人每月 30 元，报馆罚金可改由报界公会缴纳 300 元。各报馆经此调解无效，多数持消极态度，报界公会也不再讨论罢工解决方法。⑤ 8 月 7 日，各报馆宣布从第二日起歇业，并开除工人，以示决心。印务总工会立即召集全体工友会议，决议报馆歇业，应补给两个月工薪伙食，并通函各报。各报接函后一律拒绝。之后，报界公会发出通告：“敝公会各报馆，先后报告，或因生意不前，或因工人压迫，不得不暂行停业。”⑥在这场冲突中，资方已明确把“访员记者”列入“停支薪水”范围，即列入劳方范围，但没能引起报界公会的注意，也没能唤醒编辑记者。报界公会将馆方罢工看作“工人压迫”的结果，其立场还是站在资本家一边。在冲突中，印务总工会与派报工会各提各的条件，缺乏必要的沟通与协商，不仅不能团结对抗资本家，反而让资本家抓住所谓

① 《广州报界大罢业》，《晨报》1926 年 8 月 4 日，第 5 版。
② 《广州报界大罢业》，《晨报》1926 年 8 月 4 日，第 5 版。
③ 《广州报界大罢业》，《晨报》1926 年 8 月 4 日，第 5 版。
④ 《愈弄愈糟之广州报界工潮》，《晨报》1926 年 8 月 13 日，第 5 版。
⑤ 《愈弄愈糟之广州报界工潮》，《晨报》1926 年 8 月 13 日，第 5 版。
⑥ 《报界罢业潮之新变化》，《晨报》1926 年 8 月 20 日，第 5 版。

受“压迫”的借口。

(三)工会组织联合抗争

20世纪20年代末，报业工人斗争力度加大，工会组织联合起来对抗资本家。1929年10月，上海《大美晚报》工友要求双十节休刊，招致全体被解雇。上海报界工会为工人呼吁：帝国主义者“不但无耻的压迫目前许多工友，而使受失业的痛苦，还要利用一班无耻的白俄来破坏这次大美晚报工友的斗争……我们不但要反对大美晚报的资本家无理压迫，同时也要反对帝国主义者对于中国的经济的、政治的压迫”[①]。《泰晤士报》工会宣称，帝国主义者以“强暴压迫掠夺手段，宰割工人”，“摧残我工的工运，这样不但大美晚报的工友欲向之奋斗，即我们劳工界，亦当表示同情。同胞们，工友们，一致起来，抵制帝国主义的经济政治侵略，及一切不平等的压迫，这是为谋民族生存”[②]。南洋印刷工会宣言：“谨以同一地位之立场，愿作后盾，同为声援俾其早日解决复工。”[③]11月，这一纠纷还没有得到解决，《大美晚报》工人斗志昂扬：“我《大美晚报》工友等，处此铁蹄蹂躏之下，愿牺牲一切，抱再仆再继的精神，具百折不回的决心，与彼资方，奋斗到底，不达最后目的，誓不终止。”[④]

(四)编辑记者的劳方身份明确

1929年4月，南京《东南日报》社长携款潜遁，报社经理把全体编辑及工友骗至大门外并关锁，所有员工的3月份工资延期发放，4月份工资则勒令放弃，同时停止食堂伙食。馆方的举动引发员工强烈反抗。编辑部职员呈请首都新闻记者联合会援助，“印刷部工友则向报界工会请求营救，报界工会当即向该报经理要求即发工友之欠薪及遣散费三月，并呈请总工会援助”[⑤]。南京报界工会发表宣言痛批馆方：“在此青白旗帜之下，竟有此蔑视人道摧残劳工之贼，实堪痛恨。”[⑥]上海报界工会立即通告全体工友捐款援助，并进行舆论声援：东南日报社实欲置工友“于绝境而后快，其奸狠阴毒，居心叵测，可以概见。本会谊属同业，对于这种新闻界的败类，摧残劳工的蟊贼，誓必与人共弃。希望各界同胞工友们主持正义，力求援助”[⑦]。在此，编辑人员已经旗帜鲜明地反抗资本家。

1931年10月29日，《时事新报》馆方突然以经费支绌为由，将服务十年以上的职

---

① 《上海报界工会为援助大美晚报罢工宣言》，《申报》1929年10月14日，第14版。
② 《泰晤士报工会援助大美晚报罢工宣言》，《申报》1929年10月15日，第16版。
③ 《华洋印刷工会昨发援助大美晚报罢工宣言》，《申报》1929年10月20日，第14版。
④ 《大美晚报全体工友呼吁》，《申报》1929年11月22日，第14版。
⑤ 《南京东南日报停版后之纠纷》，《申报》1929年4月12日，第3版。
⑥ 《南京东南日报停版后之纠纷》，《申报》1929年4月12日，第3版。
⑦ 《上海报界工会援助南京东南日报工友》，《申报》1929年4月12日，第4版。

员周孝庵、曹甸成、詹天慰等七人解职。该报编辑部同人召集会议，请报馆当局收回成命，馆方坚决不接受。编辑部同人让步提出给解职者 3 个月至 6 个月之保障，馆方仍不接受。31 日，馆方反而将蒋湘青、张梦熊、胡熙如、蒋槐青、张廷奎等 12 人无故解职，“总计两次被裁人数占编辑部全体十分之八之多”①。在这种情形下，李卓真、黄天鹏、陈锡良、陈元良等七人“一致自动辞职，以促该馆当局之彻底觉悟”②。《时事新报》编辑部同人抨击：“最近时期，馆方尚增加资本，扩充营业，新添职员多人，薪金且有多至二三百元，较旧职员相去何止倍蓰，是则馆方之裁员，决非由于经济支绌，绝无疑义，此种举动，显系别有作用，蓄意摧残，于情于法，岂得为平。”③上海新闻记者联合会“召集临时紧急执委会议”④，召开“临时紧急全体大会”（到会者百余人）⑤与“临时会员大会”（到会者五十余人）⑥，为《时事新报》被裁职员多方奔走。

历经十年的劳资冲突实践洗礼，报界公会（新闻记者联合会）与印务工会（报业工会）的关系发生了从对抗到联手的变化，报界公会也由“莫名其妙”资本家转变成反抗资本家的重要力量。十年间，编辑记者作为劳方的身份定位明确，编辑记者与印刷工人、派报工人一起成为反抗资本家的主体力量。

二、赤色工会与黄色工会的暗斗与合作

报业劳资冲突中，报业工人同业组织报业工会，一直面临着被资方分化的风险。在共产党的领导下，工人武装组织工人纠察队成为报业工人罢工的重要保障。赤色工会对黄色工会适可而止的斗争，则是党领导下的报业劳资冲突实践的有益探索。

（一）工人纠察队为报业工人罢工保驾护航

1922 年，中共湘区委员会胜利领导粤汉铁路、安源路矿等罢工斗争，鼓舞了印刷工人。11 月 20 日，湖南铅印活版工会“邀集各印刷公司的当事，当面提出最低限度的 14 项要求，限于 3 日内答复完全承认”，结果是“所要求的条件，多被拒绝”⑦。在劳工书记部湖南书记毛泽东的指导下，铅印活版工会选举罢工负责人，组织工人纠察队，制定罢工纪律，收集罢工预备金，提出罢工条件，起草致各公司、各报馆函电说明罢工理由。铅印活版工会邀请各印刷公司开会，递交公函，限三日内答复。各公司及报馆皆

① 《时事新报编辑部同人宣言》，《申报》1931 年 11 月 2 日，第 12 版。
② 《时事新报之裁员纠纷》，《申报》1931 年 11 月 1 日，第 16 版。
③ 《时事新报编辑部同人宣言》，《申报》1931 年 11 月 2 日，第 12 版。
④ 《记者会临时执委会议定明日下午开会员大会》，《申报》1931 年 11 月 7 日，第 16 版。
⑤ 《记者昨天紧急会员大会》，《申报》1931 年 11 月 9 日，第 11 版。
⑥ 《记者会员大会时事新报裁员纠纷完全解决》，《申报》1931 年 11 月 12 日，第 15 版。
⑦ 《湖南铅印工人罢工宣言》，《民国日报》1922 年 12 月 12 日，第 3 版。

未答复。铅印活版工会负责人请示毛泽东后，宣布罢工。[1] 资方以“停伙”“解雇”相威胁，并引诱部分工人开工。工人纠察队派人将工贼软禁，并说服工人。《湖南日报》《商报》从湘潭雇请印刷工人来长沙，纠察队到报馆干涉，终不能出版。工人得知长沙《大公报》计划送湘潭印刷的消息，十分着急，甚至准备复工。毛泽东鼓励工人坚持斗争，并派纠察队前往湘潭，揭露资方的阴谋，争取湘潭工人的支持，“将长沙工人捉回，拘之湘乡试馆。于是大公报在湘潭印刷之计划，遂与湖南日报招募湘潭铅印工人之计划，同归失败”[2]。罢工风潮“迁延半月之久，长沙各报，一致停版，工人印刷业报馆三方面，皆无诚意磋商条件。工人生计渐渐难于维持”，故请毛泽东出面救济。[3] 毛泽东邀请报界代表 3 人、“工党 6 人”，“联名致函各印刷公司代表及工人代表”[4]，于 12 月 10 日召开联席会议。工人代表提出限制各报发稿时间，经《大公报》张平子、《湖南日报》陶孝宗、《民治日报》张慎庵解释，“自来新闻发稿，无规定时间之理，否则今日所收电信，如逾时刻，即须迟一日发登，与新闻贵在敏捷之原理不合”[5]，工人放弃要求。工人力辩夜工困苦，因本省新闻发稿时间最迟，要求每半张“本省新闻”增加一人排检，众无异议。工人提出薪资加至 12 元，公司及报界力争，工人最后承认 11 元。工人坚请发放罢工期间共 17 天的工资伙食，公司代表极力反对，调解人建议酌发 5 天薪伙，工人与公司不再争执。办理签字手续时，13 家印刷公司只有湘鄂、吟章、彰文、汇同四家同意，其余表示拒绝并宣告退席。工人表示有一家不签字，全体仍一致不开工。毛泽东“主张签字之公司，一律于 13 日开工，不签字者仍罢工。工人无异议”[6]。工人发表上工宣言：“我们的工资增加了，我们的时间减少了，我们的红利及期望休息的要求也取得了。我们不得不感谢调解人及各工团的援助。我们胜利了呵。”[7]长沙铅印工人的罢工斗争终于取得胜利。在共产党的领导下，报业工人与资本家之间的斗争因为拥有工人武装而变得有力，同时在薪资、工作时间诉求等方面，又有让步，斗争有力而有节。

北伐军进入南昌后，原在武汉工作的工人相继回到南昌。1926 年 11 月，南昌铅印工会恢复成立。在共产党的领导下，铅印工会首先组织工人武装组织工人纠察队。另一方面，国民党右派分子篡夺江西省党部的领导权，把持南昌《民国日报》。1927 年 3 月，共产党员陈赞贤被反革命分子杀害，南昌《民国日报》进行蒙蔽宣传。当时，《民国日报》印刷所设有一个中共支部，有 7 名共产党员。铅印工会指导员肖素民与印刷所中共支部的共产党员商议让反革命喉舌不能讲话的办法，决定从 15 日起罢工。当

---

① 谢辟庸：《毛泽东领导的长沙印刷工人罢工斗争》，《印刷职工运动资料》1984 年第 1 辑，第 2 页。
② 《长沙铅印工潮将解决》，《申报》1922 年 12 月 17 日，第 10 版。
③ 《长沙铅印工潮解决之经过》，《申报》1922 年 12 月 20 日，第 10 版。
④ 《长沙印刷工人罢工始末记》，《晨报》1922 年 12 月 23 日，第 6 版。
⑤ 《铅印工潮解决之经过》，《申报》1922 年 12 月 20 日，第 10 版。
⑥ 《铅印工潮解决之经过》，《申报》1922 年 12 月 20 日，第 10 版。
⑦ 《长沙铅印工人上工宣言》，《大公报》（长沙）1922 年 12 月 13 日，第 7 版。

日晚，党支部的党员进行动员并宣布罢工，要求惩办杀害烈士的凶手，并宣誓不获胜利决不复工，《民国日报》停刊。16 日，《民国日报》总经理肖干收买铅印工会执委王树诚，假借铅印工会名义让工人复工。工人认为工会决定复工总是有道理的，于是开始复工。工人纠察队赶到《民国日报》，把已经排好的版全部捣毁，并揭发王树诚的出卖行为。工人知道真相后纷纷离开印刷所，坚持罢工。大约一周后的一个傍晚，一个连的武装军队包围《民国日报》，枪口对着工人进行威逼，工人只好“复工”。但是，工人没有按照稿纸进行检字，印刷机一响，武装军队一走，工人马上停工。得到通知的工人纠察队来到《民国日报》，捣毁版字，工人继续罢工。罢工一直坚持到 1927 年“‘四二’反 AB 团斗争胜利，南昌《民国日报》由市民公会接收，共产党员、原《贯彻日报》社长陈资恕来当社长才复工”[①]。在共产党的领导下，工人武装工人纠察队发挥了重要作用，为罢工成功提供强有力保障。

(二)赤色工会与黄色工会的暗斗适可而止

20 世纪 30 年代，报业劳资冲突的斗争形势更加复杂，工会内部分化明显，站在工人一方的赤色工会不仅要和资本家明争，还要与被资本家收买的黄色工会暗斗。

1932 年“一·二八”淞沪抗战后，中外资本家开始把战争损失转嫁到工人身上。3 月起，上海各行各业工人罢工不断，其中“影响最大的一次是报馆工人的同盟罢工”[②]。这次罢工是刘少奇亲自领导进行的，也是党和“工联”领导下的赤色工会“印总”在罢工群众中直接开展斗争的一个范例。冲突是由馆方挑起的，《大晚报》和《时事新报》的创办人都是孔祥熙。《大晚报》为了减少支出，计划将印刷部裁撤，交由《时事新报》代印。馆方向《时事新报》工会负责人张保康提出代印《大晚报》，张保康因劳资协定上有馆方承接印件须得到工会同意这一条规定表示不同意。当时，在国民党上海市党部支持下，工会内部发生争权派与掌权派的斗争。争权派与《大晚报》馆方勾结，想夺取《时事新报》工会领导权，作为夺取整个报界工会的缺口。两报馆方因为有了争权派工会可依靠，不顾掌权派工会是否同意，强迫《时事新报》工人代印《大晚报》。馆方一面收买《时事新报》的少数工人，一面准备招收临时工，又一面威胁欺骗部分老工人继续做工。4 月 2 日，当张保康下令工人拒绝代印时，馆方借机关锁工场，大部分工人被拒绝进场，少数被欺骗的工人被关在场内也不能外出，一批临时工则补充进场。馆方提出，开除张保康，限制离场工人在规定时间内报到，否则视为自动离场。5 日深夜，报馆职员蒋介民等，擅自拘捕 8 名工人，藏匿于报馆会客室，威胁利诱。工人绝不为动，直至 6 日 11 时才被释放。

罢工斗争之初，还只是两报馆方与工会之间的矛盾。等到两报馆方勾结黄色工会

① 史学明:《大革命时期南昌铅印业工人运动概况》,《印刷职工运动资料》1984 年第 1 辑,第 29 页。
② 何步云:《刘少奇同志领导上海报馆工人同盟罢工》,《印刷职工运动资料》1985 年第 2 辑,第 106-107 页。

争权派，准备改组和破坏劳资协定的企图暴露后，冲突就演变成全体报馆工人和两报馆方之间的冲突。同时，掌权派工会领导人有被夺权的危险后，各报工会与两报馆方之间的矛盾也随之升级。于是，这场劳资冲突引起报界工友的强烈声援。《申报》全体工友宣言："该报馆方居心叵测，预谋破坏我工友组织。敝馆工友谊切同舟，除呈请工会贯彻初衷，坚持到底，敝馆工友，誓为后盾。"①《新闻报》全体工友宣言："在青天白日下，竟敢如此摧残工运，是可忍孰不可忍，故本馆全体工友，现特要求报界从速与时事新报交涉……若彼仍一意孤行，悍然不顾公理，本馆全体工友认该馆为破坏报界工会团结之公敌，本馆全体工友必与之周旋。"②《时报》全体工友宣言：《时事新报》馆方的举动，"属有意破坏我整个报界工会，本馆工友，以休戚相关，决以实力援助"③。

4 月 9 日，报界工会召集《时事新报》被迫全体工友大会，到会者百余人。主席报告开会宗旨时表示："无论资方用任何暴力来破坏我们工会的团结，工会绝不因此屈服。"④针对《大晚报》刊文称"经多方调停排解，劳资两方复能发挥相谅相成之精神，今日已得圆满之结果"，报界工会负责人郑重声明："所谓相谅相成之工人，确系极少数意志薄弱利诱威胁之工人，且同日《时事新报》仍登'本报工友均鉴'广告，引诱拒绝登记之工友，显见是项新闻全系欺骗性质，以淆乱社会人士耳目。"⑤经《申报》、《新闻报》、《时报》、社会局、派报工会多次调解无效后，《时事新报》被迫离馆工友宣言："资本家方面，为要加紧压迫我们，剥削我们，它唯一的先决要务，也就是对于我们团结的破坏，只有破坏了我们的团结，才能开始实施其压迫剥削政策……这次行动，不但企图破坏我们整个工会，并且又加紧其剥削。"⑥《时事新报》工会负责人公开揭发馆方的破坏阴谋："此次该报事件发生后，资方声言工人罢工。按工人罢工，该报势必无从出版，方合事实。今该报自工潮发生日起至今计有一星期之久，仍能照常出版，惟篇幅减少而已，以致外界不明真相，多有误会。殊不知该馆资方破坏工会组织，蓄意已久。"⑦《时事新报》工会还"以该报职员蒋介民此次用自卫手枪私擅逮捕工友，有违警律致函律师公会"⑧，要求给予相当处分。《申报》召开工友全体大会，"认为《时事新报》资方有意破坏整个报界工会，理应一致起来援助"⑨。派报工友认为《时事新报》"有意破坏报界工会，且闻组有某某送报公司阴谋破坏派报工会工人团结，当以同在工人地位，决以实力

---

① 《申报全体工友宣言》，《申报》1932 年 4 月 5 日，第 5 版。
② 《新闻报全体工友宣言》，《申报》1932 年 4 月 5 日，第 5 版。
③ 《时报全体工友宣言》，《申报》1932 年 4 月 5 日，第 5 版。
④ 《报界工会召集全体大会》，《申报》1932 年 4 月 10 日，第 4 版。
⑤ 《工会郑重否认纠纷解决》，《申报》1932 年 4 月 10 日，第 4 版。
⑥ 《时事新报被迫离馆全体工友宣言》，《申报》1932 年 4 月 11 日，第 7 版。
⑦ 《工会说明馆方破坏情形》，《申报》1932 年 4 月 10 日，第 4 版。
⑧ 《函律师公会》，《申报》1932 年 4 月 9 日，第 7 版。
⑨ 《申报工友全体大会》，《申报》1932 年 4 月 12 日，第 4 版。

援助……自动停贩《时事新报》"[1]。《新闻报》召开全体工友大会，到会者三百余人。包括卷烟业产业工会、造船业产业工会、水木业工会、装卸业职业工会、机械业工会等在内的上海市第五区各业工会召集全区紧急会议，"一致主张特派代表慰问报界工会被迫同志"[2]。《时报》工友召开全体会，浦东各业工会发表宣言，对《时事新报》工友予以舆论声援。

当时，"印总"在报馆工人中没有组织，"有几个曾经是党员，后来不愿再发生组织关系的私人关系"，"他们不参加任何政治活动，但基本思想却倾向共产党"[3]。党组织通过这些"私人关系"，由刘少奇直接领导"印总"的斗争，决定发动报业同盟总罢工。刘少奇指出："此次同盟罢工性质是在赤色工会领导下，利用黄色工会的合法斗争。因为黄色工会内部的两派斗争，正好一派是和馆方（资方）站在一起，一派是和全体报工站在一起。两派都在暗斗，不敢向群众公开，而斗争已到了势不两立境地，在目前阶段没有妥协的条件，所以我们可以利用它作合法斗争……我们在各种大小斗争中，总要和黄色工会碰到一起。黄色工会是国民党的走狗，是工人阶级的敌人，也就是我们的敌人，这是基本观点，不能改变的。但在实际斗争中，不能只有作为我们斗争对象，作为我们对立面的一种斗争方式，还要看具体情况，加以利用。尤其是进行合法斗争时，一定要利用它。"[4]在党的领导下，《申报》《新闻报》《时报》于 6 月 1 日实行总罢工。罢工宣言揭露了资本家的本质："一二八上海事变发生后，整个的上海沦为战场，所有的生产机关完全趋于停顿……，在广大的劳动市场上，骤增了不少劳动者，于是聪明的资本家，便趁这个失业激增的机会解雇原来的有组织或工资较大的工人，以满足贪得无厌的私欲。"[5]罢工进行到第二天，考虑到国民党中央宣传部得知上海报业工人进行同盟罢工后很惊恐，要上海国民党市党部立即调查背景，看是否有共产党捣乱等情况，刘少奇指出："这次报工罢工，是党领导的合法斗争，必须适可而止。""只要离馆工人全部复工并照发工资，二报馆方愿意仍按劳资协定商谈，这二项条件承认，我们罢工目的已达到，就可复工收兵。"[6] 6 月 4 日，"三新闻之罢工解决"，"一齐出版"。[7]《时事新报》《大晚报》资方承认主要条件，恢复到未印《大晚报》前的情况。"争权派被国民党市党部斥责后销声匿迹，不敢活动，掌权派工会，没有改组。劳资协定没有被破坏。罢工以胜利结束。"[8]适可而止的斗争策略，成功化解了黄色工会对工会组织的分化，为罢工

---

① 《派报工友自动援助》，《申报》1932 年 4 月 12 日，第 4 版。
② 《各业工会纷函援助》，《申报》1932 年 4 月 13 日，第 6 版。
③ 何步云：《刘少奇同志领导上海报馆工人同盟罢工》，《印刷职工运动资料》1985 年第 2 辑，第 108 页。
④ 何步云：《刘少奇同志领导上海报馆工人同盟罢工》，《印刷职工运动资料》1985 年第 2 辑，第 114 页。
⑤ 《沪报罢工起因与经过》，《益世报》1932 年 6 月 5 日，第 3 版。
⑥ 何步云：《刘少奇同志领导上海报馆工人同盟罢工》，《印刷职工运动资料》1985 年第 2 辑，第 115 页。
⑦ 《上海三报复工》，《京报》1932 年 6 月 5 日，第 3 版。
⑧ 何步云：《刘少奇同志领导上海报馆工人同盟罢工》，《印刷职工运动资料》1985 年第 2 辑，第 116 页。

成功提供了有力保障。

三、左翼报人对报业劳资冲突解决途径的理论探索

全面抗战爆发，为报业劳资冲突问题的解决提供了理论与实践契机。左翼报人积极融入新闻抗战大业，努力探求解决劳资冲突的方法与途径。

（一）“用生产合作方式来组织新闻事业”

左翼报人提出，必须把新闻工作“作成事业，不只是一个职业。事业是公共的比较永久的为之服务的。职业只是个人一时为了解决生活问题的”①。若想“把中国新闻事业提到更高阶段”，必须“以正确的政治意识指导新闻事业”，有两种方式：“第一，由进步的团体、机关或政党所直接经营或间接指挥的新闻事业。第二，由广大有进步意识的新闻从业人员，用生产合作方式所组成之新闻事业。这种新闻事业，自然是在意识上不可能是倒退的，目标自然是共同的，组织一定是民主的，生活一定是比较合理的，学习一定被提得很高的。”②由于抗战环境日益艰难，“广大新闻从业人员深感有自己起来组织新闻事业的必要。从工作经验中，我们深切的认识到：要能保障我们所从事的新闻事业始终坚持进步的立场，就我们自己能力之所及，只有用生产合作方式来组织新闻事业。这个事业是大家共同的，其中没有雇佣者和被雇佣者的分别，大家只是分工的不同。各级领导干部都由民主选举产生。故任何个人之变革，绝对无法左右这个事业之根本方针。至于操纵把持，更是无从发生了”③。抗战大业为这种理想的新闻事业的实现提供了可能性：抗战迫切要求进步的新闻事业；抗战锻炼并提高了中国广大新闻记者的认识与能力，他们要求合理的新闻事业的产生。特别是七七事变以后，中国青年新闻记者学会在新闻从业员中间所号召的团结运动，使集体主义意识逐渐根植于各地的进步新闻记者头脑中；沿江海大城市的陷落，使海内外各地方之文化新闻事业，皆发生更多困难，需要进步新闻事业的协助。“这就构成了我们业务的基础。”④

“国新社”就是按照生产合作方式组建起来的。参加“国新社”的同人，皆为“共同社会事业而来，故大家能本抗战救亡之热情，忍受一切艰辛。大家以民主方式团结而来，故在人事管理上，既不同于私人老板下的职工制度，资方可以为所欲为；又不同于政府所直接领导的事业，任何工作人员必须服从支配。我们只能用共同事业之意义与成功的信心来团结干部，而且只能用说服与讨论方式，解决内部的问题”⑤。《观察日

① 长江：《“国新”两年》，《新闻记者》1940 年第 2 卷第 9 期，第 17 页。
② 长江：《“国新”两年》，《新闻记者》1940 年第 2 卷第 9 期，第 18 页。
③ 长江：《“国新”两年》，《新闻记者》1940 年第 2 卷第 9 期，第 18 页。
④ 长江：《“国新”两年》，《新闻记者》1940 年第 2 卷第 9 期，第 19 页。
⑤ 长江：《“国新”两年》，《新闻记者》1940 年第 2 卷第 9 期，第 20 页。

报》也是一个范例。现在的社会还不容许消灭雇佣制度，但是，“必须要以对事业的热心来改变雇佣制度的内容。在《观察日报》，便充分做到了这一点。因为首先是这个报馆的经济来源，完全是几个热心救亡工作的青年来支持的。他们是这个报馆的董事，也是这个报馆的职员……因为大家都是为着抗战来服役，为着事业而奋斗，所以，报馆职员与印刷工人之间，没有阶级的成见”[1]。

（二）“大家都是报纸的主人”

通过消除阶级差异来解决劳资冲突，是左翼报人理想化的理论探索。“必须消除阶级的成见”，必须消除“你是董事，你是社长，你是编辑先生，你是经理先生，我是印刷工人的成见，大家都是报纸的主人”。[2]“一个报馆里的印刷工人，应该和编辑部经理部的工作同志，都能把报纸看做整个抗战中一桩艰苦的事业，把报馆看做自己的家庭一般，每人在自己担任的分工的一部门中努力工作，这样，报馆的组织才能巩固，才能成功一个有机的活体。”[3]然而，“抗战两年了，印刷工人与报馆其他部门的工作人员还没有做到应有的团结，印刷工人与馆方之间的关系还是建筑在绝对雇佣关系上，大家都还不能了解自己所担任的是抗战中最重要的一部门的工作，都还不能了解自身对于目前这个工作应担负起的重大责任。这种，决定了印刷工人与馆方处在对立的地位”。工人和馆方的对立使得报馆的组织形成一种散漫现象：“各个部门固执着自己的一部分工作，热心的工作者往往也只能完成自己所担负的一部分工作，不热心的便敷衍塞责；报馆虽有分工的形式，但没有合作的精神，没有集体的检讨和批评，失去了活的联系，报馆变成了四班的手艺式组织，而不是一个有机的组织。”“在这样的散漫现象之下，一定不能发扬印刷工人工作的积极性而往往只在契约规定下做他应做的工作，不再想求进步，甚至于有些地方还发现了怠工的现象。”[4]此外，在一些报馆，“编辑与记者通讯员之中存在一种从属阶层的界限”，“形成陈旧不堪的新闻事业的行政制度”[5]，外勤记者被作为“‘打杂’的来看待，来使用”[6]。阶级差异的消除，要靠社会制度的根本变革。内部的团结合作能改良新闻事业的行政制度，但无法根本变革社会制度。在当时的历史条件下，左翼报人的这一理论设想只能流于空想。

若想实现印刷工人与其他工作人员的团结，在报馆内部，新闻从业员之间的称呼应由“先生”变为“同志”。称呼的改变可以间接增强组织凝聚力。由下对上称“先生”有一种高贵的气味，由上而下称先生大概是初见面，或比较客气。为了大家情感上更

---

① 罗高：《新闻纸与印刷工人》，《新闻记者》1939年第2卷第6期，第21页。
② 罗高：《新闻纸与印刷工人》，《新闻记者》1939年第2卷第6期，第21页。
③ 罗高：《新闻纸与印刷工人》，《新闻记者》1939年第2卷第6期，第18页。
④ 罗高：《新闻纸与印刷工人》，《新闻记者》1939年第2卷第6期，第18页。
⑤ 亭夫，《谈专门记者》，《新闻记者》1941年2卷10期，第25页。
⑥ 谢爽秋，《外勤记者“专门化”》，《新闻记者》1941年2卷10期，第24页。

加亲密，身份上不分阶级，工作上打成一片，就要舍弃一切高贵的、阶级性的、太客气的称呼，采用“各个人化为一体的称呼，我们大家骄傲的互称‘同志’”[①]。“先生”的称呼，还是缺乏批判精神的表现。“我们很少看到相互间的批评，彼此客客气气，完全不是集体主义的样子，以后我们最好一律称‘同志’，不再叫‘先生’，我们是什么‘同志’呢？我们是‘新闻事业的同志’！”[②]。由“先生”到“同志”称呼的改变，意味着“从雇佣关系到工作同志关系”[③]的转变。称呼的改变，可以推动报馆内部的团结合作，但无法从根本上解决雇佣关系这一须从社会制度层面来解决的问题。

(三)“使用民主的集体会议来消灭保守的封建的行会制度”

印刷工人一直是罢工斗争的主力军，印刷工人的生活状态直接关系到劳资冲突的发生及其斗争结果。左翼报人提出，要“使用民主的集体会议来消灭保守的封建的行会制度”。印刷工人过去也有工会，“但这种工会大都是建筑在封建关系上面的，是一种行会制度。这种工会在改善工人待遇上虽也尽了一些劳绩，但却不是一种进步的组织，往往使得工人在一定的条件下不再求进步，懒惰、怠工，养成他们闲散的生活。这种组织，在抗战中更应该加以改革——改革这种行会制度的印刷工会，而建立起新的进步的民主的印刷工会。所以，各报馆便应该帮助印刷工人学习组织能力，用坦白的、公开的态度来举行各种会议，用民主的会议形式来消灭印刷工人那种封建的行会制度的保守心理，进而帮助他们成立新的进步的印刷工会。这是一桩艰难的教育工作，必须经过一段艰苦的教育过程，但这确是最基础最彻底的工作，必须做到这点，才能使印刷工人与报馆真正的紧紧的团结在一起。”[④]不过，这种工作不是一开始就可以圆满进行，印刷工人的保守性必须逐步加以改革，等到他们感到新的环境新的组织，比行会制度的印刷工会更好时，他们就会自动地要求有这种组织。

对于工人的生活与困难，要寻求“集体解决”，即“管理方面的组织化”。“用组织的生活代替了过去私人享乐的游佚生活，使生活过得紧张快乐”。诸如改良伙食、布置寝室等，都要“依照大家公决的意思来进行”。至于家庭发生事故、生病等等，也要“大家集体的来帮助他解决”[⑤]。

(四)“集体主义的自我教育”

根据《观察日报》的经验，印刷工人的教育问题非常重要，因为在整个相持阶段中，“‘宣传重于作战’，‘政治重于军事’的纲领的实现，报纸——这宣传民众、组织民众的

---

① 任重：《我们骄傲的称呼是“同志”》，《新闻记者》1938 年第 1 卷第 9、10 期合刊，第 27 页。

② 长江：《我们要“真”的集体生活》，《新闻记者》1938 年第 1 卷第 9、10 期合刊，第 29 页。

③ 《新阶段新闻工作与新闻从业员之团结运动》，《新闻记者》1939 年第 2 卷第 1 期，第 3 页。

④ 罗高：《新闻纸与印刷工人》，《新闻记者》1939 年第 2 卷第 6 期，第 22-23 页。

⑤ 罗高：《新闻纸与印刷工人》，《新闻记者》1939 年第 2 卷第 6 期，第 22 页。

工具——本身的健全实是刻不容缓的。特别由于相持阶段是一个艰苦斗争的阶段，一定要使得报馆的本身组织得很健全，使得报馆里每一部分的工作同志（特别是印刷工人），能忍受艰苦的环境，为抗战事业，为新中国的新闻事业不屈的斗争下去。一定要这样，作为'集体的组织者'的报纸，才能在抗战新阶段中担负起他的神圣的任务来"①。"由于印刷工人的努力，特别是其中排字工人（有较高的文化水准），实践的生活和工人劳动特有的觉悟性，他们会用突击的工作精神，在报馆中起着模范作用，而推动全报馆每一部门的工作紧张起来"②。因此，对印刷工人必须进行"集体主义的自我教育"，"只有集体的去学习，去研究，去讨论，集体的在学习中来竞赛，才能得到显著的进步。而且必须是自发的自我教育，才能使他们收到实践的效果"③。在教育过程中，必须注意把教育工作与救亡工作配合起来，多参加救亡工作，从救亡工作中学习到实践的知识，提高他们对于政治的认识。

四、结语

左翼运动中，报业劳资冲突被打上了时代的烙印。左翼运动中的报业劳资冲突，关系复杂，其主线是报业工人与报业资本家的斗争，其中又夹杂着报业公会与印刷工会的对抗与联合，赤色工会与黄色工会的斗争与团结。在共产党的领导下，报业工人罢工从孤立苦斗走向了与编辑记者的充分联合，从工人内部分裂走向了团结一致。

左翼报人深切关注报业工人的命运，积极探寻劳资冲突的解决途径。全面抗战爆发，全民抗战的大形势，为左翼报人提供了理论契机。左翼报人重新审视新闻事业性质这一由来已久的理论话题，充分强调事业的"事业"属性，提出用生产合作方式组成新闻事业，将其作为消灭劳资冲突的制度基础。左翼报人充分认识到工会组织的重要性，同时清醒认识到工会组织内部存在的问题，主张用"民主的集体会议"来消灭保守的封建的行会制度，并站在集体主义立场，切实帮助工人进行"集体主义的自我教育"。左翼报人对报业劳资冲突解决途径的探寻，没有停留于提高薪酬待遇等治标之方，而是诉诸民主的、集体主义的新闻事业的建立与工人的自我教育与自救，从而彻底改变雇佣与被雇佣关系，彻底消灭阶级差异，这一探寻无疑具有理论洞察力。而且，这种探讨不仅是理论层面的，《观察日报》与"国新社"的实践经验，更为其奠定了一定基础。新闻抗战的大背景，更令这种探讨具有鲜明的中国特色。若干年后，中国无产阶级的新闻实践，从一个侧面印证了这一探索的前瞻性与可行性。

---

① 罗高：《新闻纸与印刷工人》，《新闻记者》1939 年第 2 卷第 6 期，第 23 页。
② 罗高：《新闻纸与印刷工人》，《新闻记者》1939 年第 2 卷第 6 期，第 18 页。
③ 罗高：《新闻纸与印刷工人》，《新闻记者》1939 年第 2 卷第 6 期，第 22 页。

城市地理与报刊思想

从对话不能到妥协共存：晚清政府和报人的报律立法思想的源变考察*

李　龙

（暨南大学新闻与传播学院）

摘要：《报律》是清末政府与报界博弈协商的产物，并非清廷单方面一意孤行强制推行的结果。《报律》的出台几经易稿，异常曲折，双方为此付出了艰辛的努力和实践。清政府对待报纸的态度，由最初“冲击—反应”式的应急思维，逐渐转变为与报界共同协商，注重法理思维为特征的讨论，打破了以往专制立法过程中单一、专制、缺乏互动的模式。在这一过程中，政府与报界对报律的认识逐渐深化，立法思维逐渐具有现代法制的色彩，并在具体的历史互动中不自觉地本土化发展。

关键词：《大清报律》；康有为；资政会议

鸦片战争以降，中国社会结构产生了剧烈变动，原有的社会秩序和规范逐渐被打破，人们的价值观念受到了前所未有的冲击。之于报界，外国在华办报宣传，标志着“言禁”被打破。戊戌变法掀起的办报高潮，更是促使中国社会舆论结构迅速分化，给清末政府的统治带来极大的挑战。如何应对逐渐失控的舆论格局，成为晚清政府亟待解决的重要问题。对报界来说，如何对抗来自政府方面日渐逼仄的高压，也成为不得不考虑的问题。于是，有关报刊的管理规定渐成为政府和报界关注的重要问题之一。从历史上看，19 世纪末至 20 世纪初的最初十年，中国知识分子确实对民族-国家的建设能力和上层政治的改造普遍抱有十分乐观的态度，期待政府可以通过政治改革解决目前遇到的民族危机和社会矛盾。然而，缺乏近代立法价值理念的清末政府过分重视规则的影响，采取了极为简单粗暴的“救火”思维，在 1906 年制定了《大清印刷物件专律》和《报章应守规则》，让报界的诉求无处安放。清末政府让报界产生了对话不能的局面。毫无疑问，这种专制式的立法，缺乏现代民主法制的程序、框架和思维。在部分

* 本文原载于《新闻界》2017 年第 11 期，有修改。

研究者看来，“把中国传统与近代化之间的不兼容性当成一种研究前提是错误的”[①]。这种理论落实在具体研究时，粗糙的阶级分析模式，“往往扭曲了百姓阶层在历史上所处的实际位置和作用，或僵化地认为中国传统势力的强大或过弱成为阻碍近代中国发展的根本原因”。于是，制定报律的机构、动因和报界的反应等内容得到较为深入的探讨。[②] 然而，更多的是学界陷入了革命史观和二元对立思维的理论框架，对清末制定的报律的民主性产生了极为强烈的疑问，甚至对其是否具有法律的性质都产生了质疑。[③]

难能可贵的是，有少数学者将1907年的《大清报律》和1911年的《钦定报律》与日本新闻纸条例进行了对比分析，认为清末《钦定报律》“内容和框架已脱离我国古代诸法合体、以刑为主的封建法律体系，民事化色彩较为浓厚”[④]。也有学者认为“清末《大清报律》体现了人人可以办报”[⑤]。但是这种文本式的研究，却没能整体客观地观察清末政府与报界报律立法思想的源变。事实上，从1898年康有为上书光绪帝请求制定报律到1911年《钦定报律》的出台，历时13年，几经易稿，双方对报律的关注点和侧重点各有不同，以致制定报律的历程显得异常跌宕。通过对现有文献进行梳理和分析，我们发现，作为清末立宪重要场所资政院的《资政院议场会议速记录》详细记录了议员有关《大清报律》修改案的讨论，较为详细地呈现了清政府和报界在修订报律案时的矛盾争执，以及最后协商共存的局面，但这份资料却鲜有引起学界的关注和分析。于此，我们尝试重新梳理了文献资料，对清末政府与报界的报律立法思想从时间和空间的经纬上进行考察，以厘清清末政府与报界立法思维的源变历程，在这一过程中，我们可以窥视清末政府并非从始至终都是专制式制定报律，而是逐渐由应急思维式逐渐与报界协商共同制定报律，无论政府还是报界双方在立法思维上已渐现现代民主发展的理念。这对加深了解清末政府与报界政治生态背景不无裨益。

一、启蒙：清政府与报界对报律的接触与认识

（一）清政府对报律的认识：管理手段

清末精英阶层对近代报刊的认识带有较强的工具性。作为开眼看世界第一人的林则徐对《澳门月报》的翻译便是出于掌握外国风土人情、政制律例的需要而采取的策

① 杨念群：《空间・记忆・社会转型》，上海：上海人民出版社，2001年，第75页。

② 王学珍：《清末报律的实施》，《近代史研究》1995年5月25日；《清末报律颁布前后的报界反应》，《广州广播电视大学学报》2008年12月20日。

③ 殷莉：《中国第一部新闻法〈大清报律〉研究》，载：《新闻学论集》（第20辑），北京：经济日报出版社，2008年。

④ 李斯颐：《清末报律再探——兼评几种观点》，《新闻与传播研究》1995年第1期。

⑤ 孙旭培、殷莉等：《法律是自由的“拯救者”——清末民初新闻自由评析》，《新闻与传播评论》2010年第1期。

略，魏源编译的《四洲志》更是将这一时期的清末知识分子利用西方报纸的目的高度概括为“师夷长技以制夷”。由于带有强烈的政治色彩，他们对外国报纸的认识仅停留在信息的收集层面，而因“马嘉理事件”出使西欧的郭嵩焘、刘锡鸿、张德彝等人对报刊的种类、功能、言论自由和管理规定都有较为理性的认识。他们认为西方的报纸“银钱贸易之属，掌故小说之属，分门为报馆，皆各业各会人理之”，而且重视言论的自由，“西洋一切情事，皆著之新报。议论得失，互相驳辩，皆资新报传布”①。报刊对政府的政策具有监督的功能，若政府所行或有违忤，“议院群起攻之，故无敢有恣意妄为者”②。西欧新闻纸不是自由生长，而是具有明确管理制度，新闻纸的“行止一由所隶衙门处分”。报馆的设立须报国家审批，并由政府考察报馆的章程，禁止其诈索人财。对于违反此条例的，由报馆自行监督核实，辞退其人。

政局形势的恶化，促使新兴的社会舆论力量集中在如何挽救民族危机。政府尝试将报律由认识转向实践，以稳定失范的社会秩序。康有为的《请定中国报律片》是中国近代报刊史上的首次官方提议。康有为极为重视法律的制定，认为中国缺乏律法，以致百弊丛生，且与外国交流时，不能平等行使主权，建议“宜有专司，采定各律以定率从”③。他在《日本政变考》中翻译了近代日本的《谗谤律》和《新闻纸条例》，这是近代中国翻译的较为完整的有关外国的新闻律例。在《谗谤律》中，康有为写道：“日本变法之始，方欲一民视听，先定此律，则谗言自去。我国尚无此律，此是非颠倒，流言之害，甚于流贼，亟宜防之者也。”④

事实上，清政府内部对制订报律的初衷基本一致，是以“发明国是，宣达民情”，让报纸成为传达清政府意识形态的统治工具，但对报纸的言论自由程度的意见不尽一致。言禁的冲破，已使社会舆论结构呈现分化，倡言维新新政的论说如潮水般汹涌而来，言论的内容已逐渐失控。基于此，孙家鼐拟定的报馆章程的第一条便是“宜令主笔者，慎加选择，如是颠倒是非、混淆黑白、挟嫌妄议，一经查出，主笔者不得辞其咎”⑤。对于这点，康有为持强烈的反对意见，认为变法必然遭到守旧派的反对，“他日或有深文罗织，诬以颠倒混淆之罪”，要求制定报律标准，“酌采外国通行之法，参以中国情形，定为中国报律”⑥。康有为的奏折实为了反驳孙家鼐制定的报馆章程中对变法不利的因素，将报律作为一种政治工具，助力变法的施行。

随着言禁的进一步冲破，社会报刊力量的发展已远远超出了清廷的控制能力，抨

① 郭嵩焘：《伦敦与巴黎日记（节选）》，转引自钟叔河编：《走向世界丛书.Ⅶ》，长沙：岳麓书社，2008年，第354、137页。

② 刘锡鸿：《英招私记》，转引自钟叔河编：《走向世界丛书.Ⅶ》，长沙：岳麓书社，2008年，第312页。

③ 康有为：《上清帝第六书》，北京：中国人民大学出版社，2012年，第19页。

④ 康有为：《日本变政考》，北京：中国人民大学出版社，2012年，第183页。

⑤ 康有为：《恭谢天恩条陈办报事宜折》，北京：中国人民大学出版社，2012年，第341页。

⑥ 康有为：《请定中国报律片》，北京：中国人民大学出版社，2012年，第343页。

击政府体制的言论越发增多，冲击了原来相对稳定的社会舆论系统，频繁出现与清政府意识形态相悖的乱象，而被清政府视为越轨。“多不免乱是非而混淆视听”，“又多居租界、挂洋旗”以致“彼挟清议以訾时局，人人深而藏力固，听之不能，阻之不可”。鉴于此，张百熙上奏“初定报律：一不得轻议宫廷，二不得立论怪诞，三不得有意攻讦，四不得妄受贿赂。此外更宜少宽禁制，使得以改革理论，风闻记事。不然，则恐徒塞销售之途，不足间谗慝之口也”[①]。显然，晚清政府希望通过制定应急性的报纸管理律例来维持政权的稳定。

（二）报界对报律的认识：护身符

与政府官员相比，近代报人对报律的接触和认识刚开始是停留在文人清议的阶段。从现有文献来看，王韬最先论及报纸律例，将国外的报律做了简单的引介性介绍，并已触碰到了报纸律例的探讨。王韬在《论日报渐行于中土》中，开门见山地指出日报在各国中的限制。“凡关国事军情，例不许印，妄置末论者，动辄诸狱”，着重介绍了法国报刊的管理条例，报纸若刊登平民的隐私，法国政府会立加禁斥，由此指出“成以日报之例，不得讥刺人之隐事也”[②]。报人郑观应则极力提倡充分发挥报馆的作用，呼吁官方应该妥订章程，设法保护报馆。如遇有武断诋毁勒诈财贿者，可以通过向官府申诉，对有关人员进行惩治。倘若遇到官方审断不公，则“准其登报以告天下，庶公论不稍宽假”[③]。显然，郑观应对官方与报馆之间的关系进行了较为理想的想象：用舆论的力量，通过报刊登告天下的方法与官府相维相成，但这种只靠自我道德约束，缺乏强制性的律例管理的方式是欠缺实效的。郑观应也深刻地认识到这点，随后在《日报》增添修改中，强调了报律的作用：“中国现无报律，而报馆主笔良莠不齐一，恐如上所言当道因噎废食，则外国报颠倒是非，任意毁谤，华人竟无报与其争辩也。故将英国日本报律呈盛杏荪京卿，奏请选定颁行，准人开设，俾官商各有所遵守。”[④]

以康有为为首的维新派开启了清末言论和办报的新时代，他们已经逐步意识到了报刊不但对民众思想有启蒙作用，还可以批评和监督政府。唐才常认为：“环球报馆林立，虽妇孺莫不以阅报为事，故周知时事，察验新理，目营四海，耳属九州，舍此别无良法。”[⑤]在当时的报界看来，“阅报愈多者，其人愈智，报馆愈多者，其国愈强，……报馆之议论既浸渍于人心，则风气之成不远矣”[⑥]。黄遵宪明确指出“中国士夫闻见签狭，

---

① 张百熙：《张百熙集》，长沙：岳麓书社，2008年，第78页。

② 王韬：《弢园文新编》，上海：中西书局，2011年，第97、98页。

③ 郑观应：《盛世危言》，北京：华夏出版社，2002年，第123、124、128页。

④ 郑观应：《盛世危言》，北京：华夏出版社，2002年，第123、124、128页。

⑤ 《湘学新报例言》，《湘学报》第一册。

⑥ 梁启超：《论报馆有益于国事》，《时务报》第1册。

守旧自封，非广刊报章，不足以发聋聩而怯意见”[①]。梁启超将报刊的监督和批评政府的功能做了生动形象的阐释。他将报馆的地位上升到“对于政府而为其监督者，对于国民而为其向导者”，认为报馆的言论和出版自由，是躬行监督政府的天职。报馆与政府应处于平等的地位，甚至是“父子、兄弟”的关系。[②]

康梁变法促进了国人办报的首次高潮，但报界对报律的关注和探讨并没有因此呈现汹涌之势。在1898到1903年间，《申报》涉及“报律”一词的报道有9篇，1899年7月10日《合论连日本报所纪主笔索诈及劣员串诈事》、1900年10月10日《论广州封闭报馆事》、1901年6月15日《防微杜渐说》、1902年10月2日《增改现行律例例议》、1903年10月17日《商务部揍拟章程十二条》等，大多是描述报馆主笔和记者在职业操守上的问题，呈现了报界的无序发展状态和混乱的现象。报界言论在强调报纸流行给中国带来利益的同时，也指出弊病悉数难尽，利弊相比，言论导向为“报馆之益于人者尚未及报馆之害”，要求制定严厉的报律，尤其是“对妄议国政、扇惑人心”的报道加以严惩。随着时局的变化，《申报》对报律的呼吁呈现较为强硬的姿态，但大多报道和评论是建立在否定康梁新政及其学说的基础上，要求制定报律，所有报馆都必须遵从，违反“惩其人，封其馆”[③]，使主笔有所忌惮。禁人阅读的做法显然不能阻止民众对信息的渴求，因此，亦有时论建议“导之使上下相通，而无壅蔽，有益于国政，无伤于国体”[④]。然而，清政府并没有根据社会的需求制定报律，民间报纸的“闭门而造，信口以谈”“军事敌情，记载不实”“臧否人物，论列近事，毁誉凭其恩怨”“讨论轶闻，记述浏览，义无足取，言之无文”和“断章取义”[⑤]等弊端依旧存在，时人汪康年也认为“报章措辞，稍或不慎，辄为人指笑，惜无人告之耳”[⑥]。

二、朝野合流：清廷对制定报律的认同

报刊是近代中国在被动与主动间引进的西方文化产物，其产生的社会影响对于中国而言，是“数千年未遇的大变局”中的一种。清政府报刊所引起的舆论问题更是呈现出诚惶诚恐的态势，从而对待报馆的管理制度上采取的是“侧重于以传统的修改，修并、移并、续纂、删除诸方式变更旧律，调整旧法体系，制定一些应急的单行法规”[⑦]。

政局的突变，令清政府执政的合法性受到了极大的动摇，不得不从法理上寻求支

① 陈铮：《黄遵宪全集》第三篇，北京：中华书局，2005年，第420页。
② 《横滨清议报叙例》，《清议报》第1册，北京：中华书局，1991年第1版影印本，第4页。
③ 《防微杜渐说》，《申报》1901年6月15日。
④ 《增改现行律例议》，《申报》1902年10月2日。
⑤ 王德峰：《梁启超文选》，上海：上海远东出版社，2011年，第24-25页。
⑥ 汪康年：《汪穰卿笔记》，北京：中华书局，2007年，第224页。
⑦ 何勤华：《法的移植与法的本土化》，北京：商务印书馆，2014年，第94页。

持。19 世纪末 20 世纪初，在八国联军侵华和义和团起义的异常艰辛的困境中，清廷官员认为“择西法之善者，不难舍己从人，救中法之弊者，统归实事求是”[①]。1902 年清廷下达变法诏书，“著各出使大臣，查取各国通行律例……用示通变宜民之至意”[②]。更有官员认为“惟法律者立国之基，致治之本”[③]。法律的作用尽管有放大之嫌，但也反映了清廷需要从法律上维护政权合法性的迫切性。真正令清廷做出实质性行动的是五大洋考察后的上奏：“东西洋各国所出各报，必经官吏核明，始行刊布，其于谤议泄漏，亦皆严为历禁，中国唯有报律，故终无法以处之，必欲整顿各报，非修订报律不可，否则徒禁人阅者，禁人代售均无益之空言，即使力足以尽之，而未见其尽也。”[④]

报律的重要性显然引起了清政府高层的关注，但于事关国体、政体的宪政改革而言，仍未能列为最要紧之事。正如负责修律的重要人物沈家本所言，修律的原因有三，其一为领事裁判权，二为参加国际组织需要，其三为教案故。[⑤] 报律正是这大环境催生的产物，而且，修订报律并非一项一蹴而就的工作，在正式报律出台前，政府依然延续了“应急式”的制定法律思维，从现实最为迫切的需要入手，重点在内政外文和风俗人心方面做出规定。于此，1906 年，清廷颁布了《报章应守规则》[⑥]。

该规则对报馆的报道底线做了明确的划定和说明，但对报馆的义务和权利没有具体的解释说明，条例极为简易，缺漏甚多，操作性较为欠缺，具有很大的局限性。报界对 1906 年的《报章应守规则》持有较大的反对意见。认为清政府是将报纸视为盗贼，“专以禁人言论为此束缚驰骤之计”，而不是修订条例加以制裁。尤其是对禁止报馆“诋毁宫廷，妄议朝政”的内容严厉批驳，认为这是与立宪趋势相悖，是钳制民众言论的行为。[⑦]《申报》的时评也强调该条例只有报馆履行的义务，而没有不守规则的报馆“应如何处办或罚例不见开列条目”，据此批评中国乃是专制独裁的国家。[⑧]

晚清政府在推行《报章应守规则》的过程中，未能满足地方政府的管理需要，以致地方政府纷纷自定报纸的管理规则。南海县令自订报律八条，要求各报遵守。此报律对“论说”“公件”“驳议”“来函”等报刊内容做了规定，意在防止“妄鼓邪说、淆惑视听”，[⑨]新任两广总督周馥鉴于舆论汹涌，在“咨请外务部与各报商定报律”未果后自订

① 《清实录》卷 486，北京：中华书局，1987 年。

② 《清实录》卷 495，北京：中华书局，1987 年。

③ 《大理院正卿张仁黼奏修订法律请派大臣会订折》(1907 年)，故宫博物院明清档案部编：《清末筹备立宪档案史料》(下册)，北京：中华书局，1979 年，第 833 页。

④ 五大洋考察本。

⑤ 沈家本：《修订法律大臣沈家本奏刑律草案告成分期缮单呈览并陈修订大旨折》(1907 年)，故宫博物院明清档案部编：《清末筹备立宪档案史料》(下册)，北京：中华书局，1979 年，第 846 页。

⑥ 刘哲民：《近现代出版新闻法规汇编》，上海：学林出版社，1992 年，第 30 页。

⑦ 《论警部颁发应禁报律》，《申报》1906 年 10 月 14 日。

⑧ 《警部颁发报律两誌》，《申报》1906 年 10 月 16 日。

⑨ 律文见李默：《辛亥革命时期广东报刊录》，《新闻研究资料》第 1 辑，中国社会科学院新闻研究所编，北京：中国社会科学出版社，1979 年，第 151-152 页。

有关诽谤、造谣、妨碍治安方面的报律三条。[1] 地方政府制定的报纸的管理条例出于现实管制的需要，更具针对性和操作性，但这种单方面的出于现实政治需要的管理条例显然没有考虑到报界的现实需求，也使得地方政府的舆论管控具有极强的自主性，不利于报纸的健康、有序发展。正如时人所言，地方官员权力渗透报馆，可“大率诬讦人，欲借报馆以泄其忿，甚至言人闺阃”[2]。

报律在施行一年后，有诸多不切合实际之处。宪政编查馆建议“预备立宪之时，固宜广为提倡以符言论自由之通例，而横言泛滥如川溃防，亦宜严申严禁以正人心而昭公是检阅”，对诋毁宫廷和混淆政体以及扰害公安归入刑律范围。以刑律取代民事法律的做法，体现了清政府在意识形态上的强化。[3] 同时，革命党力量在东南亚等地大举倡办革命报纸，“狂言之鼓吹”对清朝政体造成极大的冲击。迫于严峻的舆论形势，民政部奏请修正报律条文，宪政编查馆将四十二条斟酌损益改为四十五条[4]，是为《大清报律》。

随着立宪浪潮的蔓延，报界对言论自由的追求渐趋极端，对《大清报律》的评论更是言辞尖锐。报纸时评虽然在《报纸之进化》中将《报律应守规则九条》与《大清报律》对比，指出报律“种种制裁皆违所无”是一种新气象，并称赞清政府已有国体和政体的区别，更是有了“政治之知识”，但并不认为这已是进化。[5] 另有时评则直言言论自由是立宪国的要素之一，有关诋毁宫廷、外交军事之秘密、国体风俗与治安妨害者的内容范围广狭无从而知，而妨害人民言论自由才是政府的唯一目的，这与清政府推行的立宪改革相反。[6] 可见，《大清报律》虽然较以前的报章管理规定在处罚上较为明确，但依旧对触碰政体国体的讨论处理严格。报界对此意见甚大，直言舆论势力的膨胀是光绪帝的“庶政公诸舆论”以来，报界极为渴望达到的目标。政令的是非，官吏之贤否应在言论自由的范围之内，强烈建议政府继续修改报律。适逢苏杭甬铁路案起，官府没有颁布具体措施前，报纸提前报道此事，以致引起了苏浙人的铁路权之争。政府也意识到继续修订报律的重要性和迫切性。然而，报界渐已对政府修订的新报律失去信心，情绪化的敌对行为较为明显，认为清政府必定假借外国律例，“以欺人之誓言”，内容必定比他国更为严酷。[7] 报界在言论上营造了清政府修订的报律必定为严重的、报复性的、钳制言论的报律。

客观而言，当时的报纸大多沦为政党的工具，言论报道已难以客观持平。如同时

---

① 《申报》，《时报》1907年，或参见当时各大报刊的论说。
② 汪康年：《汪穰卿笔记》，北京：中华书局，2007年，第76页。
③ 《宪政编查馆报律折》，《政治官报》光绪三十四年二月十二日，奏折类二月十五日第一百三十七号。
④ 《民政部奏请修正报律条文折》，《政治官报》光绪三十四年二月二十二日，奏折类，九月二十日第七百二十五号。
⑤ 《报律之进化》，《申报》1907年9月19日。
⑥ 《论近日朝政多与立宪相反》，《申报》1907年9月30日。
⑦ 《论政府将颁严重之报律》，《申报》1908年1月7日。

人所言："报馆网利之术，凡攻人过恶，必先隐其名而微讽之；不动则甚其辞，直叙其劣迹；又不动则指其名而大骂之。故官大而有力者，其于报馆月必馈干修，或投资与其合股，或出重金鬻归官办……善宦之人，未有不联络报馆者。"以致到宣统年间，"报章之言不能取信于下，上下无所顾忌"①。1905 年后，报界对报律的报道逐渐增多。在 1905 到 1910 年的《申报》中，以报律为关键词，我们检索到 37 篇报道，其议题主要围绕商会建议设报馆，并请政府颁发报律、政府部门颁发报律及报界对其的反应、政府官员打压报馆的报道、政府官员针对报界抨击政府的行为建议明定报律、阻止外国商人在中国各通商口岸开设报馆等进行讨论。

三、"零和游戏"：资政会议中朝野博弈

1910 年，资政会议成立，成为政府与报界关于修正《大清报律》讨论的重要空间场域。在初读、再读和三读修正《报律》中，议员与政府、议员之间、议员与报界三者矛盾杂糅的同时，又相互牵制，甚至出现了"闹剧"的场面，并折射出政府与报人对报律的态度已有了法理上的认知。

（一）亲告罪范围之争：第十一条"损害他人名誉之语，不论有无事实，报纸不得登载"的争议

在资政院会议上，争议最大的是修订报律中的第十一条内容"损害他人名誉之语，不论有无事实，报纸不得登载"。议员对此的非议体现为此条内容范围过宽，质疑损害名誉是否有一定的标准。如无一定的标准，则办报之人"日日在监禁之中，时时有罚金之事"②。政府认为这样的目的一则是为了说明报纸的登载具有一定的限制，以奖励个人尊重名誉之心；二则是标明处罚的范围，所以，该条例符合保障言论自由之旨。

政府认为名誉无异于生命自由，这实则与大陆法系对名誉权保护的惯习一脉相承。大陆法系对名誉的保护尤为注重，规定法律要保护个人名誉，对有些侵犯个人权利的轻微犯罪进行处理。实际上，这是国家公权力适度"让渡"于私权利，赋予个人有限的追诉权，以维护个人的特殊利益，这样的目的是最大限度地实现社会公正，维护国家和社会的利益。然而，议员对政府特派员的解释颇为不满。认为"损害名誉不论有无事实，被害人告诉即论罪，则是使报馆立于必败之地。致使中国报纸受多方钳制，令舆论机关无以自存"③。部分议员在《报律》条例的选择上却是反其道而行之，要求恢复到 1907 年的《大清报律》的有关规定。易宗夔认为保存名誉的法规应该在《新刑律》

---

① 胡思敬：《国闻备乘》，北京：中华书局，2007 年，第 144 页。

② 李启成：《资政院议场会议速记录——晚清预备国会论辩实录》，上海：上海三联书店，2011 年。

③ 李启成：《资政院议场会议速记录——晚清预备国会论辩实录》，上海：上海三联书店，2011 年。

中规定,不应在修订《报律》中规定,而且“损害他人名誉这句话,范围太泛,不如仍按照旧律”[①]。陈树楷议员再次强调了第十一条的“词意亦甚不惯,如果因此而禁止报道,报纸将无可登载之事”,不如仍“旧律十五条稍微更正”。[②] 政府提出的第十一条内容同样遭到法典股的拒绝。按照资政会议《办事细则》一读后的修正《报律》需要提交法典股审核。在审核的过程中,法典股议员认为中国向来对损害名誉之罪没有确当的处分,现在《新刑律》尚未实施,此一层在报律内不可取,“证明事实很不容易”,建议仍使用原文。[③] 对此,政府也做出了回应,主张将第十一条原文的“不论有无事实”一语删去。

需要指出的是,事实举证是亲告罪重要的诉讼程序之一,举证责任是其焦点所在。二读中由“有无事实”延伸而来的“证明事实主义”与“不证明事实主义”之争是政府与议员纠结之处。“不论有无事实”的事实需要被害人提供证据佐证。在修订案中,被害者对报馆的损害名誉的报道提起诉讼,需要提供确切证据,但结果往往是报馆与被害人各执一词,不能有正当之解决。因此,顾鳌认为若报纸的报道“事事要证明事实,是一定办不到的”[④],法典股也认为事实证明主义不可行。按照现代法来看,亲告罪有纯正亲告罪与不纯正亲告罪之分。纯正亲告罪是指某罪的全部情形非经告诉权人告诉均不得发动刑罚权的犯罪。对纯正亲告罪而言,如果告诉权人不进行告诉,或者反对告诉,即使社会危害性再大,公安司法机关也不能主动追诉。正如顾鳌所言:“揭人隐私,现行律是有极严重之制裁。凡阴私之事果属亲告范围,即非人人所能揭发,虽国家所设之检察官,亦不能滥用其提起公诉之权。”但在现实的操作中,被害人虽然有权提起自诉,但是调查收集证据能力的缺乏、司法机关无法介入等因素导致诉讼难以顺利展开。这也正是法典股、议员和政府特派员都承认的事实证明主义实不可取。政府甚至直接说明,在亲告罪中,“报馆不但无提出证据的责任,如果事事要证明事实,是一定办不到的”[⑤]。

平心而论,修正案具有强烈的现代法的色彩。在修正案中,明确提出了“私事者,指个人阴私之事而言,此等事件如系犯罪,卒为亲告范围”,即“告诉乃论其罪”的制度。亲告罪也叫告诉乃论罪,以告诉权主体的告诉为追诉条件的犯罪,亲告犯主要侵犯公民个人的轻微法益。亲告罪的设立具有谦抑价值。指以有告诉权的人的告诉为追诉条件的犯罪,或者指刑法明文规定需要被害人告诉才处理的犯罪。日本刑法学家平野龙一指出:“即使刑法侵害或威胁了他人的生活利益,也不是必须直接动用刑法,可能

---

① 李启成:《资政院议场会议速记录——晚清预备国会论辩实录》,上海:上海三联书店,2011年。
② 李启成:《资政院议场会议速记录——晚清预备国会论辩实录》,上海:上海三联书店,2011年。
③ 李启成:《资政院议场会议速记录——晚清预备国会论辩实录》,上海:上海三联书店,2011年。
④ 李启成:《资政院议场会议速记录——晚清预备国会论辩实录》,上海:上海三联书店,2011年。
⑤ 李启成:《资政院议场会议速记录——晚清预备国会论辩实录》,上海:上海三联书店,2011年。

的话，采取其他社会统制手段才是理想的。可以说，只有在其他社会统制手段不充分时，或者其他社会统制手段（如私刑）过于强烈、有代之以刑罚的必要时，才可以动用刑法。”①这叫刑法的补充性或者谦抑性。简言之，刑法只能作为补充性的法律，而非社会法律的主体。这也是清末法律改革中的一大进步。政府特派员顾鳌亦多次强调：“在《新刑律》尚未颁行，虽普通人有犯揭人阴私陷人之罪，应用《现行刑律》，然罚例过重，若报馆一律适用，未免于报馆不利，本律特为规定者，政府之意，盖视报馆与普通人不同，所以不用《现行刑律》，正是维持报馆言论自由之旨。”顾鳌直接指出了“报纸所载者不过是一种新闻，与告发人罪之呈状不同，而告发人罪在古代律法中属于刑法的内容，违者按照刑法进行处置”。清末报纸律例的蓝本是日本的新闻纸法，但日本新闻纸法规定新闻纸揭载事项提起对于名誉罪之公诉者，施用刑法，对名誉罪采取了“不问其事实之有无”。清政府在这点上是与日本一致的，因为报馆是言论机关，“然于私人名誉可以任意损害，究为法律所不许”。

但是，立场的不同，以致各方对待报律的态度有所偏颇。以易宗夔为个案。易宗夔，湖南湘潭人，弱冠之年即撰文登于梁启超创办的《湘报》。1903 年赴日本入法政大学学习，其间参与革命杂志发行，后互选为资政议员，是激进派议员代表。从其与顾鳌就第十一条内容的辩论中，我们可以看出，以易宗夔为代表的激进派议员对清政府提出的修正案几乎持否定的态度，甚至没有将问题限制在法律范围内，将法律的含义做了道德性的解释，以致问题非常难以处理。修订案中的《报律》本意是全国推行，但限于治外法权的影响，导致某些被法律规范视为“不法行为”的行为在租界发生，且缺乏制裁的可能。部分议员提议据此不应将该条例再视为不法行为。易宗夔认为将损害名誉的处罚归于《新刑律》范围，不应由《报律》另做规定，这种立法思想显然与刑法的谦抑性不符。刑法的谦抑是指立法者应当力求以最小的支出——少用甚至不用刑罚（而用其他刑罚替代措施），有效地预防和控制犯罪。易宗夔的倡议无异体现了泛刑律的思想，与法制的现代化、民主化趋势相悖。

在再读中，当宪政编查馆特派员顾鳌屡欲发言时，议员纷纷阻止，声浪大作。然而，易宗夔的修正案在再读中赞成者为少数，未能通过。同样是议会“三杰”之一的雷奋，对顾鳌提出的修正案态度截然不同。雷奋，早年留学日本早稻田大学，回国后任《时报》记者，后互选为江苏资政院议员。同样具有办报经历的雷奋却认为“股员会修正的比政府特派员所修正的限制范围较严，所以赞成政府特派员的修正”。政府代表顾鳌提出的修正案在再读中以“起立者八十六人”为多数通过。然而，在三读中，易宗夔以《议事细则》六十六条中的“只有军机大臣及个部行政大臣提出修正案”为由，指出特派员照例不能提出修正案，因此在再读中通过的修正案只能取消，并以法典股全体

① ［日］平野龙一：《刑法总论 I》，东京：有斐阁，1972 年，第 47 页。

辞职为威胁说明政府特派员不能提出修正案。此举得到了部分议员的支持和附和，最后否决了再读中通过的政府特派员的修正。

（二）第十二条内容之争：报馆是否有保护国家秘密之义务

在修正案第十二条的争议中，政府与议员、议员与议员之间意见不一，矛盾杂糅。议员对修正案的“关系秘密未经公布者，不得登载”条文，意见主要集中在对“秘密”一词的程度和范围的理解不同。议员认为“关系秘密应示范围，应定界说，否则窒碍甚多，必致有视为秘密者而不秘密，不应视为秘密者而却秘密者，公布与否，无一定准，则报纸将靡所依据，而阅报者更无所考见”。政府特派员对关系秘密的范围进行了较为明确的划分，并从行政的角度进行了阐述。“谕旨章奏及一切公文电报关系秘密未经公布者，报纸不得登载，专就未经公布以前而又关系秘密者为范围。”但如何分别已、未公布及是否关系秘密？顾鳌指出应以现行法令所规定或各衙门通行惯例为准，并详细地解释了这个问题。例如章奏一项，但经具有奏奉旨行文后，“即使未见官报，亦可作为公布。此外各衙门一切公文或电报，在未经标发以前，即系未经公布，亦应当秘密；若标发后，则可以已经公布论。除该衙门认为应当秘密事件以外，不在本条限制之列”。至本条所称“未经公布之章奏、公文、电报云者，系指章奏、公文、电报之原稿而言，若报纸登载其事由，而体例属于新闻者，除本律别有限制外，自不能以违律论”。

不管是在以“言论自由”为标榜的西方国家，抑或是在言禁异常严厉的清朝，报纸都具有极强的政治性，是某一阶层利益的代表，自然为其所代表的阶层发声。但是，在国家利益面前，阶层利益应服从国家的利益。然而，在修订《报律》案中，报馆是否具有保护国家机密的义务和责任却成为一个极具争议的焦点。有议员认为新闻在于采访人员的敏感性，“能闻人所未闻，方为可贵”。对于政府秘密之事，应由政府自行保守，而不是限制报馆的调查权。报人出身的雷奋认为“报馆的主义就是新闻，并不是秘密，说要保全秘密，是外务部的责任”，并严厉指责“若说一定要报馆的人想法子保全秘密，不能说的，我们定这个报律，就是限制报馆”。在这个争议中，报人出身的雷奋着重强调了政治言论的自由，这也正是鸦片战争以降，报人“有闻必录”追求绝对言论自由思想的延续，这种自由主义法治理想的奠基德性变成了言论自由：法律是用来确保一种不断增殖的话语的无尽可能性的。[①] 正如报界所言，“报馆天职有闻必录，以见其事之是非”[②]。就此来看，的确与清政府制定《报律》的目的“使报界有一个范围，如不守范围，一经检查，当按照《报律》惩罚”[③]相冲突。

---

① [美]保罗·卡恩：《摆正自由主义的位置》，北京：中国政法学出版社，2015年，第57页。

② 《论温肃反对报馆之荒谬》，《申报》1910年11月19日。

③ 李启成：《资政院议场会议速记录——晚清预备国会论辩实录》，上海：上海三联书店，2011年，第34页。

(三)监禁与罚金的争议:违反第十二条条例惩罚程度之争

与报馆是否要保守国家秘密的问题相比,议员更为关注违反该规定的处罚的程度。对于违反第十二条和第十三条的惩罚程度,议员意见不一。以雷奋为首的议员,认为第十二条中的或罚金、或监禁是两者皆可取之意,认为中国的监狱没有改良,且报人都是文弱人,若"监禁"报人是绝对接受不了。他指出,从现实来看,"办报馆的人拿了许多钱去请一个主笔,今天把这个主笔的监禁,明天的报就不能出了",这是对报馆事实上的不着想,并建议改作罚金。法律的制定是一种规范和价值的体现,并非与事实完全吻合。事实、规范和价值分别属于不同的逻辑场域,分别有其独立的存在意义。但人们在制定法律的过程中,往往将三者混为一谈,即把应当如何与实际如何以及预测可能如何三个问题混同。雷奋的观点恰恰体现了上述三个问题的混合。

但是,如果在某一种具体情况下,事实并不符合规范,但规范效力仍然不受影响,由于规范并不是现实的陈述,任何关于真正事实的陈述,却不可能与规范发生矛盾。① 以易宗夔为代表的议员认为把监禁的处罚去掉,恐怕有害于国家前途,认为"情节较重者不能不监禁。若是办报的人私通外国,将国家秘密事件泄露,是断不能不定一个重大的处分,留了监禁两个字,还可以限制他"。从立法上而言,议员间的分歧主要是一部分议员看重形式主义以及文本的客观性,另一部分议员则着力于解释性的评注。雷奋等人支持者保守文本的习传意义,而易宗夔等人则支持为了回应情况的变化可以做出不同的解释。立法思维的不同,很难判断孰是孰非。

而且,泄露国家机密已涉及刑法的范围,更与陆军部的《惩治泄漏军事机密章程》相悖。作为《大清律例》的修改版《现行刑律》定有泄漏军情大事专条,有犯罪者,应照律办理。军机大臣主张泄露机密,惩罚宜严。按照《新刑律》规定,"泄露机务之罪,虽外国人有犯,均应同一科罚,亦不问其曾否经由该管官署禁止"。顾鳌认为报律虽为单行律,究不能过侵刑律之范围。现仅为罚金,"是与保持政务机密之意实有未合,即与刑律限制之条相互抵触。若该院复议施行,恐于国家政务之前途,殊多危险"。以致担忧道:"实与陆军部奏定《惩治泄漏军事机密章程》有抵触之处,若同一泄漏秘密,而罚之轻重不同,于国家政务前途大有不利。"

尽管对于违反第十二条的惩罚方式意见不一,但最终的结果仍是通过雷奋的修改案。事实上,治外法权的丧失,造成了"秘密之事,外国及挂洋旗之报馆可以登载,我们中国之报馆次日就可以照转钞之例登载"。但从修订案的结果来看,罚禁的取消意味着《报律》更利于报馆的发展,更为关注报人的切身利益。

---

① [奥]奥凯尔森:《法与国家的一般理论》,沈宗灵译,北京:中国大百科全书出版社,1996 年,第 50 页。

四、结论

法律是社会矛盾不可调和背景下的国家产物，是统治阶级治理社会、维护社会秩序的具有强制性色彩的工具。但对于重视人治、缺乏法治的封建社会来说，近代报律的移植和调适却是一个漫长和曲折的过程。尽管如此，无论是报界还是政府，对报律的需求都具有一致性。清廷和报界呼吁报律制造了一种共同发力的社会政治现象。他们在报律的选择上，先是放眼西欧，继而采纳各国有关律例，最终选择了日本报律为蓝本，进行了删改和调适。

从具体的历史互动场域来看，在资政会议上，政府和议员针对修正案中分歧较大的律例达成了共识。在争议的焦点内容上，政府在很大程度上考虑了议员和报界的诉求，对修正案做出了删改。北京报界公会代表直接向资政院递请请愿书，指出"第十一条用意本自不错，但措辞未有界限，则于政事之缺失，社会风俗之腐败皆以碍人名誉之故，不能登载亦非情理之平"，建议改为"凡属个人阴私，上无损于国家，下无害于社会，报纸即不得攻讦"，[①]如此，则可以与资政院在保护个人名誉与保护言论自由之间取得平衡。议员也提出了类似的建议，政府最终删除了"有无事实"的字词，加上了"但专为公益不涉阴私者，不在此限"。在违反报律第十二条的惩罚方式上，政府也因二读时，已通过（雷奋）的修订案，而感叹"于国家政务前途大有不利"，并没有推翻重来。在涉及国家机密的内容讨论上，政府也有强硬的一面。在对第十二条政府机密报刊不能报道的讨论上，政府坚决以国家利益为重，坚定了自己的立场。

在修订《报律》的相互推磨中，报界通过报纸强烈地表达了诉求。修订案甫出，即引起报界剧烈的反响，认为新订的报律是"制限加苛，而至有摧残舆论之事"，"限制之严乃至有加而无已"[②]。舆论焦点依旧聚焦于第十一条和第十二条内容，但已出现了群体极化的现象。报纸除针对报律外，还对胡思敬、顾鳌等人进行了不实的报道。因资政会议允许记者列席参与记录，在会后记者将会议见闻和内容迅速通过报纸报道于社会。笔者将记者记录的内容和资政会议速记内容进行了对比，发现记者的报道部分失实，如对顾鳌在修订报律中的地位和作用，报纸直接以《顾鳌好自为之》为题，评论顾鳌是被逼出席，且"期期艾艾不敢吐一词"[③]，然而事实并非如此。报纸在舆论导向方面，没能与政府达成共识，引导了舆论向激进的方向发展。

在 1911 年的修订报律中，资政会议中的各方力量侧重了各自的利益立场进行了激烈的辩论。关注和讨论的焦点由零散式要求绝对的言论自由、报道自由和评论自

---

① 《北京报界公会代表上资政院请愿书》，《申报》1910 年 10 月 28 日。

② 《北京报界公会陈请书后》，《申报》1910 年 10 月 30 日。

③ 《顾鳌好自为之》，《申报》1910 年 11 月 18 日。

由，到最后集中于资政会议中的亲告罪、国家秘密是否应该保守等律例的具体讨论，无不体现了政府与报界对报律认知的逐渐深层次化。虽然二者具有共同的利益和价值理念，但报律又未能满足二者所需要的整体需求。在共同的道德价值观上的共识差异，以及潜在的利益冲突和价值观念，导致了报律未能促使报界和清廷发挥整体的利于社会稳定的正功能。双方在报律上都被各自的意识形态与权力关系所型塑，缺乏共同认可的意志或共识，以引导及规范报界的行动。多元的价值观念之间难以达成一致，从而根本没有客观的标准来评价，而只能诉诸人们的主观之见，这也导致在报律的讨论中衍生出事实、价值与规范的纠纷。当报界对政府制定报律的标准产生了质疑的时候，讨论的内容已远远超出了法律本身的问题，因为法律本身是清楚的，只是人们觉得法律自身可能有问题，从而陷入了标准的讨论中，改变了问题的方向和性质。

维新之前宗教刊物的传播与读者阅读

蒋建国

（暨南大学新闻与传播学院）

摘要：从阅读史的角度看，维新之前，宗教刊物虽然数量较多，但其辐射面却不如后来的报纸，其有效的读者数量也较为有限。但这些刊物的思想价值却值得高度重视，它的内容与中国早期现代化有着直接的关联，无论是开明官绅还是口岸文人，他们读宗教刊物所获得的西方知识，在一定程度上改变了晚清社会的知识架构。尽管西方观念还普遍地受到传统士大夫的抵制，但宗教刊物对科学和人文知识传播的强化，契合开明官绅"睁眼看世界"的需要。因此，"刊"的启蒙意义重于神学价值。从早期的《察世俗每月统记传》到维新前的《万国公报》，宗教刊物的传播内容从宗教、科技向人文思想逐步转变，传播目的也从"下层启蒙"转向"上层改造"。一些西学论著大量引用宗教刊物的内容，在二次传播过程中的影响更为广泛。从这个层面上看，维新之前宗教刊物的阅读，可以看作中国读者对西学认知的社会化进程。因此，从读者获取思想资源的角度看，维新之前，"刊"重于"报"。

关键词：宗教刊物；传播 ；阅读；影响

维新之前，宗教刊物作为有别于中国典籍的"西学"知识体系，对读者的观念世界有着直接或间接的影响。正如台湾学者潘光哲所言：在创建"知识仓库"的初期，传教士扮演了主力角色，在传教士开展的宣教事业里，出版书刊是宣传"福音"，向中国介绍西方文明与知识的重要凭借，更是中国士人追求世界知识的窗口。① 尽管从"知识仓库"的构成看，宗教刊物所占比例较低，但是，宗教刊物不同于一般"西书"，它提供的是"多元"的西学，其思想资源会通过各种管道进入士人的观念世界。但是，关于早期宗教报刊的阅读，一些个案研究偶有提及，但总体的评述甚为少见。本文拟从维新之前

① 潘光哲：《晚清士人的西学阅读史（一八三三～一八九八）》，台北："中央研究院"近代史研究所，2014 年，第 17 页。

宗教刊物的时空演变中，探讨其对士人阅读产生的影响。

一、《察世俗每月统记传》与宗教刊物阅读的起源

研究近代报刊阅读史，应从中文报刊的起源开始。在新闻史研究中，往往将“报”与“刊”结合起来，“报”“刊”之间没有严格区分，这显然不符合西方有关报纸与杂志的定义。从阅读的层面上看，“报”“刊”虽然都是定期出版物，但报纸更多地体现“新闻纸”的特色，发行间隔短，新闻信息多，内容更新快，呈现的是“纸”；而刊物则发行间隔长，栏目分类广，观念导入强，呈现的是“本”。但是，晚清时期的“报”“刊”不分，主要是两者之间的功能区分并不明确，如早期的刊物以“书本”的形态呈现，虽然偏向于介绍宗教与西学，却夹杂了许多新闻内容。早期的报纸虽然以“新闻纸”面目出现，却刊登了大量的文论，新闻内容则以转录为主。然而，从形态上看，中国早期宗教刊物更多地借鉴了“书”的传统。正如黄旦所言：传教士或以“书”办刊，或以“刊”办书，或以刊代书，书与刊之间，是两种不同知识和不同文化的竞争，报刊的“发明”，是对中国书籍独占知识生产领地的僭越和渗入。[①] 从发生学的角度看，中国近代报刊是沿着书—刊—报的形态逐步演进的，而早期宗教刊物，兼具“书”与“刊”的性质。

《察世俗每月统记传》被认为是近代最早的中文刊物，尽管它在马六甲一代发行和传播，但其读者对象为华人。在《察世俗每月统记传》的序言中，“学者”“看书者”“众位”既是广泛意义上的传教对象，又指的是该刊的读者。该刊重视读者的阅读需求，认为“看书者之中有各种人，上中下三品，老少愚达智昏皆有”。因此，“必载道理各等也”。而且“所讲道理要如彩云一般，方使众位亦悦读也”。由此可见，该刊将可读性视为办刊的主要目的。并表明“每篇必不可长也，每篇必不可难明白”，将是否能够读懂作为衡量内容优劣的重要标准。其原因是：“容易读之书者，若传正道，则世间多有用处，浅识者可以明白；愚者可以成得智；恶者可以改就善；善者可以进诸德。”[②]在办刊者看来，《察世俗每月统记传》应该是易读之“书”，是传道的工具。这与儒家所强调的“道问学”的精神是耦合的，只是《察世俗每月统记传》以传基督之道为目的。因此，“通俗”符合传教士“普度众生”的宗教意识，有利于普及基督教的基本理念，从而达到“文字布道”的目的。为了使该刊能够流传后世，序言还提醒读者“读了后，可以将每篇存留在家里，而俟一年尽了之日，把所传的凑成一卷，不致失书道理”[③]。该刊还非常重视读者的反应，并承诺“凡看书者，无论彼此，都说出心里之疑，我自必皆当尽力释

---

① 黄旦：《在“书”与“刊”之间：发明中国现代报刊——晚清传教士中文报刊之考察》，见《印刷与近代中国——第二届传播视野下的中国研究学术研讨会论文集》，第29页。

② 《察世俗每月统记传序》，《察世俗每月统记传》，1815年全卷，第2页。

③ 《察世俗每月统记传序》，《察世俗每月统记传》，1815年全卷，第3页。

之”[①]。这份定期的宗教出版物，其刊登过的“有价值的文章”，后来被印成小册子出版，广为传布。[②] 尽管我们无法统计该刊有多少读者，但是它在马六甲一带华人社会的影响是不容忽视的。据《特选撮要》的序言介绍，至1823年，包括《察世俗每月统记传》在内的书刊，“各处唐人之间约有十余万本”[③]。这虽然是《特选撮要》的一面之辞，但也可说明传教士通过宗教出版物进行大众传播的事实。

早期在海外创办的中文刊物，其潜在的读者限于海外华人。然而，对于绝大多数在马六甲一带谋生的华人而言，在客观上对宗教书刊的阅读存在着许多困难。尽管《察世俗每月统记传》较为通俗，并宣称“此书每月初日传数篇”[④]，表明它是以“书”的形态定期更新的出版物。但是，粗通文字的华人并不多，宗教刊物的传播“面”与读者接触的“点”有着极大的反差。另外，由于海外华人脱离了科举制度的价值指引，对书刊的渴求远不如谋生重要，对于绝大多数劳工而言，追求物质生活的满足乃是生活意义的象征，在异国他乡，关于“他者”的宗教文化，对华人而言，几乎没有直接的影响。因此，“虽然这各样书甚多，用心看者为甚少也”[⑤]。《察世俗每月统记传》和《特选撮要》还通过各种途径传到广东、福建一带，如米怜（William Milne）提及他的中文老师寄三册《察世俗每月统记传》给居住广东内地的家人，其父函谢米怜谓：“焚香拜读，获益良多。”[⑥]此类的客套话并不能表明中国内地读者对宗教刊物有阅读兴趣，也许是有人浏览过，但真正理解其“教义”者可能无从考究。

然而，《察世俗每月统记传》以“书”的名义对定期出版物进行了知识分类，这在内容上区别于中国古典意义上的书，其每期的目录具有多个主题，并为读者提供索引。如第一期的标题有“忤逆子悔改孝顺”“立义馆告贴”“神理”“月食”“古王改错说”“圣经之大意”“神理”“解信耶稣之论”“论不可拜假神”“成事之计”“神理”“古王审明论”“神理”“论天地万物之受造”“神理”“年终论”[⑦]。

显然，这份目录提供了不同于书籍的多类型知识，各文内容大致分为宗教与伦理、科技、史地、文学、时事及其他等六类，宗教伦理的内容超过85%[⑧]，体现其传播神理、人道、国俗的目的。但是其“新闻篇”又表示其具有“新闻纸”的性质。其第“立义馆告贴”也是一则具有新闻性质的广告，这个立义馆是米怜创办的免费学校，面向“中华广福两大省各兄台中所有无力从师之子弟”。而米怜则负责“所有束金、书纸、笔墨、算盘

---

① 《释疑篇》，《察世俗每月统记传》，1819年全卷，第24-25页。
② 卓南生：《中国近代报业发展史》，北京：中国社会科学出版社，2002年，第29页。
③ 《特选撮要序》，《特选撮要每月纪传》，1823年第1卷，第2页。
④ 《察世俗每月统记传序》，《察世俗每月统记传》，1815年全卷，第3页。
⑤ 《特选撮要序》，《特选撮要每月纪传》，1823年第1卷，第2页。
⑥ 转引自苏精：《马礼逊与中文印刷出版》，台北：台湾学生书局，2000年，第159页。
⑦ 《察世俗卷一目录》，《察世俗每月统记传》，1815年全卷。
⑧ 苏精：《马礼逊与中文印刷出版》，台北：台湾学生书局，2000年，第163页。

等项”,并呼吁华人“请早带子弟先来面见叙谈,以便认识可也”①。这则广告具有明确的信息指引作用,希望为华人提供免费教育的机会。这与古典书籍的知识传递有着明显的区别。其新闻信息可以使读者获得现实的“机会”,这是书籍难以体现的价值。正如米怜所言:知识和科学就像是宗教的仕女一般,可称为道德的支柱。② 一本刊物能同时提供宗教、科学知识和新闻信息,这是其有别于书籍的符号象征。因此,《察世俗每月统记传》在由“书”向“刊”过渡的过程中,引导读者关注“世俗”的目的较为明确。这对之后宗教报刊的办刊方略有着直接的影响。

二、《东西洋考每月统记传》的传播与阅读

由于地缘、人缘与“信息源”的关系,在鸦片战争之前,广州是中国内地的报刊业中心,尽管广州仅先后发行过 7 种报刊,其中中文报刊仅有 3 种。由于外文报刊面向外国人传播,中国人几乎无人能够流利阅读。在广州长期生活的美国人亨特(William C.Hunter)是《广州记事报》的重要读者之一,他曾“向该报投稿”③,他还通过阅读《中国丛报》获得《朝报》(*Court Journal*)的内容,认为“它使人对本省当局的工作和活动有一个正确的认识”④。然而,像亨特这样的外国读者毕竟很少。正如英国学者保罗·法兰奇(Paul French)所言:《广州纪事报》和《广州周报》尽管在当地的读者人数有限,但在英国本土影响巨大,两者显得不成比例,1832 年,东印度公司在洋行里和澳门岛上的英籍职员总共不过 25 人,以外还有 32 个各类英籍居民。到 1839 年,这个数字上升到大约至多 200 人……再怎么算也不是一个庞大的读者群。⑤

中国境内出版最早的宗教刊物《东西洋考每月统记传》,甫一创办就已经关注到报刊阅读问题。该刊的创办者郭士立(Karl Friedrich August Gützlaff)对于广州社会有一定程度的了解,其目的是“要使中国人认识我们的工艺、科学和道义,从而消除他们那种高傲和排外观念”⑥。在创刊号的序言中,郭士立就对儒家仁义道德与基督教教义的一致性进行了全面阐述,指出天下一家,四海之内皆兄弟。最后强调“读者不可忽

---

① 《立义馆告贴》,《察世俗每月统记传》,1815 年全卷,第 5 页。

② William Milne, *A Retrospect of the First Ten Years of the Protestant Mission to China*, p.154. 转引自卓南生:《中国近代报业发展史》,北京:中国社会科学出版社,2002 年,第 21 页。

③ [美]威廉·C·亨特:《广州番鬼录》,冯树铁译,广州:广东人民出版社,1992 年,第 199 页。

④ [美]亨特:《旧中国杂记》,沈正邦译,广州:广东人民出版社,1992 年,第 81 页

⑤ [英]保罗·法兰奇:《镜里看中国:从鸦片战争到毛泽东时代的驻华外国记者》,张强译,北京:中国友谊出版公司,2011 年,第 10 页。

⑥ 《中国丛报》1833 年第 2 卷,转引自方汉奇主编:《中国新闻事业通史》(第 1 卷),北京:中国人民大学出版社,1992 年,第 180 页。

之,则乐不可胜”[①]。显然,这份报刊非常重视在读者中产生的反响,并在第一期的新闻中报道了广州有王、陈两人,听闻该刊出版,“特意推德行、广知识,不亦说(悦)乎。二人就拿一篇《东西洋考》之读”[②]。这篇新闻有“代言广告”之嫌,但也反映了该刊对传播效果的关注。相对于清末时期较为流行的“劝君阅报”广告,《东西洋考每月统记传》早就关注读者阅读的“从众效应”,如《招签题》一文云:“设使每月捐一员,收《东西洋考每月统记传》十本,与亲戚朋友看,稍效微劳,便有裨益矣。或家道不富,只买一本,而舍银一钱,亦不难矣。一街之店主签题,一里之乡绅行此,则《东西洋考每月统记传》周流四方以行教,不亦悦乎。”[③]虽然当时私人订阅该刊的情况极为少见,但其倾力向民众推销的努力,却是值得肯定的。而该刊对西方历史、地理与科学的介绍,为后来一些开明士绅“睁眼看世界”起到了启蒙读物的作用。如魏源在撰写《海国图志》时,就引用《东西洋考每月统记传》文章 24 篇,文字 28 处。[④] 魏源在《海国图志后叙》中特地指出:“在粤东译出者,则有钞本之《四洲志》《外国史略》,刊本之《万国[地理全]图(书)集》《平安通书》《每月统记传》,灿若星罗,了如指掌。始知不披海图海志,不知宇宙之大,南北极上下之浑圆也。”[⑤]这说明魏源尽管看到《东西洋考每月统记传》可能是在其出版数年之后,但也说明该刊的一些文章和地图对西学的早期传播起到了一定的作用。

与魏源相似,徐继畬在撰写《瀛寰志略》的过程中,也将《东西洋考每月统记传》作为重要的参考文献。他在自序中称:“觅得泰西人汉字杂书数种……采诸书之可信者,衍之为篇,久之积为卷帙。每得一书,或有新闻,辄窜改增补,稿凡数十易。”[⑥]这其中,很可能包括对《东西洋考每月统记传》的搜求、阅读与考证。例如,徐继畬关于华盛顿的知识,主要得自美国传教士雅裨理。他在《瀛寰志略》初稿《瀛寰考略》(1844)中,将华盛顿的名字全都写作“兀兴腾”,诸如“兀兴腾既得米利坚之地”“兀兴腾,异人也,起事勇于胜、广,割据雄于曹、刘”。四年后《瀛寰志略》(1848)出版,“兀兴腾”全部被改为“华盛顿”。此前,使用“华盛顿”最多的,一是《东西洋考每月统记传》,二是裨治文于 1838 年出版的《美理哥合省国志略》。1844 年徐继畬在与雅裨理接触时,可能还没有看到《东西洋考每月统记传》和《美理哥合省国志略》,及至 1848 年《瀛寰志略》书稿杀

---

① 《序》,见爱汉者等编,黄时鉴整理:《东西洋考每月统记传》,道光十三年(1833)六月,北京:中华书局,1997 年,第 3 页。

② 《新闻》,见爱汉者等编,黄时鉴整理:《东西洋考每月统记传》,道光十三年(1833)六月,北京:中华书局,1997 年,第 8 页。

③ 《招签题》,见爱汉者等编,黄时鉴整理:《东西洋考每月统记传》,道光戊戌年(1838)正月,北京:中华书局,1997 年,第 318 页。

④ 参见黄时鉴:《〈东西洋考每月统记传〉影印本导言》,见爱汉者编,黄时鉴整理:《东西洋考每月统记传》,道光戊戌年(1838)正月,北京:中华书局,1997 年,第 27-28 页。

⑤ 魏源:《海国图志后叙》,《魏源全集》第 4 册,长沙:岳麓书社,2004 年,第 7 页。

⑥ 徐继畬:《瀛寰志略》,上海:上海书店出版社,2001 年,第 6 页。

青时，可能看到了《东西洋考每月统记传》和《美理哥合省国志略》，或其中的一种，觉得“华盛顿”译名比“兀兴腾”更雅，于是改用了“华盛顿”译名。[①]

与魏源、徐继畬等外地学者“辗转”获得《东西洋考每月统记传》不同，名儒梁廷枏长期在广州生活，1835 年任广东海防书局总纂，后来又担任《粤海关志》总纂，还担任过广州越华书院、越秀书院监院和学海堂学长等。他与传教士和洋商有着直接交往，对各种西学和洋报尤为关注，他也见证了宗教书刊在广州的传播，他在《海国四说》中指出：“年来泰西所月行之新闻纸，译出传入内地，固半属劝人持教邀福。”[②]他在《海国四说》中，多处征引了《东西洋考每月统记传》的论述。如他在写《耶稣教难入中国说》一部分时，针对《圣书》所云“开辟六千年”之说，着重强调：“此与近日西人所纂《东西洋考统记传》之称造天创地起，至道光十四年，为六千五百四十七年同为据。”[③]这表明梁廷枏认真核对过《东西洋考每月统记传》的相关内容，互为参证。在撰写《合省国说》时，梁廷枏除了大量引用裨治文的《美理哥合省图志略》一书外，也结合《东西洋考每月统记传》的相关论述进行订正。如针对“天下分五大洲”的论述，他便全文引用了《列国地方总论》一文，云：“亚细亚长二万有余里……澳大利亚为旷荒土番，无帝君，但大英国挪移新民在东南方及南方矣。”[④]通过对比，梁廷枏认为“惟澳大利亚，《志异》所无”[⑤]，说明他对《东西洋考每月统记传》的五大洲说法颇为赞同。在论及南亚墨利加的“金加西蜡”国时，他便引用《东西洋考每月统记传》中的《金银论》一文，对西班牙、葡萄牙掠夺南美金银和贸易问题详加披露，并指出原文中“本船者”，应为“英吉利自谓也”，“以此知《统记传》撰于英吉利人也”[⑥]。可见，梁廷枏对《东西洋考每月统记传》阅读甚为细致，考证颇为周详。

上述三人都是主张“睁眼看世界”的先驱人物，他们的著作对数十年后中国思想界都有重要影响。他们对“西学”的认知，大多源自传教士出版的书刊。而他们通过加工的“世界知识”，与《东西洋考每月统记传》对“西方社会”的推介有着一定关联。尽管读书人在读到他们的论述时，往往对作者有着特别的崇敬，而对“知识仓库”的思想资源并无特别的关注。然而，《东西洋考每月统记传》的知识在转化和再度加工过程中，分明见证了其作为“思想纸”的价值。尽管在二次传播过程中，原创性的思想有可能被改造，但《东西洋考每月统记传》仍然在早期西学书籍中或隐或现，体现其在传播西学方面的贡献。

---

① 熊月之：《华盛顿形象的中国解读及其对辛亥革命的影响》，《史林》2012 年第 1 期。

② 《列国地方总论》，见爱汉者等编，黄时鉴整理：《东西洋考每月统记传》，道光十四年(1834)二月，北京：中华书局，1997 年，第 147 页。梁廷枏：《海国四说》，骆驿、刘骁点校，北京：中华书局，1993 年，第 7 页。

③ 梁廷枏：《海国四说》，骆驿、刘骁点校，北京：中华书局，1993 年，第 48 页。

④ 梁廷枏：《海国四说》，骆驿、刘骁点校，北京：中华书局，1993 年，第 48 页。

⑤ 梁廷枏：《海国四说》，骆驿、刘骁点校，北京：中华书局，1993 年，第 54 页。

⑥ 梁廷枏：《海国四说》，骆驿、刘骁点校，北京：中华书局，1993 年，第 62 页。《金银论》，见爱汉者等编，黄时鉴整理：《东西洋考每月统记传》，道光十四年(1834)三月，北京：中华书局，1997 年，第 103 页。

值得注意的是,《东西洋考每月统记传》还多次刊登广州本地新闻,意在吸引当地读者的注意力。但从总体上看,早期宗教刊物的传播效果很不理想。首先,地方官员对于新式出版物的管制极为严厉,宗教刊物难以通过正式渠道进入官方的发行系统。其次,传统士绅以古典阅读为取向,热衷于科举考试的他们对于宗教读物根本不感兴趣。而广州的商人虽然愿意与外国人打交道,但是他们无意于宗教刊物的阅读。尽管该刊宣称在广州有很多读者,但是每期不到一千份的发行量,说明其有效阅读率较低。

另外,早期参与宗教传播事业的华人,如蔡轩、梁发等,多半居住在沿海地带,且文化水准不高,扮演如印刷工人、夹带传递等角色。① 这些由传教士聘用的少数华人,多来自下层社会,但对宗教传播事业颇为热衷,他们无疑是早期宗教刊物的阅读者和传播者。如来自广东高明的梁发,是传教士米怜的得力助手,"米怜在他献身为传教士的短短十年间所做的一件最伟大的工作,就是感动和获得梁发其人"②。在米怜编辑《察世俗每月统记传》和翻印圣经的过程中,梁发是最为重要的参与者、阅读者和传播者。尽管梁发1816年受洗为教徒后,终生传教,并曾向科考士子散发宗教小册子,但是,早期宗教读物在内地的传播颇为艰难。诸如《东西洋考每月统记传》之类的报刊难以获得读书人的青睐。尽管这些宗教刊物宣称"读者众多",但是,当时的传播环境和阅读生态,难以产生大量的新式报刊阅读者。

鸦片战争前,传教士将发行中文报刊作为传教的重要手段,其灌输式的传播并没有取得理想的效果,尽管传教士在广州等地与当地社会有一定接触,但他们并没有建立广泛的社交圈子和发行网络,尤其是当地文人学士对传教活动缺乏兴趣,传教士虽然充当着"行走的媒介"的角色,但是,他们没有建立固定的传教机构和文化传播组织,难以通过组织化、网络化的文字布道影响到中国知识分子的阅读和观念系统。鸦片战争后,随着"五口通商"贸易的发展,传教士在口岸城市的生存境遇和传教环境大为改观,他们的传教活动得到了西方列强的大力支持,他们在口岸城市建立教会、教堂、学校、书局,有计划、有目的地进行系统化传教已成为可能。

三、鸦片战争后宗教刊物发展与读者的读"刊"活动

鸦片战争后,香港、上海由于贸易的发达和外国人的激增更能吸引传教士的关注。许多"落拓文人"来口岸城市寻找谋生的机会,香港的英华书院、上海的墨海书馆吸引了早期的一批文人,正如美国学者柯文(Paul A .Cohen)描写王韬早期在墨海书馆的朋友时所言:"他们许多都曾受到儒学经典训练,取得秀才资格,而又起码部分是因西

① 李仁渊:《晚清的新式传播媒体与知识分子:以报刊出版为中心》,台北:稻乡出版社,2005年,第39页。

② 麦沾恩:《中华最早的布道者梁发》,胡簪云译,上海广学会重译,《近代史资料》1979年第2期,北京:中华书局,1979年,第158页。

方人在上海出现所创造的新的就业机会而来到上海的。作为个体而言，他们颇不寻常，甚或有些古怪，有时才华横溢。”[①]这些条约口岸文人对传教士中文报刊的发展起着非常重要的作用。与鸦片战争前梁发等人在报刊业务中充当印刷、发行角色不同，鸦片战争后，这些口岸文人往往与一些传教士形成一个较为正式的组织。如何进善、王胜就在理雅各等人创办的英华书院工作，这所书院集研究、教育、传教、书报编辑出版等功能为一体，他们与传教士朝夕相处，对西方宗教、科技知识有深入接触和了解，这些华人助手在协助传教士编辑报刊时，更能了解中国人的阅读习惯。如《遐迩贯珍》甫一出版，就在序言中大加赞美中国的物产地理、文化传统，其文字典雅清新，应该经过中国文人的润色。而该刊在香港、广州、上海的三个发行处恰恰是伦敦布道会的三个宣教站，有针对性的发行和宣传，使该刊的读者对象较为明确。该刊每号都有“近日杂报”，新闻内容占到全刊的三分之一以上，其地方新闻涉及广东时政、经贸和社会生活等方面的内容，有利于在港粤人了解广东社会状况。显然，该刊除了传播宗教、科技知识之外，满足中国读者多方面的信息需求已成为重要的办刊目标。在第十二期的《遐迩贯珍小记》中，该刊号称“每月用上等纸料印贯珍三千本”，除了在“香港或卖或送”之外，“并寄与省城、厦门、宁波、福州、上海等处，遂至内地异方，皆得传视”[②]。尽管每月三千本的发行量难以准确统计，但是该刊在通商口岸城市的流布却是不争的事实。如郭嵩焘于咸丰六年(1856)二月九日在“往看火轮船”的途中，“次至墨海书馆”，与麦都思(Walter Henry Medhurs)、李善兰、王韬等人相见，获赠“《遐迩贯珍》数部”。他在日记中描述该刊的内容：“前格物理一二事，而后录中外各处钞报，即所谓新闻报也。”[③]这说明郭嵩焘至少是浏览过这份月刊的，否则就不会有总体上的认知。由于史料的缺乏，我们无法统计有多少人在阅读该刊，但它利用宗教组织和固定网点进行有计划的推广和发行，对于提高刊物的有效阅读率是很有意义的。

在19世纪四五十年代，墨海书馆成为上海中西文化交流中心，传教士麦都思、伟烈亚力(Alexander Wylie)、慕维廉(William Muirhead)和艾约瑟(Joseph Edkins)等人，聘请王韬、李善兰、管嗣复等中国学者，他们一起翻译西方宗教经典，在相互切磋和交流中加深了对中西文化的理解。当时的墨海书馆作为香港报刊在上海发行的总代理处，让早期在书馆从事编辑工作的中国学者有机会看到香港报刊，如王韬在咸丰九年(1859)三月十五日的日记中，就记载“阅香港新闻纸”[④]一事，说明王韬不仅是上海

---

① [美]柯文：《在传统与现代性之间——王韬与晚清改革》，雷颐、罗检秋译，南京：江苏人民出版社，2003年，第10页。

② 沈国威、内田庆市、松浦章编著：《遐迩贯珍》(附解题、索引)，上海：上海辞书出版社，2005年，第594页。

③ 《郭嵩焘日记》(第一册)，长沙：湖南人民出版社，1981年，第33页。郭嵩焘在当天的日记中特地介绍了王韬当时在墨海书馆的主要任务是“相与校定”，而宗教书刊中有关传教士的文章“不甚谙习文墨”，因此，王韬“为之疏通句法而已。其耶苏教或问，乃多取儒家之义相比驳，而袭引佛氏地狱之说，诋娸诬罔，以推重其术……”王韬所言，表述了中国早期外报所雇佣华人的主要目的是为了润色文字，推动宗教书刊的传播。

④ 《王韬日记》，北京：中华书局，1987年，第107页。

早期中文报刊的积极参与者，也是香港中文报刊的早期读者。

1857年创办的《六合丛谈》，是传教士与华人学者通力合作的结果。该刊加强了宗教内容的传播，更为具体地介绍西方科学的最新进展，王韬等华人编辑在协助处理稿件时，对西方新科技极为赞赏，而艾约瑟还着重介绍了西方文学、哲学，拓展了中国读者对于西方社会的认识。由于墨海书馆在上海知识界具有较大影响，一些文人学士也经常造访，或购书报，或讨论学术。如艾约瑟与诗人、散文家蒋敦复往来密切。伟烈亚力在第一期的《小引》中也指出："吾国士民旅于沪者，几历寒暑，日与中国士民游近沪之地，渐能相稔，然通商设教，仅在五口，而西人足迹未至者，不知凡几。兼以言语各异，教化不同，安能使之尽明吾意哉。是以必颁书籍以通其理，假文字以达其辞。"[①]可见，作者自称与上海士民颇为稔熟，希望该刊能够被更多中国人所知悉。在伟烈亚力看来，《六合丛谈》仍然属于"书籍"，但这份刊物却与《察世俗每月统记传》之类的"书"有着明显区别，有关宗教方面的内容已经较少，而天文、地理、历史、文学知识占有相当比重，尤其是各类中西方"近事"的报道，已表明它将"新闻"置于非常重要的位置。如第一期的目录中，《泰西近事纪要》《印度近事》《金陵近事》《粤省近事述略》[②]等四篇新闻，占到当期篇目的三分之一。另外，它每期刊登进口货单、出口货单、银票单、水脚单，说明它对贸易和金融信息极为重视，这显然是考虑到中西商人的信息需求。从总体上看，《六合丛谈》具有较为明显的新闻性和时效性，兼顾了传道、布闻与知新三者之间的关系，为读者提供了多样化的阅读信息，这就体现了该刊形"书"而非"书"的现代传媒的性质，使宗教刊物逐步向新闻纸的方向发展。

值得注意的是，《六合丛谈》的订户以当地的外国人和居民为主，其订阅费收入可以佐证："上海的外国人的购读费为791 352文，上海的中国人的购读费为75 834文，福州地区的购读费为111 470文"[③]。尽管上海当地居民所占的比重较低，但在上海的外国人所购买的刊物，有相当部分是免费提供给本地居民阅读的。该刊主要撰稿人韦廉臣在1857年4月所写的一封信证明了这一情况："《六合丛谈》于中国新年创刊，每月出版一期……外侨社区也为他们的佣人预定了近九百份，所以我们光在上海就能售出一千七百份。已经出版的三期很受中国人的欢迎，我们对未来充满希望。"[④]与墨海书馆翻译的大量西方文献相比，《六合丛谈》在其出版事业中所占的比重不高，但它对宗教、科技知识的传播，却是一般经典所无法实现的。因此，《六合丛谈》对西学的启蒙

---

① 《六合丛谈小引》，《六合丛谈》咸丰丁巳年(1857)正月，见沈国威编著：《六合丛谈》(附解题·索引)，上海：上海辞书出版社，2006年，第521页。

② 《第一号目录》，《六合丛谈》咸丰丁巳年(1857)正月，见沈国威编著：《六合丛谈》(附解题·索引)，上海：上海辞书出版社，2006年，第520页。

③ 沈国威编著：《六合丛谈》(附解题·索引)，上海：上海辞书出版社，2006年，第33页。

④ 《传教杂志》1857年7月号，转引自周振鹤：《〈六合丛谈〉的编纂及其词汇》，见沈国威编著：《六合丛谈》(附解题·索引)，上海：上海辞书出版社，2006年，第161页。

作用较为明显。

第二次鸦片战争后，上海取代香港成为中国报业的中心，据初步统计，在1861至1895年间，香港新出版的英文报刊为8种，而上海则为31种，几乎为香港的4倍，且占全国英文报刊总数的55%以上。以中文报刊而论，在1861至1894年间，香港新增3种，而上海新增31种，为香港的十余倍。[①] 外报主要供外侨阅读，其订户比较固定。但在1860年代，上海的传教士经常将外报译成中文，供中国读者阅读。薛福成在1868至1872年所记的新闻，许多内容来自上海的外报。而陈其元在1871年担任上海县令后，就对《西国近事汇编》非常熟悉，他在笔记中记道："外国之新报，即中国人之邸抄也，阅之可知天下之大局。冯竹儒观察令美国人金楷理口译之，历城蔡锡龄笔述之，汇为一册，名曰《西国近事汇编》，诚留心时事之学也。"[②]陈其元摘录了当时欧美近闻，认为"方今外国以俄、布为强，大英则少懦矣"[③]。他在1872年通过阅读报刊所得出的结论，在当时是较为独到的见解。

而鸦片战争后中文报刊的兴起，则与上海外贸的发展和文化需求的多元化有着密切关系。随着传教士对上海社会的深入了解，他们在办报旨趣上也有了很大的改变。丁韪良、傅兰雅、林乐知等传教士与中国社会各阶层有着密切接触，尤其与洋务派的官僚交流颇多，他们淡化了传教士的身份，强化了传播西方现代文化的使命。1860年代之后，西方传教士在上海创办了一批宗教报刊，如《中国教会新报》[④]《小孩月报》《益智新录》《格致汇编》《益闻录》等等。这些宗教报刊仍然以传播基督教为宗旨，但是，传教士已深知中国读者的阅读需求，对《圣经》采用故事、问答等方式进行通俗化解说，尤其注重刊登"教友来信"，就某一具体宗教问题，结合儒家经典进行详细讲解，达到通俗性、灵活性和趣味性的统一。除了宗教知识之外，"仍可讲论各种学问，即生意买卖，诸色正经事情，皆可上得"[⑤]。传教士傅兰雅在谈及《格致汇编》的创刊目的时，便明确提出"欲将西国格致之学与工艺之法，择其要者译成华文，便于中国各处之人得其益处，即足不出户，能知天下所有强国利民之事理"[⑥]。显然，这份刊物将传播西方科技与工艺作为主要目的，与一般宗教报刊有着很大的区别。《格致汇编》设有"互相问答"一栏，专门回答读者提出的各种问题，从第一卷开始，连续刊载，共有320条。"互相问答"的内容，包括应用科学、自然常识、基础科学、奇异问题等四类。所有问题中，有很大一部分是直接实用性的，提出这些问题的人，大多不是出于好奇，而是出于实用。有些人在得到答

---

① 方汉奇主编：《中国新闻事业通史》（第1卷），北京：中国人民大学出版社，1992年，第208页。

② 陈其元：《庸闲斋笔记》，北京：中华书局，1989年，第186页。

③ 陈其元：《庸闲斋笔记》，北京：中华书局，1989年，第198页。

④ 《中国教会新报》是美国传教士出版的教会刊物，于1868年9在上海创刊，由林乐知（Young John Allen）创办并主编。《中国教会新报》1872年8月31日改称《教会新报》，1874年9月5日改称《万国公报》。

⑤ 《教会新报》合订本第一册，台北：台湾华文书局，1968年影印本，第8页。

⑥ 傅兰雅：《格致汇编启事》，《格致汇编》第一年第六卷，1876年8月4日。

复以后，便照着西书上所介绍的步骤去实验。[①] “相互问答”栏目在很大程度上激发了读者的“互动式”阅读，编辑通过西学的专题设置，为读者提供相互交流的平台；而读者提出的疑惑，获得刊物的认真解答，栏目起到了引导读者和普及西学的目的。

《格致汇编》还借助于当时上海的商业报刊进行形象传播和营销传播。1877 年，科场失意的蔡尔康在申报馆编辑《民报》之余，便经常阅读《格致汇编》，他认为该刊“探万物之奥，浚一心之源，美矣备矣，蔑以加矣”[②]。从 1877 年第四卷开始，他连看了五卷，并在《申报》上发表了五篇“读后感”。他在评论中介绍该刊起初每月印刷千份，“不谓印至八、九卷时，书出数日，即已售完。可知中国之人于格致之学，已日新其耳目，深信而爱慕之，详阅而考究之矣”[③]。尽管此说有推广销路之意，但蔡尔康在《申报》上介绍《格致汇编》的内容与特色，并大加赞誉，起到了二次传播和提高知名度的作用。

传教士林乐知在编辑《中国教会新报》以及后续的《万国公报》过程中，不断增加中国时政新闻和地方新闻内容，更多地面向中国的公众，尤其是面向中国的士大夫。[④] 1870 年的一则评论认为，《中国教会新报》“所论者，教内教外及口外中外国各等事宜。逢一礼拜刊发一次，看者，价银每周年半元。此新报传播甚广，除中国一八省外，如满洲地方及东洋亦皆可买看”[⑤]。尽管语气略带夸张，但该报发行范围较为广泛，却是不争的事实。另外，林乐知在宗教报刊改革过程中，注意联络各地的文人学士，关注中国现实问题。在《中国教会新报》发行一年之际，林乐知呼吁华人读者“请做文论”，并指出：“所收各处诗词问答论章诸信，除上海本地本处外，已有四十余位。阅其本意，皆才高学广，渊博通彻之辈。”[⑥]显然，这四十余位作者也是该报的读者，否则他们是难以写出有针对性的问题的。“读者答问”栏目的开设，表明该报重视与读者的交流，对一些有针对性的问题开展深入讨论和交流，有利于传达报纸创办者的意图，拓展对一些宗教、时政热点问题的认识，从而进一步提高报纸的可读性。

四、1880 年代的宗教报刊与读者阅读

尽管学术界通常认为甲午战争对知识分子的影响极为深远，但在 1880 年代，尤其是中法战争前后，一些报刊对时局的分析和对西学的介绍，也对当时的读者产生了较大的触动。如曾任《蒙学报》主编的叶瀚出生于 1863 年，在中法战争期间，他通过读报了解时政，并决心改变“素习”，学习西学，主张变法革新。他在日记中记道：“生阅报，

---

① 熊月之：《西学东渐与晚清社会》，北京：中国人民大学出版社，2011 年，第 334-337 页。
② 蔡尔康：《评〈格致汇编〉》，《申报》1877 年 6 月 26 日。
③ 蔡尔康：《读〈格致汇编〉第二年第四卷书后》，《申报》1877 年 6 月 30 日。
④ 朱维铮：《导言》，见李天纲编校：《万国公报文选》，上海：中西书局，2012 年，第 3 页。
⑤ 《上海各馆外国字新报》，《上海新报》1870 年 12 月 8 日。
⑥ 《中国教会新报》第 49 期，1869 年 8 月 21 日。

愤甚。知欲重过富强，非变法不可。欲变法，非由学士大夫改其素，学习世界语言，娴科学，精制造不可……生乃发愤自期，欲外游以求师友，冀徐达其本旨。”①尽管叶瀚没有指出具体的报纸名称，但可知读报对他产生的影响却较为深刻。

1885年，已被革职的周星诒购到《化学卫生论》一书，他在2月21日的日记中记道：“《化学卫生论》向在《格致汇编》中另行见之，今汇订成册另出，疑为全帙，而仍为上册，不知何以不全译出也。……近傅兰雅译授格致馆生，始于己卯，讫于壬午，仅得三之一耳。”②傅兰雅翻译《化学卫生论》在1879至1882年间，并在《格致汇编》上刊出，周星诒回忆曾读过《化学卫生论》的部分内容，也应该在此期间。这时周星诒尚在福建建宁知府任上，他对《格致汇编》的记忆如此深刻，说明他当时读报是颇为细致的。而在1889年，任冀州知州的吴汝纶也有机会阅读“西报”，他在日记中对气枪、水雷制造原理的介绍，就源于“阅西报”所获得的知识。他感慨道：“西人精于化学，渐能用之于行军资仗，可谓日新月异矣。”③

自1874年《教会新报》改名为《万国公报》之后，该报在林乐知的主持下，增加了京报全录、督抚辕门抄等中国时政的内容。从第497期开始，加大了对中国时事的评论。值得关注的是，关注中国时政的传教士花之安，将其名作《自西徂东》交由《万国公报》连载，从1879年10月开始在上海《万国公报》连载到全文结束，时间长达五年，意在帮助中国人认识到社会危机，他在书中特地指出阅读现代报纸的意义：

> 得新闻纸而阅之，则上自家国之事务，下及各处港口之事务，与夫时势之得失，货物之低昂，无不可以周知而洞悉，所谓不出户庭而周知天下之事者，岂是外与？
>
> 今中国诚能广设新报于民间，则民瘼上通，君恩下逮，又悉必如郑侠之进《流民图》，始足以达上聪乎？迩年以来，各省会已设有新报馆，若能盛行于穷乡僻壤，则学问见识，自可日新而月异矣。④

但是，此类振聋发聩的呼吁并没有得到读书人的响应，《万国公报》在中国士大夫中依然销行寥落。仅有少数热衷西学的士绅对《万国公报》感兴趣，如康有为在1883年记道：“购《万国公报》，大攻西学书，声、光、化、电、重学及各国史志、诸人游记皆涉

① 叶瀚：《愧余生自纪》，民国间抄本，转引自李艳利：《〈蒙学报〉与晚清中国儿童文学的觉醒》，华东师范大学硕士论文，2011年。

② 周星诒：《客闽日札》，见周星誉、周星诒：《鸥堂日记·窳櫎日记》，刘蔷整理，石家庄：河北教育出版社，2001年，第66页。

③ 吴汝纶：《西学上》，见《吴汝纶全集》（四），施行培毅，徐寿凯校点，合肥：黄山书社，2002年，第515页。

④ 花之安：《自西徂东》卷4“智集”，上海：上海书店出版社，2002年，第276-280页。

焉。"[①]但当时自费购阅的读者仍然很少，正如一位传教士所言："林乐知先生的报刊（指《万国公报》——引者注）……几乎都是教徒购买的……没有异教徒的购买者。"[②]此说颇有些夸张，但也说明它难以吸引一般民众的关注。

对于《万国公报》的销路不畅，一位北京读者认为"《公报》以辞达者颇多，以形肖者甚少"。尽管读书人能够看懂，而初识文字者和妇女人等却不解其意。因此，他建议"嗣后再印《公报》，无论何事何物，每本印图一二。庶不致有碍篇幅，俾雅俗共赏，人人乐观"[③]。但是，这一提议似乎没有被采纳，1883 年 7 月，《万国公报》在出版至 750 卷后便停刊了。可见，当时的华人读者对宗教报刊的阅读仍然兴致不高。

在 1880 年代，除了上海之外，广州、厦门、宁波等口岸城市也相继创设了一些中文报刊，但是这些口岸城市的报刊数量有限、流布不广。1881 年创办的《甬报》对当时中国报刊的发行与阅读状况进行了全面的评价：

> 窃自中国之有新闻纸已十数年于兹矣。惜中国风气初开，未能尽人知其利益，销售甚滞。故有闻而未成者，如《中西闻见录》《彙报》《益报》等馆。是有开成而卖报不多者，如《循环日报》《新报》《万国公报》等馆。是有开成而卖报至多者，莫如《申报》一馆，然每日所卖之数，今甫能逾万耳。查泰西各国风气，一省之中，新闻纸馆开至百数十家，卖之报日至数十万张。今中国声明文物之邦，举十八省之地，不过报馆数家，固由人未尽知其利益，风气难开。亦由开报者不能日新月盛，使其知其利益，风气渐开。[④]

《甬报》对中国报界现状的描述，可谓入木三分。在 1881 年前后，中国的报刊事业并没有取得长足进步，一些中文报刊旋起旋落，当时仅有数家中文报纸，而《申报》一家独大的局面没有改变。对于报纸不能发达的原因，该报认为是由于报馆不多和读者不知阅读的好处，并进而评价道："中国人之视新闻纸，非曰谰语谤书，即曰街谈巷议，流布不能至广者，职此之故。"[⑤]可见，论者认为中国人对报纸功能和作用认识的偏差，是报纸流布不广的根本原因。而读者为何不愿读报，也与报纸内容的偏狭有着直接的关系。

在 1880 年代，宗教报刊比较注重开拓发行渠道，增设发行网点，以吸引更多的读

---

① 《康有为自编年谱》，见中国史学会主编：《戊戌变法》（四），上海：上海人民出版社、上海书店出版社，2000 年，第 116 页。

② Records of the General Conference of the Protestant Missionaries of China held at Shanghai，1877，p.474.转引自杨代春：《〈万国公报〉与晚清中西文化交流》，长沙：湖南人民出版社，2002 年，第 36 页。

③ 北京一知子切祷：《观报直言》，《万国公报》第 594 卷，1880 年 6 月 19 日。

④ 《本馆谨启》，《甬报》第一卷，光绪七年（1881）正月。

⑤ 《新闻纸论》，《甬报》第一卷，光绪七年（1881）正月。

者。如《甬报》创办之始，就声称："外埠如上海、镇江、南京、芜湖、九江、汉口、宜昌、重庆、牛庄、烟台、北京、天津、杭州、温州、台湾淡水、厦门、福州、汕头、广州、琼州、北海等处，均有寄卖。此外各埠有欲寄卖者，均函致宁波北岸钰记钱庄甬报馆开明台住址，照数奉寄。"①可见，该报的发行网络已通达全国重要城市和交通较为便利的通商口岸。

对于读者的需求，传教士在办报过程中也有一定程度的了解，并调整报刊的内容和版式设置，如《花图新报》在创办之际，就广告云："举凡新闻轶事、天文地理、格致化学等合于真道者，靡勿登之，以公同好。间有辩意不达者，绘图以形之，以期人人同归正道。"②其姊妹刊物《小孩月报》不仅文字浅易，适合儿童阅读，而且印刷精美，"专刻精细花图，与西国所刻无二"③。可见，宗教报刊运用大量精美的图片进行科技与时政新闻的传播，增强观赏性与趣味性。

五、甲午前后《万国公报》发行与读者反响

甲午战争前后，复刊后的《万国公报》结合中国的时局，在大力宣扬西学的同时，也对中国时政展开评论，并将读者对象定位为官员和知识分子。一位叫四益斋主人的读者颇有感慨地说："缘中国之事，《沪报》《申报》《广报》《汉报》等类，闻见无异，外报既多，犹之《万国公报》，犹之《格致新编》，可以留心时务报耳。"④李提摩太评价甲午前后的报刊时，特别指出："《万国公报》、《中西教会报》每报必有数篇皆西国博学之士所著，……此报不但论教务，亦且论古今各国兴衰之故，并西国学校之事及格物杂学。"⑤基于此，他对《万国公报》的读者对象进行了定位，他指出：

> 县级和县级以上的主要文官2289人，营级和营级以上的主要武官1987人，府视学及其以上的教育官吏1760人，大学堂教习约2000人，派驻各省城的高级候补官员和顾问及协助人员2000人，经科举考试获得秀才以上头衔的文人姑且以60万计算，以其中百分之五为重点，计3000人，经过挑选的官吏与文人家庭的妇女儿童，以百分之十计算，计4000人，以上共计44 036人。这个数字，从整个中国看，平均每县只有30人，但是，影响了这四万多人，就等于影响了整个中国。⑥

---

① 《本馆谨启》，《甬报》第一卷，光绪七年(1881)正月。
② 《本书院告白》，《花图新报》1880年第2卷，台北：台湾学生书局，1966年影印本，第22页。
③ 《小孩月报》，见《花图新报》1880年第2卷，台北：台湾学生书局，1966年影印本，第24页。
④ 《汪康年师友书札》(四)，上海：上海古籍出版社，1989年，第3682页。
⑤ [英]李提摩太：《中国各报馆始末》，见杨光辉等编：《中国近代报刊发展概况》，北京：新华出版社，1986年，第2页。
⑥ 《同文书会年报》第四次(1891)，《出版史料》1988年第3、4期合刊。

显然，《万国公报》将自身定位为“高级报纸”，它不期待乡村野夫能够读懂它，其传播策略就是通过精英读报来提高其影响力。在专制国家，下层民众在国家大事上根本没有发言权，更谈不上基本的政治参与。《万国公报》对政治精英和高级知识分子的关注，也与它寻求改良与变法维新的观念相一致。它并没有像《时务报》那样依靠官方命令进行强制性阅读，读者购阅是出于对时政的关心，虽然许多开明的高级官员已对它充满喜悦之情，而当时的“学生社会”却没有养成“集体性阅读”的习惯，因此，从当时的社会影响看，它在知识界的推广程度尚不如《时务报》。

甲午前后，《万国公报》注重中国知识界的思想动态，它与维新报刊相互呼应，进一步激发了知识分子的阅读热情。正如李提摩太所言：1894 年，《万国公报》的发行量比以前翻了一番，对它的需求是如此之大，以至于在一个月之内，就必须重印。林乐知博士关于战事的文章深受欢迎，被看作是中国唯一值得信任的报道。中国上海招商局的管理者们把他们的定数增加了一倍，并把我们的一些出版物分送给北京的高级官员，住在上海的一位翰林把 30 份《万国公报》寄给他在北京的翰林朋友们。[①] 这说明，甲午年是《万国公报》阅读的重要拐点，由于中国读者对时局尤为关注，《万国公报》提供的战事新闻往往比《新闻报》《申报》更为客观，许多知识分子重视该报的主要原因，是迫切需要了解中日战争的进展。而中国在战争中的完败，又给《万国公报》提供了全面传播西学的机会，国内舆论对洋务派官员大加指责之后，便对“西学救国”产生强力的期待。19 世纪后期，《万国公报》对中国知识分子的影响，对中国社会的影响，是其他任何一种中文期刊所不能比拟的。《万国公报》开始时印数为 1000 份，1894 年为 4000 份，1897 年为 5000 份，1898 年最多，达 38 400 份，为当时各种刊物之首。[②]

《万国公报》自 1889 年复刊之后，其目的就是“激励目前中国兴起的改革思想以及应付此种思想的需要而提供知识和意见”[③]。在甲午前后，上至光绪皇帝，下至士绅，许多关注国势时局的读书人将《万国公报》视为案头必备读物，维新派的代表人物康有为、梁启超、谭嗣同、唐才常都深受《万国公报》的影响，而维新时期该刊更能引起读者的关注。正如其 1896 年的一则广告所言：“本馆自延请名流专办笔札以来，从每月一千本逐渐加增，今已几盈四千本。且购阅者大都达官贵介，名士富绅，故京师及各直省阀阅高门、清华别业，案头多置此一编，其销路之广，则更远至美澳二洲。”[④]一些传教士对《万国公报》在中国官绅中的传播充满信心，广学会年报就称：“《万国公报》是总理衙门经常订阅的，醇亲王生前也经常阅读。高级官吏们也经常就刊物所讨论的问题发

---

① [英]李提摩太：《亲历晚清四十五年——李提摩太在华回忆录》，李宪堂、侯林莉译，天津：天津人民出版社，2011 年，第 214 页。

② 熊月之：《西学东渐与晚清社会》，北京：中国人民大学出版社，2011 年，第 325 页。

③ 《同文书会年报》第二次(1889)，《出版史料》1988 年第 2 期。

④ 《请登告白》，《万国公报》第 94 册，光绪二十二年(1896)十月。

表意见。”[①]高级官员的阅读，符合《万国公报》影响中国政治人物的意图。

中下级官员和一般士绅，在维新时期也通过私人订阅读到《万国公报》。如在上海的杨葆光就在 1897 年订阅《万国公报》，他在农历一月二十日收到“十二月《万国公报》”，农历二月七日收到“正月《万国公报》”[②]。福建的高凤谦对《万国公报》的言论颇有心得，他指出：“《万国公报》刺讥时政，或甚于强学会，而长官不敢过问，则以主持馆事出于西人。申沪各报，托名西人，职是故耳。”[③]同样在福建闲居的革职官员周星诒，则设法各处借阅《万国公报》，如在戊戌年(1898)三月二十二日“看去冬十二月《万国公报》中载朝鲜建号大韩，改元建武”。三月二十六日，他又从朋友孙子宜处借阅当年正月的《万国公报》，“所载德据胶澳四、五、六等三记，洎四裒私议，以广公见论”。对西方列强割据中国领土，他极为愤怒。四月二十四日(6 月 12 日)，他读到丙申年(1896) 7 月《万国公报》上“美人李佳白《明教相安论》，中人普定姚大荣《迁都评议》”，五月十一日(6 月 29 日)，他从朋友马君处借到庚申年(1890)的《万国公报》十册，“中缺五、六两月为恨，内《东游记略》皆蒙古朝西人由今俄罗斯陆行以入中土程记，颇足补证《元秘史》，其他亦多裨见闻”[④]。这位潦倒的退仕官员，虽然已远离官场达 14 年，但对《万国公报》心向往之，在读报的过程中往往颇有感想，并在日记中抒发自己的见解。

维新时期，《万国公报》结合中国时局进行“议题设置”，颇能引发读者的联想。一位叫徐寿昌的读者对《万国公报》与《时务报》的言论进行了比较，他说：“观《万国公报》光绪二十三年正月、二月两卷，指斥东抚之交，不少忌讳，可知今日之祸，匪伊朝夕矣。仆物色当代人材，如贵报馆所登论说，慷慨陈词，欲呼寐者而使之觉知，清议所存，吾中国之尚有人在也。”[⑤]而孙宝瑄在 1897 年读《万国公报》甚为仔细，他于三月二十六日读到该报“电传欧洲战事”，感慨良多，并赋诗一首云：“心伤大地莽贪机，拓宇夷山未觉非。龙战四洲江海立，鼠糜万甲髑髅飞。天心何日驱蟊贼，民政由来起贱微。安得大人腾九五，尽伸平等一戎衣。”[⑥]在当年四月八日，他还在到杭州的船上读该报的一篇《游美洲安达斯山记》，五月十二日，他又对该报一篇有关“法国人有欲立均富会”[⑦]的新闻发表评论。从这些读者对《万国公报》的内容和风格的具体评论可以看出，他们对该报的内容有着深入的研究，并对结合时局发表自己的感想。

尽管《万国公报》在维新时期销行甚广，但由于它的精英阅读策略，直到 1899 年，

---

① 《同文书会年报》第四次(1891)，《出版史料》1988 年第 3、4 期合刊。
② 杨葆光：《订顽日程》(第四册)，严文儒等校点，上海：上海古籍出版社，2010 年，第 2882、2885 页。
③ 《汪康年师友书札》(二)，上海：上海古籍出版社，1986 年，第 1610 页。
④ 周星诒：《橘船录》，见周星誉、周星诒：《鸥堂日记·窳櫎日记》，刘蔷整理，石家庄：河北教育出版社，2001 年，第 79、80、88、91 页。
⑤ 《汪康年师友书札》(四)，上海：上海古籍出版社，1986 年，第 3591 页。
⑥ 孙宝瑄：《忘山庐日记》(上)，上海：上海古籍出版社，1983 年，第 94 页。
⑦ 孙宝瑄：《忘山庐日记》(上)，上海：上海古籍出版社，1983 年，第 97、104 页。

其在全国的发行点仅35个，远少于《时务报》鼎盛时期多达202个发行点的数量。如姚文倬在《时务报》初办之际，从昆明写信给汪康年说：“和战之事，所云《万国公报》之言最详，此间并无此报，无从得悉。”[①]而在瑞安乡下的张棡虽然在1891年便开始接触报刊，但他第一次看到《万国公报》，是在光绪二十六年（1900）八月二十九日。他说：“是报每月一册，每册计三十页，起于光绪十五年，今已十有一年矣。”[②]比起他在1896年读到的《时务报》，这位乡下的教书先生读到《万国公报》已经很晚了，这在一定层面上反映了《万国公报》在乡村知识分子中间的传播较为迟缓。

结　语

从媒体形态上看，维新之前，书—刊—报的演变是一个较为缓慢的过程。新闻史研究中报、刊不分的传统，虽然表明了两者之间的模糊性，却难以从源头上探讨“刊”与“报”的关系。甲午之前，“洋报”是一个宽泛的概念，但宗教刊物所占比重最大。宗教刊物是“册”，体现了“书”的形态；报纸是“纸”，摆脱了“书”的限制。宗教刊物大多发行周期在一月以上，而报纸的发行周期一般在七天之内。宗教刊物以传播神理和科学知识为主，而报纸则以传播新闻和商贸信息为主。因此，早期的“刊”与“报”有较大的区别。

从阅读史的角度看，维新之前，宗教报刊虽然数量较多，但其辐射面却不如后来的商业报纸。从《察世俗每月统记传》《中国教会新报》到早期的《万国公报》，宗教刊物的读者数量都较为有限，但这些刊物的思想价值却值得高度重视，它的内容与中国早期现代化思想有着直接的关联。无论是魏源、梁廷枏、徐继畬还是后来的口岸文人，他们读宗教刊物所获得的西方知识，在一定程度上改变了晚清社会的知识架构，尽管西方观念还普遍地受到传统士大夫的抵制，但宗教刊物对科学知识传播的强化，却迎合了开明官绅“睁眼看世界”的需要。因此，“刊”的启蒙意义重于神学价值。

而报纸源于宗教刊物，在知识类型上却区别于宗教刊物。报纸提高了新闻报道的比例，让更多的读者了解到新近发生的事情。早期的报纸新闻尽管“辗转抄袭”，却能让读者有“周知天下”的观感。显然，宗教刊物注重立体世界的理论灌输，而早期报纸则注重平面世界的消息传递，两者在信息类型上有着较大区别。而传教士则希望两者并重，一边出刊，一边办报，希图读者既能获得有关西方文明的理解型知识，又能获取有关现实世界的知晓型知识。因此，我们探讨维新之前的报刊史，应该关注报人、读者与社会的多元关系，尤其要关注读者的思想世界。

鸦片战争之前，西方传教士在由“人际传播”转向“文字播道”的过程中，将“刊”作

---

① 《汪康年师友书札》（二），上海：上海古籍出版社，1986年，第1236页。

② 张棡：《张棡日记》，俞雄选编，上海：上海社会科学院出版社，2003年，第59页。

为普及宗教的重要载体，企图将基督教教义通过刊物对读者进行“言说”。但是，无论是皇帝和依附于它的官僚集团，还是底层社会的民众，对于宗教刊物并无好感。即便传教士对中国“书”进行嫁接、对儒学内容进行创新和对免费赠阅进行广泛宣传，西方的知识谱系也很难获得中国读者的认可。尽管有梁发这样热衷于宗教的雇佣者不遗余力地宣传和推广，但早期宗教报刊与中国社会之间的隔膜仍难以打破。传教士虽然作为“行走的媒介”在一定程度上影响了中国人的西方观，但他们所创办的刊物却难以走进民众的日常生活。在鸦片战争之前，我们很少发现中国人的读“刊”记录。读书人沉醉于他们的经典世界，通过熟读四书五经获得功名，是他们谋求上升通道的最佳选择。而最高统治者和权力精英沉醉于“天朝大国”的主体意识中，对“蛮夷”们的传教活动带有明显的敌意，对传教士的“异端邪说”更是不屑一顾。而这一时期的宗教刊物，对宗教的过度诠释却消解了作为“新闻纸”的信息价值。尽管传教士也有对西方科技的简要介绍，但其内容无法吸引读书人的眼球。早期宗教刊物通过文字布道改变中国人观念的努力，并没有达到预想的效果。

但是，以魏源、徐继畬、梁廷枏为代表的思想先驱，却敏感地察觉到《东西洋考每月统记传》等宗教刊物的思想价值和启蒙作用，他们在搜罗“西书”、介绍“世界知识”的过程中，对宗教刊物着力解剖，析出其符合“西学”标准的思想资源，并通过与其他“西书”的互引互证，建构有别于“中学”的“知识仓库”。尽管这些宗教刊物的“嫁接”方式不太规范，但通过先驱人物的大力推广，宗教刊物的一些论述已转化为“开眼看世界”的思想资源，并对“现代性”的探求起着一定的导向作用。

鸦片战争后，宗教刊物的空间转向，为其生存与扩张带来了一些机遇，香港和五口通商城市，打破了广州垄断贸易的优势。而外国人在口岸城市所取得的特权，有利于传教士在这些城市大力扩展他们的社会网络。尤其是上海租界所形成的“国中之国”，极大改变了宗教刊物的传媒生态。大量外国人对传教士办报活动的支持，直接表现为提供捐助和订阅宗教刊物，并鼓励在他们的中国佣人阅读宗教刊物。受上海租界的吸引，许多在广州一带的传教士纷纷迁往上海。同时，上海商业的繁荣也吸引了大量“落拓文人”，他们在科举考试的角逐中难以取得高级功名，便期待到上海谋求生计，从而形成了“口岸文人”群体。而宗教刊物对华人编辑的需求，为一些文人提供了谋生的机会，王韬在墨海书馆编辑《六合丛谈》便是明证。这些早期进入西方传媒业的编辑和印刷工人，由于地缘、亲缘等方面的关系，与口岸文人有着密切的交往，从而有可能为口岸文人提供他们所编辑的宗教报刊。而居住或者游历在上海的高级文人，则通过1860年代开始的洋务运动，与服务于洋务企业的外国传教士建立某种联系，郭嵩焘和陈其元这样的开明官员能够较早接触宗教刊物，与他们对“洋务”的兴趣有着直接的关系。尤其是曾任曾国藩幕僚的薛福成等人，在1860年代后期便养成了批阅“新闻纸”的习惯，说明当时的某些高级幕僚已将读报纸作为了解国内外动态的重要手段。而如林乐知、傅兰雅之类的传教士游走在报馆、书局、学校与洋务派企业之间，为他们广泛接触当时的洋务派精英和上海口岸文人提供了极大的便利。1860 年代宗教刊物的内容转向，与这些传教士对中国认识的改变有着直接的关联。如《上海新报》之类的商业性报纸，以刊登各类商业广告为主要内容，与早期的宗教刊物已有明显的区别。即便是《格致汇编》《中国教会新报》之类的宗教刊物，也迎合洋务运动的需要而大量介绍"格致之学"。宗教内容的逐步淡化，是传教士对口岸城市阅读需求所做出的必要调整。

相对而言，宗教刊物作为"书"的价值，受到《申报》等商业性报纸的冲击。而维新之前，《万国公报》在服务社会精英的过程中，注重人文与思想传播，则意味着它重视从观念和制度上改造社会精英。由此可以看出，从早期的《察世俗每月统记传》到维新前的《万国公报》，宗教刊物的传播内容从宗教、科技向人文思想逐步转变，传播目的也从"下层启蒙"转向"上层改造"。从这个层面上看，维新之前宗教报刊的阅读，可以看作中国读者对西学认知的社会化进程。尽管与后来的商业报刊相比，宗教报刊的传播有一定局限，但是，宗教报刊作为"思想纸"的优势明显，它将"西学"与"治术"结合起来，努力改造士人的思想世界，在"中西"知识体系的较量中，宗教刊物起着引领西学的重要作用。因此，从这个角度看，在整个 19 世纪，宗教刊物的思想价值要高于商业报纸。

近代中国英文报业的开端*

——《广州纪录报》初探

邓绍根　伍中梅

（暨南大学新闻与传播学院）

摘要:《广州纪录报》不仅是广州出版的第一份近代化报刊,而且是中国第一份英文报纸,更是鸦片战争前后中国最重要的商业报刊之一。笔者依据大量的该报缩微胶卷,清晰研究了威廉·伍德和马地臣创办该报的过程以及该报初期具有观点犀利的货价行情纸特点,分析了伍德离开后该报"纪录事实"编辑方针的调整,阐述了该报介绍中国实情、抨击限制中外贸易的广州体制、鼓吹对华强硬、为鸦片贸易辩护、刊载物价行情信息、报道中外新闻等主要内容,客观评价其在新闻理念以及新闻业务方面的开创性贡献。

关键词:《广州纪录报》;威廉·伍德;新闻自由;号外

1827年11月8日创刊的《广州纪录报》(*The Canton Register*),不仅是广州出版的第一份近代化报刊,而且是中国第一份英文报纸,更是鸦片战争前后中国最重要的商业报刊之一。目前笔者查阅各种新闻传播史书籍及历史相关著作,发现对该报的基本情况介绍错谬甚多,如关于创办者就有三种说法:①《广州纪录报》由英国鸦片商人詹姆斯·马地臣(James Matheson)创办,没有提及威廉·伍德(William W. Wood)。[①] ②《广州纪录报》由威廉·伍德向英国商人亚历山大·马地臣(Alexander Matheson)

---

* 本文原载于《新闻与传播研究》2017年第8期,有修改。

① 见英文中国新闻史著作 *The Journalism of China* (Don D. Patterson, The University of Missouri Bulletin Vol.23, No.34, 1922, p.20)和 *The Rise of the Native Press in China* (Y.P.Wang, Columbia University, 1924, p.16)、中国新闻史著作《中国报学史》(戈公振,北京:中国新闻出版社,1985年)、《中国新闻发达史》(蒋国珍,上海:世界书局,1927年)、《近代来华外国人名辞典》(中国社会科学院近代史研究所翻译室编,北京:中国社会科学出版社,1981年)、《中国新闻史》(曾虚白,台湾政治大学新闻研究所印行,1981年)、新闻工具书《中国大百科全书·新闻出版卷》(1990年)等。

借来手摇印刷机创办；因财力不足，于 1828 年 2 月将报纸转手给詹姆斯·马地臣。[①]③美国商人威廉·伍德和詹姆斯·马地臣共同创办，马地臣任经理，伍德任主编。不久，因两人意见分歧，伍德退出，完全由马地臣所有。[②] 1843 年该报由澳门迁往香港改名为《香港纪录报》出版后，停刊时间就有四种不同意见，如 1853 年说、1858 年说、1859 年说、1863 年说等。出现这种混乱研究状况的原因，主要是由于《广州纪录报》在国内仅存北大图书馆 1835 年第 8 卷，以致研究者对该报无法深入系统研究。笔者查阅了香港中央图书馆缩微部的《广州纪录报》（1827—1863）胶卷和北大图书馆所存第 8 卷及相关研究资料，力图清晰地梳理《广州纪录报》创刊情况、编辑方针、主要内容、编排特色及其影响和历史地位等概况，揭示近代中国英文新闻传播事业开端时期的基本面貌。

一、《广州纪录报》创刊

18 世纪是世界历史的分水岭，“18 世纪以后，西欧出现了持续、高速的经济和社会发展，而中国则由于外国侵略和内部动荡而一蹶不振，陷于贫困、落后和长期危机之中”[③]。清政府为了保护封建经济和巩固封建统治，采取了自卫防范措施，走向“闭关政策”。《广州纪录报》创办地广州相对于清政府统治中心京畿重镇来说，天高皇帝远，中央统治力比较薄弱。1757 年起，清政府撤销了漳州、宁波和云台山三处通商口岸，仅允许广州一口对外通商；并实施“公行制度”，设立十三行，限制外商与中国市场直接贸易；实施防范外国人条例，外国人严格限制在澳门、黄埔和广州城郊外国商馆区等三地活动。虽然外国人有种种限制，但外商在三地的活动还是自由自在的。亨特回忆说：“我们只要高兴，就出去散步，而且想在外边待多久就待多久。”“按照自己的方式行事，照料我们的生意，划船、散步、吃喝。”[④]因此，相对中国其他地方，广州也属于“统治比较宽松的地方”。这为广州首先在中国创办报纸提供了有力的条件，正如《美国新闻

---

① 见英文中国新闻史著作 *The Chinese Periodical press*（Roswell S. Britton，1933）、论文《中国现代化报业初创时期——鸦片战争前夕广州、澳门的报刊》（潘贤模，《新闻研究资料》1980 年第 5 期）、硕士论文《解放前英美在我国创办的英文报刊》（刘砥中，中国社会科学院新闻研究所，1982 年）、新闻工具书《中国近代报刊名录》（史和、姚福申，福州：福建人民出版社，1991 年）。

② 见英文中国新闻史工具书 *A Research Guide to China-Coast Newspapers，1822-1911*（Frank H.H. and Prescott Clarke，Harvard University Press，1965）、英文论文 *William Wood In Canton：A Critique of the China Trade Before the Opium War*（Paul Pickouicz，Essex Insitation Historical Colections，1971）、中国新闻史著作《中国新闻事业通史》（第 1 卷）（北京：中国人民大学出版社，1992 年）、新闻工具书《新闻学大辞典》（甘惜分，郑州：河南人民出版社，1993 年）、中国新闻史著作《中国新闻传播史新编》（丁淦林，成都：四川人民出版社，1998 年）、香港新闻史著作《香港中文报业发展史》（李谷城，上海：上海古籍出版社，2005 年）、新闻工具书《中国新闻学之最》（方汉奇、李矗，北京：新华出版社，2005 年）。

③ 戴逸：《18 世纪的中国和世界》，《语冰集》，南宁：广西人民出版社，1999 年，第 13 页。

④ [美]亨特著，沈正邦译：《旧中国杂记》，广州：广东人民出版社，1992 年，第 2 页。

史》作者埃默里父子曾在描述世界早期报刊兴起时说:“报纸首先是在那些中央权力薄弱或统治者比较宽松的地方兴盛起来的。”[①]

埃默里父子在讲述美国早期新闻事业发展历史时指出:商业是报业的先声,“商业的发展对第一份报纸的创办影响极大,而所有早期的报纸都是在商业中心问世的”。这也适宜于广州近代报业兴起的状况。清政府仅允许广州一口对外通商,使得广州成为中国对外商贸的商业中心,是中国商业发展最发达的地区。当时的广州已是中国最大、最主要和最繁荣的商港,在对外贸易中占有特殊而又重要的地位。[②]尤其英国是当时中国对外贸易的最主要伙伴。在中英通商的两百年里,英国对华贸易的主角一直是东印度公司。但是,英国为了保护国内制造业利益,剥夺了东印度公司从印度进口纺织品的贸易权利,于是东印度公司将整个生意转移到了对中国茶叶的进口上。它从中国大量进口茶叶而无等价商品输入中国,造成巨大贸易逆差,为此他们发掘了鸦片这种商品并开始大肆向中国输入。1773 年,东印度公司在孟加拉取得了鸦片贸易的独占权。但由于中国禁止鸦片贸易,公司不能直接运输鸦片到中国,需要先在加尔各答售出,再经由那里的商人走私到中国。居中的港脚贸易趁势兴起。港脚贸易指的是印度、东印度群岛和中国之间的小宗贸易,独立于东印度公司的对华贸易之外,主要由英国和印度的散商,亦即自由的英国和印度商人从事。[③]对华鸦片贸易的快速增长促进了港脚贸易的发展以及英国散商的崛起。19 世纪后,东印度公司对华贸易的垄断地位逐渐走向终结,代之而起的是蓬勃的港脚贸易。英国政治家格兰特(Charles Grant)曾宣称:东印度公司对华进出口货值,1813—1814 年度为 1350 万磅,1829—1830 年则下降为 1150 万磅;而散商贸易在 1813 年的进出口货值不超过 900 万磅,到 1830 年则超过 3000 万磅。[④] 据格林伯格《鸦片战争前中英贸易通商史》记载:自 1817 年起,港脚贸易就在广州提供了全部英国进口货物的四分之三,这个比例一直维持到东印度公司垄断权结束时(1833)为止。[⑤] 东印度公司对华贸易垄断权终止前很长一段时期,东印度公司一直奉行阻止一切自由商人在中国居住的办法以维护自己在贸易上的垄断权。只有它的代理人,即它在广州“商馆”大班,即“经理人”或代理人员可以留驻中国。1786 年在东印度公司的伦敦董事会促使议会通过一部法令,赋予公司监理委员会对航行在中国的领有执照的“港脚商”有充分的管辖权。但这并不能真正阻止逐利而来的散商群体,为了常驻广州开展贸易,他们想到了一个对抗法律的策略——取得另一个国家的委任令。19 世纪始,随着鸦片贸易大发展,英国散商在广州的人数和在伦敦

① 迈克尔·埃默里、埃德温·埃德里著,展江、殷文译,《美国新闻史——大众传播媒介解释史》,北京:新华出版社,2001 年,第 9 页。

② 梁碧莹,《龙与鹰:中美交往的历史考察》,广州:广东人民出版社,2004 年,第 4 页。

③ 朱新镛:《广州的英印港脚商与鸦片战争》,《广东省社会主义学院学报》2010 年第 2 期,第 83 页。

④ 吴义雄:《条约口岸体制的酝酿:19 世纪 30 年代中英关系研究》,北京:中华书局,2009 年,第 7 页。

⑤ 格林伯格著,康成译:《鸦片战争前中英通商史》,北京:商务印书馆,1961 年,第 14 页。

的势力都与日俱增。散商开始大胆地批评东印度公司监理委员会的政策，讽刺英国人需要外国证件的保护才能居留广州的现状。基于如果禁止英国臣民在广州为贸易的目的而设立商业机构，鸦片贸易和印度商业的其他部门就可能落到外国人手里的考虑，东印度公司在垄断权的最后几年里决定放宽限制，散商们因此获得了无须别国外交掩护即可居留广州的权利。[①] 居留限制放宽及港脚贸易的快速发展双双促使来华英国散商人数的剧增，据《东印度公司对华贸易编年史》记载英国散商来华的情况：1796 年 3 人，1798 年 5 人，1802 年 3 人，1826 年 25 人，1830 年 30 人，1832 年 36 人。到 1834 年以后，在广州的英国商人及其雇员的人数迅速增加到 100 人以上。[②] 1820 年代起，在广州商馆内无疑形成了一个可观的英语社群。以往常驻广州的都是东印度公司职员，生活圈子小，根本没有创办一份报纸的必要。他们在澳门居住的时候，罗马天主教对异教徒出版事业的压制以及葡萄牙政府及中国政府的压制，也使得办报成为一件极其冒险的事。人们默许了"报纸可能带来的好处其代价是昂贵的，不得不放弃"[③]。但是随着自由的散商的崛起，商业信息上互通有无的需求变得越来越迫切。相对于东印度公司，他们分散而无组织性，联络起来较为困难，但灵活的商业信息又是他们获利所不可或缺的保证，这无疑成为《广州纪录报》得以创刊的内在动力。"社区的日益扩展，竞争刺激了贸易，商人们终于发现，如果他们能在一个客户们阅读的出版物上登出通过或广告，那么他们就可以将货物更快地卖给顾客。因此，带'广告报'一词为名的早期报纸的为数众多，说明当年的新闻事业对这一方面的侧重。"[④]同时，散商在经济上的地位越来越重要，他们试图影响英国政府对华政策的政治诉求也越来越强烈，创办一份影响舆论的报纸是实现政治诉求的绝佳方式。《广州纪录报》在创刊号上宣称"很长时间以来，我们就察觉到对一份涵盖商业和有关中国其他资讯的报纸的需求"[⑤]，表达了这一诉求的强烈。

《广州纪录报》就是在这一历史背景下诞生的，港脚贸易的兴起在广州聚集起了一批英国散商，他们是《广州纪录报》得以创刊的关键因素。正是自由的散商对商贸信息的渴求催生了《广州纪录报》。而英国商人和传教士在亚洲其他地区的办报活动，客观上为《广州纪录报》创办提供了可资借鉴的经验。18 世纪中叶以来，东印度公司在印度的贸易和殖民进展越来越快，一部分被公司解雇或是对公司现行制度不满的员工开始以办报的方式来宣传自己的主张。1780 年 1 月 29 日，英国人詹姆斯·奥古斯塔

---

① 格林伯格著，康成译：《鸦片战争前中英通商史》，北京：商务印书馆，1961 年，第 30 页。

② 吴义雄：《条约口岸体制的酝酿：19 世纪 30 年代中英关系研究》，北京：中华书局，2009 年，第 8 页。

③ Frank H.H.，Prescott Clarke，*A Research Guide to China-Coast Newspapers，1822-1911*. Harvard University Press，1965，p.15.

④ 迈克尔·埃默里、埃德温·埃德里著，展江、殷文译：《美国新闻史——大众传播媒介解释史》，北京：新华出版社，2001 年，第 24 页。

⑤ To Subscribers，*The Canton Register*，November 8th，1827.

夫·希基(James Augustus Hicky)在加尔各答创办了印度第一份真正获得成功并有影响力的英文报纸《孟加拉公报》(*The Bengal Gazette or Calcutta General Advertiser*)。该报宣称自己是“一份政治和商业周报,对所有的政党开放,但是并不受其影响”,大胆揭露东印度公司的暴政和印度官员的腐败,希基和报纸因此受到打压。但该报“无形中为后来的印度报业开启了自由言政的先河”[①]。东印度公司为了反扑希基的舆论攻势,创办了印度第二份英文报纸《印度公报》(*India Gazette or Calcutta Public Advertiser*)。此后,加尔各答出现了一批唯东印度公司马首是瞻的报纸,如1784年2月创刊的《加尔各答公报和东方广知者报》(*Calculate Gazette and Oriental Adcertiser*)、1785年在当局授予邮政特权的情况下出版的《孟加拉日报》(*Bengal Journal*)等。这些报刊都是用英文出版的,大多由东印度公司的职员或是相关人员发行,报纸都直接或间接被公司控制,多刊登英国新闻,不关心印度事务。19世纪初,对东印度公司持有异议的英文报纸再次冒头。1818年10月詹姆斯·希克·白金汉(James Silk Buckingham)创办《加尔各答政治、经济和文学编年报》(*Calcutta Chronicle of Political Commercial and Literary Gazette*),谴责印度社会陋习。不久,他又创办《加尔各答日报》(*Calcutta Journal*),抨击东印度公司弊端。虽然报纸出版不久后被压制,但其所开创的开办读者专栏、关注地方事务、批评而非谩骂当局等办报传统,启蒙和引导了印度乃至整个亚洲的新闻业,《广州纪录报》创办后对此多有借鉴。新加坡新闻事业也对《广州纪录报》起到示范作用。1824年元旦,英殖民地官员伯纳德(Frederick James Bernad)创办新加坡第一份英文报纸《新加坡纪事报》(*Singapore Chronicles*)。此后英文报纸得到快速发展,开埠50年内,新加坡先后出现过的英文报刊到达14种之多。[②]

当时中美贸易从1784年中美通航成功后,贸易额飞速发展。1815年以后,美国在华贸易进入了巩固时期。贸易的投机性与冒险型日益减少,对华贸易结构发生新的变化和组合,逐渐集中到少数富有的商家和代理商手中。他们在广州、澳门纷纷成立美国商行。1820年代后,由于美国对华贸易地位在西方国家中稳居第二位,美国商人地位也逐渐增强,其势力和重要性仅次于英国商人;美国的商馆是13家中最好的一家。据访问广州的爱德蒙·罗伯茨(Edmund Roberts)向美国政府报告说:在广州港,除了东印度公司的建筑外,这里还有九家英国商馆,七家美国商馆,一家法国商馆。英国和美国在此各有一家旅店。这里的外国建筑十分豪华,外商的生活非常奢侈。[③] 在美国在华利益集团形成的过程中,为了维护自身利益,美国人对新闻的需求逐渐增长,

---

① 汪前军:《论英属东印度公司在印度早期报刊发展中角色的双重性质》,《国际新闻界》2013第3期,第154页。

② 李勇:《多语并存与华文争艳:新加坡新闻事业的历史与现状》,《惠州学院学报》(社会科学版)2008年第2期,第113页。

③ 仇华飞:《早期中美关系研究(1784—1844)》,北京:人民出版社,2005年,第121页。

从事新闻传播活动的欲望日渐强烈。美国海员教友会报告："每年有三千美国或英国海员访问中国广州港。"[①]他们的生活物质是优厚的，但精神生活空虚，水手们过着"单调无聊的生活"，强烈需要有精神食粮。

《广州纪录报》是由美国散商威廉·伍德和英国散商、鸦片贸易贩子马地臣两人共同创办的。威廉·伍德是创办报纸的倡议人，也是报纸最初的编辑，撰写了大部分文章，还承担了排字工人的工作。威廉·伍德，美国费城人，出生于戏剧世家，是个"多才多艺、富于智慧、读书广博、对事物没有成见"[②]的人。1825 年，他乘坐"伊莎贝拉"号来到中国，在美国商行工作。詹姆斯·马地臣是《广州纪录报》的创办人之一，也是这份报纸长期的发行人。1796 年，他出生于英格兰北部萨瑟兰郡的一个名门望族。高中就读于爱丁堡皇家高中，大学毕业于爱丁堡大学。在当年聚集广州的自由散商中，他算是一个有文化品位的商人。1815 年，他从东印度公司获得自由商人执照，前往印度加尔各答，加入其叔父的麦金托什商行(Mackintosh & Co.)。1818 年，他来到广州，1819 年开始从事鸦片贸易。1826 年，他在广州开办马地臣行(Matheson & Co.)。作为对华贸易中最重要的鸦片商，他"是积极鼓吹中国向西方打开大门的英商代言人"[③]。当时，正值英美在华贸易迅速增长的季节。英国为了摆脱 1825 年经济危机的迫切需要积极扩大对华贸易，开拓中国市场，不断输入英国商品以及罪恶的鸦片，赚取高额的利润。英国在华经济利益高居各国在华首位，英国也成为在华人数最多的国家。美国在华利益和人数都紧随其后，位居第二。1827 年 2 月，曼彻斯特商会(The Manchester Chamber of Commerce)对华贸易调查后，请求下议院发出警告：美国和欧洲自由贸易者通过运送英国货物到中国赚取大量利润。当时，在华各国商人在扩大对华贸易、打开中国大门等方面的利益是一致的。因此，随着各国对华贸易日益扩展，不断需要沟通市场行情，商品信息和商船航期等信息的平台，威廉·伍德敏锐地捕捉到这一需求和商机。他首先提出了创办英文报刊的倡议。[④] 1827 年 11 月 8 日，威廉·伍德提出创办报纸的倡议后，马地臣从亚历山大·马地臣处借来手摇印刷机，并出资金创办《广州纪录报》，成为该报的实际控制人。

二、观点犀利的"货价行情纸"：威廉·伍德主编的《广州纪录报》

1827 年 11 月 8 日，威廉·伍德任编辑，马地臣任发行人兼经理，共同创办发行中国第一份英文报刊《广州纪录报》，英文名称为 *Canton Register*。有著作称："该报最

---

① 仇华飞：《早期中美关系史(1784—1844)》，北京：人民出版社，2005 年，第 84 页。

② [美]亨特著，沈正邦译：《旧中国杂记》(*Bits of old China*)，广州：广东人民出版社，1992 年，第 284 页。

③ 吴义雄：《条约口岸体制的酝酿：19 世纪 30 年代中英关系研究》，北京：中华书局，2009 年，第 12 页。

④ Frank H.H., Prescott Clarke, *A Research Guide to China-Coast Newspapers, 1822-1911*, Harvard University Press, 1965, p.41.

初的名称即为《广州纪录和行情报》"[1],这显然与事实不符;但在威廉·伍德主编下,《广州纪录报》成为名副其实的"货价行情纸"。

《广州纪录报》报头"Canton Register",报头下面是出版项,包括出版地、出版时间和刊期:"Canton,November 8th,1827,No.1"。该报创刊号四开四页,两栏版面编排。该报第一篇文章是具有发刊词性质的《致读者》(*To Subscribers*)。文章内容包括:其一,创刊原因。"我们长期以来不仅感受到出版商业和中国其他信息纪录的缺乏,而且充分认识到它们的效用和便利。为了弥补这一缺陷,我们已经开始尝试开始我们目前的事业,这主要归功于一位友善、富有公益精神、准许我们使用他的印刷机的绅士。"其二,表明刊期为半月刊,每月一、十五日出版。其三,刊物内容。"我们主要的努力目标是呈现国内外市场上丰富而正确的物价行情。我们要特别关注那些与我们切身相关的国内外市场上的销售价格和行情。关于贸易、海关,特别是中国的内容,将经常占据相当版面;同时也会刊登符合标准的翻译稿件,为此我们要非常感谢投稿给我们的任何朋友。抵离港的船只和其他感兴趣的航运信息,也是我们经常刊登的专栏文章。"其四,重申每月初一、十五日定期出版。"我们在创刊号已经阐明出版的目的,但有时不可避免地会推迟出版,我们也尽量防止类似情况的发生;不管怎样,我们会像以上承诺的那样,在将来每月的1和15日出版。"[2]从该文看,威廉·伍德对《广州纪录报》的报纸定位就是一个刊登货价行情的纯粹的商业性报刊。创刊号刊登的文章更是体现了报纸定位。创刊号四开四页,第一页是四篇文章。除《致读者》外,还有《中国钱币》《改革》《意外》,分别报道中国的钱币制度、东印度公司驻华特选委员会改革和黄埔两外国人意外溺水事故。第二页为进口货价行情表。第三页主要是出口货价行情。第四页上面是"库存"货物,中间是货币汇率,下面是船期。最后是出版项:每月1、15日出版,半年定价是13Sp-Drs。因此,从创刊号发刊词和内容看,《广州纪录报》是一份纪录中外(尤其是广州)货价行情以及外国人在华活动信息的商业半月刊。

《广州纪录报》第一期出版后,立即受到了广州外国人的欢迎,以至威廉·伍德说:"我们非常感谢第一期出版后受到大家的欢迎态度和给予我们的鼓励,使得我们的报纸继续出版。"马礼逊当晚日记说:"《广州纪录报》是世间的一桩新事,中国从未出现过这样的报刊。这份报纸专门为外商办的,他们不怕登载走私鸦片输入中国的报道和价码行情。"[3]这说明马礼逊当天就关注到《广州纪录报》的出版,阅读了报刊内容并给予高度评价。同时,马礼逊以实际行动支持《广州纪录报》继续出版,他接受威廉·伍德和马地臣聘请,成为该报撰稿人。但是马礼逊提出了一个附加条件:该刊必须给马礼逊博士有完全的自由,发表有关道德和宗教问题的文章。马地臣同意了,并答应每年

---

① 方汉奇主编:《中国新闻事业通史》(第1卷),北京:中国人民大学出版社,1992年,第273页。

② To Subscribers, *The Canton Register*, November 8th, 1827.

③ [英]马礼逊夫人编,顾长声译:《马礼逊回忆录》,桂林:广西师范大学出版社,2004年,第262页。

给马礼逊博士 300 元稿酬，由他捐助给任何慈善团体，马礼逊为该刊撰文直到去世。11 月 10 日晚，马礼逊在日记中说："今日我为《广州纪录报》周刊写了三页稿子。W 先生和某先生不懂汉语；似乎也缺乏从本地人那里收集信息的才能。除了我为该刊撰写传教稿件外，我与该刊没有别的关系。我认为在该刊发表传教文章没有错。"[①]同日，威廉·伍德接到了一封署名"Amicus"的读者来信，称赞该报来得恰逢其时："我希望你们会受到读者的诸多鼓励，你们的努力将会得到社区的大力支持。我很高兴你们打算致力于商业和中国相关的主题"；希望"报纸的栏目可以从更多视角去解读与中国的贸易，而不仅仅刊登详细的商品价目信息"[②]，建议增加社论和中外新闻报道，最后祝愿该报社论调整成功，表示将自费订阅一份报纸。

在马礼逊等在华外国人的支持下，1827 年 11 月 15 日，威廉·伍德出版了《广州纪录报》第二期，编者在开篇告白性文章中首先感谢读者的支持和鼓励，并宣布编辑方针将发生变化。文章坦言：第一期刊登那么多篇幅的价目表是因为"对出版的这份新刊物还不太自信，也对社区是否支持还感到不确定"。宣称："我们确信娱乐材料是刊物不可缺少的部分。""为了尽力让报纸更耐读、更有用处，我们将缩小了货价行情表的篇幅，以求能有更多版面发表有兴趣的文章和全国及地方新闻。""同时，我们向商业朋友保证，我们仍会最大限度地关注丰富而正确的货价行情，与中国相关的商业主题也是我们最关心的，我们也会增加投稿给本报以极大鼓励去值得阅读的小文章"[③]。在这一方针指引下，该报第二期内容进行了大调整，虽然仍为四开四版，但大大增加了文章内容，缩小了货价行情、船期内容比例；前两页为文章，后两页为进出口的货价行情表和船期。该报在刊登开篇告白性文章后，主要内容包括：其一，发表《中国时局》《风俗》《刑罚》《捕蛇者》等四篇文章介绍中国各方面情况；其二，刊登一封署名"Amicus"的读者来信和一则评论。在评论中，编者对《新加坡纪事报》第 91 期刊登的东印度公司在槟城、马六甲、新加坡实施的新闻审查制度发表评论，声援《加尔各答纪事报》(*Calcutta Chronicle*)所遭受的新闻审查迫害，谴责东印度实施的粗暴的新闻审查制度，并宣称："我们必须倡导完善的自由讨论。"[④]其三，两则新闻报道，一则是 11 月 14 日早晨 7 点广州商馆区发生的火灾；一则是预告性新闻，11 月 16 日广东行商将举行的火神纪念活动。该报最后出版项交代说：每 15 天在第七号外国商行出版，所有的订户和社区居民都可购买；每年 13 元(dollars)，也可先支付半年，每份单卖 50 美分(cents)。[⑤] 1827 年 11 月 30 日，《广州纪录报》第三号出版基本维持了第二期的编排内容。两页文章内容包括瓜哇战争、自杀、北京龙王庙、湖南省凌迟社会新闻、江西省鄱

---

① [英]马礼逊夫人编，顾长声译：《马礼逊回忆录》，桂林：广西师范大学出版社，2004 年，第 280 页。

② To The Editor of The Canton Register, *The Canton Register*, November 15th, 1827, p.1.

③ *The Canton Register*, November 15th, 1827, p.1.

④ *The Canton Register*, November 15th, 1827, p.2.

⑤ *The Canton Register*, November 15th, 1827, p.4.

阳湖、广州专制体制，还有马六甲新闻信、读者来信。货价行情和船期仍占两页篇幅，但船期内容比重有所增加。在该号最后增加了《致通讯员》一文，对各地通讯员表示感谢，并对《船只》一文的作者交代因篇幅太长而未能在第三号刊登请求原谅。[①] 1827 年 12 月 14 日，《广州纪录报》第四号出版。该号货价行情和船期比重增加，占到两页半篇幅；文章《中葡贸易》占一又四分之一的篇幅；接下来的新闻是从《京报》(*The Official Paper from Peking*)转载的鞑靼战争、广州海关官员任免、山东镇压土匪、日本战争等新闻。该刊声明刊期由半月刊改为双周刊，每 14 天出版[②]，但是并没有如期实现。《广州纪录报》第五号仍为半月刊，于 1828 年 1 月 15 日出版，在开篇《致读者》中，解释了其原因："因为印刷工人病逝，一时找不到替代之人，导致出版正常周期耽误。"[③]该号货价行情和船期又占到两页半篇幅；报道了广州葬礼、澳门总督和司令官会议、福建海防、广州佛教徒抗议、天气预报、火灾、商馆区垃圾处理等新闻，仅占弱一页篇幅；增设了"市场"栏目，报道鸦片、棉花、黑丝绸等贸易情况。1828 年 2 月 4 日，《广州纪录报》第六号出版。该期长篇文章《厦门》叙述厦门港中外交往贸易历史；报道北京、土库曼鞑靼、日本、澳门、广州等地新闻，尤其是广州麻风、火灾、海盗等情况；"市场"栏目和货价行情及船期表占两页篇幅。

1828 年 2 月 11 日，《广州纪录报》第七号出版，在告白中使用"我们已辞职的前任编辑"的措辞，这表明威廉・伍德已经辞职，离开了《广州纪录报》。虽然该文及其他文献没有交代威廉・伍德辞职的原因，但仔细分析还是能看出端倪。当时，东印度公司对所有在广州的英国人进行司法审查，使得作为美国公民的威廉・伍德也未能幸免，因为该报是在英国人赞助下创办的。东印度公司不允许别人攻击公司的政策，更不允许直接转载印度报纸的新闻报道，不断压迫新闻出版自由。而威廉・伍德主编的《广州纪录报》从第二期起，就不时攻击英国殖民印度政策、东印度公司制度和外国人管理政策，甚至出现直接批评广州贸易体制的不平等性、中国人道德低下和官员专制腐败等威胁中外贸易现行体制的言论。这使伍德赢得了一个"冒险的麻烦制造者"的名声。[④] 伍德的编辑方针在英国主导的外国社团范围内未能获得普遍的支持。威廉主编还不时转载印度报纸新闻，使得东印度公司当局不能容忍，强迫他离开《广州纪录报》。这在《广州纪录报》第七号告白中有所交代："有人建议，我们也应该承认，我们已辞职的前任编辑此前公开转载印度报纸的新闻，这在地方报纸中是不可接受的。"[⑤]这也证实威廉是受外力被迫辞职的。当然，威廉・伍德反对东印度公司插手干预美国商

---

① To Correspondents, *The Canton Register*, November 30th, 1827, p.4.

② *The Canton Register*, December 14th, 1827, p.4.

③ To our Readers, *The Canton Register*, January 15th, 1828, p.1.

④ Paul Pickouicz, *William Wood In Canton: A Critique of the China Trade Before the Opium War*, Essex Insitation Historical Colections, 1971, p.4.

⑤ The Register, *The Canton Register*, February 11th, 1828, p.2.

船装运英国货物进入广州，与英国利益背道而驰，导致他与马地臣的意见分歧越来越大。最后，两人分道扬镳。1828 年 2 月，他被迫辞去编辑职务，《广州纪录报》完全由马地臣所有。威廉·伍德主持《广州纪录报》时间仅三个月，出版仅六期，但他在编辑方面发挥了重要作用，撰写了大部分文章，发表了攻击东印度公司和现行广州贸易体制的言论，使得该报观点鲜明，评论犀利。他首先倡议在中国创办英文报刊，报道商业信息和货价行情，设立"市场"专栏，占有报纸一半的篇幅，使得《广州纪录报》成为名副其实的货价行情纸，掀起了近代中国商业报刊的序幕。

三、"纪录事实"：《广州纪录报》编辑方针的调整

1828 年 2 月 11 日，《广州纪录报》第七号出版，威廉·伍德辞职后，编辑由阿瑟·基廷(Arthur Keating)接任。他调整了编辑方针，这在《广州纪录报》告白性长文中得到了体现。该文宣称："我们纪录报从中国第一篇文章，克服印刷机械等各种不利条件，始终坚持我们自己的发展道路。我们的劣势是小，但我们的文字大。我们没有更多的版面空间用来刊登讨论文章，我们纪录报唯一能做的是纪录事实。我们希望展示 19 世纪中国的实际状况，通过我们撰写的文章介绍从孔夫子时代到当下中国的变迁，提供给少数欧洲人阅读。但只有通过事实的记录才能弄清中国当下时局、目前现状，这是我们纪录报所希望包含的内容。"[①]这是继任者阿瑟·基廷确定的第一个编辑方针——纪录事实。他一改伍德攻击中国的做法，阐述说："对中国我们报有良好的愿望。带有恶意地展示中华民族的阴暗面不是我们目标。但是我们也担心，事实的陈述，如帝国历史的搜集，普遍有犯罪的记载，这确实是人类历史的占有很大比例的方面，神圣和世俗的，这是也确信无疑的真相。"这是他信奉的第二个编辑方针——示好中国，报道中国实际情况。第三个编辑方针就是自由讨论，但不发表意见，鼓励自由贸易："据我们《广州纪录报》报道观察，发表出支持和反对的意见是根本没有必要的。……事实表明：再弱小的人类法律都是与人类激情相抗的……每个人应该凭着良知来讨论容易滥用而伤害人类的贸易问题。《广州纪录报》编者，我们决定不发表意见"。[②]

在以上三大编辑方针指引下，阿瑟·基廷对《广州纪录报》内容也进行了相应调整。虽然保持了新闻纸的特性，先后刊登了萨迦岛日本新闻，叙述了中日交往历史，报道了中国皇帝离京出游、广州和东莞、Ann & Hope 轮船克服恶劣天气成功抵达澳门的新闻；但没有改变商业报纸的属性，增设了近三分之二页篇幅的"贸易"专栏，货价行情篇幅减少，仍占有一页篇幅。这明显体现了"纪录事实"的编辑方针，开始由比较纯粹的行货行情纸逐渐发展成一份关注中国现实的综合性商业报纸，围绕"商业"和"中

---

① The Register, *The Canton Register*, February 11th, 1828, p.2.

② The Register, *The Canton Register*, February 11th, 1828, p.3.

国”这两个核心议题发表了大量文章，开始大幅刊登中国时局和社会新闻，关于中国政治、司法、风俗、文化等内容的介绍性文章。如 1828 年 2 月 19 日，《广州纪录报》第八号正值中国新年，介绍了中国新年风俗，转译了《京报》关于中国刑罚的案件，报道了浙江新闻、广州新闻。2 月 26 日，《广州纪录报》第九号在“贸易”专栏之后，报道了南京犯罪和广州离婚、江西自杀事件等新闻，特别报道了中国的习俗，如死人不能从南城门进出。该号增设了“外国新闻”栏目，报道了英格兰、希腊、美国等国新闻，取消了货价行情表，保留了船期。为此在该期告白中进行了相应的解释：“由于贸易停止季节，我们删除了该期的货价行情表，空留出版面空间刊登了我们认为有兴趣的文章。”[①]这些转变与大量依赖马礼逊的供稿有关，马礼逊在世的最后几年一直为《广州纪录报》供稿，其中大量内容译自《京报》。1828 年 3 月 15 日，报纸再次清楚地阐明了其编辑方针：“我们的目标在于提供一份对中国情况的忠实记录，这不仅仅是为了娱乐，而且是为了道德和哲学的目的。”[②]

《广州纪录报》“忠实记录中国的编辑方针也曾引发不满。1830 年 8 月 2 日，报纸刊登了一封署名“Sincerity”的读者来信，抱怨《广州纪录报》失去一开始承诺的公共精神，不顾读者兴趣所在，刊发了大量关于中国的负面报道和无关紧要的文章。来信称对犯罪、行刑的报道是一种十足的恶趣味，对每个在广州的外国人都参加了的晚宴的报道根本“不是新闻”，“人性也不会从皇帝给了多少人参给他的母亲这种细枝末节的信息上得到任何好处”。此外还指责纪录报刊发的价目表信息有误，呼吁编辑重拾报纸失去的公共和专业精神。[③]

收到这封令人激动的来信后，编辑部予以了坚决的回击，声明《广州纪录报》是“一份纪录事实的报纸，而不是一个承载争议的工具”，奉劝“Sincerity”如果对报纸怀有不同期待，最好自己去办一份报纸，“我们乐见其成”。接着对他的抱怨进行了逐条反驳，称《广州纪录报》并不是一份以盈利为目的的报纸，如果不愿意看可以选择退订；称人类有权利了解任何一片土地上他的同胞的遭遇，有权对任何一片土地上发生的不公进行暴露和反抗；称报道远在十万八千里之外的中国政府高层活动是有意义的，这有助于了解英国正与之打交道的这个国家。最后自嘲，在人人关心的东印度公司垄断和自由贸易不能报道、可以报道的内容又不被欢迎的情况下，“可怜的编辑还能报道什么呢？”认为“Sincerity”那种想在当局的监督和审查制度下出版一份理想报纸的想法“是小孩子的想法”。[④]

从这一来一往不难看出，作为英国散商在华的舆论喉舌，《广州纪录报》创刊之初

---

① The Register, *The Canton Register*, February 26th, 1828, p.4.

② The Register, *The Canton Register*, March 15th, 1828, p.1.

③ To The Editor of The Canton Register, *The Canton Register*, July 17th, 1830.

④ Sincerity versus The Canton Register, *The Canton Register*, July 17th, 1830.

的几年所处的尴尬境地。受制于东印度公司，它并非如此前论者所说的“在最初的几年对东印度公司经常采取攻击性的态度”[①]。相反，报纸一直在回避对东印度公司的批评，而将目标转移至批评起来更无压力的中国上。1833 年，英国国会决定结束东印度公司对华贸易垄断权，这一尴尬境遇才得到根本性改变。东印度公司的贸易垄断被打破后，在追求自由贸易的道路上，一口通商的“广州体制”成为来华英商唯一的障碍。集结起来的英商们追求自由贸易的呼声越来越高，《广州纪录报》成为重要的发声平台。

1833 年 12 月，约翰・斯雷德(John Slade)取代阿瑟・基廷成为《广州纪录报》的编辑。1834 年，马礼逊因病终止了对报纸的供稿，报纸上翻译《京报》文章的栏目逐渐减少，这也为倡导自由贸易、讨论对华政策腾出了更大的版面空间。约翰・斯雷德对作为散商舆论喉舌的《广州纪录报》进行了重大改版，报纸从双周刊变成了周刊，报头新增一句英国政治家查尔斯・格兰特(Charles Grant)的格言：“自由商人们非常看重他们的诉求和权利。在他们的赞助下，广州已经出现了一份自由的出版物；如果他们在商业上继续发展，他们的地位也会随之上升。他们将自己视作真正的英国商业准则的代言人。”[②]这句鸦片战争前一直印在报头位置的格言，可以视作报纸将自己视为自由商人舆论喉舌的宣言，即倡导自由贸易、鼓吹对华强硬的调门越来越高，对中国的批评越发尖锐。

四、有闻必录的“新闻纸”：《广州纪录报》的主要内容

在上述编辑方针的指导下，先后由阿瑟・基廷和约翰・斯雷德主编的《广州纪录报》逐渐从带有鲜明观点特色的行情货价纸转变成名副其实的“新闻纸”，内容包括批评“广州体制”的不公，公开宣传废除东印度公司在广州办事处，发表对英国政府软弱的对华政策不满的文章，以一种更加激进的方式要求中国开放通商口岸，满足来华外国商人自由贸易的需求；同时猛烈批评行商体制的腐败，刻画中国社会之黑暗，鼓吹对华强硬、为鸦片贸易辩护，当然也刊载丰富的物价行情信息，广泛报道中外新闻。

其一，倡导自由贸易，抨击“广州体制”。

鸦片战争之前的中西关系通常被学术界称为“广州体制”(The Canton System)，以与后来的“条约体制”相区隔。“广州体制”通常被认为包含这几个方面的内容：广州一口通商、“公行”垄断贸易、拒绝与外国人平等交往、限制在华外国人人身自由等。[③]

---

① 吴义雄：《在华英文报刊与近代早期的中西关系》，北京：社会科学文献出版社，2012 年，第 40 页。

② *The Canton Register*, January 7th, 1834.

③ 吴义雄：《商人集团与中西关系建构——鸦片战争前中西关系体制的再认识》，《史学月刊》2012 年第 3 期，第 66 页。

1820年代末和1830年代初，在华英国散商的势力和影响力与日俱增，自由贸易呼声越来越高，“广州体制”成为《广州纪录报》等英文报刊集中抨击的对象。

（1）不满一口通商。对一口通商的不满是来华外国人一以贯之的态度，也是《广州纪录报》一直以来的论调。1833年东印度公司在华贸易垄断权终止之后，这一态度表现得越发明显。1834年，首任驻华商务监督律劳卑（William John Napier）来华前后，《广州纪录报》发表了大量抨击一口通商的文章。其中一篇鼓吹中国沿海口岸开放的重要性，对律劳卑之行可能带来的贸易自由前景充满期望。[1] 7月7日，律劳卑到达中国前一个星期，报纸又发表一篇信心满满的文章，义正言辞地驳斥一篇反对自由贸易的文章，以国际法为自由贸易辩护，质问“难道因为中国拒绝与外国人进行商贸往来就可以置身国际法之外？”认为将贸易限制在广州一口是最驯顺和最无力的一种政策。对议会撬开中国大门很有信心：“毫无疑问，英国商人将会将货物运到能卖上最好价钱的地方，然后去价格最便宜的地方买到他要的东西。我们相信商人们能够按照他的个人利益行事。”[2]

报纸还试图从中国人利益的角度出发，论证开放通商口岸之必要。律劳卑来华期间，《广州纪录报》刊登了一篇自称中国读者的来信。来信称普通民众和低级官吏希望与外国人发展互惠互利、不受限制的商贸往来，认为“个人利益比民族偏见更为强大”，中国商人和官员都期待着全面对外开放时代的来临；又称中国的皇帝很清楚西方的强大，“如果你们用适当的方式提出要求，他将不能拒绝”[3]。这封信极有可能是《广州纪录报》编者或其他西方人编造出来的。但报纸刊登这封信的目的显然是试图以“中国人”之口，增加破除一口通商必要性的说服力。

律劳卑在华交涉不畅，1834年10月11日，因染上疟疾和过度操劳，客死澳门。律劳卑的死在英国引起很大震动，某种程度上成为后来鸦片战争的催化剂。《广州纪录报》全程记录了律劳卑在广州的活动，在他去世后又发表讣告及大量纪念文章，同时刊登了很多愤懑的读者的来信，言辞更加恳切地鼓吹贸易自由，认为不被限制的自由贸易已经准备好了并且必将成功。[4] 在英国政府尚无明显动作的情况下，报纸继续发表抨击中国政府和“广州体制”的文章，谴责粤海关贪得无厌的非法勒索，并有理有据地试图论行商体制已经走到了终点，只有自由贸易能够拯救英国对华贸易。

（2）唱衰行商体制。行商制度是清政府为维持“广州体制”运转所实施的一套制度。行商是得到官府正式承认的可以与外国人打交道的机构。对外国人的日常管理是由广东各级官员进行的，但居中传达信息的是行商；管理进出口事务和税收的是粤

---

① Free Trade to All the Ports of the Chinese Empire, *The Canton Register*, June 24th, 1834.

② Free Trade to China, *The Canton Register*, July 1st, 1834.

③ 吴义雄：《在华英文报刊与近代早期的中西关系》，北京：社会科学文献出版社，2012年，第67页。

④ Free Trade, *The Canton Register*, December 30th, 1834.

海关，但代理外商办理纳税事务的也是行商。[①] 因此，行商不仅控制了广州口岸几乎全部的对外贸易，还延揽了管理广州商馆的外国人和停泊在黄埔的外国船只的责任。行商制度为来华外国人提供了便利，但到后期越来越成为自由贸易的阻碍。行商备受官府盘剥，地位不稳，导致商欠问题频出，《广州纪录报》报道了很多此类问题，唱衰整个行商体制。

1829 年，《广州纪录报》就曾刊文报道广州的行商备受官府勒索的问题，称行商要为中外贸易中出现的问题负责，稍有过错就要付出巨额的代价，即便是老病之时也不允许退休，“故无富庶良善之人敢充行商”[②]。《广州纪录报》报道的兴泰行商欠案中，行商严启祥就因为在东印度公司特选委员会成员盼师（William Baynes）夫人偷偷进入广州商馆一事上被认为负有责任，被关进监狱，花费 10 万元开销。1834 年律劳卑擅自进入广州商馆，挑起与广州当局的对抗，他乘坐的商船也由兴泰行承保，严启祥因此再次下狱，并再次为此花费巨额开销。这一系列盘剥为后来的兴泰行商欠案埋下了祸根。不仅如此，对行商的敲诈勒索范围还包括公益事业、公共建筑、赈济灾区，政府还经常无中生有地夸大河流泛滥造成的灾害，以期在他们身上大捞一笔。亨特在《广州番鬼录》一书中曾纪录有一次去拜访伍浩官，听浩官叹息“黄河又闹水灾”，官府送给他一张 20 万赈济款的票据的事。[③]

东印度公司特许权被取消之后，行商的困境越发突出。因为东印度公司在很长时期里，通过在行商中分配公司生意份额的方法，使各家行商之间可以独立生存。但如今这一制衡已然消失。1838 年《广州纪录报》发表的一篇文章就宣称，除了两三家老派的之外，其他的行商在商业上已经不值得信赖，行商作为一个整体，即使不面临破产，也可能遭遇遍体鳞伤的风险。[④]

（3）痛斥对来华西人的限制和欺诈。“广州体制”另一重要内容是对来华外国商人的严格管制。广东当局曾制定各种管束“外夷”的章程。1830 年外国妇女进入广州商馆引发冲突之后，两广总督李鸿宾于次年颁布了“防范外夷八条章程”。东印度公司结束对华贸易特许权及律劳卑事件之后，卢坤又根据新形势增益了这八条章程。概括起来涉及人身自由的除了早期不能在广州住冬的规定外，还包括：妇女和武器不得带入商馆；商馆雇佣差役的人数严格受到限制；除了每个月的初八、十八和二十八，外国人不能在省河上划船游乐；有事必须经过行商，不得直接向官府递交禀帖等。[⑤]

来华外国人大多这些规章感到厌烦。《广州纪录报》曾刊登一个自称“一个英国商

---

① 吴义雄：《商人集团与中西关系建构——鸦片战争前中西关系体制的再认识》，《史学月刊》2012 年第 3 期，第 67 页。

② 吴义雄：《在华英文报刊与近代早期的中西关系》，北京：社会科学文献出版社，2012 年，第 77 页。

③ [美]亨特著，冯铁树、沈正邦译：《广州番鬼录 旧中国杂记》，广州：广东人民出版社，2009 年，第 47 页。

④ The Future, *The Canton Register*, January 23rd, 1838.

⑤ 亨特著，冯铁树、沈正邦译：《广州番鬼录 旧中国杂记》，广州：广东人民出版社，2009 年，第 39-40 页。

人”的读者的信，称“进出住所时都要被监视，一年只能在广州待几个月，不管生病与否都不能坐轿子”，这些规定对英国人来说简直是奇耻大辱。[①] 此外，对限制中国人与外国人接触，《广州纪录报》也曾刊文批评。在一篇介绍与外国人相关的法律的文章中，报纸编辑痛斥中国当局设置这些法律的精神就是“所有西方国家都是中国的敌人；不能与他们进行友好的交往；外国人不应该了解中国事务；除了获得许可的行商，其他所有与外国人进行商贸往来人都是中国的叛徒，或者用中国话来说，‘汉奸’”[②]。

外国人在广州、澳门两地所受的敲诈和攻击，也以怨气十足的文章被刊登在《广州纪录报》上。1828 年报纸曾刊登了一则马格尼亚克洋行向两广总督提起的请愿书，指控一中国商人骗走了他们 1820 包总价值 59 832 美元的棉花，请求政府督促对方立即予以赔偿，并对政府迟迟不解决这件事表示强烈不满。报纸随后刊登了一个王姓中国官员的回应，称事件正在按程序办理，对洋商四次上书请愿也表示不耐烦。[③] 报纸还报道过一个聚集了不少财富的英国商人被地方警察敲诈的故事，称商人在砍伐自家房门前的一棵树时，不小心破坏了一点城墙，警察乘机对其勒索了上千元巨款。[④] 编者讽刺地称类似事件已经不是第一次发生了。

其二，介绍中国国情，批判中国社会的专制、腐败和封闭。

对来华西人来说，“广州体制”不仅是外交问题，也是文化问题。中国不可侵犯的一口通商政策，对“外夷”苛刻的管理制度，上至政府官员、下至民间百姓对外国人的蛮横无理，这一切都有一个文化的症结。《广州纪录报》紧紧扣住这个长期以来困扰来华西人的问题，发表了大量探究中国制度文化的文章。这些文章从不同方面切入，揭示了中国政治、司法、文化及社会各方面的败坏，为受压制的来华西人确立了道德优越感，也为他们此后打开中国大门提供了道德背书。

（1）政治专制独裁。《广州纪录报》在第三期上就发表文章了抨击中国政治的专制传统。文章认为专制政府靠君主和官员的个人性情来进行统治，不比混合政府个人行为受到宪法的约束，而清政府正是这样的专制政府，“没人比这里的君主更能够按照他的好恶来行事”。文章批评当时的广州官员，讽刺一个“Wan”姓官员在清醒的状态下还甚好说话，但一旦喝醉酒就变得特别“暴力和粗鲁”[⑤]。文章继续介绍了这名官员即将离任的消息，称另外一个名为“Ying-ho”的人可能会接替他的位置，而这个人恰好是他的同族，试图借此阐释中国的裙带关系和世袭传统。

1834 年，《广州纪录报》分几期刊登了郭士立（Karl Friedrich August Gützlaff）撰写的长文《中华帝国的宪章》（*Constitution of Chinese Empire*）。这篇文章从学理的

---

① To The Editors of Canton Registe, *The Canton Register*, July 4th, 1831.

② Laws Concerning Foreigners, *The Canton Register*, May 24th, 1828.

③ A Respectful Petition, *The Canton Register*, June 7th, 1828.

④ Oppression, *The Canton Register*, June 7th, 1828.

⑤ Canton, *The Canton Register*, November 30th, 1827.

角度，详细地介绍了中国的政治形态，包括清政府皇室、内阁及六部(吏部、户部、礼部、刑部、工部、兵部)的组织和运作形式，对其中存在的父权制、忠孝观、满汉问题等都有详尽论述[①]，认为君权为大、父权为大、夫权为大的“三纲”观念是中国政治专制的思想根基。

(2)司法黑暗腐败。《广州纪录报》对中国司法腐败的批评不遗余力，曾刊登了相当多的文章介绍清政府的恶法，内容包括各地的刑讯、斩首、凌迟等社会新闻。报纸第三期一则社会新闻讲述了河南省一名男子因为无心之失致使自己的母亲死亡，被判处凌迟处死的刑罚。文章介绍被判凌迟意味着“这名男子身上的肉将被一点点割下来，而且会故意从不紧要的部分割起，从手、前臂、脚、腿、屁股、头，最后刺穿心脏”[②]，通过细致的描述，批评中国刑罚的残忍。

报纸对中国广泛存在的刑讯逼供现象也进行了深入的批判，称中国的法律允许拷打证人以获取真相。“怎么拷打法律是有规定的，但酷吏通常会拷打过度，有时候甚至会打死人。其中最常见的一种拷打方式是用鞭子抽。”[③]文章的作者称不幸目睹了一次犯人游街，对犯人所遭受到的恶劣的殴打表示同情，认为中国存在严重的刑讯逼供问题，在严刑拷打之下任何证供都可以取得，即便是清白无辜的人也可以在严刑逼供下供认自己犯下谋杀罪。[④]

司法中存在的腐败问题也是报纸集中抨击的对象。报纸报道在中国有钱人蹲监狱可以住单间，享受纸牌、仆人等一切奢侈生活；没钱贿赂看守的人不仅在刑罚上得不到任何优待，相反更会被严刑拷打以迫使其出钱消灾。[⑤] 1830 年，报纸报道了广东番禺一个民妇有怨难申的事件，称该民妇在巡抚外出时拦轿，以割喉自杀相威胁都未能迫使巡抚受理案件。《广州纪录报》对诸如此类官官相护、恃强凌弱现象的报道非常多，总体上对中国的严刑酷法、刑讯逼供和司法腐败持强烈的批评态度，这也是其后英国人极力在中国寻求治外法权的根源。

(3)人民野蛮无知。马地臣在其出版的《英国对华贸易的现状与未来》的小册子里评价中国人说：“中国人受到了良好的神佑——一个在不可思议的程度上弱智、贪婪、傲慢和顽固的民族，占有一片广袤的最值得向往的土地，拥有估计达到全人类 1/3 的人口。”[⑥]《广州纪录报》对中国人的报道基本上秉持同样的视角，认为中国人上至官绅，下至老百姓都野蛮无知。这种无知首先体现在，上至皇帝下至百姓都持有的异乎寻常的迷信观念。1828 年初，报纸报道了死人不得进南城门的习俗，称一个官员死在

---

① Constitution of China, *The Canton Register*, April 1st, 8th, 15th, 22nd, 1834.

② Ho-nan Province, *The Canton Register*, November 3rd, 1827.

③ Punishments, *The Canton Register*, November 15th, 1827.

④ Chinese Mode of Trial, *The Canton Register*, July 12th, 1828.

⑤ A Chinese Prison, *The Canton Register*, March 8th, 1828.

⑥ 吴义雄：《在华英文报刊与近代早期的中西关系》，北京：社会科学文献出版社，2012 年，第 294 页。

东印度公司的商船上，随行的人打算将其抬上岸进行掩埋，棺材走到半路却被把守海关南门的卫兵拔刀拦住了，双方因为习俗问题引发一场冲突。[①] 报纸以一种不可思议的眼光报道了这件事，认为中国人迷信过度。此外，报纸还刊文介绍中国人祭拜龙王以求雨水的封建迷信，讽刺中国人赋予这个想象出来的生物以超自然力量或许是为了让不知道龙王的外国人无法求雨。[②]

《广州纪录报》多次论及中国野蛮的婚姻制度，刊文介绍中国一夫多妻制度，详细解释在中国妻子和小妾各自在家庭、社会和法律上的角色和地位[③]；批评中国广泛存在的卖妻现象，对丈夫在赌博中输光了家当就让妻子去卖唱卖艺甚至卖身的做法表示不可思议[④]。在《中国法律的精神》(*Spirit of the Chinese Laws*)一文中，批评中国的法律对婚姻关系中的女方极不公平，将妇女视为物品。1828 年报纸刊登了一则新闻，称一个中国军官花钱购买了一个女孩，后来发现女孩是个麻风病人，于是告上官府寻求赔偿，女孩随后被送往麻风医院，买卖的中介人受到惩罚并被要求赔偿。报纸称"刊登这样琐碎的新闻为的是展示这个人口稠密的、奇特的国家的社会现状"[⑤]。

来华西人在广州和澳门受到的攻击，也被视为中国人野蛮无知的证据，《广州纪录报》对此的报道很多。1828 年 6 月，报纸曾刊登一封读者来信，介绍一群英国人在澳门西郊出游时被当地村民攻击的事。新闻详细地介绍了整个事件的经过，称在出游回程途中，一个当地村民冲上来抢夺走在人群最前面的英国人手中的霰弹枪，双方发生扭打。英国人随后被手持刀棍来势汹汹的村民包围，其中一个英国人被村民绑了起来。事件最后以英国人支付 60 元钱收场。作者称这件事强化了中国人是没有法律意识的野蛮人的观念。[⑥]

(4)文化封闭自大。文化上的封闭自大是来华西人对中国这个"天朝上国"最深刻的认识。闭关锁国的政策和对外国人的排斥，都被视为文化上封闭自大的结果。《广州纪录报》对此进行过诸多讨论，认为中国的哲学就是一种中庸哲学，以至"整个社会历史都处于一种奇特的停滞状态"[⑦]。

《广州纪录报》特别揪出"夷"字发表长篇大论，批判中国人潜意识里的夷夏观念。1835 年报纸连续几期刊载长文溯源中国文化脉络，从尧、舜之中国讲起，认为"中国"二字即代表中国文化根深蒂固的唯我独尊意识。称历史上中国一直都在汉化周围的少数民族，"中国人脑子里充满了自己是全世界最重要民族的观念，认为周围野蛮的游

---

① Laws and customs, *The Canton Register*, February 26th, 1828.

② *The Canton Register*, November 30th, 1827.

③ Wives and Concubines, *The Canton Register*, April 19th, 1828.

④ Divorce, *The Canton Register*, February 26th, 1828.

⑤ *The Canton Register*, February 4th, 1828.

⑥ To the Editor of the Canton Register, *Supplement To The Canton Register*, June 21th, 1928.

⑦ 吴义雄：《在华英文报刊与近代早期的中西关系》，北京：社会科学文献出版社，2012 年，第 289 页。

牧部落如果想担起人这个称谓，就应该成为中国人”。该报介绍孔子，认为孔子创立了一个全新的宗教，但是他的教义只教育人改善现有社会，不教育人建立新的政权，只关心物质世界，谈及抽象事物就沉默不言。① 介绍儒家文化熏陶下的中国的伦理道德，认为一以概之就是等级森严的礼教秩序。②

报纸刊文讨论中国人口头上如何称呼外国人，文章劈头就说“我们都知道，中国人就像其他人类一样自视甚高，而对他人非常刻薄，所以不要期待他们会用好词来形容外国人”。文章列举了中国人对外国人的叫法——洋鬼子、红毛鬼、黑鬼、花旗鬼等，不仅对愚昧无知的穷人这么叫，就连对商人、海关和地方官等绅士阶层也这么称呼，让人感到不平。③ 该报还引用孟子言论，试图深入剖析“夷”字的用法，论证其中存在侮辱和歧视，认为这个字内含中国根深蒂固的夷夏观念。④

其三，鼓吹对华外交强硬。

《广州纪录报》虽然对一口通商、行商体制、中国政府和中国人的野蛮无知进行了大肆的批判，但一开始并没有直白地喊出用武力打开中国大门的激进观点。报纸一开始在做的事，正如一个读者所说的，是将英国人在中国“所受的弊端和压迫告知全世界，还要将那个腐败和专制政府的愚昧虚弱暴露给公众的眼睛”⑤。但东印度公司对华贸易垄断权终结之后，特别是律劳卑对华外交失败之后，报纸鼓吹对华强硬的调子越来越高，开始公然叫嚣以武力平息双方争端。

1833 年 9 月，《广州纪录报》在一篇评论文章中宣称中国政府不能终止与外国的贸易往来，中国没有能力这么做，就算这么做了，事实也将证明它无法得逞。暗示如果中国如果终止对外贸易，外国就将诉诸必要的武力。⑥ 而对中国军事实力，郭士立刊登在报纸上的文章对其嗤之以鼻，称“满洲人已经失去了他们的尚武精神，中国的陆海军从来都不令人畏惧，只不过是虚幻的影子罢了”⑦。

1834 年 7 月 24 日深夜，律劳卑违背清政府规定擅自进入广州城外的商馆，次日不经过行商直接叫人到广州城门向两广总督卢坤递交书信，遭到拒绝。这一举动触怒了卢坤，致使其命令行商停止与英商之间贸易以示惩罚。⑧《广州纪录报》跟踪报道了律劳卑来华期间的行迹，其间刊登了律劳卑照会英商商量对策的公开演讲，极尽渲染之能事。演讲吁请英商不要参加行商邀请他们前往公所参加的会议，以维护大英帝国的尊严，并请到会的英商签署联名信，由马礼逊递交给行商。文章描述了律劳卑发表

---

① Chinese Intellectual System, *The Canton Register*, June 16th, 23rd, 30th, 1835.

② Chinese Ethics, *The Canton Register*, May 15th, 1830.

③ Epithets Applied To Foreigners, *The Canton Register*, May 24th, 1828.

④ On the Meaning and use of The Character, *The Canton Register*, August 1th, 1837.

⑤ 吴义雄：《在华英文报刊与近代早期的中西关系》，北京：社会科学文献出版社，2012 年，第 11 页。

⑥ Foreigners in China, *The Canton Register*, September 16th, 1833.

⑦ Constitution of Chinese Empire, *The Canton Register*, January 16th, 1834.

⑧ 郑永福：《律劳卑来华与鸦片战争》，《史学月刊》1986 年第 6 期，第 40 页。

演讲时的悲壮:“你们不参加行商在公所召开的会议,中英之间的贸易可能会被终止,我也可能会被驱逐。但对这件事我负有全权责任,我只能说除非用刺刀逼迫我是不会离开这里的。”①

律劳卑外交失败之后,《广州纪录报》发表了许多火药味十足的文章,《对华战争》(*War With China*)一文即言辞激烈,痛斥中方以切断贸易的方式迫使律劳卑退出广州,这不仅是对各国的不尊重,也是在公然违反自己制定的法律。文章试图说服英国政府采取行动,通过公开宣战的方式维护在华贸易的畅通。此后这类文章越来越多,一直持续到鸦片战争爆发。1839 年林则徐发布缴烟令后,《广州纪录报》随即发表评论称:“让中国政府行动吧——让他们迈出第一步。”可见对以武力回击中国政府期待已久。

《广州纪录报》的这一论调并非英国政府授意,而是以商业利益为导向的在华英国商人真实的声音。报纸上刊发的大量的面向英国议会、政府官员的请愿书是最好的证明。事实证明,报纸强势的舆论宣传某种程度上反过来影响了英国在对华外交上的立场。

其四,极力辩护鸦片贸易。

《广州纪录报》是蓬勃的鸦片贸易催生的,支持创办这份报纸的马地臣自己就是一个大鸦片商。因此,“鸦片”从报纸创刊起就一直是报纸上的高频词汇。在清政府对鸦片贸易睁一只眼闭一只眼时,报纸上关于鸦片的报道多行情分析、商贸评论,但随着清政府的禁烟政策越来越严厉,报纸上出现了众多为鸦片贸易辩护的文章。

作为鸦片商人支持创办的、很大程度上起到沟通鸦片贸易作用的一份报纸,《广州纪录报》一直站在为鸦片贸易辩护的立场。1838 年,当时坚持不从事鸦片贸易的美国商人奥立芬(David W. C. Olyphant)曾致信《广州纪录报》,抨击鸦片贸易,称“我们作为商人的利益,我们作为居民的自由,和我们作为基督徒慈善家的同情心,皆因鸦片贸易受到阻碍、侵犯和挫折”。《广州纪录报》对此的回应是,有需求就会有交易,如果中国人吸食鸦片的嗜好不改变,而印度生产的鸦片又恰好能够满足这一嗜好,那么总归会有人去从事这种交易。同时回避奥立芬提出的道德争议问题,以各国间的走私活动广泛存在、走私者也担负了个人风险这种明显不成其为理由的理由来辩护。②

报纸还发表评论,认为鸦片和葡萄酒、烈性酒一样,喝酒存在饮酒过量的情况,但也没见酒商为此而怀有负罪感,鸦片的消费也一样,问题的关键在使用的度上,鸦片的滥用没有法,也不应该靠限制销售来实现,只能依靠人们的“美德和自制能力”。③ 报纸不仅辩护鸦片使用不过度不存在害处,还刊登论证鸦片有益的文章,以鸦片也是中

① Public Meeting, *The Canton Register*, August 12th, 1834.

② 吴义雄:《在华英文报刊与近代早期的中西关系》,北京:社会科学文献出版社,2012 年,第 228-229 页。

③ The Register, *The Canton Register*, February 11th, 1828.

医中一味重要的药材这种明显虚伪的理由为鸦片贸易的合法性辩护。[1] 1840 年,《广州纪录报》还刊登了一份鸦片实验的研究报告,证明鸦片在治疗热病方面的效果非凡,称它的这种属性对人类事业有巨大好处,试图为鸦片洗白。[2]

在道德辩护明显牵强的情况下,报纸还试图通过指责清政府官员在鸦片贸易中存在的共谋行为来表示不满,称鸦片贸易之所以能够存在与中国政府禁烟不诚恳有关,讽刺广东的地方官员以此渔利:"在澳门这样一个弹丸之地,鸦片馆就有百十多家,比米店还多,每个鸦片馆都需要向中国官员每月交封口费,除了这笔钱,每个新到任的官员还会额外提要求。"[3]认为清政府根本没有禁绝鸦片的决心。这一情况确实存在,"在邓廷桢任两广总督时期,中国的鸦片烟贩每箱鸦片要交给当局 60 至 80 银元的规礼"[4]。广州各级官员也都是鸦片吸食者。这也成为报纸辩护鸦片贸易最有力的理由。

鸦片危机爆发之后,《广州纪录报》发表了大量报道和评论,以形形色色的鸦片贩子的请愿书制造索赔鸦片损失的舆论氛围,迫使英国政府采取行动。

其五,刊载丰富的物价行情信息。

除作"舆论纸"反映在华英国商人的各项政治诉求外,《广州纪录报》的"信息纸"功能也非常突出。物价行情表和商业评论这两大报纸常驻内容,为来华外商提供了丰富的商贸信息。报纸从创刊号就开始刊登物价行情表,在"物价表"(Price Current)的大栏目下,分"进口""出口"和"库存"三大类列明货物名称、价格、单位;附登印度三大主要鸦片产区巴特那(Patna)、贝拿勒斯(benares)、麻洼(Malwa)运往广州的鸦片箱数,以及广州库存这三个地方鸦片的箱数;此外,到达黄埔和离开黄埔港口的船舶和乘客信息也是重要组成部分。[5] 第二期"为了腾出更多空间发表有意思的文章和本地新闻"[6],物价行情表的版面被压缩,以后每期报纸物价行情表再未超过两个版,但仍是报纸重要的组成部分。遇到版面实在不够的情况,则会以增刊的方式补齐。1833 年,物价行情表以 The General Price Current 为名开始独立印刷发行,仍是报纸的一大卖点。

作为对削减物价行情表版面的补充,《广州纪录报》从第四期开始辟出一个"市场"(Markets)栏目,发表商业评论。首期短短一段文字评论了孟买棉花市场走高的情况,预测孟加拉棉花需求量不大,同时声明这一期物价表上所列鸦片价格只是名义价

---

① *The Canton Register*, June 12th, 1838.
② 吴义雄:《在华英文报刊与近代早期的中西关系》,北京:社会科学文献出版社,2012 年,第 240 页。
③ Opium, *The Canton Register*, May 3rd, 1828.
④ 张馨保、徐梅芬等译:《林钦差与鸦片战争》,福州:福建人民出版社,1989 年,第 59 页。
⑤ Price Current, *The Canton Register*, November 8th, 1827.
⑥ *The Canton Register*, November 15th, 1827.

格，因为过去一段时间并没有产生实际交易。[①] 这是报纸应读者的要求而做出的调整，将干巴巴的数据转换成有针对性的评论文章。到第五期，这一栏目被挪至第一版，内容也扩充了，非常详细地分析了几大产区各自的鸦片市场交易情况，评论棉花市场目前停滞不前，不建议大量购买，并介绍了英国制造商新生产的一款高质量绉纱，称其或许能够打开中国市场。[②] 栏目随后以“贸易”(Trade)、“商业”(Commerce)等名字出现过若干次，最后于报纸第十七期更名为“商业评论”(Commercial Remarks)，成为一个长期固定的专栏。

商业评论常常紧跟在物价行情表之后或置于之前，对表单上所列鸦片、棉花、丝绸、槟榔、南京棉布、香料等各种货物的市场动态做出点评，为读者提供指导性意见。这两大块的内容，一直是报纸重要的组成部分。

其六，广泛报道中外新闻。

《广州纪录报》作为“新闻纸”的内容包括三大块：中国新闻、外国新闻和社区新闻。中国新闻最主要的组成部分是对《京报》的翻译，通常以“北京”及各省市地名为报题，内容从宫廷新闻、皇帝奏折到官员人事任免不一而足，此外还有从各处打听到的中国各地的社会新闻。外国新闻主要来自商船带来的报纸、信件等传递的消息。《广州纪录报》曾开辟“外国情报”专栏刊登这些商船和信件带来的欧洲及英国其他殖民地的消息，但因为时效性差，只占报纸很小一部分。报纸上最丰富且最具时效性的还是社区新闻。

贸易季局限在广州的商馆，非贸易季退居澳门，而两个地方都属弹丸之地，因此《广州纪录报》的社区新闻零星琐碎，但却是维系在华西人，特别是英美商人的重要绳索。报纸对社区新闻的关注，无疑在来华西人中形成一种命运共同体的氛围，起到了凝聚社区的作用。报纸创刊号就有一篇题为《改善》(*Improvement*)的文章，报道居住在广州的外国人召开的一次会议，商讨商馆内一家工厂前的垃圾处理问题和关闭广场等事宜。报道称委员会已经向行商严正地提出要求，这一状况有望快速得到改善。[③] 当时来华外国人都居住在广州的商馆内，商馆是行商的财产，全部或局部租给外商的。因而商馆内的大小事务，都需要由行商来决定。[④] 报纸跟踪报道了这件事，两个月后刊文称垃圾已经被移除。[⑤]

对社区新闻的关注还表现在全程报道了在黄埔港修建海员医院一事。鸦片战争前来华的英商群体中，有一批数量巨大但常常被忽视的群体，就是海员。当时不

---

① Markets, *The Canton Register*, December 14th, 1827.

② Markets, *The Canton Register*, January 15th, 1828.

③ Improvement, *The Canton Register*, November 8th, 1827.

④ 马士著，张汇文等译：《中华帝国对外关系史》(第一卷)，上海：上海书店出版社，2006年，第78页。

⑤ *The Canton Register*, January 15th, 1828.

管是从欧洲还是从印度到广州，都需要花费上月时间，海员在海上颠簸，到广州后整个炎热的贸易季节又只能居住在黄埔港的船上，不像商人可以居住在商馆内，导致很多人生病甚至死亡。因此，1834 年，一位原东印度公司的医生建议在黄埔港兴建一个海员医院，以解决海员生病难以获得有效治疗的问题。[①]《广州纪录报》分别于 1835 年 1 月 27 日、2 月 17 日、6 月 16 日持续发表文章报道事件的进展，并在报纸上呼吁报纸读者、商船老板、参与对华贸易的其他人以及英国政府为医院捐款。[②]

除对广州商馆内大小琐事的报道，报纸上还有大量纪录来华西人在澳门地区活动的纪录。由于清政府不许外国人在广州住冬，贸易季节结束后，在广州的外国人如果不随船回国就必须退居澳门，报纸这时候也会迁往澳门出版。[③] 退居澳门通常是冬春非贸易季，因此对在澳门的休闲活动的记录甚至远多于广州，内容除居住与生活外，还有参与的文化艺术和体育活动、从事的公共事业等。据统计，从 1827 到 1837 年，该报报道了 3 次英国人在澳门举行婚礼、22 个英国人在澳门出生、22 个英国人在澳门死亡的新闻。此外，对在澳门上演的一系列戏剧表演、马会、船赛等活动，报纸的报道也不胜数。[④]

四、《广州纪录报》的影响和澳港迁徙

《广州纪录报》在"纪录事实"的编辑方针之下，逐渐成为在华西方商人的喉舌，使得在华西方人首次有了属于自己的报纸。有读者来信自豪地说道："我们再也不必依赖其他（西方人）居留地的报刊了，我们已能通过自己的媒体发出自己的声音，并使世界能与我们一起分享一个我们与其关系日益重要的国家和民族的信息。"[⑤]《广州纪录报》不仅是中国人睁眼看世界的信息窗口，如林则徐在禁烟运动期间，组织编译《澳门新闻纸》，许多内容就是来自《广州纪录报》；而且成为西方世界了解中国的重要窗口。几乎每一页报纸都有关于中国本土事务的信息，这一点使得它在国外声名远播。[⑥]《广州纪录报》出版后，不仅立即引起广州、澳门的外国人的关注，而且在印度和东南亚的西方殖民地，甚至在英国各界，都逐渐引起注意。1828 年 4 月，英国《亚洲学报》(*Asiatic Journal*)就提到了在广州发行的这份报纸，即是说，《广州纪事报》一开始发行就传回英国，并引起了英国学术界的注意。[⑦] 1828 年 7 月，英国拜尔利（Thomas

---

① 张坤：《鸦片战争前在华英美海员福利机构及其活动》，《暨南学报》（哲学社会科学版）2011 年第 1 期，第 134-136 页。

② *The Canton Register*，June 16th，1835.

③ 李长森：《近代澳门外报史稿》，广州：广东人民出版社，2010 年，第 81 页。

④ 张坤：《鸦片战争前英国人在澳门的居住与生活》，《文化杂志》（澳门）2009 年春季刊。

⑤ To the Editor of the Canton Register，*The Canton Register*，July 17，1830.

⑥ J.M.Braga，*The Beginning of Printing at Macao*，p.89.

⑦ 吴义雄：《在华英文报刊与近代早期的中西关系》，北京：社会科学文献出版社，2012 年，第 41 页.

Byerley)等编辑出版《文学、娱乐和教育之镜》(*The Mirror of literature, amusement, and instruction*)就转译《广州纪录报》创刊号的文章，并注明“From *the Canton Register* the first English Newspaper published in China”。同年，莱·哈恩特(Leigh Hunt)出版的《指南》(*The Companion*)一书生动描绘了收到《广州纪录报》的欣喜，认为这份报道“那个人口稠密的、狡猾的、眨眼的、喝茶的、裹小脚的以及长时期固步自封，已然落后于时代的中国”的报纸能大大足满足人们的好奇心。[①]同年出版的《基督教辩护者》(*The Christian advocate*)也引用了《广州纪录报》的观点。1829 年，伦敦出版的《亚洲周刊和期刊摘要》(*Asiatic journal and monthly miscellany*)曾全文转载《广州纪录报》上一篇英国商人向中国政府申诉的文章，同时转载了中国政府对该申诉信的回复。同年，美国的《奈尔斯国家纪录》(*Niles' national register*)杂志第 35 卷曾引用《广州纪录报》关于鸦片贸易的评论。

1830 年，《美国大百科全书》(*Encyclopaedia Americana: A popular dictionary of arts, science*)第 3 卷记载：“许多信息来自《广州纪录报》，一份在广州出版的半月刊。”[②]同年伦敦出版的《亚洲周刊和期刊纪录》(*Asiatic journal and monthly Register for British and foreign*)曾转载《广州纪录报》关于自由贸易商人的文章。在西方世界的英文书刊中，经常征引该报的文章和观点，如图书 *British relations with the Chinese empire*(1832)、*The past and present state of the tea trade of England*(1832)，刊物 *The Religious intelligencer*(1833)、*Journal of the Asiatic Society of Bengal*(1834)、*The Family magazine*(1834)、*Gentleman's magazine and historical chronicle*(1835)、*The Metropolitan magazine*(1835)、*The Wesleyan-Methodist magazine*(1835)、*The New-England magazine*(1835)、*The Plaindealer*(1836)、*The Annual biography and obituary*(1836)、*The Saturday magazine*(1837)、*Journal of the Royal Asiatic Society of Great Britain & Ireland*(1837)、*The New-Yorker*(1838)等。

1836 年，《中国丛报》曾发表一篇文章提及《广州纪录报》的发行数字，文章称《广州纪录报》每期印刷 280 份，每年订阅价格 12 元，除了供应广州、澳门的读者外，还发往英国马六甲海峡殖民地、印度殖民地和英美几个主要的商业城市。报纸单行的物价行情表每期发行量为 325 份，每年订阅价格 5 元。[③] 280 份的发行量在今天看来似乎微不足道，但鉴于当时来在广州的外国人也就 300 多人，这一发行量算得上是巨大的。可见报纸对居住在广州的外国人的影响。《广州纪录报》还常常与新加坡和印度的英

---

① Leigh Hunt, *The Companion*, Hunt and Clarke, 1828, p.213.

② Francis Lieber, Edward Wigglesworth, *Encyclopaedia Americana: A popular dictionary of arts, Science*, Vol.3, 1830, p.181.

③ European Periodicals beyond the Ganges, *The Chinese Repository*, Vol.5, pp.158-159.

文报纸遥相呼应,如《加尔各答信使报》《新加坡纪事报》,并与这些报纸组成了一个相互联系的英文传播媒介网络,形成了在东方的英语舆论空间。1837 年,《中国丛报》评价说:《广州纪录报》是广州最古老的报纸,已经出版至第 9 卷第 31 期。同年 5 月,《广州纪录报》编辑斯雷德曾写信给英国邮政总监,抗议英国政府对从中国进口的每份《广州纪事报》及《市价表》征收 2 先令 3 便士的进口税。[①] 这说明包括《广州纪事报》在内的广州英文报纸,在英国已经成为一项引人注意的进口商品。同年,查尔斯·耐特(Charles Knight)创办英文杂志《实用知识传播会便士报》(*The Penny Magazine of the Society for the Diffusion of Useful Knowledge*),称赞《广州纪录报》是广州最老的报纸,目前已经出版了十年时间,经营良好,"它在政治上被认为带有某种反华倾向,传播了大量关于中国习俗、仪式、节日的信息"[②]。

但是,中英鸦片贸易的变化及其引发的时局动荡,使得《广州纪录报》不得安生,颠沛流离。1838 年 11 月 9 日,黄爵滋请求严禁鸦片折在各省督抚中经过近半年的讨论后,道光帝终于下定了严禁鸦片的决心,下令宣召林则徐进京,商讨禁烟事宜。12 月 26 日,林则徐抵京,8 天内受到道光帝 8 次召见,被破格任命为钦差大臣,节制广东水师,赴广东查禁鸦片。1839 年 1 月 8 日,林则徐离京,于 3 月 10 日抵达广州,开始严厉禁烟,驱赶广州商馆中的中国人,从买办到厨师都被驱赶出商馆。3 月 18 日,他向广州外商发出了收缴鸦片谕帖,捉拿鸦片大贩子颠地,并将十三行总商伍绍荣、卢继光押往广州商馆区游行示众,威慑英国鸦片自由商人颠地。英国驻华商务监督查理·义律则拒绝清政府不再贩运鸦片的具结要求。3 月 25 日,清政府封锁了外国商馆。《广州纪录报》发行人马地臣作为英国自由商人的代表,是鸦片贸易的坚定维护者,极力反对林则徐的禁烟措施。3 月 26 日,《广州纪录报》进行了改版,最明显的变化就是报头取消了英国政治家查尔斯·格兰特关于自由商人的格言,取而代之的是三则《广州纪录报》征订和广告信息:"Teams of subscription""Extra Copies""Teams of Advertisement"。该期刊登了大量清政府关于查禁鸦片的法令告示。4 月,马地臣在日记中写道:我想下一步骤就将是英政府对华战争。[③] 5 月,清政府颁布一道札谕,命令外商离开中国,除非他们同意签具甘结。马地臣认为:林则徐的札谕可以视为与封锁本港对外贸易无异,屈服林则徐无异是需按照中国的条件在中国进行贸易。5 月 19 日,义律下令所有的英船不再开进黄埔贸易,所有英商从广州撤退。24 日,马地臣因拒绝服从清政府的命令,被驱逐出广州,《广州纪录报》随之迁往澳门出版。据是年 7 月 2 日该报报道:澳门葡萄牙总督和其他政府官员"已经准许在澳门出版英文报纸"。[④] 1839 年

---

① John Slade, To the Right Honorable the Earl of Lichfield, His Majesty's Post Master General, *The Canton Register*, May 30, 1837.

② Charles Knight, *The Penny Magazine of the Society for the Diffusion of Useful Knowledge*, Vol.6, p.299.

③ [英]格林堡著,康成译:《鸦片战争前中英通商史》,北京:商务印书馆,1961 年,第 186 页。

④ *The Canton Register*, July 2nd, 1839.

8 月 26 日，在林则徐驱赶英人离开澳门时，《广州纪录报》编者斯雷德亦离开澳门，前往香港水域，直到 9 月中旬返回。故该报第 12 卷第 35 号（1839 年 8 月 27 日）是在 9 月中旬后出版的，而在整个 9 月份该报亦告阙如。①

《广州纪录报》最重要的影响正是引导了中西关系舆论议题。报纸对一口通商、行商体制的种种弊端的描述，为自由贸易做足了舆论鼓吹；对外国人在华受到的不公待遇巨细靡遗的刻画，为后来英国用武力打开中国大门做足了道德背书；对中国人司法残忍不公的种种讨论，推动了英国在中国寻求治外法权的努力；对鸦片贸易的辩护及对鸦片索赔的呼喊，推进了英国与中国之间鸦片战争爆发的进程。从《南京条约》几乎实现了《广州纪录报》十余年来在讨论中英关系时所有的愿望这一点，可以看出在推动中西关系走向裂变这一过程中报纸所发挥的作用。在澳门出版四年间，《广州纪录报》记载了鸦片战争过程，且为英国对华侵略战争摇旗呐喊，拍手叫好。该报曾对清朝的水师大加藐视侮辱："中国之兵，号称 70 万，若有战事，可作战者不逾千人，余皆乌合无用之众。炮台却似花园之围墙，周围有窗，以便遥望海岸而已。炮架不能转动，看似蜂巢。水师船只更是无用，只要一支英国或美国兵舰，在一个小时之内，即可赶散这些水师船只。中国要抵御洋人也者，只是纸上谈兵。"

1842 年 8 月，鸦片战争结束，中英签署《南京条约》，割让香港岛给英国。1843 年 6 月 26 日，双方在香港互换批准书，正式批准了《南京条约》。在这一历史巨变中，马地臣将他和威廉・渣甸（William Jardine）创立的怡和洋行总部迁往香港，《广州纪录报》选择迁往不受澳门葡萄牙当局掣肘的香港出版。1843 年 6 月 20 日，《广州纪录报》结束了其历史使命，更名为《香港（原广州）纪录报》（*The Hong Kong, Late Canton Register*）。1844 年初，该报又更名为更顺畅的《香港纪录报》（*The Hong Kong Register*），直至 1861 年。②

五、《广州纪录报》的历史地位

《广州纪录报》作为在中国出版的第一份英文报纸，在广州和澳门两地坚持连续发行了 16 年，加深了近代中国对定期出版的理解。该报纸在版式和印刷上都做出许多具有开创性的尝试，如灵活出版增刊、发行第一份号外、不断改善版面编排等，其成熟的编辑、出版模式为后来的报纸起到了示范作用，促进了中国新闻事业的近代化进程。

在新闻理念方面，作为在中国出现的第一份英文报纸，《广州纪录报》是最早在中国传播和实践了新闻出版自由观念的报纸。中国新闻史权威著作一般认为 1834 年 1

① 吴义雄：《在华英文报刊与近代早期的中西关系》，北京：社会科学文献出版社，2012 年，第 42 页。

② Frank H.H., Prescott Clarke, *A Research Guide to China-Coast Newspapers, 1822-1911*, Harvard University Press, 1965, pp.54-57.

月《东西洋考每月统记传》上发表的《新闻纸略论》一文是中文书刊上第一篇介绍新闻自由观念和西方报纸情况的专文，这篇文章全长331字，叙述了报纸的起源、新闻自由和当前西方一些国家的报纸出版情形。① 其实，早在1828年2月11日，《广州纪录报》第7期已经出现了"Freedom of the press"表述，旗帜鲜明地支持新闻出版自由："我们不反对出版自由（freedom of the press）和自由的讨论（liberal discussion）；但显然因为我们的局限性——出版得如此不频繁——任何主题的讨论都无法达致公平的结果，即便是用一整张报纸来讨论这些问题。……我们崇尚自由的报纸，但是我们反对在道德、政治上猖狂自恣媒体。自由程度是个因时因地按照条件变化的问题。人类也会按照他们的原则、偏见、兴趣和倾向发表不同的意见。《广州纪录报》编者认为讨论任何贸易相关的问题是想当然的。无论是在广州商馆这个欧洲小社群还是美国人群中都会有极其不同的意见。因为利益不同，即便是人群中指尖那么小的恶意都应该在这个小社区中排除出去。"②在1828年2月26日报纸刊发的外国情报中，还曾报道希腊获得出版自由的新闻，新闻称希腊政府在赋予报刊出版自由的同时设立了三条限制，第一条是不得攻击基督教，报纸编辑评论说："我们认为这是不必要的条款……命令人沉默，真相就无法得到发展"。③ 1830年12月4日，《广州纪录报》刊登的一篇题为《自由报纸》的读者来信也谈及这个问题，称赞《广州纪录报》是一份自由报刊，认为作为一份自由报刊就应该努力发出声音，"让它将我们所受的弊害和压迫告知全世界"。④ 1833年6月，《广州纪录报》发表的一篇马礼逊撰写的《印刷自由论》，被认为是出现在东方报刊上第一篇介绍西方出版自由观念及天赋人权学说的文章。⑤ 文章由法国宪法赋予法国人民出版和言论自由引开，认为出版和言论自由是人的天赋权利。"人之异于禽兽者在于天赋予人有说话的恩赐。有智慧的被造之物在社交时可以进行有教益的沟通，其价值远胜于肉体的享受。政府无权剥夺人们理智的往来、肉体方面的需要和食物的选择。"根据这一原则，"除了最危险的罪犯外，绝不可剥夺人们是用笔墨和纸张"。文章认为印刷机是上帝的恩赐，帮助传达和交换人们的思想到最遥远的地方，并且不受时间的限制。因此，秉着公正和平等对待的态度，政府就不应该剥夺印刷自由的权利。"某些人不喜欢阅读可听便，但如果这些人是执掌权力的人，他们就没有权利去剥夺那些喜欢阅读之人，强制他们不可以阅读。"认为人类思想和言论的自由、写作和印刷出版的自由都是上帝赋予的神圣权利，"这是为了使他所创造的人类得到快乐。因此，没有一条人立的法律可以取消这个天赋的人权"。面对出版审查制度，马礼逊大义凛然地总结说："凡是违背上帝的法则由人们制定的禁止言论、写作和印刷自由的法

① 方汉奇等主编：《中国新闻传播史》，北京：中国人民大学出版社，2009年，第50页。
② *The Canton Register*, February 11st, 1828.
③ Greece, *The Canton Register*, February 26th, 1828.
④ Free Press, *The Canton Register*, December 4th, 1830.
⑤ 徐培汀、裘正义：《中国新闻传播学说史》，重庆：重庆出版社，1994年，第113-114页。

律，凭着我们的良心可以不服从。暴君可以惩罚，但上帝一定会称许。”[①]该文对研究出版自由、新闻自由在中国的传播具有重要意义。

在新闻业务方面，《广州纪录报》具有开创性贡献，如灵活出版增刊，发行第一份号外等，报纸成熟的编辑、出版模式为后来的报纸起到了示范作用。《广州纪录报》第一份增刊出现在1828年3月8日，是报纸物价行情表的延伸。创刊之初，报纸基本上按照半月一次的出版频次出版，但物价行情信息有赖到达广州港的航船提供，这些信息具有相当的动态性。加之第二期编辑方针转向，物价行情表信息被压缩，因此遇到有相当多的信息需要刊登而版面不够的情况，报纸选择了出版增刊。这表明报纸在编辑上的灵活。第一期增刊还是附在常规报纸后出版的，到第二期则单独印刷发行。因此《广州纪录报》第一次单独出版增刊的时间并非在1833年，而是1828年6月19日。这期单独印刷的增刊内容也是商业评论和物价行情，不过内附了一条走私鸦片的商船被中国官员截获的突发新闻。新闻称一艘有12个人、运载了41箱鸦片的商船被中国官员拦截，商船上的货物将被充公，船上的人还可能受到肉体惩罚或是严重的金钱罚款。[②] 这奠定了后来增刊发表突发新闻的传统。1834年《广州纪录报》改版后，出版增刊的次数越来越多，1834年出版了5次，1835年出版了6次，1836年出版了10次。此时物价行情表早已剥离出去，报纸也从半月刊改为周刊，频次更高的增刊表明报纸的信息传播诉求越来越强烈。作为在中国出版的第一份英文报纸，《广州纪录报》出版增刊的历史并非中国新闻史上最早的，此前《蜜蜂华报》也曾发行过数种增刊，但《广州纪录报》巨大的增刊数量是前者无法比的，并且从正刊内容延伸物到刊布突发新闻，《广州纪录报》的增刊体现出极大的灵活性，为此后的报纸做出了示范。

《广州纪录报》发行了中国第一份号外。有论者称英文《广州周报》于1836年10月发行了中国第一份英文号外。[③] 这一论断显然是错误的。《中国差报》1832年4月25日发行的号外比《广州周报》提早了四年半时间，《广州纪录报》发行的中国第一份英文号外则比之早了五年多。1831年5月26日，《广州纪录报》发行了第一份号外（*Canton Register Extraordinary*），内容是东印度公司特选委员会向居住在广州的英国人发出的一则通知。1831年3月19日，由李鸿宾、朱桂桢、中祥会同拟定并向朝廷奏报了《防范夷人章程八条》。5月12日，广东巡抚朱桂桢和粤海关监督中祥接道光帝谕旨，试图对“广州贸易夷人日增桀骜”这一状况进行整顿，在没有事先通知的情况下闯入十三行英国商馆进行大肆破坏。东印度公司特选委员会随后发布这则通知，对中国政府的一系列行动，包括抓捕行商并使其致死，破坏商馆大门、拆除码头、拔除树木，驱赶商馆内的中国仆人等进行通报，称中英之间的贸易关系有可能在8月1日结

---

① [英]马礼逊夫人编，顾长声译：《马礼逊回忆录》，桂林：广西师范大学出版社，2004年，第285-286页。

② *Supplement To The Canton Register*, June 19th, 1828.

③ 方汉奇等主编：《中国新闻学之最》，北京：新华出版社，2005年，第46页。

束，请大家做好准备。[①] 这是中国报刊史上第一份英文号外。此后很长一段时间，《广州纪录报》再未发行过号外。但在鸦片战争期间，特别是 1841 年，报纸发行了大量号外，如 1840 年 3 份、1841 年 10 份、1842 年 1 份。这些号外的内容都事关中英时局，有英国海军上将义律与广州总督的交涉纪录，有英国海军进入广州的公告，有英国使团前往广州的通知，有英国政府针对中国政府发表的声明，也有中国政府发表的声明。这些号外提供的原始文献，是研究鸦片战争前后中外关系的丰富的一手资料，可以用以印证档案资料的纪录。

总之，在中国新闻传播史上，《广州纪录报》作为外国人在华创办的第一份英文报刊，贯穿鸦片战争前后的定期出版物，是英国散商的舆论喉舌，在中国新闻传播史和中国近代史上都占据了突出的地位。《广州纪录报》不仅是广州出版的第一份近代化报刊，而且是中国第一份英文报纸，更是鸦片战争前后中国最重要的商业报刊。《广州纪录报》在新闻理念和新闻业务实践方面都对后起而出的英文报刊起到了示范作用。

---

① Notice, *Canton Register Extraordinary*, May 26th, 1831.

典范的建构与消逝*

——中国近代新闻思想史上的《泰晤士报》

唐海江　丁　捷

（华中科技大学新闻与信息传播学院）

摘要:在中国近代新闻思想的形成过程中,《泰晤士报》是一个被不断言说和运用并贯穿近代中国历程的重要资源。本文将国人对于《泰晤士报》的言说置于中国报刊实践关键议题之下,探寻其言说的用意及重心转移。晚清时期,国人主要将其作为"新报"的构想参照,清末民初党争中将其作为"独立报业"的原型,"五四"后的报业职业化进程中,则偏重对其商业化性质进行阐释与反思。至抗战结束,国共两党政争和民营报纸的退场,《泰晤士报》作为阶级话语中的反面对象,原来的典范由此逐步消逝。

关键词:《泰晤士报》;新闻思想史;近代中国

中国的报纸起源较早,但是新闻观念和新闻活动却比较落后,近代西人在华的新闻活动,加速了中国新闻近代化的过程。西方的新闻传播观念对中国近代新闻思想有着巨大的影响,是毋庸置疑的。大致说来,学术界通过两条路径来分析西方新闻活动对中国新闻业产生的影响,一是外国人办报的经验,如林乐知、李提摩太在中国的新闻实践活动对于维新派新闻观念的形成;一是相关理论著述的翻译和引进,如松本君平的《新闻学》以及休曼的《新闻学》等,报人通过这些著作了解到西方新闻界的概况,对自由主义新闻思想的形成起了不小的作用。

除此之外,国外经典报纸的个案,在其发展中形成强大的师范效应,也深刻影响了近代中国人的新闻观念。这些经典报纸包括《泰晤士报》《纽约时报》等。几乎大部分近代的新闻人物,如王韬、康有为、梁启超、严复、邵飘萍、黄天鹏、戈公振、章士钊、邹韬奋、英敛之、张友渔等,他们的新闻学著作中曾经多次频繁提及《泰晤士报》。一个有趣的现象是,对于这些经典报纸的学习和论述,不只是局限于有过出国经历的人,国人还

---

* 本文原载于《国际新闻界》2017 年第 10 期,有修改。

通过其他途径,如翻译相关文章、口耳相传甚至凭空想象,来构建对西方新闻业的认知,很多没有留学经历的近代新闻人也经常提及《泰晤士报》。

《泰晤士报》的发展历史,包含了新闻业发展的很多关键主题。这份创刊于1785年的报纸,刚刚诞生时还靠领取政府津贴接济,到19世纪初发展成独立的报纸,整个19世纪是《泰晤士报》走向鼎盛的时代,这份报纸伴随着大英帝国走向顶峰而成为世界的舆论领袖。其历史包含了很多让中国新闻界钦佩的故事,如"大雷神"拒绝政府的扶持,在克里米亚战争中报道英军腐败迫使英国内阁垮台,甚至为了反抗首相扣留通信而自行设驿传递,为了采访重大新闻而一掷千金,等等。其发展历史中包含着对政治压力的不屈服、经济上的独立、高超的采访技巧、无与伦比的国际影响力等关键词。其在发展中遇到的很多主题也是中国新闻界需要面对的,被经常引用也就不难理解。

所以,从中国报人对于这份报纸的频繁引用和赞誉,以及该报发展历程的借鉴作用来说,它对中国近代新闻思想史的影响都不应被忽视。透过这份时人描绘甚至是想象中的《泰晤士报》,来分析近代新闻思想的形成和演变,是一个绝佳的途径。

可是,对于西方主流报纸个案的表述,分散在各种报纸和著作中,且往往不是作为一个专题来介绍,有时候甚至是只言片语,并未引起当代学界足够的重视。相关的研究并不多见。例如对于国人眼中《泰晤士报》的研究,学者主要泛泛论述了清末该报的效仿。如徐培汀、裘正义提到的《泰晤士报》的"楷模"效应,[①]张育仁提到的报人对《泰晤士报》的"向往"[②],往往一笔带过。有研究论述了该报对中国本土报纸初创时期的影响,如林盼从晚清报人对《泰晤士报》的追崇和仿效入手,来"观察西方报业对中国新闻业草创时期的影响过程"[③],衣薇在分析近人对该报认知的基础上,探讨作为标杆的《泰晤士报》是如何被误读的。[④] 两人把论述的时间范围都限定在了晚清。总体看,相关研究的叙述角度,多是从西方报纸对中国本土报纸初创时期的影响来研究的,而不是从中国报人新闻思想发展的轨迹来解释。实际上,中国本土报纸既受到西方的影响,又有自身的发展需求和轨迹,不应该被视为一种"待用的工具"[⑤]。如果能从中国新闻业的需求出发,来分析国人心目中《泰晤士报》演变的轨迹,则能够窥视中国新闻思想史发展中的一些脉络。本文主要从新闻思想史的视野,探讨国人在近代中国新闻实践中如何言说和运用《泰晤士报》,揭示这一典范在中国的形成及其消逝的过程。

---

① 徐培汀、裘正义:《中国新闻传播学说史》,重庆:重庆出版社,1994年,第278页。

② 张育仁:《自由的历险——中国自由主义新闻思想史》,昆明:云南人民出版社,2002年,第70页。

③ 林盼:《仰之几如泰山北斗——晚清中国报刊对英国〈泰晤士报〉的追崇与仿效》,《新闻大学》2012年第1期,第21页。

④ 衣薇:《理想的彼岸——十九世纪中后期中国报人心目中的〈泰晤士报〉》,复旦大学硕士论文,2007年。

⑤ 黄旦:《"报纸"的迷思——功能主义路径中中国报刊史书写纸反思》,《新闻大学》2012年第2期,第35页。

一、作为新报的《泰晤士报》

清末最早的留英人员，构建了国人对于《泰晤士报》最早的直接认识。1866 年，总理衙门派官员斌椿和京师同文馆的三名学生出访英国。这是近代中国第一个访问外国的使团，其中包括当时才 18 岁的张德彝。后来他写下了《航海述奇》，其中提到了对《泰晤士报》的印象。

1877 年，作为清政府首批派出的海军留学生之一的严复，也对《泰晤士报》产生了强烈的印象。

除了留学生外，清政府派驻英国的官员，多次提及对于该报的认识。这些官员有 1877 年被任命为驻英法公使的郭嵩焘、1889 年被任命为驻英公使的薛福成等。此外，近代是一个社会大变动的时期，因为个人经历的机缘而留英的也有，如王韬就是应邀前往英国译书，从而前往英国的。

清末通过科举博取功名依然是很多知识分子的理想，所以科举不中的王韬曾经叹息自己在墨海书馆的工作“同处一堂，绝少雅士，屈身谋食，岂有端人”[①]。左宗棠更有“江浙无赖文人，以报馆为末路”[②]的说法，可是当最早的这批中国人接触到《泰晤士报》时，他们对报纸的看法也发生了微妙的变化。

第一次出国，他们参观《泰晤士报》报馆时，第一眼所看到的是报馆的机器，以及分工不同的职员。在这些人的游记和日记中，几乎都对该报的机器大为叹服，如中国第一任公使郭嵩焘 1877 年参观《泰晤士报》报馆时，惊叹于该报的印刷速度，“每日印刷新闻报七万纸，不过一点钟可以竣事。三佩宜得新闻报一纸，每纸二大张，表里两面各得四板，计十六板。凡一施令得新闻报四纸，七万纸抵一万七千五百佩宜，合金洋八百七十五磅。所用工力三百馀人，日间不过数十人，为英国报馆之最巨者”[③]。

张德彝在任英国公使时，则对《泰晤士报》总办这个职位产生了兴趣，“闻此报馆之总办，名博克勒，年逾五旬，敖斯佛大学堂得有三次考凭之超等学生，精通干练，强记博闻，无心仕宦而以学问致财，一年所获比诸西国大员俸禄殆将过之”[④]。《时务报》在 1896 年翻译了日本《国民新报》的一篇文章，介绍该报工人“唯在喧杂纷扰之间冷然沉然，各服其业。蒸汽机关及滑车槌击摩擦之响，听焉不闻”[⑤]。

由此可见，最初的留英中国人对于《泰晤士报》的印象集中在两点：技术上的先进和主笔的博识、工人的干练。鸦片战争后，从魏源、徐继畬等一批知识分子的主张，到

---

① 王韬：《弢园尺牍》，北京：中华书局，1959 年，第 23 页。

② 姚公鹤：《上海报纸小史》，《东方杂志》1917 年第 14 卷第 6 期，第 197 页。

③ 《郭嵩焘：伦敦与巴黎日记》，钟叔河主编：《走向世界丛书》，长沙：岳麓书社，1984 年，第 125 页。

④ 张德彝：《八述奇》卷十，第 1676 页。

⑤ 《观泰晤士报馆记》，《时务报》1896 年第 12 册，第 47-48 页。

洋务派的实践，都是围绕西方先进的技术来的。而当他们亲眼所见时，所感受到的则更为直接。

而对于当时《泰晤士报》主笔的观察角度，则因为个人的境遇不同有所区别。作为清政府官员的张德彝，认为《泰晤士报》第四任主编乔治・巴克作为牛津大学的学生做主编，是为了弃官求财。而作为没有能够通过科举考试而进入官场的王韬，其眼中的《泰晤士报》的主笔则是另外一个样子，他形容西方报纸“今日云蒸霞蔚，持论蜂起，无一不为庶人之清议，其立论一秉公平，其居心勿期诚正”。尤其是《泰晤士报》，“人仰之几如泰山北斗，国家有大事，皆视其所言以为准则，该主笔之所持衡，人心之所去向也”①。

张德彝明显是用科举出世的思想来分析《泰晤士报》的主笔，所以在他眼中，该报的主笔如果不做官，肯定就是为了求财。而王韬则认为西方报纸是“庶人清议”，主笔秉承公正的原则，有自己的理想。当时，没有功名的知识分子迫切需要报纸作为他们言论的通道，就像古代的“清议”一样，他们认为这样能使意见达到圣听。1885 年，《申报》选录自《香港华字日报》的一篇文章《英国新报之盛行》中称“西国日报一端，岂以小道视之哉”，赞扬《泰晤士报》“总主笔虽无职位于朝而名贵一时……宰臣之所操者，朝权也，而总主笔之所持者，清议也。清议之足以维持国是，泰西诸国皆奉以为矜式”②。

可见，早期的知识分子把“清议”的功能投射到了《泰晤士报》上，建立起他们对于新报的认识。这是他们通过《泰晤士报》建立的第一个诉求。到了维新变法时期，以康、梁为代表的维新派通过接近皇帝，实现了政治表达途径的畅通，通过清议影响清廷决策的目的已经实现。他们频繁引用《泰晤士报》时，诉求的重点已不再是由下到上的清议功能，而是由上到下的“开民智”的功能。

康有为是报纸开民智功能的提倡者。他对清廷在甲午战争后所办的官报非常不满意，认为《官书局汇报》无法承担维新重任，“视各国官报，规模相去远甚，非所以崇国体、广民智也”③。康有为需要借助行政的力量，另立一份官报，以达到快速启发民智，为维新变法服务的目的。所以他上书光绪帝，建议把《时务报》改为官报，以开民智。“大抵报馆愈多者其民愈智，其国愈富且强。其中如英之《泰晤士报》……皆国家所立，号为官报，风行天下。”④康有为眼中的《泰晤士报》也成了一份官报。

不光是维新派主办的报纸，就是当时的民营商业报纸，也对报纸“开民智”的功能

① 王韬：《论日报渐行于中土》，海青编：《中国近代思想家文库・王韬卷》，北京：中国人民大学出版社，2013 年，第 277 页。

② 《英国新报之盛行》，《申报》1873 年 2 月 18 日，第 1 版。

③ 康有为：《奏改时务报为官报折（代宋伯鲁拟）》，汤志钧编：《康有为政论集》（上册），北京：中华书局，1981 年，第 323 页。

④ 康有为：《奏改时务报为官报折（代宋伯鲁拟）》，汤志钧编：《康有为政论集》（上册），北京：中华书局，1981 年，第 322 页。

有所阐述，如英敛之也非常认同《泰晤士报》在开民智方面的作用："夫欧西各国所以开民智、强种类者，莫不借报馆之功，而其最隆盛见重于天下者，则莫若英之泰晤士报馆"[①]。1902 年 9 月 2 日，《大公报》刊登了署名为"皖北山民尊虞氏"的来稿，该读者称赞《大公报》"推其不畏强御不避嫌怨之宗旨，直与伦敦《太晤士》相颉颃，以云启发民智，亦可谓能尽其务矣"[②]。除了看到报纸启发民智的作用外，一些出使国外的官员和报人还发现，一张具有世界影响的大报是和国力相配的。《泰晤士报》的国际舆论领袖的地位，使得他们看到，报纸不仅可以表达观点，可以开民智，报道的内容还和国家的利益相关联，报纸被视为抵御西方列强的一个工具，和国家的兴衰联系在了一起。

郭嵩焘在出使伦敦时，途经印度、新加坡等地，在途中经常翻阅《泰晤士报》，了解到很多包括中国在内的国内外大事，当他从《泰晤士报》上看到一封来自上海的信件，诉说中国修建天坛工程，劳民伤财，不问民生疾苦时，不得不承认"其他议论尚繁，俱切中中国情弊，阅之慨叹而已"[③]。当他看到该报报道招商局半官半商，"阅之叹息而已"[④]。可见他已经看到报纸对于国家形象的重要性。对于该报有关中国的负面报道，作为驻英公使的他有时会出面澄清。

郑观应认为，报纸具有救荒、除暴、资学等功能，有益于国计、民情、边防、商务等等，他认为"故国愈强，其设报之数必愈博，译报之事必愈详，传报之地必愈远，开报之人必愈众，治报之学必愈精，保报之力必愈大，掌报之权必愈尊，获报之益必愈溥……是以英之霸也，《太晤士报》日五六十万，甲海外焉"[⑤]。王韬则是从与国外竞争的角度，提出创设西文报纸"挽回欧洲之人心"[⑥]，避免在中外交涉中处于不利的地位。

甲午中日战争后，民族矛盾空前激化，报纸在国内国际中的作用被进一步认识。如在梁启超眼中，《泰晤士报》的主笔不再被理解为"弃官从商"，也不再被认为是庙堂之外的庶人，而是对政府有重要影响力的人物，《泰晤士报》主笔可以和政府人员相互流动，使得"怀抱才德之士"进入报社，并能够和政府通声气。所以"五洲之人，莫不仰首企足，以观《泰晤士报》之议论"。他认为"报馆愈多者，其国愈强"[⑦]。

严复也有关于报纸关乎国家强弱的表述，并依旧使用《泰晤士报》作为表率。他"略仿英国《泰晤士报》之例"创设了《国闻报》，他提道创设该报的目的："如一国自立之

---

① 英敛之：《拟仿英国泰晤士日报例各省偏设官报局以开风气说》，《大公报》1902 年 12 月 22 日。

② 皖北山民尊虞氏：《论报馆与开民智之关系》，《大公报》1902 年 9 月 2 日。

③ 《郭嵩焘：伦敦与巴黎日记》，钟叔河主编：《走向世界丛书》，长沙：岳麓书社，1984 年，第 692 页。

④ 《郭嵩焘：伦敦与巴黎日记》，钟叔河主编：《走向世界丛书》，长沙：岳麓书社，1984 年，第 823 页。

⑤ 郑观应：《知新报缘起》，任继愈主编、郑振铎编：《中华传世文选·晚清文选》，长春：吉林人民出版社，1998 年，第 591 页。

⑥ 戈公振：《中国报学史》，长沙：湖南大学出版社，2014 年，第 90 页。

⑦ 梁启超：《论报馆有益于国事》，张之华主编：《中国新闻事业史文选：公元 724 年—1995 年》，北京：中国人民大学出版社，1999 年，第 19 页。

国，则以通下情为要义。塞其下情，则有利而不知兴，有弊而不知去；若是者，国必弱。"[1]在这里，严复把维新派经常提及的报纸能够"通上下"的功能上升到了关乎国家强弱的层面上。1905 年，《东方杂志》选录《新闻报》的文章《论报馆有益于国事》，更是认为报纸的作用要比枪炮厉害得多："苟无多数之报馆鼓舞国民之精神，增长国民之见识。其国终不能长存，其国终不能独立……故曰二十世纪以后之世界非枪炮之世界，而报馆之世界也。"[2]

从以上论述可以看出，从清末一直到 20 世纪初，早期的知识分子通过出国或者阅读相关报刊，构建起了对于《泰晤士报》如下的初步印象：这是一份技术上先进的报纸，言论的力量足以影响世界，对于启发民智、促进国家的强大期到了很大的作用。

二、作为独立报纸的《泰晤士报》

中国的本土报刊一开始就与西方的纯粹商业报刊不同，随着民族危机加深，维新派所创办的报刊勃发，如《时务报》《国闻报》《湘学报》《知新报》等，形成第一次办报高潮。"据统计，从 1895 年到 1898 年，由维新派创办的报刊比较著名的就有 50 多种。"[3]这些报刊多是具有党派雏形的学会或团体创办，在列强侵略加剧、爱国热忱高涨的时代里，强调报刊的党派性，被认为是理所当然的事情，这是伴随着近人逐渐接受了西方的政党观念而产生的事情。如梁启超曾经说过，有一人之报、一党之报、一国之报、世界之报。他认为这都是报纸发展的必经阶段。

不过，自 1904 年清政府取消党禁，尤其是民国以来，政党在数量上突飞猛进，由此也带来了一些问题。《庸言》曾发表《外人之共和观》一文，认为民国以来报馆多的原因是"不得官者，藉报以詈官，既得官者，倚官而办报。""在清政府，则颂清帝如帝天，恶革命党如蛇蝎。一入民国，首先窜入政党，出其逢迎权贵手段，以侍革命元勋，因而出资办报，因而假充政客，究其归宿，仍不过为官而已。"[4]

而有的报人也堕落，投靠政党换取资助，把报纸当成攫取私利的工具。袁世凯复辟帝制后，采用镇压和收买相结合的方式来控制报纸，报馆"或仰给于军阀之津贴，或为戒严法所劫持，其言论非偏于一端，即模棱两可，毫无生气"[5]。很多报纸早已失去公心清议的耐性，罔顾事实，相互攻讦，舆论上乌烟瘴气。

这时候，对于报纸独立的追求成为很多民国报人的追求。在清末本土报纸刚刚兴

---

① 严复：《〈国闻报〉缘起》，张之华主编：《中国新闻事业史文选：公元 724 年—1995 年》，北京：中国人民大学出版社，1999 年，第 19 页。

② 《论报馆有益于国事》，《东方杂志》1905 年第 2 卷，第 58 页。

③ 徐松荣：《维新派与近代报刊》，太原：山西古籍出版社，1998 年，第 6 页。

④ 《外人之共和观》，见《庸言》1913 年第 1 卷第 10 号，第 4-5 页。

⑤ 戈公振：《中国报学史》，上海：上海古籍出版社，2014 年，第 140 页。

起时，报纸的独立问题还没有作为一个新闻界的命题详细阐述，报人眼中的独立，主要是指言论立场的中立，如郑观应认为办报要“议论持平”，这就需要有好的主笔，“英国《泰吾士日报》馆主笔者，皆归田之宰相名臣”[①]。他认为主持清议之权，应当“据事直书，实事求是，而曲直自分，是非自见，必无妄言谰语、子虚乌有之谈，以参错其间，然后民信不疑”[②]。

民国时期，报纸的独立思想发展出了更为深刻的思想内涵，民国报人从本土的实践中，以及从对于以《泰晤士报》为代表的西方报纸的认识中，勾勒出了关于中国独立报业的一些特征，这些特征不仅包括言论公正，还涉及报纸的经济独立、报纸的非党派倾向等。

首先，报人认为，应当像《泰晤士报》一样和政党脱离关系，报纸应当“不党”。通过报纸阐发政见是维新以来的传统，为何到了民初，报纸就应当不党？在当时，杨端六、梁启超都曾就此进行论述，且都使用《泰晤士报》作为论述的参考。

杨端六认为，党派有助于破坏，却无助于建设，所以建设时期报纸应该坚持不党立场。对于“破坏性”的事，比如辛亥革命，新闻界能够实现“一致的反正”，因为大家有共同的目标。可对于“建设性”的事，比如制定宪法，各党派就把党派利益置于国民利益之前了。也就是说，党派在建设时期是有着很大的消极作用，在这一点上，杨端六认为“伦敦泰晤士所以世界有名，因为十九世纪中有一个很好的主笔叫做迭连，议论内政外交，不依党派为标准”[③]。

而章士钊的逻辑是：多党之下的新闻言论，不如两党之下公正，所以中国新闻界应该保持独立。“在政党政治之国，其新闻之言论，恒不期而分为两党。”而中国现实的环境是：党派林立，政党新闻也并非真正为党派发声，而是为了私利。“不足以促进政党政治而转以贼之”[④]。既然无法达到《泰晤士报》所处的两党政治环境，就该坚持不党的立场。在《民立报》发刊词中，章士钊提道：“本报不存党见，不立异同，苟所言无私，立论可采，无不顺次刊登报端，公诸天下。”[⑤]

其次，报纸脱离和党派的关系，就必须像《泰晤士报》一样，做到经济上的独立。从《时报》1904 年 6 月 12 日创刊之日，狄楚青便在报头上打出了“EasternTimes”字样，

---

① 郑观应：《日报上》，任智勇、戴圆编：《中国近代思想家文库·郑观应卷》，北京：中国人民大学出版社，2013 年，第 93 页。

② 郑观应：《日报下》，任智勇、戴圆编：《中国近代思想家文库·郑观应卷》，北京：中国人民大学出版社，2013 年，第 95-96 页。

③ 杨端六：《中国改造的方法》，《东方杂志》1921 年第 18 卷第 14 期，第 16 页。

④ 章士钊：《政党政治与新闻》，章含之、白吉庵编：《章士钊全集(第二卷)》，上海：文汇出版社，2000 年，第 409-410 页。

⑤ 章士钊：《民立报特别启示》，章含之、白吉庵编：《章士钊全集(第二卷)》，上海：文汇出版社，2000 年，第 151 页。

寓意“东方《泰晤士报》”，其创刊词中称“本报论说，以公为主，不偏徇一党制意见”[①]，可以看出他想办一份独立报纸的决心。不过，该报创刊后一直得到康、梁的资助，辛亥革命后，该报才彻底变为狄楚青独资经营的民营企业。程丽红认为“狄氏应当说是正处于中国报业家由依附性、幼稚走向独立、成熟的交接点。自他起，真正的民族报业才陆续登上报业舞台，开启了民营报业的新时代”[②]。

时值北岩已经构建了一个庞大的报业帝国，并把《泰晤士报》纳入麾下。章士钊认为，报纸想要立于不败之地，并能保证采访的基本要求，就需要组织报业托拉斯。“伦敦《泰晤士报》之特派访员布满全世界，其数乃达六十人之多，薪资及旅费、电费种种”，就是因为有“绝富之财力”。[③] 他对中国报业托拉斯的设想是：“即合其财力，并其机器字粒，如机器有余，则直由托辣斯购来而搁置之，无妨也。裁其执事人员，各社记者通力，而合力派遣国内外之通信员，重其薪资，使专责成整顿广告，使其所登之字数、与日数，与价目相应。”[④]

邵飘萍以个人力量办报，对于报纸资本对言论独立的重要性更有体验。他认为，“英之诺斯克利夫，美之哈斯托彼，所经营之各大新闻社，皆以资本雄厚、设备完全、足以执世界之牛耳”[⑤]。而上海报纸除了《申报》和《新闻报》之外，其余报纸“仍未脱离津贴与机关新闻之苦境”[⑥]。所以他对报纸经济独立很看重，《京报》创刊三年后，邵飘萍自豪地说：“愚个人既素无党派关系，更不欲以特殊实力为报纸之后盾。”[⑦]杨毓麟也看到了中国报纸因为经济实力弱而不能独立的弊端，称中国报纸“或则以经济之未充，或则以势力之不足，苟且迁就之既极，乃至为官场之执御者有之，为外人徘优者有之，为三数之傀儡者有之”[⑧]。

1930年，戈公振发表了《伦敦泰晤士报馆参观记》，可以说是当时报人构建的《泰晤士报》印象的缩影。“《泰晤士报》今日之成功，实由其独立之精神。”戈公振尤其赞成华尔特二世，认为他降低报价的目的是“不依赖政府，不依赖党派，甚至不依赖投稿者及广告。当其生时，泰晤士为不党之组织获得盛誉”[⑨]。戈公振认为，“报纸之商业化，的确是报纸进化的一条路径。我们中国也要经过这个必经的过程，现在中国报界还是

---

① 《〈时报〉发刊词》，张之华主编：《中国新闻事业史文选：公元724年—1995年》，北京：中国人民大学出版社，1999年，第132页。

② 程丽红：《清代报人研究》，北京：社会科学文献出版社，2008年，第221页。

③ 章士钊：《论吾国当急组织新闻托辣斯》，章含之、白吉庵编：《章士钊全集（第一卷）》，上海：文汇出版社，2000年，第497页。

④ 章士钊：《论吾国当急组织新闻托辣斯》，章含之、白吉庵编：《章士钊全集（第一卷）》，上海：文汇出版社，2000年，第500页。

⑤ 邵飘萍著，肖东发、邓绍根编：《邵飘萍新闻学论集》，北京：北京大学出版社，2008年，第202页。

⑥ 邵飘萍著，肖东发、邓绍根编：《邵飘萍新闻学论集》，北京：北京大学出版社，2008年，第193页。

⑦ 邵飘萍著，肖东发、邓绍根编：《邵飘萍新闻学论集》，北京：北京大学出版社，2008年，第216页。

⑧ 杨毓麟：《〈民呼日报〉宣言书》，饶怀民编：《杨毓麟集》，长沙：岳麓书社，2001年，第344页。

⑨ 戈公振：《伦敦泰晤士报社参观记（二）》，《国闻周报》1927年第7卷第42期，第2页。

一片荒土，正可以开辟呢”[①]。

再次，民国成立前，报纸经历了维新派与洋务派、革命派与维新派的论战，其基调往往是非常激进的，甚至不乏攻击之语。比如革命派的《民报》在和《新民丛报》的论战中，谩骂满族为“贱种”[②]，甚至煽动复仇主义情绪。民国后的一些报人开始反思这种文字的表达方式。因为这种口诛笔伐式的交锋，往往是政治斗争的需要，而不是新闻的本来风格，《泰晤士报》的“稳健之论”渐渐受到推崇。于右任就是“稳健之论”的提倡者。他是同盟会会员，1910年他创办《民立报》，后来该报成为同盟会的一份机关报，但是于右任也不因为《民立报》是党报，就认为报纸就是党同伐异的工具。他始终坚持报纸的独立性“有独立之言论，始产独立之民族”[③]，希望把《民立报》办成“东方泰晤士”，认为办报应当“不做激之谈，亦不做过偏之论”[④]。

在史量才眼中，报刊冷静、独立的风格，和中国古代史家著史的理想是一致的。“盖历史本为人类进化之写真，此则写真之程度，且更超于陈史之上，而其所以纪载行迹，留范后人者，又与陈史相同。”[⑤]而这种“写真”的风格又是和《泰晤士报》的独立、严肃有着相似性的，所以史量才也向往办一份像英国《泰晤士报》一样的报纸。1921年11月，北岩在参观《申报》后，称赞该报“鄙意世界幸福之所赖，莫如有完全独立之报馆，如贵报与敝报，差足与选”[⑥]。

由此可见，在民国刚刚成立到五四运动前后，《泰晤士报》依旧为很多报人所提及。所不同的是，报人看待该报的视角和晚清有很大不同。晚清时期重视言论功能，所以频繁引用《泰晤士报》的事例，是要证明言论功能的作用。维新运动以来，报纸成了各派争论的阵地，丧失了报纸应有的功能，所以报人急需到《泰晤士报》中去寻找解决办法来为报纸纠偏，他们从这份报纸中发现了独立的价值。

三、新闻职业化中的《泰晤士报》

从维新运动到民国成立之后的几年中，虽然章士钊、于右任等不少报人认识到报纸独立的重要性，但是由于报人兼社会活动家的身份，所办报纸依然具有强烈的政治倾向，成为他们从事革命活动的武器。随着民初政党政治的衰退，政党数量急剧减少，

① 戈公振：《报纸商业化之前途》，李锦华、李仲诚编：《新闻言论集》，广州：新启明印务公司，1932年，第155页。
② 陈玉申：《晚清报业史》，济南：山东画报出版社，2003年，第227页。
③ 中国人民大学新闻系：《中国近代报刊史参考资料》（下册），北京：中国人民大学新闻系，1980年，第497页。
④ 中国社会科学院近代史研究所、中华民国史研究室：《中华民国史资料丛稿·民初政争与二次革命》（全二册），上海：上海人民出版社，1983年，第155页。
⑤ 史量才：《申报六十年发行年鉴之旨趣》，李维民主编：《中国年鉴史料》，北京：北京志鉴书刊研究院，2003年，第39页。
⑥ 史量才：《申报六十年发行年鉴之旨趣》，李维民主编：《中国年鉴史料》，北京：北京志鉴书刊研究院，2003年，第39页。

大部分政党昙花一现，民营报人发现报纸靠政党的扶持终不可靠，报纸独立后，更需要探寻维持这个职业生存的长久之计。邵飘萍、黄远生等记者不仅坚持新闻独立，而且把报业作为一项社会事业来考察，中国新闻从业者的职业化道路开始萌芽，并于20世纪30年代后得到更迅猛的发展。

新闻职业化思想包含以下内容：媒介有完善的制度，有成熟的职业伦理，有行业的研究机构，有进行自律的组织，有职业理想，等等。总之，新闻职业化使得新闻业不再被作为"文人末路"的营生，而是被看作一种专业的、公共性的事业。中国新闻记者职业化的发展，既是新闻界自身不断发展壮大的必然结果，也是他们吸收了以《泰晤士报》为代表的西方媒体的思想资源的产物。五四运动以来，新闻界对于《泰晤士报》的认识更加全面，不只是看到其独立性的一面，而是深入到《泰晤士报》的新闻和评论的制作过程、报社的组织机构和运作方式、报社和政府既合作又制约的复杂关系，等等。

首先，一些报人不再羡慕英国的托拉斯，他们从《泰晤士报》的发展中看到了一条避免托拉斯弊端的道路，他们理想的从业环境是能够保证弱小报纸的生存，从而能发出多种声音。

自20世纪末开始，中国新闻业在对英美报业托拉斯的做法进行引介的同时，对于这种做法也开始进行冷静的反思。这种反思的起因是，20世纪20年代末、30年代初报纸的商业化和职业化构建有了一定的冲突，这表现在对商业化可能会导致的规模较小的报纸无法生存的忧虑。邵飘萍担心："其种种大规模之设备，不可无巨额之资本，于不知不觉之间，已卷入资本主义之漩涡，资力薄弱者，有无法竞争不能存在之势。"① 1929年，史量才收购《新闻报》的尝试，虽说遭遇到强烈的抵制而失败，但是报人对于托拉斯化所产生垄断的担心更加突出。而这种担心，也是建立在对西方报业认知基础之上的。如黄天鹏认为"由资本主义发达之结果，而新闻事业遂卷入'托辣斯'之怒潮，以金钱而垄断舆论，操纵报业之形势既成"②。

当报人不再简单地把托拉斯作为灵丹妙药，反而产生了抵触情绪，《泰晤士报》的发展道路就重新促使他们产生了新的思考。虽然该报在北岩家族手中时，曾经创出31.8万份的最高纪录，但是其丢失了报纸固有的风格。1922年，该报由北岩家族手中转入阿斯特家族，在很多报人看来，这个昔日的偶像风格又回到了从前。因此，《泰晤士报》成了一个没有托拉斯化的典范，这和民国初年章士钊对该报托拉斯化的认识正好颠倒了过来。

例如，刘觉民引用威廉博士的话说，"报业者并非营业也，职业也，职业之为解释疑义者也"③。对于《泰晤士报》，他这样评价："我们可以说泰晤士的成功是由于他有专

---

① 邵飘萍著，肖东发、邓绍根编：《邵飘萍新闻学论集》，北京：北京大学出版社，2008年，第202页。

② 黄天鹏：《中国新闻事业》，上海：上海联合书店，1930年，第186页。

③ 刘觉民：《报业管理概论》，上海：商务印书馆，1936年，第13页。

门的人材，有高尚的笔调和有独立的精神，这是一点不错的，如像独立一点罢，在同业方面说，没有和任何的报社发生过合并的关系。"[①]

沈颂芳视《泰晤士报》转移到阿斯特家族为经济上的独立。他认为，报纸为少数财阀操纵，将会"失去代表人民舆论的责任"，且只要有利可图，完全不顾及黄色新闻泛滥，并且托拉斯化导致报馆的强势，不利于职工的维权斗争。[②] 詹文浒认为，《泰晤士报》是全英国甚至全世界最优越的报纸，但是北岩爵士把它看作纯企业的东西，违背了该报的传统。脱离北岩的报团，才算是"十足恢复它的本色了"[③]。

从报人对于《泰晤士报》摆脱北岩控制这起事件的论述中，隐约可以看出他们对中国报纸发展环境的理想认识。他们希望报纸不仅要免受政府和政党的控制，确保政治上的独立，从业环境还应保证每家报纸都能够有生存的机会，以保证舆论上不受任何一家报纸控制。

其次，报人从《泰晤士报》的独特的管理体制得到启发，树立起了报纸服务读者，甚至为读者所共有的职业理想。

如果不托拉斯化，一份报纸该如何独善其身，避免被兼并和操纵？1924 年，《泰晤士报》采取了一种托管的办法，成立一个由皇家学会会长、英格兰大理院院长等 5 人组成的托管组织，泰晤士报的股权必须经过这个组织的同意，受这个委员会的监督，防止被别有用心的人操纵。这种管理方式，也引发了中国同行的思考。刘觉民认为，用这种办法"泰晤士报才确定了它的经营的政策和它的独立地位"，并评价说，"作为英国人的至宝同时也可以看作世界人类的至宝，这种特殊的监督与保障是有必要的"。[④]

虽然这种办法并没有使该报独善其身，"二战"前后《泰晤士报》为绥靖政策推波助澜，但是在中国报人对于报纸的设想中，依稀看到这种办法的影子。成舍我认为，《泰晤士报》采取此种办法"第一原则就是要永远保持它过去的特点，不再有被人毁灭的危险"[⑤]，意即不再像纳入北岩报团一样丧失其一贯的风格。对于中国报纸的未来，成舍我设想了两种办法，一种是国有，一种是许可私人经营，但是应该另设一监督机关，该机关由民众推选产生，监督所有报馆的言论以及总编辑的进退。[⑥]

在邹韬奋眼中，《泰晤士报》既有优点又有缺点。优点就是没有和其他报纸一样托拉斯化而为资本家所操纵，缺点则是该报是"小众报纸"，是给"统治阶级"看的。所以他在总结了该报的优缺点并吸收了苏联《真理报》的经验后认为，理想的《生活日报》报

---

① 刘觉民：《泰晤士报》，《中外月刊》1935 年第 1 卷第 1 期，第 102 页。
② 沈颂芳：《英国报业托辣斯概况》，《国闻周报》1937 年第 14 卷第 14 期，第 23 页。
③ 詹文浒编著：《报业经营与管理》，正中书局，1946 年，第 37 页。
④ 刘觉民：《泰晤士报》，《中外月刊》1935 年第 1 卷第 1 期，第 102 页。
⑤ 成舍我：《三种报纸的出路》，刘家林、王明亮、陈龙、李时新：《成舍我学术论文集（上）》，广州：暨南大学出版社，2012 年，第 106 页。
⑥ 成舍我：《中国报纸之将来》，刘家林、王明亮、陈龙、李时新：《成舍我学术论文集（上）》，广州：暨南大学出版社，2012 年，第 34 页。

纸管理方式是，“设法使大多数中国人，都做《生活日报》的股东”，“甚至只出得起一个童子，或一角钱的，也可以投资”。[①]

从成舍我、邹韬奋对报纸未来的设想中，可以看到《泰晤士报》给他们的启示，即该报让中国的新闻人探寻不通过托拉斯化而发展壮大的路径。《泰晤士报》在的独特性吸引了中国报人和新闻学者的目光，在一些报人看来，“文人的气质又绝不宜于经商，所以中国真正拥有几百万先进资力雄厚的大报馆，从来不曾有过”[②]。在这里，职业化和商业化是相冲突的，职业化把报纸作为一项公共事业来经营，而不是作为赚钱的机器，所谓“报界不是商品，报业不是商业”[③]。

再次，报人对《泰晤士报》新闻和评论的关系的认识，和民初相比变化很大，这时的报纸更趋于言论和新闻的平衡，也是近代新闻职业化的表现。

维新派和革命派以政治家的身份办报，关心的是言论对于大众的启蒙作用，所以难免会用一种教化的口吻来理解报纸的作用，如梁启超的“报馆者政本之本，而教师之师也”[④]。反映在报纸上，就是重视言论而不重视新闻。

“一战”前后，北岩对其控制的《泰晤士报》进行了改革，报纸也出现了社论地位降低、新闻地位上升的现象。黄天鹏认为，“一战”以后，“《泰晤士报》《每日电闻》等报对国家大事，犹恒为系统之评论，贡献于当道及国人，但已不逮从前之热烈，亦报纸趋重平衡发展之一好现象也”[⑤]。曹聚仁认为，《新民丛报》和《民报》这类以言论为主的报纸“缺乏新闻的意义”，“然而近数十年的报纸评论，多少还受这两种报的影响，议论多而说明少，个人的主观成分重，忘记了读者的基本要求，只是比史论稍进一步而已”。他介绍了《泰晤士报》的做法，即把各方面的意见都刊登出来，甚至“读者投书栏”中的言论，“有时正是该报社论的反对派”[⑥]。

1947年，程仲文在其所编写的《新闻评论学》中提到，新闻纸的主要构成因素，应该是“新闻报道”[⑦]。他认为，报纸的评论可以有，比如“尤以泰晤士报 Times 的评论，迄今仍具无上的权威，不但英国人重视它，世界人士也都重视它，信誉历久不衰。”但是中国的报纸评论和新闻相比较，“竟有喧宾夺主之势”[⑧]。世纪之初王韬、郑观应、梁启超等对《泰晤士报》的言论大加褒扬，认为报纸上的文章都是“庶人清议”，而这一时期报人看到了《泰晤士报》新闻和言论并重的特点，《泰晤士报》本身并没有发生太大变

---

① 穆欣：《邹韬奋新闻工作文集》，北京：新华出版社，1985年，第121页。

② 胡政之：《作报与看报》，王瑾、胡玫编：《胡政之文集》（下），天津：天津人民出版社，2007年，第1051页。

③ 刘豁轩：《报学论丛》，天津益世报社，1946年，第28页。

④ 梁启超：《本馆第一百册助辞并论报馆之责任及本馆之经历》，张之华编：《中国新闻事业史文选：公元724年—1995年》，北京：中国人民大学出版社，1999年，第38页。

⑤ 黄粱梦：《英国新闻界之新趋势》，黄天鹏编：《新闻学论文集》，上海：光华书局，1930年，第73页。

⑥ 曹聚仁：《编余漫笔》，曹聚仁编：《现代中国报告文学选乙编》，香港：三育图书文具公司，1979年，第37页。

⑦ 程仲文：《新闻评论学》，上海：上海书店出版社，1947年，第2页。

⑧ 程仲文：《新闻评论学》，上海：上海书店出版社，1947年，第4-5页。

化，发生变化的是报人观察《泰晤士报》的角度，其背后则反映出不同时代报业议题的变化。

报人这一时期所关注的，除了新闻和评论在比例上的平衡外，对评论本身也进行了反思。长期以来中国报纸的言论是一种单向度的灌输，缺乏读者的反馈。《泰晤士报》的评论的操作办法被介绍并借鉴过来。胡政之认为，“伦敦《泰晤士报》之有权威，固然因为有好主笔，亦因社会各界名家，都欢喜在该报发表意见的原故”。所以“要想作成一份好报，作报的人仅有百分之四十的力量，而看报的人，即社会公众，倒具有百分之六十的推进力”[①]。詹文浒甚至认为，“《泰晤士报》的‘读者来函’栏，在本质上就等于英国的国会”。他认为中国报纸应当栽培这种栏目，使其成为“民意的真正发扬处所”[②]。

最后，从整体上看，报纸从民国初年的“文人营政”，又重新回到文人干政的职业观上来，并为文人干政赋予了更高的责任感。

吴廷俊把新闻职业观分为三种：营利观、营政观和干政观。中国本土报纸从一开始便是以“言谏”的面目出现，是一种干政观。在和政府的关系上强调冲突、监督的一面，《泰晤士报》因此也被附会成了“清议”的代表。这种清议是对于政府的一种监督，是想通过报纸而干政的表现。报人常常描写该报从创始以来的奋斗史，借以说明该报是在与政府的斗争中确定其监督的地位的。如徐宝璜、胡愈之认为，“今日《泰晤士报》对英国政府，处于完全监督之地位，其实力足以左右秉政之大老”[③]。

维新运动时期，维新派成立了大大小小的具有政党雏形的政治团体，办报不仅为了干预政权，也是为了将来能够掌握政权。民国初期政党纷争，营政观更加明显。在20世纪20年代，以邵飘萍、黄远生为代表的职业报人的兴起，标志着文人干政又开始回归。进入三四十年代，面对日本的侵略和国民政府的新闻管制，“文人干政”被赋予新的内涵，这体现在当时报人对于其和国家关系的处理上。报人从《泰晤士报》历史中看到，新闻事业不仅关乎民众，还关系到国家的荣誉和兴衰，所以“文人”的干政不只是对政府一味地批评，也需要保持和政府的合作，尤其是当国家需要的时候。这正是中国报纸和政府关系调和的反应，是新闻职业化的一个重要体现，报人不再把报纸和政府完全对立起来。王伯祥认为，《泰晤士报》“不仅是英国政府的放声器，同时也是代表英国的一种特别组织”[④]。

报人发现，报纸的言论有时会关乎国家的外交。汪英宾认为，报社除了有监督政府的政治责任外，还有维护国家利益的责任。“英伦之《泰晤士报》，美之《纽约时报》为

---

① 胡政之：《作报与看报》，王瑾、胡玫编：《胡政之文集》（下），天津：天津人民出版社，2007年，第1056页。

② 詹文浒编著：《报业经营与管理》，正中书局，1946年，第42页。

③ 徐宝璜、胡愈之：《新闻事业》，上海：商务印书馆，1924年，第86页。

④ 王伯祥：《英国报纸研究》，《新闻通讯》1934年第12/13期，第6页。

世界各国最注意之报，对外交问题所发表意见，往往为各国外交家所采纳……故于编制外交新闻时，宜十分谨慎，务以发扬国光，增进邦交为责任。”①

随着日本的入侵，这种“合作”在民族危亡的背景之下更加明显，很多报人愿意牺牲新闻自由，服从国家新闻统制和安排。张季鸾一直想办一份像《泰晤士报》一样的大报，他认为“自从抗战，证明了离开国家就不能存在……所以本来信仰自由主义的报业，到此时乃根本变更了性质。”因此报纸要做“严格受政府统治的公共宣传机关”，“贡献一张报纸于国家，听其统治使用”。② 在詹文浒眼中，北岩和他的《泰晤士报》在“一战”中的表现可圈可点，就是因为报纸和国家保持了这样一种关系：“它只是在少数极端场合反对政府，大体都拥护政府。”③

值得一提的是，20 世纪三四十年代报人对于报纸和政府关系的这种认识，和晚清以康有为为代表的维新派对报纸的认识不同。康有为理想中的官报，本身是在清政府的体制之内，甚至“每出报一本，皆先进呈御览，然后印行”④。而这时报人和国家的合作也是有限度的，这个限度就是保持报纸的独立性，他们认为《泰晤士报》正是这样和英国政府合作的。詹文浒认为，《泰晤士报》“绝肯不做唐宁街的喉舌”。他提出，报纸判断事情就应该像《泰晤士报》一样，“仅从该事本身的功过着想，凡有利于国族者，他全力支持，否则它就毫不迟疑，予以断然的批评和挞伐”⑤。

四、国共党争中的《泰晤士报》

从晚清到民国，报人对于《泰晤士报》的认识在逐渐加深，且多为褒扬。不过，20 世纪 40 年代后期，在国共两党激烈斗争的大变局中，民营报人处于一种尴尬的地位。他们虽然依旧向往《泰晤士报》的办报理想，希望走“第三条道路”，但是新中国成立以后全新的政治制度安排，使得民营报纸在大陆经过改造之后退出了历史舞台。而在国共两党的新闻宣传话语体系中，《泰晤士报》都已经不再是被学习的对象。

希望走“第三条道路”的民营报人中，最具有代表性的是储安平。储安平游历英国时，掩饰不住对于英国报纸的钦佩：“英国报纸除在习惯上不批评英王及王室外，对其他任何政治领袖，均直言批评，无所畏惧。”⑥参观英国的经历，对英国新闻出版自由的理解，比如英国没有新闻检查制度、发表政论不构成犯罪等，深刻影响了他的办报实践

---

① 汪英宾：《中国报业应有之觉悟》，陈桂兰主编：《薪继火传：复旦大学新闻传播论文集》，上海：复旦大学出版社，1999 年，第 86 页。

② 张季鸾：《季鸾文存》（第二册），天津：大公报馆，1946 年，第 151-152 页。

③ 詹文浒编著：《报业经营与管理》，正中书局，1946 年，第 38 页。

④ 康有为：《奏改时务报为官报折（代宋伯鲁拟）》，汤志钧编：《康有为政论集（上册）》，北京：中华书局，1981 年，第 324 页。

⑤ 詹文浒编著：《报业经营与管理》，正中书局，1946 年，第 37-38 页。

⑥ 储安平：《英国采风录》，北京：东方出版社，2005 年，第 128 页。

和办报理念。冯英子提道："储安平对于办报有他的理想，一句话就是书生论政，他很向往于伦敦《泰晤士报》那样的报纸，言论能影响政府的决策。"[①]

然而，储安平创办的以敢言、犀利著称的《观察》，在 1949 年 11 月 1 日复刊后（不久改名为《新观察》），在内容上没有了往日的锐气，在形式上也发生了变化，"环绕《观察》刊徽周围的英文字母 Independence（独立）、Non-party（无党派），The Observer（观察）没有了，只剩下了图案"[②]。且这份《新观察》只坚持了半年的时间就停刊了。

在国民党新闻宣传的话语体系中，英美法式的自由主义新闻事业，并不是理想的新闻事业。马星野受过西方专业主义新闻教育，对于《泰晤士报》也非常赞赏，认为《泰晤士报》是少数的"历史铸造者"和"金钱铸造者"兼备的报纸[③]，但是在政治话语之下，马星野就换了一套话语来表述——《泰晤士报》和英美其他报纸都是一路货色："英美国家，只有资产阶级特权阶级之报纸，很少有代表全民说话的报纸，只有百万富豪，才有在伦敦纽约办报的能力，他们维护这阶级利益，是十分明显的……出版自由，言论自由，多少罪恶假汝以行。"[④]在对欧美报纸否定后，他阐述了三民主义新闻观："三民主义社会的新闻事业之目标，不是为资本家赚钱，不是为统治阶级说谎，而是为着全社会中每个分子（国民），为全社会的整个生命（民族）服务。"[⑤]

在当时，接受过西方新闻学教育思想的国民党新闻官员董显光、曾虚白等，也对西方的新闻自由持肯定态度。不过，被委任了国民政府的官职后，都和马星野一样，认识上有过类似的断裂，认同三民主义的新闻思想。有学者认为，马星野之所以对英美新闻事业做出全面否定，是因为"'报在民间'显然不符合蒋介石的观点"[⑥]。英美自由主义新闻理念并非国民党真正要提倡的，以《泰晤士报》为代表的西方媒体也就自然淡出典范的话语了。

在共产党的新闻宣传体系中，1942 年《解放日报》的改版是中共党报史上的一次重大改革，这次改版目的是使《解放日报》"由不完全的党报变成完全的党报"[⑦]，阶级分析的观点尤其被强调，所以欧美报纸主要作为批判的话语来进行使用。"我们的新闻工作，既然尊重事实，那末我们不但与专吃造谣饭的法西斯不同，而且与一般的资产阶级新闻工作者不同。"[⑧]

---

① 冯英子：《回忆储安平先生》，《黄河》1994 年第 2 期，第 76 页。

② 谢泳：《储安平与〈观察〉》，北京：中国社会出版社，2005 年，第 137 页。

③ 马星野：《历史铸造者与金钱铸造者：论两类报纸》，《世界文化》1941 年第 3 卷第 1/2 期，第 91 页。

④ 马星野：《三民主义的新闻事业建设》，《青年中国季刊》1939 年创刊号，第 162-163 页。

⑤ 马星野：《三民主义的新闻事业建设》，《青年中国季刊》1939 年创刊号，第 161 页。

⑥ 刘建明等：《中国媒介批评史》，福州：福建人民出版社，2011 年，第 277 页。

⑦ 毛泽东：《关于报纸和翻译工作问题给凯丰的信》，中央文献研究室、新华通讯社编：《毛泽东新闻工作文选》，北京：新华出版社，1983 年，第 142 页。

⑧ 陆定一：《我们对于新闻学的基本观点》，陈清泉、陶铠编：《陆定一新闻文选》，北京：新华出版社，1987 年，第 6 页。

共产党在和国民党的宣传较量中，看到了西方媒体舆论的强大，所以会利用西方媒体对于国民党的负面报道来反击国民党，如胡乔木在揭示"国大"的虚伪性时，曾经引用国外媒体的评论："在国外，不但苏联的广播评论员，而且英国的泰晤士报，美国的纽约先驱论坛报，基督教科学箴言报，华盛顿星报，圣路易邮报，以至替蒋介石捧场的纽约时报，都共同宣告蒋介石"国大"的欺骗性、分裂性和失败性。"①

但是这并不意味着共产党对《泰晤士报》的肯定。共产党对于《泰晤士报》实际上是从两种角度来观察的，从阶级分析的视角，该报是反动的；从具体的业务视角，该报也有值得学习的地方。这两种视角在 1949 年后成为对《泰晤士报》的基本评价。例如，胡乔木在一次培训班的讲座上曾经说过："纽约时报非常反动，但不能说他们的社论不重要，不引起人们的注意。泰晤士报、曼彻斯特卫报的社论也是如此。"②同一年出版的《欧美主要报刊及通讯社介绍》中，对该报的评价则引用了列宁的话："最保守最资产阶级的报纸"，认为虽然该报不是正式的党报，但是"实际上表现英国统治集团，特别是英国外交部的意见"。③

总之，在解放战争时期两党政争的背景之下，留给民营报纸的生存空间逐渐被压缩，曾经一直被作为标杆来学习的《泰晤士报》也随着民营报纸的逐渐退场而很少被提及。而在国民党和共产党的话语体系中，对以《泰晤士报》为代表的西方媒体从总体来看都持一种否定的态度，《泰晤士报》，这个从晚清开始建构起来的典范完成了其历史使命，在 1949 年前后几年的时间内逐步从新闻话语中淡出。

结　语

在新闻史研究上，宁树藩强调要树立"两条腿走路"的观念，既要关注报刊发展的社会作用，又要关注报刊自身发展的历史。④ 中国的本土新闻业自从晚清产生开始，就一直在新闻实践中探索自身的发展道路。引入《泰晤士报》这个典范，反映了中国新闻业发展的内在需求。正是中国新闻业发展内生需求这个驱动力，使得对于《泰晤士报》的认识在不断变化，有赞扬，也有理智的分析，甚至不乏深刻的批判。

在晚清时期，《泰晤士报》作为沃尔特家族的一份报纸，在整个维多利亚时代处于鼎盛时期，这和英国当时如日中天的国际影响力是相匹配的。报人对其仰慕有加，尤其羡慕其舆论领袖地位、其言论的巨大的影响力。这一时期，中国本土报纸刚刚兴起，

---

① 胡乔木：《立刻解散非法的"国大"》，胡乔木：《胡乔木文集（第一卷）》，北京：人民出版社，1992 年，第 281 页。

② 胡乔木：《关于新闻班讲义稿的谈话》，《胡乔木传》编写组：《胡乔木谈新闻出版》，北京：人民出版社，1999 年，第 144 页。

③ 军委联络部：《欧美主要报刊及通讯社介绍》，军委联络部编印，1954 年，第 86 页。

④ 宁树藩、曾建雄：《强化本体意识，探求自身规律——新闻史研究的反思与前瞻》，《新闻记者》1998 年第 9 期，第 30 页。

所面临的首要任务就是立刻展现出报纸的言论力量，为解决当时的社会问题大声疾呼。

当1908年到1922年《泰晤士报》作为北岩报团的一分子时，中国报纸所面临的议题也发生了变化。报纸言论的力量在晚清和民国初期发挥得淋漓尽致，而不受约束的表达，使得很多报纸走入了言论的极端。报人开始把中立的立场作为一种职业的自觉，并且探寻中立立场的维系因素——报纸经济的独立，《泰晤士报》的经济实力被重视和强调。

自20世纪20年代末开始，又回到了家族统治时期的《泰晤士报》影响力衰减。这时，中国报纸的发展壮大面临新的突围：报纸托拉斯的实践失败后，经济上何以自立？面对统一的政府，该如何保持独立？面对日本的入侵，该如何处理和国家的关系？对这些复杂问题的反省，促进了对新闻职业化的思考，因为职业化才能保证报纸作为一项事业长久发展。《泰晤士报》又成为新闻职业化建构中的典范。

“二战”结束以后，因为《泰晤士报》在“二战”初期不光彩的表现，中国报人对其的赞扬声中也多了批判的话语。此时国共两党在20世纪40年代末均形成了较为成熟的新闻理论和宣传政策，往往是通过将《泰晤士报》作为反面来论证自身的合法性。而随着民营报纸的退场，《泰晤士报》作为典范的意义逐步消失在思想史的话语中。

民国时期中国新闻界对苏联社会主义新闻事业的考察与态度*

齐 辉 秦润施
（重庆大学新闻学院 重庆大学法学院）

摘要：民国时期西方新闻业的没落与苏联新闻事业的巨大进步，引发了中国知识界对苏联新闻事业的高度关注与热情推介。中国新闻界盛赞和欣羡苏联新闻业所取得的成绩，并借助苏联新闻业的窗口，向国人系统介绍新闻国有制的优势，这股民国新闻界中的社会主义思潮，推动了国人对马克思主义新闻事业的了解与认知，同时也顺应了中国新闻界文人论政的传统与报人救国的现实需求，为解放后中国新闻事业的社会主义改造奠定了社会心理基础。

关键词：民国；中国新闻界；苏联新闻事业；社会主义；马克思主义新闻观

1917年列宁领导的十月革命胜利后，建立了世界上第一个社会主义国家，在马克思、恩格斯新闻理论的基础上，列宁、斯大林结合俄国的历史、国情与实际，建立起了一套社会主义新闻体系。1932年，苏联"一五"计划提前完成，不仅使俄国从落后的农业国走向工业化，也使得苏联社会主义新闻事业日臻定型与完善。中苏互为邻国，有着相似的国情与新闻业境遇，苏联新闻事业的巨大进步，为急于寻找救亡出路，走出行业困境的中国报人带来希望，"苏联的报纸如何发展？""如何吸收了广大读者？""在社会主义建设中，他们（指新闻业）用什么方法在人民中间造成一个独特武器？"①带着这些疑问，从20世纪20年代末到40年代末，中国新闻界持续不断地对苏联新闻事业给予考察、推介，形成了新闻研究的"苏俄热"。借助对苏联新闻业的窗口，中国新闻界初步了解了社会主义新闻事业的体制特征与运行方式。通过考察与学习，他们对以苏联为代表的社会主义新闻事业抱以赞赏和认同，甚至有很多报人成为社会主义新闻事业的拥护者和推动者，建议仿效苏联，在中国实现新闻事业的"国有化"。以往学界对马克

---

* 本文原载于《新闻大学》2018年第1期，有修改。

① 陈寄近：《今日苏联的新闻事业》，《清华周刊》1936年第44卷第11/12期，第68-70页。

思主义新闻事业的研究主要集中于中国共产党的新闻理念与实践；马、恩等无产阶级领袖人物的新闻思想与报业活动，相关研究成果较为丰富，但以“民国”为视角探讨国统区民众对马克思主义新闻观念和社会主义新闻事业的态度、理解和认知研究成果却尚未出现。[①] 事实上马克思主义新闻观在近代的传播，除中国共产党报人的努力与实践外，应当还有另外一条路径，民国时期在国民党统治的广大区域，广大中国民众如何接触和认识社会主义新闻事业？国人对马克思主义的新闻理念及其实践又报以何种态度？对于这些重要问题，国内研究成果尚付阙如。笔者以民国时期中国新闻界对苏联新闻事业的考察为切入点，从微观视角探讨中国新闻界对马克思主义新闻观、社会主义新闻事业的理解与态度，进而对马克思主义新闻观在近代中国传播的内在逻辑，提供历史的参考。

一、从“西方”到“东方”——“苏俄热”与中国报人对苏联新闻事业的考察

1921 年报人潘公展指出：“一年以来，社会主义底思潮在中国可以算得风起云涌了。报章杂志底上面，东也是研究马克思主义，西也是讨论鲍尔希维主义……社会主义在今日的中国，仿佛有雄鸡一鸣天下晓的情景。”[②]俄国十月革命和“一战”后欧洲社会主义运动的高涨，促成了“五四”时期马克思主义在中国传播。至 20 世纪 30 年代，随着世界经济危机给资本主义以重创，国人再度对西方资本主义出现了严重的信仰危机。30 年代的经济危机还引发了世界新闻出版业的衰落。号称头等出版强国的德国，1933 年出版的书目总数只相当于 1913 年的 61%，其教材的发行量下降 30%。美国 1933 年出版 3000 种读物，仅相当于 1913 年的四分之一，“换言之发展了二十年的世界资本主义国家出版物，反而减少了三分之一”[③]，法国从 1920 年到 1939 年近 20 年间，日报销量仅增长了 200 万份[④]。与西方新闻业的萧条没落相比，苏联却在 1932 年提前完成“一五”计划，各项事业取得了辉煌成绩，令国人惊异不已，“五年计划开始实行以来，功效大著……苏俄境内所有建设已焕然一新，凡是到苏联去旅行的人看见了

---

① 这些成果代表性研究有陈力丹、童兵等所著的《马克思主义新闻观思想体系》、《马克思主义新闻思想》等专著，郑保卫的《马克思主义与中国共产党新闻思想的形成与发展》(2005.1)、吴汉全的《马克思主义新闻思想中国化的早期研究》(2011.6)、丁法章的《马克思主义新闻观的中国化及其运用》(2007.2)等成果。另一方面即是从史学角度单独考察苏联新闻事业的具体项目或是发展状况。其中陈力丹、张允若等在外国新闻事业史方面也都有相关专著，在期刊方面具有代表性的有张世飞的《以唯物史观为指导研究中国马克思主义新闻史》(2011.3)、吴廷俊的《对“学习苏联新闻工作经验”的历史考察》(2011.7)等文。

② 潘公展：《近代社会主义及其批评》，《东方杂志》1921 年第 18 卷第 4 号。

③ 《苏联新闻事业》，《时事类编》第 3 卷第 14 期，第 108 页。

④ [法]阿尔贝著，许崇山等译：《世界新闻简史》，北京：中国新闻出版社，1985 年，第 105 页。

所有的一切，都显露着一种新的色彩，由此便不由自主的赞美而惊叹不止”[①]。“苏联新闻事业的进步”和“突飞猛进”与西方“列强的支离破碎的情形”相比形成了巨大反差，成为“一件不可否认的事实”[②]，引发了中国新闻界的巨大震动。反观国内九一八事变后，日本悍然占领东三省，民族危机的加深、政局的动荡加剧了中国报业格局的转型，这些因素综合作用使得素以救亡为己任的中国新闻人迅速将学习和关注的目光从“西方”转向“东方”，他们不仅在各大报刊中详细报道苏联各项事业的进步趋向，更大力向国人介绍苏联新闻事业的成就，力图学习其成功经验，实现新闻救国的理想。

1932 年中苏恢复邦交进一步助推中国各界对苏联的浓厚兴趣。一时间中国社会形成一股“苏俄热”，进而带动 30 年代后一批中国新闻人纷纷走出国门，远赴苏联考察和学习。戈公振、胡愈之、邹韬奋这些知名报人以各种身份赴苏联交流考察。他们向国内发回了大量旅苏游记和通讯，其中不乏对苏联新闻事业的零星记载[③]。此外，袁殊、冯有真[④]、戈宝权[⑤]、胡仲持、曹谷冰等人也对苏联新闻事业进行了更为全面的专门考察和研究。他们通过文章、演讲等形式介绍苏联新闻事业的状况，成为中国新闻界少数能对苏联新闻业有亲身考察或专门研究的报人。具体情况见表 1。

表 1　旅苏报人考察新闻业情况表

作者	刊物名称	文章题目	职务或旅苏经历
戈宝权	《宇宙风》1937 年第 34 期	《苏联的新闻事业》	1935 年赴苏联任天津《大公报》驻苏记者
	《新闻记者》(汉口)1938 年第 1 卷第 2 期	《苏联新闻事业的概况》	
	《中苏文化》1938 年十月革命纪念特刊	《苏联的新闻事业》	
	《旋风》1939 年第 1 卷第 1 期	《苏联新闻事业》	
袁殊/碧泉	《绸缪月刊》1936 年第 3 卷第 1 期	《苏联新闻概观》	上海《文艺新闻》主编
		《苏联新闻概观(续)》	
胡仲持/宜闲	《申报月刊》1933 年第 2 卷第 11 期	《苏联的新闻事业》	《申报》电讯编辑

① 影呆:《苏俄的报纸》,《礼拜六》1933 年第 496 期,第 906 页。

② 戈宝权:《苏联新闻事业的概况》,《新闻记者》(汉口)1938 年第 1 卷第 2 期,第 12 页。

③ 如邹韬奋在《真理报的最新设备》一文中就对《真理报》所才用的先进印刷排版设备做了较详细的介绍。他在《言论自由的问题》中表达了对苏联在新闻自由方面的肯定,认为虽然“完全”的新闻自由无论是在资本主义社会还是社会主义社会都未曾达到,“但‘多数’已比‘少数’进一步,却是无疑的事实”。参见邹韬奋:《言论自由的问题》,《萍踪寄语三》,生活书店,1934 年,第 290 页。

④ 1936 年冯有真赴苏联莫斯科采访,在戈宝权的带领下进行了参观。

⑤ 1935 年 2 月戈宝权以《大公报》驻莫斯科记者的身份在苏联进行采访。

续表

作者	刊物名称	文章题目	职务或旅苏经历
曹树铭	《中苏文化》1937 年第 2 卷	《苏联新闻事业之组织》	重庆《中央日报》驻特派员
冯有真	《新闻杂志》1936 年第 1 卷第 6 期	《国营的苏联新闻事业》	中央通讯社记者，1936 年赴苏考察
石家驹	《国闻周报》1937 年第 14 卷第 46 期	《苏联新闻事业的剖析》	中央社汉口分社记者
曹谷冰	天津大公报馆 1931 年出版	《苏联视察记——苏俄的新闻事业》	《大公报》记者，1931 年 3—6 月赴苏联考察
姜椿芳/什之	《上海文化》1947 年第 12 期	《苏联的两份大报"真理报"和"消息报"》	上海《时代日报》总编辑

从 1925 年黄天鹏在《新闻学刊》发表《苏俄的新闻事业》一文起，到 20 世纪 30—40 年代中国新闻界对苏联新闻事业考察已渐成气候，相关的著作和文章借助大众传媒得以广泛传播。在民国新闻类图书中，甘家馨著《欧美新闻事业鸟瞰》、谢六逸著《国外新闻事业》、容又铭编著《世界报业现状》、程其恒著《各国新闻事业概述》，均将苏联新闻业作为世界新闻事业的重要组成部分，与英、美、日等新闻业强国并列而立，详加介绍。在专著之外，民国报刊中推介苏联新闻业的论文更是数量繁多，仅笔者搜集 1925—1948 年有关苏联新闻业各类相关论文史料已有 90 余篇，涉及杂志近 70 种。其具体情况见图 1。

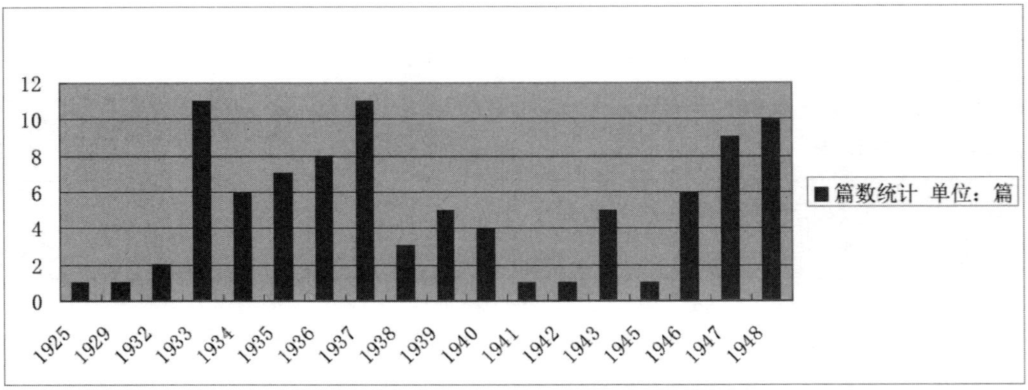

图 1 民国期刊发文年代统计

表 2　苏联新闻事业相关文章发表情况

刊物名称	篇数统计	刊物名称	篇数统计	刊物名称	篇数统计
《东方杂志》	1	《月报》	1	《世界知识》	1
《军事杂志》	1	《人间觉》	1	《时代》	1
《文艺新闻》	1	《读书青年》	1	《上海文化》	1
《礼拜六》	1	《中苏文化杂志》	3	《中央周刊》	1
《申报月刊》	1	《经世》	1	《新生》	1
《国际每日文选》	1	《现代青年》	1	《创进》	1
《红色中华》	3	《新闻记者》	3	《自由与进步》	1
《军国民杂志》	1	《战时记者》	1	《学习生活》	1
《独立评论》	1	《旋风》	1	《开明少年》	1
《中国与苏俄》	2	《新闻类编》	8	《中学生》	1
《华年》	2	《新闻学报》	1	《自由丛刊》	1
《旅行周报》	2	《新命》	1	《再生》	1
《新闻通讯》	1	《新闻杂志》	2	《陕西教育月刊》	1
《苏俄评论》	4	《国闻周报》	1	《宇宙风》	1
《新中华》	3	《申报馆内通讯》	1	《前途》	1
《时事类编》	1	《精忠导报》	1	《时代周刊》	1
《中央时事周报》	1	《大观楼旬刊》	1	《文化》	1
《新闻学刊》	2	《新闻战线》	1	《中国妇女》	1
《杂文月刊》	1	《出版通讯》	1	《艺术与生活》	1
《世界知识》	1	《文汇周报》	1	《新新新闻每旬增刊》	1
《绸缪月刊》	2	《中国建设》	1	《东北文化半月刊》	1
《清华周刊》	1	《一四七画报》	1	总计：期刊 67 种，篇数 91 篇	
《报人世界》	1	《新时代月刊》	1		

这些文章大致发表于四类刊物上：第一类是《东方杂志》《申报月刊》《国闻周报》《清华学报》这类综合学术文化类期刊，第二类是《新闻学刊》《报人世界》《新闻记者》《战时记者》等新闻专业期刊，第三类是《苏俄评论》《中苏文化杂志》等涉苏专业期刊，第四类则是《绸缪月刊》《世界知识》《旅行周报》《星期六》《文艺与生活》等各种文艺、旅游、知识类杂志（见表 2）。此外，报纸方面，《大公报》《中央日报》《益世报》《申报》亦有相关文章登载。就文章体裁而言，有通讯、特稿、消息和译文，其中专业期刊论文或译文篇幅较长，消息则相对较短。这些论文涉及苏联的新闻体制、新闻政策、新闻法制、

编辑发行、广告、报人生活等诸多方面，从中可见中国新闻界对苏联新闻业的考察是全面且细致的。

二、“一见倾心”——中国报人对苏联新闻事业的认知与态度

作为一个新兴国家，完成“一五”计划的苏联处处呈现出一派欣欣向荣的景象，尤其是新闻事业相比旧俄时代取得了长足进步，中国报人不禁感叹，苏联报纸在不经意间已经萌生了一种“激进趋势”，“苏联的报刊大有一日千里之势，各工厂、矿山与学校，出版之报纸如雨后春笋无可胜数，在过去十八月中间，报纸在农村中所销售之程度可谓空前未有”。[①] “苏联的报纸如何发展着？如何吸收了广大的读者呢？在社会主义建设中，他们用什么方法使报纸在人民中间造成了这样一个独特的武器地位呢？”[②]带着这些疑问，中国新闻界以欣赏、崇拜和困惑的复杂心境考察苏联新闻事业的方方面面，力图寻求答案。

（一）“苏联新闻事业之突飞猛进已是一件不可否认的事实”

戈宝权在考察苏联新闻事业后说：“苏联新闻事业之突飞猛进已是一件不可否认的事实，而其中最值得的注意的几点就是报纸的数量和销量的激增，报纸发行地域和读者的广泛。”[③]中国报人为苏联报纸巨大的发行量和广阔的发行地域所惊叹。他们不厌其烦地引用大量数据，证明苏联新闻业与沙皇俄国时期的发展已不可同日而语。胡仲持写道，帝俄时代俄罗斯约有报纸 859 种，发行总量 270 万份，而“现在苏联报纸已到五千四百种，销行总数将近三千八百万份了”[④]。戈宝权则指出，仅 1932 年苏联报纸发行数目与 1913 年报纸总数相比就增加了 7 倍，销量增加 13 倍，他乐观预言，到 1937 年，苏联的报纸可以“增加到一万种”，“销量增加到三千九百万份到四千万份之间”，由衷发出了“这是怎样一个惊人的数目”的感叹。[⑤]《军国民杂志》也称赞道：“苏联报纸较之前 1928 年增加了 11 倍，其中有 41 种销量在 10 万到 350 万之间，估计全国每日出版报纸总量达到 3600 万种。”[⑥]发行量增加同时伴随着发行地域的迅速扩张。1913 年旧俄报刊“发行地域原来仅限于莫斯科及圣彼得堡两地及其他几个重要的工商业中心”[⑦]，然“现在的情形，报纸发行的地域是遍跨欧亚两洲，无论是在中央亚细

---

① 《苏俄报纸热》，《旅行周报》1934 年第 1 卷第 4 期，第 13 页。
② 陈寄近：《今日苏联的新闻事业》，《清华周刊》1936 年第 44 卷第 11/12 期，第 69 页。
③ 戈宝权：《苏联新闻事业的概况》，《新闻记者》（汉口）1938 年第 1 卷第 2 期，第 13 页。
④ 宜闲：《苏联新闻事业》，《申报月刊》1933 年第 2 卷第 11 期，第 67 页。
⑤ 戈宝权：《苏联的新闻事业》，《宇宙风》1937 年第 34 期，第 510 页。
⑥ 《苏俄报纸六千七百种，销数多者达三百五十万》，《军国民杂志》1934 年第 1 卷第 4 期，第 13 页。
⑦ 戈宝权：《苏联的新闻事业》，《中苏文化杂志》，1938 年（十月革命二十一周年纪念特刊），第 110-112 页。

亚、远东、西伯利亚甚至远在北极圈以内,也有印刷的报纸了"①。

报纸发行量激增和发行地域的扩大,进一步带动了报纸读者群体的形成,成为文化教育事业的助推力量之一。"苏联的文化方面最显著的特色要算是民众阅报习惯的普及"②。旧俄时代,报纸读者"仅限于一般王公贵子和知识分子","当时全俄罗斯的人口有三分之二是文盲,不能读书写字,农村人口总数是一万一千五百万人,这许多人甚至终生都没有读过一份报纸"。③ 而在20世纪30年代的苏联,"莫斯科周边每四个人即有一份报纸,甚至城市中一个人阅读几份报纸则更是一件极平常的事"④,"莫斯科市上每逢一批报纸送到就引集了一长列的人们,仿佛他们来争买额外的面包似的"⑤。胡仲持则指出,报纸发行量大不但"养成了俄罗斯读者的读报习惯"更"促进了识字率的普及","现在苏联官方称识字率百分之九十",正是"标准化的报纸"完成了"推动国民识字运动的使命"。⑥

中国新闻人还感叹于苏联民族报业的兴盛。苏联是一个民族众多的国家,《绸缪月刊》指出,"在一个国家内有多种文字不同的新闻,也可说是苏联新闻的一大特色"⑦。民族政策与新闻业相结合,共同推动了苏联民族新闻事业的复兴。中国新闻界对苏联的民族报刊也给予了特别的关注和介绍。苏联报纸近三分之一是民族语刊,少数民族报纸占发行总量的近"三分之一",而之前仅占"十分之一"。苏联民族新闻业的发展得益于其民族政策,有人列举说,苏联有40多个民族,于十月革命以后,始有文字,所以很长一段时间,"苏联设有专门的机构负责帮助各小民族出版报纸"⑧,如今"在苏联一百四十种语言之中,不下八十余种都有自己的报纸"⑨。甚至一些人口稀少的民族也有了本族语言的出版物,其中"以阿巴金文,阿德益文,别鲁志文,卫普文,喀拉立文,库尔得文,图文文,涅涅次文,楚阔特文,爱斯基莫文等等出版之书籍,均系创举"⑩。

(二)苏联报纸上"找不出一切颓废无聊的调子"

中国新闻人认为西方资本主义新闻业在形成了垄断经营之后,为了吸引读者不断

---

① 戈宝权:《苏联的新闻事业》,《宇宙风》1937年第34期,第511页。
② 宜闲:《苏联的新闻事业》,《申报月刊》1933年第2卷第11期,第58页。
③ 戈宝权:《苏联的新闻事业》,《宇宙风》1937年第34期,第511页。
④ 戈宝权:《苏联的新闻事业》,《宇宙风》1937年第34期,第511页。
⑤ 宜闲:《苏联的新闻事业》,《申报月刊》1933年第2卷第11期,第58页。
⑥ 宜闲:《苏联的新闻事业》,《申报月刊》1933年第2卷第11期,第58页。
⑦ 碧泉:《苏联新闻概观》,《绸缪月刊》1936年第3卷第2期,第45-48页。
⑧ 石家驹:《苏联新闻事业的剖析》,《国闻周报》1937年第14卷第46期,第22页。此人为中央社汉口分社记者。
⑨ 石家驹:《苏联新闻事业的剖析》,《国闻周报》1937年第14卷第46期,第22页。
⑩ [俄]费多谢耶夫:《苏联之出版事业》,《新闻类编》1948年第1654期,第19-20页。

以刺激性的新闻获得利润，甚至到了不择手段的地步，丧失了报纸的格调和报人的操守，而苏联的新闻国有体制则避免了西方自由主义报业的弊端和缺陷。胡仲持指出，苏联新闻业所遵循的规律与别国大量销售的方针恰恰相反，在苏维埃统治之下一切报纸都受到政府的管理，因此“北岩和赫斯特之流要想用新闻上崭新的新花样崭露头角在苏联是不可能的”[①]。赵康则指出，在苏联的新闻里面“找不出一切诲淫奸盗的黄色新闻，找不出一切颓废无聊的调子，处处注意到群众精神粮食的纯粹，并保证这种粮食能够为群众所消化”[②]。《绸缪月刊》则认为苏联新闻“并不依循读者的低级趣味而暴露个人的丑事。凡是与公共生活有关的一切缺陷都有无情的指摘，而且有教训意味的矫正的批评”[③]。胡仲持则称“那些在别的国家为了‘人间的趣味’可以容纳的资料，在苏联的报纸上却严格地消除了”。这样做的原因“一则是限于篇幅，再则是由于道德的考量”[④]。戈宝权则大赞苏联报纸的内容，称“苏联的报纸中除去关于政治、经济、文化、教育及社会活动这一类的新闻外，就很少看到招摇撞骗或奸淫这一类所谓的桃色新闻”。

有鉴于西方新闻业受商业广告的侵蚀和控制，中国新闻人大多将拒绝商业广告和盈利视为苏联新闻业的一大优势。“苏联新闻有一个极大的形式特色，就是广告栏的缺少”，其原因恰恰是“由于苏联新闻不是以营利为目的”[⑤]。这让苏联新闻业不必仰赖广告商的鼻息而独立发声，所以在苏联“绝无屈服或依赖于广告主顾之事实发现”[⑥]。在拒绝商业广告的同时，中国报人也指出，苏联报纸的广告实际是以公告的形式存在。“尽管这些年苏联报纸中有逐渐增加广告的趋势，可是广告的作用仅限于公告。”[⑦]公益广告替代商业广告占据了报纸的主流，“广告与教育打成一片”，例如科技类的广告就被视为“民众教育的重要方式之一，广大的人民大众因此和科学的进展有着密切的接触”[⑧]。由于对新闻事业的统一管制与分配，“报纸的出版与发行比较的有计划而合理”[⑨]。报纸的售价也极为便宜，“每份报纸的售价只十个戈比……任何人都有购买一份报纸的能力”[⑩]。计划体制保证了报纸即使在完全没有商业广告的经营下，“不仅不亏本，每年反而有极大的盈余”[⑪]。

---

① 宜闲：《苏联的新闻事业》，《申报月刊》1933 年第 2 卷第 11 期，第 58 页。
② 宜闲：《苏联的新闻事业》，《申报月刊》1933 年第 2 卷第 11 期，第 58 页。
③ 碧泉：《苏联新闻概观》，《绸缪月刊》1936 年第 3 卷第 1 期，第 42 页。
④ 宜闲：《苏联的新闻事业》，《申报月刊》1933 年第 2 卷第 11 期，第 58 页。
⑤ 赵康：《苏联的新闻事业》，《新闻杂志》(南京 1937)1937 年第 1 卷第 1 期，第 26-28 页。
⑥ Johnson, A.E.Kenzie, V.M：《苏联新闻事业鸟瞰》，《报人世界》1936 年第 3 期，第 8 页。
⑦ 戈宝权：《苏联的新闻事业》，《宇宙风》1937 年，第 510 页。
⑧ [俄]Leonid 著，端纳译：《苏联报纸登些什么广告》，《自由丛刊》1947 年第 3 期，第 41 页。
⑨ 冯有真：《现代史料：国营的苏联新闻事业》，《新闻杂志》1936 年第 1 卷第 6 期，第 35 页。
⑩ 朱敬圻：《苏联的新闻界》，《申报馆内通讯》1947 年第 1 卷第 8 期，第 13 页。
⑪ 朱敬圻：《苏联的新闻界》，《申报馆内通讯》1947 年第 1 卷第 8 期，第 13 页。

(三)“打破了一切旧的报界传统”

在中国新闻界看来,苏联新闻事业所取得的所有进步和发展优势,都归功于其独一无二的新闻体制——新闻事业的社会主义国有制。《战时记者》援引了塔斯社中国分社社长罗果夫的官方解释:“苏联的新闻事业,它是与别的国家不同的,因为苏联新闻事业是工农大众为基础,而建筑在社会主义经济基础之上的,与其他资本主义国家,以营业为目的者不同。”袁殊则对苏联报刊“国有”有所阐释:“在这个国度里,政治是严格地支配了所谓 journalism,言论或报道亦已成为‘国有’。”[①]西方资本主义国家的报纸,“完全以金融家作背景,苏联则不然,他们的报纸是国营的”[②]。正是在“国有制”支配下,苏联的新闻业才迅速追赶西方,取得了巨大进步。为此,中国报人持续关注国有体制下苏联报业运行的微观生态。“苏联报纸的出版是进行统一计划,除了全国大报如真理报、新闻报是大众刊物,其余报刊则是出于一定的目的与使命而出版的。”[③]“报刊不通过报贩贩售,由独立于报社外的一个系统负责”,并且“负责发行和推销的机关,将出版的各种报纸,根据报纸的性质、数量和各地的需要,予以适当的支配”。“由于国家的基础是真正建筑在大群众的共同的政治责任之上……这国有的特质也可说即是大众有。”[④]在国有制下,苏联报人享受优厚的待遇和较高的社会地位。中国报人还特别重视对苏联报人地位的考察。冯有真就指出,苏联的报纸既然不在营利,而是社会的组织者及先导者,所以报人地位很高而又绝对负责。他列举说,苏联《真理报》著名主笔拉狄克是在国际间闻名的政论家,而《新闻报》主笔布哈宁则是“大哲学家”[⑤]。苏联还定期对报人开展专门的培训,“使其能够担当他所负的责任”。国内舆论界还特别关注了苏联报人的社会角色、薪酬等问题。《文化》月刊指出,在苏联“实行新闻记者的官吏化,及其养成工作”,“以法律规定记者之勤务时间及报酬”[⑥]。他们认可苏联新闻工作者作为苏共组织成员的身份,认为这样保证了报人有良好生活待遇与社会地位。有文章甚至介绍苏联报人“薪金竟与政府部长相埒”,有的则称苏联报人“薪金不必按照党员固定之标准,而往往反较为优越”[⑦],其政治地位“尚在‘特权阶级’之列也”[⑧]。

中国报人惊异于背靠国有体制的苏联报纸对国家拥有巨大的指导能力和组织能力。中国新闻界对苏联新闻事业与民众的密切联系感到惊异。例如袁殊介绍苏联所有的报纸每月都能得到大量的读者来信,这些投书一部分送到各地的新闻中去,还有

---

① [日]黑田乙吉著,袁殊译:《苏联新闻概观》,《文艺新闻》1932年第46期,第2页。
② [俄]罗果夫:《苏联新闻事业概况》,《战时记者》1939年第6期,第24页。
③ 朱敬炘:《苏联的新闻界》,《申报馆内通讯》1947年第1卷第8期,第15页。
④ 碧泉:《苏联新闻概观》,《绸缪月刊》1936年第3卷第1期,第43页。
⑤ 冯有真:《现代史料:国营的苏联新闻事业》,《新闻杂志》1936年第1卷第6期,第38页。
⑥ [日]小野秀雄著,甄梦译:《苏联现代新闻》,《文化》(上海1935)1936年第3期,第72页。
⑦ Johnson, A.E.Kenzie, V.M.:《苏联新闻事业鸟瞰》,《报人世界》1936年第3期,第10页。
⑧ [日]小野秀雄著,甄梦译:《苏联现代新闻》,《文化》(上海1935)1936年第3期,第72页。

就是送达有关的官厅和团体，苏联报纸甚至专门组织社员处理此事，“有的读者来信都必定经过新闻社社员过目”。此外在全苏各地分布着无数劳动通讯员。他们是业余记者，不断将工厂、农村和军营的消息传送给报纸，从而密切了报纸和民众的联系。

冯有真指出，“苏联的报纸不但是社会的先导者，机关的代言人同时还是良好的组织者，实际的工作者”。他以《农民新闻》和《工业化》两种报刊举例说，它们在国家农场和工厂中“做了许多实际的组织与教育工作”①。袁殊也认为，“苏联的新闻，便完全形成负有社会使命的特殊新闻”②。朱敬炘则评价，“新闻业在苏联，已经和政治经济打成一片”，“在苏维埃社会主义政权下，报纸发挥了莫大的威力，完成了许多不可磨灭的劳绩”③。戈宝权对苏联新闻对社会的影响力也有极高的评价，他称赞苏联报纸“是达到怎样的一种系统化和合理化的程度了”，“所以要说报纸是‘灌输学术文化的工具’，或是‘民众舆论的喉舌’，则苏联的报纸也许已做到这一步”④。他也曾不止一次在其文中乐观展望，“若将来纸张供给丰富，则苏联的新闻事业还会更加发达，这是现在大可预料到的”⑤。正是在报纸“国有”体制上，新闻业才得以对苏联社会产生广泛而空前的影响。

三、含蓄与中肯的批评——民国新闻界对苏联新闻业的反思

中国报人对苏联新闻业的考察也并非一味称颂，尤其是20世纪30年代末期苏联报刊体制日渐成熟和稳定之后，随之而来的问题和弊病也日渐显现，身处局外的中国报人对此也有着含蓄且中肯的批评。首先中国新闻界认为苏联“有着极端否定个性的倾向”，从而导致形式的呆板与内容单调。胡仲持认为“欧美新闻业当做好材料的东西既然摒弃了”，那么苏联的新闻记者填满四页新闻的内容仅剩下外国新闻、社论和政府文告。报纸除了对募集公债和征发粮食等社会运动鼓吹不遗余力外⑥，严格限定了“人间的趣味”，“可以容纳的资料在苏联的报纸上都严格的消除了”，新闻的取舍仅限于“篇幅”和“道德的考虑”。“平常的犯罪离婚，以及各种的丑闻是报纸绝对禁止登载的”。“运动消息不过偶一登载，至于家事、时装、社会所闻棋谱交易所市情之类在苏联的报纸上也是看不到的”。⑦ 在冯有真看来，苏联新闻业缺少与外界的交流，新闻限制重重。他说，因为政治制度的不同，苏联新闻界与外界“很少往来”，驻苏联外国记者外

---

① 冯有真：《现代史料：国营的苏联新闻事业》，《新闻杂志》1936年第1卷第6期，第37页。
② ［日］小野秀雄著，甄梦译：《苏联现代新闻》，《文化》（上海1935）1936年第3期，第72页。
③ 朱敬炘：《苏联的新闻界》，《申报馆内通讯》1947年第1卷第8期，第15页。
④ 戈宝权：《苏联的新闻事业》，《中苏文化杂志》1938年（苏联十月革命二十一周年纪念特刊），第112页。
⑤ 戈宝权：《苏联的新闻事业》，《宇宙风》1937年第34期，第512页。
⑥ 宜闲：《苏联新闻事业》，《申报月刊》1933年第2卷第11期，第57页。
⑦ 宜闲：《苏联新闻事业》，《申报月刊》1933年第2卷第11期，第57页。

发的电报要受到外交人民委员会的严格审查,"看与苏联的政治有无妨碍"。对此他无奈写道,"紧闭大门埋头建设的苏联尽可能在保守他的神秘性"①。

也有报人指出苏联新闻体制之下新闻价值被忽视,"苏俄的新闻虽有绝大的权力,但在独裁政治支配之下,没有发挥其本质之权能"②。新闻的信息功能与舆论监督形同虚设。比如在苏联"否认犯罪行为是新闻材料","国际会议出席人物的争论与冲突,苏联人会否认为新闻",此外,"火车肇事,火烧房舍,船只沉没,诸如此的意外事件,都不是新闻",但是,"假如这些不幸事件,大规模发生于国外,却有例外"③。还有报人指出,在苏联"最重要而可靠的新闻来源都对苏联报纸关起大门",甚至国内的饥荒、灾难等事件其伤亡数字、事件细节等,苏联也是采取"均不公布"的原则。即使有公布的新闻,也以官方消息为准,"这类消息,不许动一个字"④。《新时代月刊》归纳的苏联"新闻登载标准",即"只要新闻的性质,百分之百属于苏联门户内的事情,那便毫无疑问,一概刊登。反之则唯有弃如敝履,毫不足惜"⑤。需要强调和注意的是,与中国新闻界对苏联新闻事业的称赞相比,这些批评的力度和深度都极为有限,这也反映出,在对苏联新闻业的引介中,中国新闻界有意识地规避了苏联新闻事业存在的弊端,其总体的趋向是以正面的报道和评价为主流的。

结　语

1937 年一个法号"寂庵"的僧人在读到苏联新闻事业时颇为感慨:"昨天我看到一篇关于苏联新闻事业的文章,说苏联的报纸很好,不但价钱便宜,且还能适应社会需要供给民众充分教育……看完这篇文章我不禁有些惭愧。"作者身为僧人,常常看到中国报纸制造谣言,哗众取宠,"靠广告攫取金钱",他为此深恶痛绝,对苏联新闻业充满向往与憧憬。由此可见,20 世纪 30—40 年代中国新闻界对苏联新闻业的报道和评价,对中国民众对社会主义新闻事业的认知确实产生了积极的影响。受到政治和地理的阻隔,尽管中国共产党在各大根据地兴办了党的新闻事业,但广大民众对于社会主义新闻事业这种全新的新闻模式仍知之甚少。民国时期报刊传媒对于苏联新闻事业的推介和传播,使得广大国统区民众得以通过苏联新闻事业的窗口,初步了解了以苏联为代表的社会主义新闻事业的体制特点与运作模式。在介绍苏联新闻事业同时,很多文章大量引用马克思、列宁、斯大林对于报纸和新闻业的经典论述,这无疑是对马克思主义新闻思想的一次大规模的普遍传播。

---

① 冯有真:《现代史料:国营的苏联新闻事业》,《新闻杂志》1936 年第 1 卷第 6 期,第 37 页。
② 张叙勤:《苏俄之新闻政策》,《苏俄评论》1934 年第 6 卷第 3 期,第 119 页。
③ [美]Eddy Grilmore 著,沈涛译:《苏联式的新闻自由》,《新时代月刊》1946 年第 1 卷第 7 期,第 35 页。
④ 徐世廉:《苏联新闻内幕:编辑生命毫无保障》,《中央周刊》1948 年第 10 卷第 27 期,第 7 页。
⑤ [美]Eddy Grilmore 著,沈涛译:《苏联式的新闻自由》,《新时代月刊》1946 年第 1 卷第 7 期,第 35 页。

1926 年，黄天鹏在《苏俄新闻事业》一文中虽承认苏俄新闻事业“自创一新局面”，但却认为“在吾曹以新闻眼光论之，颇非正当之设施，有如葫芦，只见一道烦闷耳，所谓舆论所谓自由，更不用言也”。但是仅仅过了数年，30 年代中国新闻界对苏联新闻业的评价却以发生了根本性逆转，赞扬之词跃然纸上，是什么原因让中国新闻人对苏联新闻事业的评价产生了如此巨大的反差，形同天壤？毋庸置疑，苏联社会主义新闻体制所取得的巨大成绩，令中国新闻界深刻认识到了新闻事业国有制的巨大优势，这深刻地影响了他们对中国新闻业发展的整体思考和道路选择。事实上，20 世纪 20—30 年代正是中国新闻业发展最迅速的时期，报人张竹平曾总结 1924—1934 年十年间中国新闻事业“突飞猛进”的进步，其中包括“读者眼光转变”“新闻范围扩大”“编辑方法改善”等诸多方面。[①] 但与之同时，中国新闻事业迅速商业化的弊端也日渐凸显，报业竞争残酷，报人相互倾轧，报人地位低下，生活朝不保夕。种种困境让中国报人感到“自由企业化已违背新闻服务社会的本旨”[②]，进而思考中国未来新闻业除了步西方新闻业的后尘外，是否还有新的出路？苏联新闻事业所展现的国营体制优势无疑让中国新闻界看到了新的出路和希望。在苏联新闻事业国有制保障下，新闻事业得以广泛参与政治活动与社会教育，引导民众开展社会改造，推动苏联成为世界强国，这种现实图景无疑与中国新闻界文人论政、新闻救国的传统使命形成了高度的契合。在这种思想的驱动之下，中国新闻界开始跳出西方新闻业的格局，从苏联的社会主义公有制中寻找中国未来新闻业的出路。

20 世纪 30 年代中国新闻业正在开启新的“范式”转移，走苏联新闻事业的道路，业已纳入中国的新闻界对中国未来新闻事业发展的期许。正如中国新闻界所指出的那样：“中国的新闻事业现在还徘徊在资本主义的道途上……在将来恐怕不得不使它改弦更张，资本主义没落的暗影也已横在全世界的新闻事业上，而使新闻事业发生极大的变动，在这世界一致的潮流中，中国自然也不能置身事外。”[③]在中国新闻人看来，资本主义的新闻业的没落，“在现代潮流中是不可避免的”，中国新闻业的“将来只有国有和公有两条路可走，而公有因有种种困难，恐未能实现，至国有则因具备种种可能或有实行的一日”[④]。对西方新闻业的反思和对苏联新闻事业的赞美与推崇，进一步表明在文人论政与自由主义两大传统之外，中国新闻界中对社会主义新闻事业同样抱有相当的同情与好感，对民族主义和强力国家的塑造正是中国新闻界最为看重的苏联经验。从这个意义上说，中国新闻事业的国有化进程从 20 世纪 30 年代已开始萌生，并为中国共产党日后对新闻业进行国有化改造奠定了思想基础。

---

① 张竹平：《十年来之中国新闻事业》，《大夏》1934 年第 1 卷第 5 期，第 141-143 页。
② 觉群：《中国现代所需要的新闻事业》，《警醒半月刊》1934 年第 2 卷第 7 期，第 55 页。
③ 唐克明：《中国新闻年事业发展的前途》，《青年界》1935 年第 7 卷第 2 期，第 73 页。
④ 唐克明：《中国新闻年事业发展的前途》，《青年界》1935 年第 7 卷第 2 期，第 73 页。